中华当代学术著作辑要

企业家激励约束与国有企业改革

（修订版）

黄群慧 著

图书在版编目(CIP)数据

企业家激励约束与国有企业改革/黄群慧著.—修订版.—北京：商务印书馆，2022
（中华当代学术著作辑要）
ISBN 978-7-100-21025-6

Ⅰ.①企… Ⅱ.①黄… Ⅲ.①国有企业—企业家—激励制度—研究—中国 ②国有企业—企业改革—研究—中国 Ⅳ.①F279.241

中国版本图书馆CIP数据核字(2022)第062060号

权利保留，侵权必究。

中华当代学术著作辑要
企业家激励约束与国有企业改革
（修订版）

黄群慧 著

商 务 印 书 馆 出 版
（北京王府井大街36号 邮政编码100710）
商 务 印 书 馆 发 行
北京通州皇家印刷厂印刷
ISBN 978-7-100-21025-6

2022年4月第1版　　开本710×1000　1/16
2022年4月北京第1次印刷　印张32¼
定价：188.00元

中华当代学术著作辑要
出版说明

学术升降，代有沉浮。中华学术，继近现代大量吸纳西学、涤荡本土体系以来，至上世纪八十年代，因重开国门，迎来了学术发展的又一个高峰期。在中西文化的相互激荡之下，中华大地集中迸发出学术创新、思想创新、文化创新的强大力量，产生了一大批卓有影响的学术成果。这些出自新一代学人的著作，充分体现了当代学术精神，不仅与中国近现代学术成就先后辉映，也成为激荡未来社会发展的文化力量。

为展现改革开放以来中国学术所取得的标志性成就，我馆组织出版"中华当代学术著作辑要"，旨在系统整理当代学人的学术成果，展现当代中国学术的演进与突破，更立足于向世界展示中华学人立足本土、独立思考的思想结晶与学术智慧，使其不仅并立于世界学术之林，更成为滋养中国乃至人类文明的宝贵资源。

"中华当代学术著作辑要"主要收录改革开放以来中国大陆学者、兼及港澳台地区和海外华人学者的原创名著，涵盖文学、历史、哲学、政治、经济、法律、社会学和文艺理论等众多学科。丛书选目遵循优中选精的原则，所收须为立意高远、见解独到，在相关学科领域具有重要影响的专著或论文集；须经历时间的积淀，具有定评，且侧重于首次出版十年以上的著作；须在当时具有广泛的学术影响，并至今仍富于生命力。

自1897年始创起，本馆以"昌明教育、开启民智"为己任，近年又确立了"服务教育，引领学术，担当文化，激动潮流"的出版宗旨，继上世纪八十年代以来系统出版"汉译世界学术名著丛书"后,近期又有"中华现代学术名著丛书"等大型学术经典丛书陆续推出,"中华当代学术著作辑要"为又一重要接续,冀彼此间相互辉映,促成域外经典、中华现代与当代经典的聚首,全景式展示世界学术发展的整体脉络。尤其寄望于这套丛书的出版,不仅仅服务于当下学术,更成为引领未来学术的基础,并让经典激发思想,激荡社会,推动文明滚滚向前。

商务印书馆编辑部

2016年1月

目　　录

上篇　企业家的激励约束

导论　问题的性质与研究方法 ·· 3
  0.1　问题的产生及语义方面的说明 ·· 3
  0.2　问题的理论价值和现实意义 ·· 8
  0.3　相关理论方法述评 ·· 14
第1章　企业家角色、行为假定与激励约束机制 ························ 27
  1.1　企业家理论和企业家角色 ·· 27
  1.2　企业家角色与企业家的行为模式：管理行为主义的解释 ······ 38
  1.3　企业家行为假定与企业家的激励约束机制 ························ 44
  1.4　基本分析模式：企业家激励约束机制的连续统一体模式 ····· 55
第2章　企业家的产生机制、激励约束机制与企业效率 ·············· 73
  2.1　一个关于企业家的产生机制、激励约束机制
       与企业效率的综合分析模式 ·· 73
  2.2　企业制度与机制组合：对分析模式的进一步说明 ············· 82
  2.3　机制组合与企业家行为模式选择 ···································· 86
  2.4　小结 ·· 90
第3章　企业家的报酬结构与报酬机制 ······································ 92
  3.1　企业家的报酬结构及其理论基础 ···································· 92
  3.2　企业家报酬机制与企业业绩指标的选择 ····················· 102

3.3 企业家报酬机制的激励强度的实证分析 107
3.4 年薪制与我国国有企业企业家报酬激励的设计 113

第 4 章 公司治理结构与企业家控制权机制 124
4.1 作为企业家激励约束因素的控制权：理论界定和相关说明 124
4.2 公司治理结构与公司治理模式 130
4.3 国有企业的企业家控制权机制与转轨经济中的"内部人控制"问题 137
4.4 规范公司治理结构与建立有效的激励约束国有企业企业家的控制权机制 145

第 5 章 企业家的声誉机制 151
5.1 企业家的声誉机制：两个声誉模型的说明 151
5.2 建立企业家声誉机制的必要性：进一步的分析 158
5.3 企业家声誉机制发挥作用的条件与建立我国国有企业企业家的声誉机制 162

第 6 章 竞争机制与市场对企业家的激励约束 166
6.1 竞争、压力与激励：一般理论说明 167
6.2 资本市场、企业融资结构与企业家的控制权 173
6.3 经理市场、自增强机制与我国经理市场的培育问题 182
6.4 产品市场、标尺竞争与公平竞争环境 189
6.5 小结 194

第 7 章 我国国有企业企业家激励约束机制的有效组合 196
7.1 国有企业目标定位与分类改革 196
7.2 我国国有企业企业家的激励约束：由单一机制主导转为四种机制有效组合 201

第 8 章 建立国有企业高层经理人员的有效激励约束机制 217

8.1 国有企业高层经理人员激励约束问题的重要性 ············ 217
8.2 建立激励约束国有企业高层经理人员有效机制的总体
    思路 ·· 218
8.3 改革和完善国有企业高层经理人员激励约束机制的
    基本措施 ·· 221

第9章 国有企业经营者年薪报酬方案设计：思路与要点 ·········· 227
9.1 建立国有企业经营者有效的年薪报酬激励机制的基本
    原则 ·· 228
9.2 国有企业经营者报酬方案基本设计思路 ··················· 231
9.3 可供选择的国有企业经营者报酬方案设计要点 ············ 233

第10章 对企业高层经理人员激励约束问题的若干基本判断 ······ 238

下篇　中国国有企业改革

第11章 中国国有企业改革历程 ································ 247
11.1 "放权让利"时期：1978—1992年 ······················ 248
11.2 "制度创新"时期：1993—2002年 ······················ 260
11.3 "国资监管"时期：2003—2012年 ······················ 271
11.4 "分类改革"时期：2013—2020年 ······················ 277
11.5 新发展阶段国有企业的使命 ····························· 292

第12章 国有企业分类改革研究 ································ 300
12.1 国有企业分类改革的提出 ······························· 301
12.2 "新型国有企业"现象研究 ····························· 305
12.3 国有企业分类改革与治理的新思路 ······················ 325

第13章 全面深化国有经济改革重大任务 ························ 350
13.1 实现国有经济与成熟市场经济体制的融合 ··············· 350
13.2 基于"国家使命"调整国有经济功能定位和布局 ········· 356

- 13.3 协同推进混合所有制改革 ········· 364
- 13.4 构建分层分类全覆盖的新国有经济管理体制 ········· 375
- 13.5 推动国有企业完善现代企业制度 ········· 385

第14章 经济新常态下国有经济战略性调整 ········· 390
- 14.1 经济新常态对国有经济提出新要求 ········· 391
- 14.2 国有经济布局现状及其问题 ········· 397
- 14.3 "十三五"时期国有经济战略性调整的方向与措施 ········· 409
- 14.4 "十四五"时期国有经济布局优化和结构调整的原则 ········· 419

第15章 国有经济管理体制改革 ········· 425
- 15.1 改革开放以来我国国有经济管理体制的演进 ········· 425
- 15.2 "三层三类全覆盖"的国有经济管理新体制 ········· 431
- 15.3 构建国有经济管理新体制应注意的问题 ········· 437

第16章 混合所有制改革 ········· 442
- 16.1 积极发展混合所有制经济 ········· 442
- 16.2 破除混合所有制改革的"知行误区" ········· 453
- 16.3 新时期我国员工持股制度的实施原则 ········· 459

主要参考文献 ········· 480
初版后记 ········· 505
修订版后记 ········· 507

上篇　企业家的激励约束

导论 问题的性质与研究方法

无论是关于企业家的论题,还是关于一般意义上激励问题的研究,不仅在经济学中,而且在管理学中,[①] 都有着十分重要的地位。有关这两方面的研究论述,在卷帙浩繁的经济学和管理学文献中占有相当的比例。但本书将两方面结合起来,对企业家的激励约束问题进行研究,这并非是基于"综合孕育着创新"的研究选题逻辑,而是出于对企业家的激励约束问题性质的认识以及该问题对企业效率具有决定意义的考虑。

0.1 问题的产生及语义方面的说明

1932 年,美国经济学家伯利和米恩斯(Berle and Means)出版了《现代公司与私有财产》一书。在这项开创性的实证研究中,著名的

---

① 我国经济学界一直存在一种观点,认为(企业)管理学是经济学的一个分支学科。在我国颇具影响的高校本科权威教材《现代西方经济学》和《西方经济学》,就把企事业的经营管理方法和经验,诸如行情研究、存货管理、产品质量控制、车间生产流程布局等,归为西方经济学的内容(高鸿业、吴易风,1988,第 1 页;高鸿业,1996,第 1 页)。甚至于个别经济学家根本就不承认管理的独立存在,"我认为'管理水平'是一个很模糊的概念,我甚至怀疑是否有一个独立的'管理'的东西存在"(张军,1998)。与此截然不同的是我国自然科学界对管理学的看法,1996 年 7 月,国家自然科学基金会在原管理科学组的基础上成立了管理科学部,使管理学与数学、物理学等自然科学有了同样的学科地位。笔者认为,管理学和经济学是两门联系紧密但都具有独立学科地位的学科,而且综合运用经济学和管理学方法对企业家的激励约束问题进行研究构成了笔者的研究方法基点。有关经济学和管理学区别的详细探讨可参阅孙继伟(1998)。

"所有权和控制权分离"命题被提出。其基本含义是,在现代公司中,由于股权的广泛分散,没有人拥有任何一家公司的具有实质性意义的股份,企业的控制权已经转入公司的管理者手中,而管理者的利益经常偏离股东的利益。循着伯利和米恩斯的管理者主导企业的假说,鲍莫尔(Baumol,1959)、玛瑞斯(Marris,1964)和威廉姆森(Williamson,1964)分别提出了企业最小利润约束下的销售收入最大化模型、最小股票价值约束下的企业增长最大化模型和最小利润约束下的管理者效用函数最大化模型。[①] 这些模型从不同角度揭示了掌握控制权的管理者与拥有所有权的股东之间的利益目标差异,从而提出了现代公司制企业中如何激励约束管理者追求股东利益目标的问题。

美国著名企业史学家钱德勒1977年出版的《看得见的手——美国企业的管理革命》,系统地研究了19世纪中期以来美国现代工商企业成长的历史,从经济史角度印证了伯利和米恩斯"所有权和控制权分离"的命题。虽然现代企业制度是以股份有限公司和有限责任公司为主要表现形式的,但以股份形式体现的有限责任制度的出现并不能保证古典企业制度向现代企业制度发展。其实股份制度的历史甚至可以追溯到久远的古罗马时期,在当时就已经有向公众发售票证、筹集资金的组织(雷恩,1986,第21页)。到16世纪,英国、法国和荷兰等国曾出现过一批由政府特许建立的在国外某些地区具有贸易特权的贸易公司,这些公司采用股份合资经营的形式,被认为是现代股份公司的前驱(梁波斯基,1962,第53页)。但正如钱德勒分析的,企业规模的扩张、现代工商企业的出现取决于技术、市场和交通通信条件等因素,受当时这三方面因素的限制,这些具有现代股份制企业某些特征的经济组织并没有成为当时经济活动的主要形式。按照钱德勒(1987,第2页)给现代企业组织的

---

① 有关这三个模型较为全面的介绍可参阅徐传谌(1997,第67—81页)。

定义:"由一组支薪的中、高层经理人员所管理的多单位企业",现代企业与古典企业的区别表现在三方面:①现代企业是规模较大、具备多种经济功能、可跨行业和地区经营的多单位企业;古典企业是规模较小、单一功能、在一个地区经营单一产品系列的单一单位企业。②现代企业的资本所有权与企业管理发生分离;古典企业的管理者兼有资本所有者的身份,资本所有权和管理权是合一的。③现代企业是一个复杂的管理层级组织;古典企业是层级组织中的最简单形态。因此,在钱德勒看来,与股份制度相比,资本所有权与管理的分离更能体现现代企业的特点。

具有资本所有权与管理分离特征的现代企业之所以会取代二者合一的古典企业成为现代社会的主要经济组织形式,钱德勒的解释是,随着技术、市场和交通通信的发展,企业的规模日益扩张并伴随着技术和管理过程的复杂化,需要专门的管理人员进行管理。也就是说,古典企业是单一单位的、具有简单层级组织的企业,资本所有者可以自己管理,而当古典企业发展为多单位的、具有复杂的层级组织的现代企业时,必须是具有特殊人力资本的专职管理人员才能够管理。如果按照威廉姆森(Williamson, 1985)交易费用经济学角度的解释,企业组织的产生和发展是经济效率提高,即交易费用降低的客观要求,有效率的组织结构应符合资产专用性、外部性和层级分解的原则,那么,现代企业的所有权与管理的分离应比古典企业的二者合一更具效率。

分析至此,我们需要引入企业家的概念进行对应说明。奈特(Knight, 1921)认为,企业家的功能可以分为商业决策和承担商业风险两大类。关于决策功能,法玛和詹森(Fama and Jensen, 1983)在其经典论文《所有权和控制权的分离》中按决策程序又将其分为决策管理(decision management)和决策控制(decision control)。决策管理包括最初决策方案提议和决策方案被批准后的执行决策,而决策控制则包括决策方案的审批和对决策方案执行的监督。把这样的分类分别对应到古典企业和现代企业中,古典企业的企业家,集资本所有权与管理权于一身,既承担风险,又进行决策管理和决策控制;在资本所有权与控制权分离的现代企业中,风险承担与决策控制是资本所有者的职能,而决策管理则是管理者的职能。[①] 也就是说,从古典企业到现代企业,企业家的职能分解了,形成了所有者企业家和经营者企业家。现代企业的所有者和管理者的身份合在一起才构成古典企业的企业家身份,"联体企业家"(joint-entrepreneurs)由此而来(张维迎,1995a,第7页)。管理者作为"联体企业家"的一部分,习惯上又被称为职业企业家,以示与一般意义的企业家的区别。从这个意义上看,现代企业的所有权和经营权的分离,实质是企业家职能的分解。这种企业家职能"分工"的结果,一方面提高了企业组织的效率,另一方面也产生了分工后的协调及相应的协调成本问题。企业家职能"分工"能促进企业组织效率的提高,解释了现代企业制度取代古典企业制度的原因。[②] 而企业家职能"分工"后的协调及降低协调成本问题,也就是管理者的激励约束问题,即企业家的激励约束问题。

从分析逻辑而言,现代企业所有权和控制权的分离,企业家职能的分解,职业企业家和企业所有者的目标和利益不一致,是企业家的激励约束问题产生的必要条件,但并不是充分条件。企业家的激励约束之所以必要,还因为职业企业家和所有者之间信息不对称。具体而言,职业企业家拥有所有者所不知且难以验证的信息,即"私有信息";职业企业家的一些行为或决策是所有者无法观察和监督的,即"不能观投入"(周惠中,1993,第196页)。如果信息是对称的,职业企业家的一

[①] 一般而言,所有者只对较为重要的决策进行控制,对于日常决策,决策管理和决策控制都是管理者的职能。

[②] 从委托代理理论角度分析,与代理成本相对应,这种组织效率的提高可以称之为一种代理收益,代理收益大于代理成本是古典企业制度向现代企业制度变迁的动力。有关代理收益的详细内容可参阅叶国鹏(1994)。

切信息都是公开的和可验证的,一切行为都是可观察和监督的,那么,职业企业家和所有者之间的契约是完全的,职业企业家任何偏离所有者目标和利益的动机、行为都会被制止。正是由于"私有信息"和"不能观投入"的存在,通过建立企业家的激励约束机制,诱导出真实信息、刺激出适当行为,才十分必要。建立职业企业家的激励约束机制,是保证现代企业组织在享有企业家职能分工产生的高效率的同时,避免职业企业家和企业所有者的目标利益不一致而产生的损失的必然要求。

关于企业家与企业管理者之间,还有必要进行以下三方面语义上的澄清。第一,上述管理者是相对于所有者而言的,严格地说,企业管理人员分为高层、中层和基层三类,显然,构成"联体企业家"的只能是高层管理人员。所以,准确地说,企业家的激励约束是指企业高层经理或管理人员的激励约束,也就是英文文献中的高层执行官员(executive officers),尤其是首席执行官员CEO(chief executive officer)的激励约束。第二,对于国有企业而言,高层经理人员一般是由政府委派具有一定级别的负责管理国有企业的政府官员,既非古典企业意义的企业家,也非现代企业的职业企业家,但从高层经理人员的激励约束问题角度分析,国有企业和一般意义的现代企业的主要区别在于激励约束的主体差异,激励约束的客体或对象都是企业的高层经理或管理人员。因而,我们仍按约定俗成的说法,称国有企业的厂长经理为企业家。① 对转轨经

---

① 对于一些认真的经济学学者,称国有企业的领导人或高层管理人员为企业家可能不被接受(张维迎,1988;高良谋,1997),从严格的企业家理论或企业理论分析也许如此。但正如周叔莲(1988,第 7 页)所认为:"我们不能笼统地说在国有制下不可产生企业家。在社会主义传统经济体制下,国有企业确实难以产生企业家,但是经过改革,国有企业真正成了商品生产者和经营者,企业家将大批涌现出来。"从发展角度和约定俗成的角度,在没有歧义的情况下,本书后面会称国有企业的高层经理人员为国有企业企业家。其实,国外的经济学学者也并不反对称国有企业的高层管理者为企业家,卡尔曼·拉普(Kalman Rupp, 1983)就以 Entrepreneurs in Red,即《红色企业家》为题出版了一本著作,探讨众多社会主义国家中央计划体制下的国有企业的组织结构和创新问题。

济时期我国国有企业企业家激励约束问题的研究将构成本书的重要内容。第三，本书之所以以企业家的激励约束机制为题，而非称企业经营管理者或高层管理人员的激励约束机制，一方面是出于和经济学中源远流长、内容丰富的企业家理论相呼应的考虑，另一方面是基于上述现代企业的高层管理人员是"联体企业家"的理论分析。

0.2 问题的理论价值和现实意义

伯利和米恩斯的"所有权和控制权分离"命题只是企业家的激励约束问题的理论渊源，实际上对该问题最早提及的是亚当·斯密，在其《国民财富的性质和原因的研究》中有一段著名的关于资本所有者与企业最高决策者的关系的论述："在钱财的处理上，股份公司的董事为他人尽力，而私人合伙公司的伙员，则纯是为自己打算。所以，要想股份公司的董事们监视钱财用途，像私人合伙公司伙员那样用意周到，那是很难做到的。……疏忽和浪费，常为股份公司业务经营上多少难免的弊窦"（斯密，1992，第303页）。如上所述，企业家的激励约束问题变得日益普遍和重要是与现代企业制度的产生和发展同步的。在现代公司制企业占主导地位的当今经济中，围绕该问题的相关理论文献促进了现代企业理论的发展，构成了现代企业理论中激励理论的核心内容之一，体现出其深刻的理论价值；而企业家的激励约束机制与企业效率的关系则构成了转轨经济和国有企业改革的核心问题，更多地体现出该问题重大的现实意义。

0.2.1 企业家的激励约束问题与现代企业理论

在过去约一百年的时间里形成的新古典经济理论主要从技术的角度看待企业，企业在标准的阿罗（Arrow）和德布罗（Debreu）的竞争—均衡范式中被作为生产函数。企业在无私的管理者经营下对投入产出水平进行选择,旨在使利润最大化,这同时也意味着成本实现最小化。这种理论在一般意义上强调技术的作用,在特定意义上强调规模收益对企业规模的决定作用,无疑都是正确的。而且,该理论在分析完全竞争条件下企业最优生产决策方面、在理解一个产业的整体行为及一个产业中企业间战略变化方面是一个有效的工具。但该理论存在致命的、明显的缺陷,"它完全忽略了企业内部的激励问题。企业被看作一个完全有效的'黑匣子',在它的内部,任何东西都十分顺利地运行着,每个人都在做着指定给他的工作。对任何企业即使只瞥上一眼,就能知道这是不现实的。"(哈特,1998,第19页)。然而,存在严重缺陷的新古典主义厂商理论却一直在经济学中占据"主流"地位。伯利和米恩斯的"所有权和控制权分离"命题终于突破了传统的企业利润最大化的假设,从激励角度对新古典主义厂商理论进行挑战,这无疑是具有十分重大的理论价值的。在伯利和米恩斯的管理者主导企业假说提出五年后,科斯(Coase,1937)发表了经典论文《企业的性质》,首创交易费用学说,阐释了企业存在及扩张的意义,对古典主义厂商理论进行了正面挑战。在之后的30多年中,无论是伯利和米恩斯的管理者主导企业假说,还是科斯的交易费用学说,都被经济学界束之高阁。进入70年代以后,一方面由于威廉姆森等人对交易费用经济学的发展,另一方面由于被冠以信息经济学(information economics)、激励理论(theory of incentives)、契约理论(theory of contracts)或委托代理理论(principal-agent theory)等名称的新的微观经济学基础理论的突破,[①] 始于科斯、伯利和米恩斯的现代企业理论才取得了迅速发展。现代企业理论在近一二十年得到了迅速发展,已成为现代经济学的前沿和热门领域。

[①] 这些名称概指同一理论(钱颖一,1989,第1页)。基于张维迎(1996,第397—398页)的定义,信息经济学是非对称信息博弈在经济学上的应用,研究非对称信息情况下的最优交易契约问题,其所有模型都可以在委托人—代理人框架下分析,故又称为契约理论、机制设计理论和委托—代理理论。

新制度经济学认为,伯利和米恩斯的管理者主导企业假说和随后发展的各种管理者模型提供给经济学家的是问题而不是答案,企业偏离最大化行为应该被解释而不是被假定。从某种意义说,对管理者模型所提出的问题的回答或对企业偏离最大化行为的解释,构成了现代企业理论的核心内容之一。和任何新兴学科一样,现代企业理论至今仍没有形成一套公认的体系,但至少包括以下四方面内容。第一,企业的本质和界限。具体包括企业如何定义,企业的所有权含义是什么,企业与市场的界限在哪里,决定企业合并和最终规模的因素是什么等问题。第二,企业的内部层级制度。解释企业组织的内部结构设计、组织中信息和人员行为等问题。第三,企业的资本结构或财务结构。涉及企业债权和股权的最优比例,债权人、股东和经营者的相关权力分配,破产的目的和经济涵义等问题。第四,企业所有权和控制权的分离。解决所有者的利益如何得到保障、不同类型所有者之间的利益如何协调、经营者的激励和风险负担问题等(钱颖一,1989,第 2 页)。由于企业是一个有机的组织,上述四方面内容是紧密关联的。也正是由于这个原因,虽然从表面上看,企业家的激励约束问题只是第四方面的内容,但该问题和前三方面内容也是密不可分的,显然,企业的性质和类型、企业的治理结构、企业的资本结构等都是和企业家的激励约束问题密切相关的。威斯通等(1998,第 25—49 页)曾把企业理论的内容分为三个主要部分:企业存在的合理性、企业组织形式和企业组织行为,他们对这三方面的企业理论重要文献的简要回顾表明,企业理论的三部分内容都与企业家的激励约束问题密切相关。

0.2.2 企业家的激励约束、企业效率与国有企业改革

解决国有企业效率低下问题是我国国有企业改革的初衷。始于 1979 年的我国企业改革,虽经历了 1979—1982 年的放权让利,1983—

1986年的利改税,1986—1991年的承包经营责任制,1992—1993年试行股份制和1994年建立现代企业制度、进行企业制度创新等阶段,取得了令人瞩目的成就,①但国有企业效率问题并没有从根本上得到解决。随着企业改革的深入,现代企业制度的逐渐建立和完善,人们认识到,缺乏对企业高层经理人员即国有企业企业家的有效激励和约束是国有企业效率难以得到根本改善的重要原因。迄今为止,在激励机制方面,国有企业高层经理人员没有形成一个独立的企业家利益阶层,其收入与企业业绩相关性不大;强调精神激励,忽视国有企业企业家的物质利益;收入构成不合理,名誉工资偏低,灰色收入多;更是缺少激励企业经理人员追求企业长远利益的经营者股权分配或股票期权的制度。这极大地影响了国有企业企业家的积极性,使国有企业在激烈的市场竞争中处于不利地位。在约束机制方面,没有形成规范的公司治理结构,所有者约束机制空缺;由于经理市场不存在、资本市场和产品市场的不完善等原因,市场对国有企业企业家的竞争约束也难以实现。这导致了所谓的"内部人控制"的形成,经理人员的"职位消费"和"个人支出账户"无限制扩张,出现了"59岁现象"等,造成国有资产的流失。产生国有企业企业家激励不足、约束不够现象的原因不仅在于渐进式改革的实践没有摸索出建立国有企业企业家激励约束机制的有效途径,更为重要的是,在理论界关于如何建立有效的企业家激励约束机制至今仍没有达成共识。

关于企业改革中的企业家问题,进入80年代中期后就引起理论界的高度重视。②90年代以后,随着对现代企业理论和我国企业改革实

---

① 有关国有企业改革阶段的回顾可参阅周振华(1995,第8—28页)。
② 虽然当时很少有具体针对企业家激励约束机制的问题的探讨,但对社会主义企业的企业家的产生、特征及企业家精神等问题的研究很多,这些成果在刘述意、高粮(1988)编的《企业家理论与实践》和周叔莲、闵建蜀(1989)主编的《论企业家精神》两本论文集中得到集中反映。

践认识的深入,围绕我国企业改革的核心问题理论界形成了"产权论"和"外部环境论"两派观点。① "产权论"者基于新制度经济学的现代产权理论,认为产权对企业效率是重要的。私有企业的产权人享有剩余利润占有权,这会给产权人以强激励动机去改善企业的效率,国有企业效率不高的原因就在于产权不明晰而缺乏足够的激励。因而,国有企业改革应明晰产权,通过产权改革来改善激励机制,进而提高国有企业效率。"产权论"非常强调通过产权改革建立一套使真正有才能的人成为职业企业家的企业家选择机制,甚至认为,我国十几年的国有企业改革在解决激励机制方面是相对成功的,而在解决企业家的选择机制方面是不成功的。基于现代企业理论的剩余索取权和控制权相对应的原理,针对我国国有企业的具体情况,"产权论"者提出将国家资产变成债权而不是股权,让非国家、真正承担风险的股东去选择、激励约束企业家的改革政策建议(张维迎,1995)。"外部环境论"则认为产权不是效率的必要和充分条件,强调目前国有企业的首要问题是不公平竞争条件下的软预算约束,国有企业改革的核心是创造公平的竞争环境。在"外部环境论"者看来,国有企业的产权属于全民所有是一清二楚,无所谓产权界定不清。国外大型股份公司的股东同样成千上万,和国有企业一样,都要通过委托代理关系委托给职业企业家具体经营管理企业。我国国有企业之所以效率低,关键在于我国缺乏一个充分竞争的产品市场、企业家市场和资本市场,不能产生充分的信息去监督约束和激励职业企业家。建立充分竞争的市场机制,由市场机制去激励约束企业家,是建立现代企业制度的核心。而目前国有企业债务负担、职工养老负担过重,部分国有企业产品的价格仍严重扭曲,一些国有企业还承担政策功能,这决定了现在的竞争是不公平的,也为国有企业预

---

① 有关"产权论"和"外部环境论"观点的详细综述可参阅张军(1996,第95—109页)。

算软约束提供了借口。因而,国有企业改革的任务是创造公平的竞争环境,建立充分竞争的市场机制(林毅夫等,1997)。从上面的分析中我们可以看出,两派都利用现代企业理论,都认可企业家的激励约束机制对企业效率的决定意义,只是在如何建立国有企业企业家的激励约束机制方面产生了分歧。有关国有企业改革研究的最新进展是"超产权论"的观点(刘芍佳、李骥,1998)。"超产权论"通过建立"产权、竞争、治理机制与绩效相互关系的理论模式"说明,决定企业绩效的关键是企业治理机制,竞争是企业治理机制向效益方面改善的根本保证条件,产权变化并不是企业治理机制改善、效益提高的必然保证条件。"产权论"阐明了收益机制对提高企业效益的作用,而"超产权论"却进一步阐明了激励机制只有在竞争条件下才能发挥作用,驱动企业改善机制,提高效益。"超产权论"发展的政策建议是,必须进行企业目标利润化、主人行为规范化、激励机制市场化、经理选聘竞争化与资产管理商业化的国有企业商业化改革,给企业注入商业利益导向的治理机制。通过比较不难看出,"超产权论"在接收了"产权论"对产权作用的分析的同时,更加强调"外部环境论"的竞争对企业绩效的作用。由于企业家的激励约束机制构成了"超产权论"中的企业治理机制的核心内容,因而,在"超产权论"的理论模式中,也同样强调了企业家的激励约束机制对企业效率、进而对国有企业改革的决定意义。

  回顾本节对企业家激励约束问题重要性的两方面的论述,不难看出,我们所关注的都是企业家激励约束问题的微观方面的意义。从宏观角度分析,人类所面临的基本经济问题是资源配置问题和动力问题,经济体制作为人类解决两大经济问题的一组机制,包括决策机制、信息机制、激励机制和约束机制(张春霖,1991,第26—33页)。四种机制相互组合完成经济体制的配置和动力两大功能,其中配置功能旨在使资源配置尽可能达到一种最符合人们效用最大化目标的状态,而动力功能则使个人之间相互以某种方式影响他人的经济行为以求达到一种最符合他们的效用最大化目标的状态。基于上述企业家的激励约束机制对企业效率的决定意义的分析，我们可以引申出它作为经济体制中激励约束机制的一种，对经济体制效率的重要意义。我们甚至可以认为，企业家的激励约束机制构成了经济体制的激励约束机制的核心部分。正因为这个原因，企业家的激励约束机制的优劣是比较、评价经济体制的重要指标之一。①

0.3 相关理论方法述评

在我们论述企业家的激励约束问题的产生、理论价值和实际意义时，与该问题相关的一些理论方法已被提及。本节我们将对企业家理论、交易费用理论、产权理论、委托代理理论和管理激励理论等与企业家的激励约束问题相关的众多理论进行评述。需要强调说明的是，对这些理论文献的述评是方法导向的，旨在为本篇后面的分析研究奠定方法论基础。因而这里的述评是实用主义的而非系统全面的。

0.3.1 企业家理论述评

自法国经济学家坎蒂隆（Cantillon）1755 年将"企业家"（entrepreneur）

---

① 如果把所有制作为经济体制的一个构成要素（刘国光，1986，第490—492），企业家的激励约束机制也可以作为评价所有制效率的一个依据。朱东平（1995）应用信息经济学和交易费用经济学方法，从企业经营者的激励约束机制角度比较了传统公有制、个人所有制和混合所有制的效率，论证了混合所有制的经济合理性。张春霖（1991）否认所有制作为经济体制的构成要素，在着重论述以所有权和控制权分离为主要特征的现代企业组织成长的基础上，探讨了市场经济体制的形成问题，得出了与资本主义所有制相分离的现代市场经济体制是可能的结论。这实质上从另一角度说明了社会主义与市场经济体制兼容的可能性，也客观上为我国企业学习借鉴西方国家企业家激励约束机制清除意识障碍奠定了一定的理论基础。

这一术语首次引入经济学理论，在200多年的西方经济理论发展史中，"企业家"历经角色变迁、地位沉浮。在古典经济理论体系中，萨伊（Say）最早强调企业家的重要地位，并赋予企业家以企业组织"协调者"（coordinator）的角色，穆勒（Mill）则在英国推广了这一术语。在早期的新古典经济理论体系中，集大成者马歇尔（Marshall）折中地认为企业家可以具有"协调者"、"中间商"（arbitrageur）、"创新者"（innovator）和"不确定性承担者"（uncertainty-bearer）的作用，企业家可以在诸角色之间权变选择。进入20世纪二三十年代以后，关于企业家理论的研究步入了两条不同的轨道，一条是主流经济学家们的研究，他们把企业家完全排除在经济理论体系和研究之外。在主流经济学的现代微观经济理论中，由于强调完全信息和完全市场，这种市场会进行一切的必要协调，不需要企业家的干预，管理和决策变得无足轻重，企业家这一角色从理论著作中消失了。正如鲍莫尔（Baumol, 1968）所指出："近年来，尽管企业家作用的重要性越来越明显，并不断被人们所认识，但事实上，企业家的形象却从经济理论文献中消失了。"[①] 另一条是非主流经济学家的研究，他们赋予企业家不同的角色，构建自己的理论体系，最先发起了对新古典企业理论的挑战。如熊彼特（Schumpeter, 1934）把企业家作为"实现新的组合"的创新者、经济发展的带头人，构建了其经济理论体系，以及奈特（Knight, 1921）赋予企业家不确定性环境中的决策者角色，柯兹纳（Kirzner, 1973）基于市场程序（market process）理论发展了企业家作为中间商角色的理论，利本斯坦（Leibenstein, 1968）认为企业家的职能在于克服组织中的X低

---

① 转引自池本正纯（1985，第1页）。熊彼特（Schumpeter, 1934）指出，在以分析资本主义经济为己任的经济学中，理应成为舞台主角的企业家却不出场，这跟演出《王子复仇记》而王子不登场一样可笑。关于企业家形象在主流经济理论中消失的原因，可参阅黄群慧（1999）。

效率等；20世纪80年代以后，卡森（Casson,1982）引入了"企业家判断"这一概念，抛弃了天真的新古典主义厂商理论的观点，赋予了企业家"判断性决策者"的角色，对上述各种企业家理论进行了综合，试图建立一个统一的企业家行为理论的分析框架，代表了西方企业家理论的新发展。

通过赋予企业家一定的角色研究将企业家纳入标准的经济模型中的可能性及如何纳入，这可以归结为经济发展或经济体系从均衡向非均衡恢复对企业家的"需求"问题；另一类研究则是社会中的企业家的"供给"问题，即对企业家的形成及影响因素的研究，这又可分为四种研究角度或方向，即心理分析或天赋素质分析角度、人力资本角度、社会性分析角度和制度分析角度（何涌，1994）。心理分析角度的研究把企业家作为具有异常特质、优于一般人的"英雄"或"超人"。熊彼特（1934）的观点是这种研究的代表，他认为，企业家具有天生的追求个人成功的巨大动力，这种个人成功的动力超过了追求利润最大化的积极性，企业家具有目光敏锐、创新意识强、坚忍不拔、独立自主等特质。他尤其强调以创新精神为主的企业家精神的重要性，这一点在著名管理学大师彼得·德鲁克（1988）那里得到了发展，但这种观点得到的批评似乎多于支持。人力资本角度的研究源于舒尔茨（1990）对其人力资本理论的扩展，他认为企业家的能力是一种通过正规教育和培训而形成的人力资本。利本斯坦（Leibenstein,1968）也确信训练和教育可以增加和促进企业家要素的增长。一些研究者（Lentz and Laband,1990）则强调"干中学"对企业家能力形成的作用。上面提及的德鲁克尝试把创新与企业家精神作为一种有目的、有系统的知识来阐述其内在规律，以指导企业家，也可归为人力资本的研究角度。社会性分析角度的研究趋向于注重社会文化和经济环境对企业家阶层形成的作用。马克斯·韦伯曾把欧洲企业家的形成归因于新教精神的发扬。美籍日裔学者福山的《信任：社会价值和创造经济繁荣》一书曾论证了，一个国家的文化形态和社会传统对一个国家经济是以现代化大企业为主还是以家族企业为主具有决定性作用。一些研究者则探讨了企业家的产生与诸如经济增长率、市场结构和规模等经济环境要素的相关性（Highfield and Smiley，1987）。制度分析角度的研究在一定程度上可以理解为制度经济学对企业家供给的解释。基于"泛制度的分析方法"，企业家的供给决定于国家制定的制度（包括激励制度、产权界定等）能否保证企业家活动的收益（Baumol，1968，1990）。何涌（1994）认为，制度分析角度的研究对发展中经济的意义重大，为鼓励企业家的产生和引导他们的才能配置向生产性而非再分配性的活动，发展中国家对经济制度的改善至关重要。

综上所述，企业家理论所研究的是一般意义上的企业家的需求和供给问题，几乎不涉及现代企业高层管理者，似乎与本篇主题——企业家的激励约束问题没有相关性。问题并非如此；随着现代企业的发展，企业规模日益扩大，股东日趋分散，企业家职能分解的最终结果是企业高层管理人员承担了绝大部分一般意义的企业家职能，这使得企业家理论所探讨的企业家精神、企业家角色、企业家对于经济发展的作用等一般意义的企业家的供给和需求问题基本对应到现代企业的高层管理人员身上。企业家理论至少在以下三方面有助于我们对主题的分析研究。第一，企业家理论对企业家角色、功能和作用的研究，为理解激励约束对象的性质提供了深厚的理论背景支持。第二，企业家理论关于企业家精神和特质的研究，为选择职业企业家提供了理论依据，进而影响到相应的激励约束机制的选择和建立。第三，企业家理论关于企业家的形成和影响因素的研究，实质上是对企业家生成机制宏观影响因素的理论分析，而形成机制在一定程度上划定了建立激励约束机制的选择空间。

0.3.2 交易费用理论述评

如果说，企业家理论把企业作为企业家人格化的装置而对新古典主义厂商理论最早提出挑战，那么，由科斯（Coase，1937）开拓、威廉姆森（Williamson，1975，1985）等人发展的交易费用理论则构成了对把企业看作一种生产函数的古典厂商理论最彻底的批判。科斯首先打破了市场机制无成本的古典经济思想，提出了只要管理费用小于交易费用，[①] 企业就会取代市场来进行交易的科斯命题。威廉姆森进一步研究认为，环境的不确定性及少数交易参与者之间的关系是导致市场失灵的环境因素，再加之有限理性和机会主义的人为因素，使人们在拟定、履行和强制执行市场契约时会付出巨大的代价，最终导致了交易在企业内部而不是在市场上进行。威廉姆森全面阐释了企业组织的原理和市场失灵的原因，指出纵向一体化可以节约交易成本的源泉，从交易成本角度说明了企业采用纵向结构的必要性。威廉姆森对交易费用理论的贡献是多方面的，在其贡献基础上形成了交易费用经济学。交易费用经济学以交易为基本分析单位，在一定的人的行为假设下，以节省交易费用为分析出发点，研究经济组织的存在目的、形式、内部结构和行为等问题。

威廉姆森的交易费用经济学内容丰富、体系庞大，大致包括的内容有交易费用经济学的法学、经济学和组织学的来源及发展阶段；契约人的行为假设和交易费用的决定因素；契约关系治理和作为治理结构的企业；纵向一体化的理论、政策和依据；企业为何不会无限扩大；非标准契约的应用和可信的承诺；层级制；有效的劳动组织；现代公司与

---

① 尽管交易费用的概念在现代经济学文献中出现的频率如此之高，以至于"经济学界有些人对它的热衷甚至到了滥用的地步"（单伟建，1989，第67页），但理论界仍没有一个关于交易费用的统一确切的定义。一个很宽的定义是：一切不直接发生在物质生产过程中的制度运行费用，包括信息成本、谈判成本、拟定和实施契约成本、界定和控制产权成本、监督观测的成本和制度结构变化的成本（《新帕尔格雷夫经济学大辞典》，中译本，1992，第58页）。

M型结构;公司治理与董事会;管制和放松管制;反托拉斯等(费方域,1997)。出于后面研究的需要,我们更为关注威廉姆森关于把企业作为治理结构以及有关现代公司层级组织的研究。例如,威廉姆森(1981)将现代公司理解为许许多多具有节约交易费用目的和效应的组织创新的结果,归纳了出于节约交易费用目的的有效组织结构设计三原则,即资产专用性原则、外部性原则和层级分解原则,从组织理论角度阐释了现代企业的产生,这与钱德勒的企业史角度的考察形成理论和实证的相互支持。而我们正是从钱德勒的现代企业是由一组支薪的中、高层经理人员所管理的多单位企业的观点引申出企业家的激励约束问题的。因而,威廉姆森关于企业纵向组织结构的理论,为企业家的激励约束问题的产生提供了理论说明。又如,威廉姆森(1975)提出了所谓U型和M型结构假说,论证了现代公司由U型向M型发展的过程,认为M型结构比U型结构在公司目标和行为方面更符合公司所有者即股东的偏好,也就是说,在所有权和控制权分离的现代企业中,M型结构比U型结构提供了更好的企业家激励约束机制。需要指出的是,作为基本研究方法,本书抛弃威廉姆森承袭的康芒斯以交易为基本分析单位的做法,更倾向于采用代理理论把人作为基本分析单位的做法。在有关企业家人性假设上,也将在威廉姆森的"契约人"的假设基础上进一步拓展。

0.3.3 产权理论述评

构成新制度经济学的另一重要分支的产权理论,[①] 是关于产权的功能、产权的起源、产权的类型、产权的属性及产权与经济效率的理

[①] 根据威廉姆森的分类,新制度经济学将契约分析的方法应用于经济组织,产生了三个重要分支,交易费用经济学、产权理论和代理理论。公共选择理论构成新制度经济学的另一个分支。转引自芮明杰、袁安照(1998,第45页)。

论。本书所关注的是企业产权制度对企业家的激励约束机制的影响。1972年,阿尔钦和德姆塞茨(Alchian and Demsetz,1972)提出了团队生产理论,开创了从所有权角度解释企业内部结构的激励问题(监督成本)的先河。在阿尔钦和德姆塞茨看来,企业的实质是一种"团队生产"方式,即一种产品是由若干个成员协同生产、共同努力的结果。由于每个团队成员的个人贡献不可能精确地进行分解和观测,因而会导致偷懒问题的产生,进而专门监督团队其他成员工作的监督者就十分必要。为了使监督者有监督的积极性和使监督有效率,监督者必须既是企业所有者,占有剩余权益,又是企业管理者,具有指挥其他成员的权力,古典企业也就应运而生,监督者也就是古典意义的企业家。对于企业家的激励约束问题而言,团队理论揭示了所有权在解决企业激励问题时的重要性,尤其是说明了所有权应该与那些边际贡献最难度量的投入要素相联系。① 在此之后,格罗斯曼和哈特(Grossman and Hart,1986)以及哈特和莫尔(Hart and Moore,1990)在威廉姆森(1975,1979)和克莱因等(Klein et al.,1978)对纵向一体化问题研究的基础上发展了一个最优所有权结构的模型。如果将格罗斯曼—哈特—莫尔的观点和德姆塞茨(1992)等人对产权的基本认识综合起来,就可形成经济学家公认的关于企业产权分析的一个基本框架。①产权等同于财产所有权,是指对给定财产的占有权、使用权、收益权和转让权,可划分为特定收益权、特定控制权、剩余收益权(剩余索取权)和剩余控制

---

① 与这个观点相关联的是张五常、杨小凯等人发展的交易费用理论的另一个分支——间接定价理论。该理论认为,企业和市场是契约安排的两种不同形式,企业的本质是用要素市场取代产品市场,是一种契约取代另一种契约,这两种契约安排的选择取决于由替代物定价所节约的交易费用是否能弥补相应信息不足而造成的损失。"企业是一种巧妙的交易方式,它可以把一些交易费用极高的活动卷入分工,但同时却可以避免这类活动的直接定价和直接交易"(杨小凯,1994)。进一步的结论是,分工中从事交易费用高的活动的一方应具有企业的剩余索取权或称为所有权,这种所有权体现了其所从事的活动的间接价格。

权。① ②企业所有权由企业剩余索取权和剩余控制权定义,或由剩余控制权定义更为明确,从动态角度看,企业所有权是一种状态依存所有权,即在什么状态下谁拥有剩余索取权和剩余控制权。③效率最大化的企业产权安排是剩余索取权和剩余控制权相对应。④企业是不同财产所有者的契约的组合,财产所有权是交易的前提,企业所有权是交易的方式和结果。⑤企业契约是不完全的,由契约所界定的收益权和控制权不可能穷尽全部可能发生的情况下的所有责任和义务,由剩余控制权定义的企业所有权对激励问题进而对企业效率具有决定意义。这种产权分析框架对我们理解现代企业的法人治理结构有重要意义,而在本书中法人治理结构体现了所有者对企业家行为制约的组织安排。哈特以不完全契约为基础的产权理论的进一步推广是有关企业资本结构的理论,阿洪和博尔腾(Aghion and Bolton,1992)的模型是这方面的代表。有关企业资本结构的理论是我们理解来自资本市场的债务、破产和接管等机制对企业家的约束作用的理论基础。本书承认产权安排对企业家激励约束的重要作用,但同时也强调竞争是这种作用发挥的前提。

0.3.4 代理理论述评

代理理论可以分为两类,一类是由詹森和麦克林(Jensen and Meckling,1976)的经典论文《厂商理论:管理行为、代理成本和所有权结构》开拓的"实证代理理论"或"代理成本理论";另一类是这里的完全以正式的数学模型表述的"委托—代理理论",由威尔森(Wilson,1969)、斯宾塞和泽克豪森(Spence and Zeckhauser,1971)、罗斯(Ross,1973)等人最早做出开拓性的贡献。詹森和麦克林在其经典论文中,由企业内部所有者和高层管理者之间的契约安排所产生的企业管理人

---

① 肖耿(1997,第28—29页)曾形象地将这种产权的分类描述为产权学派的"瑞典国旗"框架。

员不是企业完全所有者的事实引申出"代理成本",并认为代理成本是企业所有权结构的决定因素。在詹森和麦克林看来,当管理者不是企业的完全所有者时,不可能具有充分的积极性,企业的价值就小于他是企业完全所有者时的价值,这二者之差就是所谓的"代理成本"。一般而言,代理关系引起的代理成本包括订约成本、监督和控制代理人的成本、确保代理人做出最优决策或保证委托人由于遭受次优决策的后果而得到补偿的保证成本、不能完全控制代理人的行为而引起的剩余损失等。让管理者成为完全的剩余权益拥有者,可以消除代理成本,但这会受到管理者自身财富大小的约束。虽然通过举债筹资可以解决这个问题,但在有限责任制度下,管理者可能把失败的损失转给债权人承担,因而,也会有代理成本。詹森和麦克林的结论是,最优的资本结构应权衡两种筹资方式的利弊,使代理成本最小。尽管詹森和麦克林的初衷只是用资本结构作为减小代理成本的工具,但其委托代理框架是广义的,我们不难推广,由于代理人和委托人的利益不一致,双方的契约是不完全的,契约不可能无成本地拟定和执行,信息对于委托人和代理人是不对称的,必然会产生代理成本问题。降低由代理关系产生的这些成本,必须建立完善的代理人激励约束机制。对于本书的主题而言,降低代理成本问题可以看作是企业家激励约束问题的翻版。实证代理理论对于本书的研究方法意义的贡献在于代理成本的概念以及建立在代理成本基础上的证券设计模型。

另一派代理理论"委托—代理理论",如第 2 节所提及,又称为信息经济学。信息经济学被认为是由于引入不完全信息而在 70 年代产生的微观经济学的基础研究革命,是"最近十年来一直发展最为迅速的经济理论领域"(Varian, 1992, 第 440 页)。[①] 信息经济学可以分为两

---

① 在西方经济学中,所谓的经济理论都是指微观方面,宏观经济学只有追求微观基础才被称之为理论(许成钢, 1996)。

个重要的研究分支，一是在不完全信息（imperfect information）条件下的经济分析，研究信息成本和最优信息搜寻问题；另一个是非对称信息（asymmetric information）条件下的经济分析（张培刚，1997，第465—466页）。[1] 后者是现代信息经济学研究的核心内容，可以看作是非对称信息博弈论在经济学中的应用，但其许多理论都是从研究具体的制度安排中发展起来的。非对称信息经济学所要解决的问题可以归结为"道德风险"（moral hazard）和"逆向选择"（adverse selection），[2] 针对这两类问题发展出来的隐藏行动的道德风险模型、隐藏信息的道德风险模型、逆向选择模型、信息传递模型和信息甄别模型等构成了信息经济学的主要内容（张维迎，1996，第398—403页），而所有的这些模型又都是置于委托人—代理人框架中分析的。但习惯上委托—代理模型是对隐藏行动的道德风险模型的别称，常把信息经济学的模型简化为委托—代理模型和逆向选择模型两类。由于"委托人—代理人的文献涉及一个人——委托人（比如说雇主）如何设计一个补偿系统（一个契约）来驱动另一个人（他的代理人，比如说雇员）为委托人的利益行动"（《新帕尔格雷夫经济学大辞典》，1992，第1035页），所以，委托人—代理人理论，或信息经济学所研究的问题实质是激励问题，因而，有关"道德风险"和"逆向选择"现象的研究在经济学中也被称为激励理论（钱颖一，1996）。人类社会的激励问题无疑是重要的、普遍的和复杂的，信息经济学或委托代理理论是经济学家迄今为止所具有的分

---

[1] 不完全信息是指信息量掌握程度的不完全，经济环境中的信息主要表现为完全信息、不完全信息和无知三种度量。非对称信息指的是某些参与者拥有而另一些参与者不拥有的信息，和对称信息相对应，反映信息在参与者之间的分布，是信息差别的经济结果之一。

[2] 这两个概念是信息经济学的两个基石，有关详细解释可参阅《新帕尔格雷夫经济学大辞典》（中译本，1992）的相关词条。还需说明的是，相对于信息经济学的丰富内容，这里对其的评述是十分简略和实用主义的，有关信息经济学的全面了解，除参阅相关教材，如张维迎（1996）的专门教材外，对该权威辞典的相关词条的阅读也是非常有益的。

析激励问题最有效也最通用的工具。本书的主题——企业家的激励约束问题可以用委托人—代理人分析框架描述为：[①] 现代企业所有者（股东）作为委托人想使作为代理人的企业经营者（职业企业家）按照所有者自己的利益目标选择行动。然而，所有者不能直接观测到经营者选择了什么样的行动，所能观测到的是另一些变量（企业的某些产出），这些变量或产出至少部分地由经营者的行为决定，也就是说是由经营者的行为和其他的外生随机变量决定。企业所有者的问题是如何根据这些观测到的产出或变量，来奖惩经营者，以激励经营者选择对所有者最为有利的行动。企业家的激励约束机制就是针对这一问题所设计的一种机制，通过给予职业企业家有激励性的报酬，诱导职业企业家采取在企业所有者看来是最好的行为。

激励问题的核心是在委托人—代理人框架下寻求最优的激励方案，或设计最优的激励机制。经过莫里斯（Mirrlees）、斯蒂格利茨（Stiglitz）、赫尔维茨（Hurwicz）、维克里（Vickrey）、霍姆斯特姆（Holmstrom）等人的开拓性贡献，这个领域取得了重要的突破和进展。这为本书后面企业家的激励约束机制的分析设计奠定了数理方法论基础，支撑了本书对企业家各类激励约束机制的模型分析。然而，虽然"委托人—代理人模型对劳动、土地、信用和产品市场中不同经济关系的性质提供了重要的透视"（《新帕尔格雷夫经济学大辞典》，中译本，1992，第1040页），我们却很难、也不应该期望从中直接得出具有现实意义的结论或具体方案。正如泰勒尔（1997，第61页）所指出的，"对道德风险问题的一般性结论很少"。迄今为止，标准的委托—代理理论只给出了两个通用性的观点：其一，在任何满足代理人参与约束及激励相容约束条件下而使委托人的预期效用最大化的激励机制或契约

[①] 这里仅仅是一般的文字描述，下一章将进行详细的模型化表述。

中，代理人必须承担部分风险；其二，如果代理人是一个风险中性者，那么可通过使代理人承受完全风险的方法达到最优激励结果（张维迎，1995a，第31页）。这两点结论对应到企业家的激励约束问题上的通俗含义是，经营者的报酬中，必须含有风险收入，否则所有者的利益不可能达到最大；当经营者的报酬全部是风险收入时，即完全享有剩余索取权时（此时，经营者和所有者已合二为一），激励机制最优，所有者的利益能保证达到最大。显然，这两点结论对我们具体建立企业家的激励约束机制的现实指导意义不大。造成该问题的原因，一方面是因为激励问题本身的复杂性，另一方面也和经济学追求科学主义的方法论相关。如上所述，信息经济学可以看作是非对称信息博弈论在经济学中的应用，各种委托代理模型都是用数学语言描述的。由于数学语言的精确性，借助数学可以降低经济学家之间的沟通成本，数学模型有助于经济学知识的积累。经济学的这种研究方法使经济学与其他社会科学相比，内在逻辑统一，论证严密，知识可积累性强，更符合科学性原则。然而，经济学中完美的数学模型是有代价的，其代价是牺牲了经济学的现实性。因为经济模型是基于理性人等与现实并不完全相符的抽象的假设前提建立的，这影响了经济模型对现实的复杂性的解释和相应结论的有效性。针对这一问题，本书下两章试图将问题导向的管理学方法和科学主义导向的经济学方法结合起来使用，发挥两个学科方法的优势，构造一个综合分析企业家的激励约束问题的模式。

0.3.5 管理激励理论

对于人类社会普遍存在的激励问题，管理学和经济学中的激励理论在几乎完全不同的发展轨迹上进行阐释。如上所述，经济学中的激励理论或信息经济学，作为继一般均衡论后微观经济学基础理论革命性的突破，是在20世纪70年代发展起来的。也就是说，具有数百年历史的经济学只是在20世纪70年代以后才真正重视激励问题。然而，激励问题作为企业管理的基本问题，自20世纪初泰勒（Taylor）开创管理科学开始，一直就是管理学的研究主题。管理学中的激励理论经历了由单一金钱刺激到满足多种需要、由激励条件泛化到激励因素明晰、由激励基础研究到激励过程探索的历史演进过程（吴云，1996）。管理学中的激励理论往往以人的需要为基础，对激励的过程进行深入细致的研究，确定影响因素，寻找科学的激励方法，旨在提高激励结果的有效性，充分调动工作积极性，具体包括马斯洛（A. H. Maslow）的需要层次理论、赫兹伯格（F. Herzberg）的双因素理论、弗鲁姆（V. H. Vroom）的期望理论、亚当斯（J. S. Adams）的公平理论、波特和劳勒（L. Porter and E. Lawler）的综合激励模式等。管理学中的激励理论侧重于对一般人性的分析，服务于管理者调动被管理者积极性的需要，并没有针对管理者自身的专门激励理论。企业家的激励约束问题则要求解决管理者本身的积极性问题，实质是一个"管理高层管理者"的问题。企业家具有一般的人性特点，这是管理激励理论作用有效发挥的前提，但企业家角色有其独特性，这是该问题的特殊性所在，也正是本书建立企业家激励约束问题的综合分析模式必要性所在。

第 1 章 企业家角色、行为假定与激励约束机制

导论中所评述的各种理论方法虽然有助于我们分析、理解企业家激励约束问题,甚至在一定程度上直接提供了解决该问题的方法,但每种单独的理论方法都难以"搭成"对企业家激励约束问题进行系统分析的"全景式舞台",因而建立一个用于指导对企业家激励约束问题进行全面分析的模式就十分必要。本章基于下面的分析逻辑构造了一个企业家激励约束问题的基本分析模式:从经济学中企业家理论对企业家角色的研究和管理行为主义对企业家角色行为的分析,归纳出激励约束企业家行为的目标模式;从企业家的行为假定演绎出对企业家行为具有激励约束作用的各种机制——报酬机制、控制权机制、声誉机制和市场竞争机制。每种激励约束机制对企业家行为的控制过程和程度,以及各种激励约束机制不同程度的互补和替代组合构成了企业家激励约束问题的基本分析模式内容。

1.1 企业家理论和企业家角色

如果我们借用詹森和麦克林(Jensen and Meckling, 1976)的"实证代理理论"的分析框架和"代理成本"的概念,现代企业企业家的激励约束机制的有效性,就表现为代理成本的降低程度,或者说是在享有代理关系收益的同时控制代理成本。在代理理论中,代理成本被界定为订约

成本、监督和控制代理人的成本、确保代理人做出最优决策或保证委托人由于遭受次优决策的后果而得到一定补偿的保证成本和不能完全控制代理人的行为而引起的剩余损失等四部分内容。其中前三方面费用可以认为是企业家的激励约束机制的建立和运行费用,而所谓的"剩余损失"则是指在支付企业家的激励约束费用的基础上,仍不能保证代理人的决策行为和能最大化委托人福利的决策行为一致,从而引起委托人的福利水平降低程度的货币等值。代理成本的概念对于代理关系的描述无疑是深刻的,但代理成本理论所能告诉我们的,仅仅是最大化委托人福利的决策行为是激励约束企业家行为的目标。但对于如何建立有效的代理人的激励约束机制而言,问题的关键是企业家什么样的行为是最大化委托人福利的行为呢?我们想知道,将委托人的积极性和代理人的能力合二为一的理想的企业家是如何行为和决策的?[①] 只有明确了这个问题,才能知道什么是并进而建立有效的企业家激励约束机制。由于代理理论无法具体说明什么样的企业家行为才是有效的企业家激励约束机制所要求的,因而对如何建立有效的企业家激励约束机制问题的回答也就相对乏力。然而,在这方面,企业家理论和管理学中的激励理论却正好有用武之地。

1.1.1 经济理论中有代表性的企业家角色研究和阐释[②]

由于经济学认为企业家精神是一种自发的、发展的现象,企业家行

[①] 这种"合而为一"的企业家在现代公司制企业中是不存在的,这里只是从建立有效的企业家激励约束机制的理论或理想目标角度而言的,否则,所谓的代理关系将没有必要存在,以所有权和控制权分离为特征的现代企业也不会出现。

[②] 从行为科学角度分析,所谓角色是指群体中每一个成员具有的特定行为方式。对角色的深层次分析表明,角色又包括期望角色、认知角色和行动角色(阿尔特曼等,1990,第 224—225 页)。期望角色是指群体中的成员被期望应该具有的行为方式,反映了个体的工作职能;认知角色是个体所认识到的、实现期望角色所必需的活动和行为的组合;行为角色是个体实际的行为方式。经济理论中的企业家角色指企业家的期望角色,研究企业家应该具有的行为方式和职能。

为本身具有不确定性,因而虽然在经济理论中有若干关于企业家的理论,但正规的研究封闭经济系统中企业家行为的数理模型却极少(卡森,1992,第 162 页)。因此,这里我们从企业家角色的角度来探讨企业家理论对本书主题的意义。①

1. 萨伊的企业家"协调者"角色

萨伊是法国 19 世纪初期的著名政治经济学家,人们常常把他的名字和其著名的"市场法则"联系在一起。他对经济学的重要贡献是在其 1803 年的著作《关于政治经济学的专题论文》中对竞争市场条件下产品的生产和分配问题的研究。在研究中,萨伊最早赋予了企业家作为生产的协调指挥者的角色。萨伊遵循亚当·斯密的劳动力、资本和自然资源的生产三要素分类,但他强调劳动力是生产过程中的关键投入,侧重于对劳动力的进一步的研究。沿袭三分法,他认为,劳动力可以进一步分为科学研究人员、企业家和工人三类,分别履行创造和提供知识、应用知识于具体目的以及具体执行操作的职能。而所有的生产过程都是劳动力三种职能的组合。其中企业家的知识应用职能是生产的驱动力,具体包括协调(主要职能)、决策制定和承担风险等。企业家作为生产过程的中心枢纽,收集信息、制定决策,着重发挥其协调人、财、物、产、供、销的协调者的作用。在分配方面,萨伊认为企业家

---

① 虽然以卡森、舒尔茨为代表的西方经济学家近十年来尝试把企业家作为一种稀缺性的资源从实现经济均衡角度把企业家的分析纳入到新古典经济学的一般均衡体系中(黄泰岩、郑江淮,1997;郑江淮、袁国良,1998)。然而,正如卡森(1992,第 164 页)在为《新帕尔格雷夫经济学大辞典》撰写的"企业家"词条中指出的:"只有在完全公平地对待经济结构的复杂性和发展性的经济模型中,才能正确地理解企业家。在此类模型中,'均衡'的概念仍是一个有用的分析工具,但它与实际情况的相关性却是有限的。对企业家的研究开阔了经济学的视野,不再囿于推导出一组连贯的价格与数量的等式。人类个性方面的因素——如自信——发挥了决定性的作用,文化状况影响下性格的可塑性也是如此。因此,关于企业家的理论不是使普通的价格理论走向完整的最后一步,而是使经济理论发展成为更广泛的社会科学整体一部分的第一步。"

作为协调者按市场价格支付各种投入要素的报酬,企业家自己的报酬是企业的剩余。企业家不同于资本家,资本家的报酬是其投入资本要素的市场价格。虽然企业家的收入中也可能包括其因投入资本而得到的要素价格,但那部分收入是作为资本家的报酬,而非纯企业家的报酬,企业家的报酬只能是企业的剩余。萨伊关于企业家的"协调者"角色的思想虽然被众多使用英语的古典经济学家所忽略,但其影响仍是深远的,从后来的经济学家,如瓦尔拉斯(Walras)和熊彼特的著作中可以清楚地看到这种影响。

2. 马歇尔的企业家的多重角色

终结古典经济学体系的经济学大师马歇尔,虽然从来没有专门探讨企业家的职能,但他对企业家作用的论述贯穿于其从1890年的《经济学原理》到20世纪20年代的所有论著,其论述是非常全面的,从企业家作为企业组织的领导协调者、中间商、创新者和不确定性承担者等多方面对企业家的职能进行了研究。马歇尔认为,企业家是生产要素卖方和产品买方之间的中介人,是把生产要素在企业中结合起来,使之成为产品并送到消费者手中这一组织化过程的核心。在马歇尔看来,企业家作为协调者,不仅组织调配各种资源,指挥管理生产过程,而且还不停地使用边际替代原理,保证成本最小化一阶条件的成立。为了追求成本最小化,企业家又必须是创新者,创新各种新技术,尝试各种新思想。马歇尔把生产和销售两者统一的观点纳入到经济学中,认为企业家的作用不仅由生产产品的制造商来承担,而且还由销售产品的商人来承担。企业家的低价买进、高价卖出的套利行为使企业家又具有了中间商的角色。企业家的管理决策行为、套利行为和创新行为都会面临很大的风险,风险负担和管理权限是不可分割的,企业家因而又是当然的风险承担者。虽然马歇尔这种赋予企业家多重角色的全面折中观点使其企业家角色理论失去了鲜明性,但其思想是博大精深的,是企业家理论的主流，后人对企业家理论的深入研究大多都源于马歇尔的思想。

3. 熊彼特的企业家"创新者"角色

熊彼特的企业家理论是最具鲜明色彩和影响最为广泛的。他赋予企业家以创新者的角色，认为企业家是资本主义经济发展的发动机，最具活力的因素。在熊彼特看来，企业家的创新行为是商业周期和经济发展的根本原因。熊彼特认为，所谓创新就是建立一种新的生产函数，把一种从未有过的有关生产要素和生产条件的新组合引入生产系统。具体来说，这种新组合或创新包括五种：引进新产品（或改进现有产品质量）；引进新技术，即新的生产方法；开辟新市场；控制原材料的新供应来源；实现企业的新组织形式（特别指组成托拉斯或某种其他类型的垄断组织）。熊彼特意义的企业家并不是发明家，他决定的是如何配置资源，以便利于发明；企业家也不是风险承担者，承担风险的是向企业家贷款的资本家。因此，熊彼特所谓的企业家本质上是制定创新决策的决策者或管理者。按照熊彼特的逻辑，企业家首先制定创新决策，其次执行创新决策，其结果会产生所谓的新组合，在自由市场体系下，新的组合又将给企业家带来利润，从而打破了原来的经济均衡状态。由于示范效应会产生许多模仿跟进者，互相竞争的结果使获得利润的机会逐渐丧失，从而又产生了新的均衡。因此，企业家作为创新者，其作用是通过创造性地破坏市场均衡，推进经济发展。熊彼特的企业家"创新者"角色是超越市场结构的，再加之其塑造的企业家形象十分鲜明，因而其理论影响也最为深远和广泛。

4. 企业家作为"不确定性承担者"

在所有有关企业家的经济理论中，不确定性承担者是经济学家赋予企业家的最普遍的角色，多数经济学家都认为企业家的主要职责是挑战不确定性环境。这种不确定性承担者具体又可以分为三种角色——投机商（speculator）、所有者（owner）和决策者（decision-maker）。

18世纪法国经济学家坎蒂隆最早把企业家引入经济学时赋予了企业家投机商的角色。坎蒂隆认为，企业家是自由市场体系的关键部分，他以一个固定价格买进商品，以一个不确定的价格卖出商品，促进了市场交易的发生。企业家的报酬就是卖出价与买入价之差。如果企业家准确地洞察、把握了市场机会，则赚取利润，反之，则承担风险。同时，企业家这种逐利的投机行为使市场逐渐趋于均衡。坎蒂隆的理论开经济学研究企业家的先河，对后人的影响很大，如对萨伊及柯兹纳的企业家的"中间商"角色理论等的影响。

19世纪末、20世纪初美国经济学家霍勒（Frederick B. Hawley）基于只有企业所有者才能真正承担企业的不确定性和风险的认识，认为企业家是企业的所有者。霍勒认为企业家不是生产要素，而是不确定性承担者和一种激励要素。各种生产要素和方法是由企业家控制和指挥的。但这并不意味着企业家是企业协调管理者，管理者是可以通过支付固定的报酬来雇佣的。而企业家需要制定生产什么、如何生产和生产多少等决策并承担决策的不确定性和风险，只有企业所有者才能履行这些职责，并有能力承担相应的不确定性和风险。在20世纪70年代以后兴起的现代企业理论中可以看到霍勒的企业家理论的影响。

1921年，美国经济学家奈特出版了其博士论文《风险、不确定性和利润》，在该书中，企业家被赋予不确定性决策者的角色。奈特首先研究了理想的一般均衡状态，认为在这种理想世界中，价格体系解决了经济系统所面临的所有有关生产和分配的问题，纯利润是不存在的。接下来奈特引入了不确定性因素，并严格地区分了不确定性和风险。风险是在已知发生概率条件下的随机事件，是可以保险的。风险问题和风险决策是可以由管理者通过计算概率进行解决的。而不确定性是指在完全未知、出现的概率难以估算的条件下的随机事件。面对不确定性问题，不能保险，管理者也无能为力，只有企业家，才能承担不确定性问题决策的职责。决策正确，企业家得到剩余和纯利润；决策错误，企业家承担相应损失。在奈特看来，企业家可以是所有者或部分所有者，即所谓业主式企业家和合伙式企业家，也可以不是所有者，被企业组织发起者置于企业家的位置，即公司式企业家。奈特的理论，尤其是风险和不确定性的划分，对后来经济学和管理学中的决策理论影响很大。

5. 柯兹纳的企业家"中间商"角色

在企业家角色理论中，奥地利学派的柯兹纳在1973年赋予企业家的"中间商"角色颇引人注目。奥地利学派认为，现实世界是非均衡的，利润机会是永久存在的，因而在一个给定的时期内，经济人更关心不断获取信息、修订计划以利用市场机会，追逐利润。人类这些行为必然会影响市场趋向均衡的过程。所以，人类行为是理解市场过程的关键。基于这种人类总是不断地洞察机会以改善现有状态的行为会驱动市场过程的基本认识，柯兹纳认为，企业家是推动市场结构的主体。在柯兹纳看来，企业家具有一般人所不具有的能够敏锐地发现市场获利机会的洞察力（alertness），也只有具有这种洞察力的人才能被称为企业家。这种洞察力使得企业家能够以高于进价的售价销售商品。企业家不是一种生产要素，他不需要组织协调、选择最优投入产出比之类的特殊技能，"他所需要的是发现哪里的购买者的卖价高，哪里的销售者的售价低，然后以比其售价略高的价格买进，以比其卖价略低的价格卖出。发现未被利用的机会需要洞察力，计算能力无济于事，节俭和追求最大产出也不是企业家所需具备的知识。"[①] 企业家这种典型的"中间

---

① 转引自巴勒托（Barreto, 1989）。

商"逐利行为使市场逐渐趋于均衡,企业家成为市场的均衡器。柯兹纳的企业家即中间商的观点显然是发展了马歇尔和坎蒂隆的理论,但由于他引入了市场获利机会洞察力的概念,又从奥地利学派的人类行为与市场过程的基本观点出发,其论述的企业家"中间商"形象十分鲜明。

6. 克服 X 低效率与利本斯坦的企业家角色

X 效率理论是由美国经济学家利本斯坦 1968 年提出试图批判占支配地位的新古典经济理论,尤其是厂商理论的一种新理论。所谓 X 效率是相对市场价格配置效率的帕累托效率而言的,是指一个组织内部或个人动机方面的效率。X 代表造成非配置效率的一切因素。X 低效率用于说明来源不明的非配置的低效率。X 效率理论认为,新古典经济学的厂商理论假设厂商是根据一意性的生产函数及成本函数进行生产,厂商总是在既定投入产出水平下实现产量极大化和成本极小化,这是不现实的。这种假设一开始就把现实中存在的 X 低效率现象从理论研究中出现的可能性排除掉了。基于 X 效率理论,生产活动不是一种机械的技术决定关系,它依赖于个人的心理和生理活动,依赖于企业全体成员的努力程度。由于企业劳动合同是不完善的,企业主和雇员利益是不一致的,个人的行为具有惰性特征,具有垄断特征的市场结构不仅会造成低配置效率、还会使企业缺乏追求效率的动机等等原因,企业组织中的 X 低效率是大量存在的。正因为如此,利本斯坦在 1968 年的《企业家精神和发展》一文中认为,企业家的职责在于克服组织中的 X 低效率,企业家就是避免别人或他们所属的组织易于出现的低效率、从而取得成功的人。显然,利本斯坦的企业家角色是服务于其 X 效率理论的,与其他的企业家角色理论相比独树一帜。但由于利本斯坦并没有将其与资本家、创新者等角色进行区分,因而利本斯坦的企业家角色不具有可比性和知识的积累性。

7. 人力资本与舒尔茨的企业家理论

舒尔茨（Schultz, 1990）运用其开创的人力资本理论分析了企业家的行为，研究了企业家的供给和需求，以及企业家的供给的制度安排问题（郑江淮、袁国良，1998）。舒尔茨认为，由于企业家人力资本的异质性，企业家是经济现代化和经济从非均衡到均衡恢复过程的关键角色。企业家能对经济条件的变化作出反应，发现潜在获利机会，打破常规，在自己的经济活动空间中重新配置资源，使经济恢复均衡。这里所谓企业家的恢复经济均衡的职能是指作为整体的抽象企业家行为，每个企业家基于其人力资本的异质性，捕获的获利机会和对机会的利用程度各不相同。在舒尔茨看来，企业家不是一个固定的职业，对于整个经济从非均衡到均衡再到非均衡的动态发展过程而言，企业家行为始终存在，但对于单个经济主体而言，只是在某个时间暂时表现出企业家行为。正因为企业家行为的暂时性，任何单个经济主体的收入都可以分为企业家收入和非企业家收入，前者是暂时性收入，后者为持久性稳定收入，当一个经济行为主体的收入大部分是源于对恢复均衡做出贡献的暂时性收入、而非稳定的职业收入时，该行为主体就是所谓的企业家。舒尔茨除肯定企业家能力部分来自天生的外，十分强调企业家能力可以通过教育、经验、保健等人力资本投资后天获得。

8. 卡森的企业家"判断性决策者"角色

面对上述众说纷纭的企业家角色，美国经济学家卡森于1982年出版了《企业家：一个经济理论》，试图寻找一条贯穿企业家角色研究的主线。在该书中，卡森引入了"企业家判断"这一概念，企业家被定义为专门就稀缺性资源做出判断性决策的人。所谓判断性决策是指完全依赖于决策者个人判断的决策，决策过程中不存在任何一条明显正确的，而且只使用公开可获信息的规则供决策者使用。判断性决策概念的引入，抛弃了新古典主义的认为一切决策都只需根据价格体系提供的公共信息进行边际计算的观点。这一概念说明，不仅信息是昂贵的，而且对于不同的人，其获得信息的成本是不同的。进而，由于不同的人获取信息时存在差异及个人本身的差异，在相同的情况下也会做出不同的决策。判断性决策的精髓在于决策的结果取决于由谁来做出这一决策。对自己的判断力自信的人，会坚持自己的判断，购入他们认为别人低估的资产，抛出他们认为别人高估的资产，承接别人认为无利可图的项目，等等。因此，上述熊彼特的企业家"创新者"角色的创新行为、柯兹纳的企业家"中间商"角色的套利行为等都可视为企业家"判断性决策者"角色的以自信判断为基础的决策行为的特例。

1.1.2 企业家理论关于企业家角色的共识

面对经济理论中林林总总的企业家角色，虽然我们能看到一些理论上的继承和渊源关系，但总体上会和卡森产生同样的感觉：企业家角色研究缺乏一条贯穿主线。其实，如果我们认识到，除卡森外，所有经济学家都并非是为研究企业家而研究企业家角色，之所以赋予企业家某种角色，是为了其进行研究、构建理论体系的需要，那么，这也就不足为奇了。对于这些研究者而言，企业家应承担什么角色，主要取决于其研究目的和理论内在逻辑的需要。虽然西方经济理论中企业家角色研究缺乏一条贯穿主线，但我们可以看到存在一个"分水岭"，即是否遵循市场均衡的观点。如果遵循市场均衡的观点，认为市场竞争可以使市场自动达到均衡，那么，企业家也就没有存在的必要，也正因为如此，以完全市场为前提假设的新古典主义经济学的厂商理论完全抛弃了企业家。如果遵循市场非均衡的观点，认为市场中存在不均衡的因素，市场竞争不能自动使市场实现均衡，那么，企业家的作用就在于使市场趋于均衡，马歇尔、柯兹纳、奈特、利本斯坦、舒尔茨等经济学家的几乎所有的企业家角色研究都是遵循市场非均衡的观点的。[①] 也就是说，在企业家使市场趋于均衡的作用方面，认可企业家存在的经济学家们达成了共识。虽然就何种行为才是企业家行为、才能使市场趋于均衡问题，每个经济学家强调的重点不同，但并不是矛盾的。归结起来，企业家行为的以下几个特征是各种企业家理论都认可的。

1. 机会敏感性。虽然从表面上看，只有柯兹纳继承坎蒂隆、萨伊的理论赋予企业家"中间商"的角色，强调了企业家对机会的敏感性，但由于企业家要获得利润或企业家的收入，必须对市场非均衡状态提供的获利机会十分敏感，企业家对机会的敏感性是企业家发挥使市场趋于均衡的前提，如果不具有对机会的敏感性，企业家的创新行为、承担不确定性、进行"判断性决策"都无从谈起，因而几乎所有的企业家理论都认可企业家行为的机会敏感性特征。

2. 创新性。熊彼特的企业家"创新者"的角色无疑是对企业家行为性特征的最好注解，其他经济学家赋予企业家的各种角色也都认可企业家行为的创新性特征。萨伊的"协调者"角色虽然类似于一种管理职能，但他强调的是将发明和创造的知识应用于不同目的的劳动过程，这与熊彼特理解的企业家创新过程是相同的；马歇尔的企业家的多重角色中包括创新者的角色；"不确定性承担者"在挑战充满风险的不确定性环境时必须进行创新，"以变制变"，不能"以不变应万变"，而且，创新活动本身充满风险和不确定性，企业家作为创新主体当然要承担由创新而产生的风险和不确定性；敏感地觉察机会为创新明确了方

---

① 熊彼特企业家角色是一个例外，他虽然看到了均衡理论的缺陷，但并没有抛弃均衡观点、把企业家的创造性破坏力量归于市场中的不均衡因素，而是将其凌驾于市场结构之上，赋予企业家一种类似于"超人"的力量。但从企业家对恢复经济均衡、促进经济发展的作用角度而言，熊彼特企业家角色和其他经济学家的企业家角色是相同的。

向,创新是利用机会的必然要求;创新是克服企业组织X低效率的重要手段;创新能力是企业家人力资本的重要组成部分,是企业家暂时收入的来源;创新决策是"判断性决策"的主要内容。

3. 承担风险和挑战不确定性。不仅奈特、坎蒂隆、霍勒等人强调了企业家的承担风险和不确定性的特征,其实熊彼特强调创新、卡森的判断性决策、柯兹纳注重企业家的洞察市场机会能力等都含有对企业家行为承担风险、挑战不确定性环境的特征的认可,因为如上所述,环境的不确定性和市场机会、创新及进行判断性决策是密不可分的。

1.2 企业家角色与企业家的行为模式: 管理行为主义的解释

企业家理论中的企业家角色很难与现实经济中的企业家"对号入座"。无论是企业家理论中有关企业家行为使市场趋于均衡、促进经济发展的作用和职能研究,还是企业家理论中对企业家素质、行为特征的论述,都无法与现实经济中具体企业家的行为相对应。这正如高(John J. Kao,1991,第189页)所描述的:"例如设想'承担风险'、'创新'或者是'创建一个公司'在一定程度上与企业家精神是同义词,这些词也只是集中描述了一些企业家的一些方面。而且,如果这些方面的每一点对于企业家都是基本的、必须的,那么,无论是IBM公司总裁托马斯·沃森(Thomas Watson),还是麦当劳公司总裁雷·克罗克(Ray Kroc),作为企业家将都是不合格的。然而现实中却没有人认真地认为他们二人不是企业家。"该问题的产生,不仅因为经济理论中的企业家角色是期望角色,而现实中的企业家为行为角色,存在角色冲突,还与经济学研究方法相关,经济学中的企业家理论的产生多是源于经济学家构建更为一般的经济理论体系的需要,在经济学家那里,企业家理论只作为经济理论"硬壳"的"保护带",[①]因而经济学中的企业家理论并没有太多的直接的实践指导意义。然而,这并不说明经济学中的企业家理论没有价值,如果我们以企业家理论为指导,从管理学的强调实用的研究方法出发,就可以对企业家角色和行为进行解释,这种解释是我们深刻理解激励约束企业家行为目标的基础。

基于企业家理论对企业家行为具有机会敏感性、创新性、承担风险和挑战不确定性等特征的共识,从管理学角度可以把企业家行为模式概括为不顾及资源条件限制、只注重捕捉和充分利用机会的管理行为。与此相应,如果我们把只重视利用所拥有的资源的管理行为界定为"保管者"行为模式,[②]那么,从"保管者"到"企业家"就构成了一个管理行为的"连续统一体"。如表1-1所示,这种管理行为"连续统一体"可以从6个维度进行描述,即战略导向、制定和执行决策、资源获取、资源控制、组织结构、报酬政策等。①战略导向是指企业的战略指导思想,对于"企业家"而言,其战略导向是机会驱动的,对机会十分敏感,在制定企业战略时只关注环境中存在的机会,而不考虑自己手中的资源条件如何;"保管者"的战略导向是资源驱动的,制定企业战略

---

① 根据拉卡托斯(Lakatos,1986)的研究,每个科学研究纲领(即相互关联的一系列理论)由"内核"和"保护带"构成,"内核"是区别不同研究纲领的核心和关键,一般是固定不变的;"保护带"是"内核"的辅助假说群,专门用以吸纳其所属研究纲领与经验不符的影响,以保证研究纲领的理论"内核"与经验相符,单独"内核"本身无法给出可供操作的建议。对于经济学理论而言,这种说法十分适合,如在一般均衡理论体系中,市场均衡这个"内核"需要充分信息、完全竞争等一系列假设条件作为"保护带"才能面对实践经验。但对于管理学理论而言,由于学科的实践导向,其理论似乎不需要"保护带",可以直面经验,解决实际问题。正因为如此,本篇的研究方法以及所谓的"企业家激励约束问题综合分析模式"都是建立在经济学的理论性和管理学的实践性结合的基础上,旨在保证本篇问题的分析研究既有理论基础,又有实践可操作性。

② 这里称之为"保管者"而非"一般管理者",旨在强调描述与"企业家"只重视机会完全相反的只重视资源条件的极端管理者行为。应说明的是,"企业家"和"保管者"只是两类极端的管理行为,而现实中的职业企业家的行为多是介于二者之间的。

时只考虑如何利用企业的现有资源。从战略导向角度分析,诱发或迫使管理行为趋向于"企业家"行为的因素包括原有机会消失、技术变革和新技术的产生、消费者行为和习惯的变化、社会价值观念转变、政府政策的改变等;诱发或迫使管理行为趋向于"保管者"行为的因素有对机会的敏感性差、已拥有资源或资产的专有性约束、重视企业短期绩效考核而忽视了企业的长远发展机会等。②企业决策维度用以描述"企业家"和"保管者"在利用机会、制定决策和执行决策的行为方面的差异。在这方面"企业家"的行为是果断、迅速的,洞察机会、果断决策、强调决策方案创新、迅速执行决策,而"保管者"的行为则是表现为以稳为主、强调渐进、迟疑决策、决策方案折中、缓慢执行决策等。造成这方面差异的管理者自身的主要原因是"企业家"和"保管者"的机会敏感性、创新能力和承担风险及不确定性程度的不同。诱发或迫使管理行为趋向于"企业家"行为的企业决策方面的原因有:迅速决策可以使企业最早进入市场、形成市场进入壁垒;风险管理保证企业能迅速进入或退出新项目;相关决策者数量少,能独立承担决策责任和风险,敢于创新,决策灵活等。与之对应,诱发或迫使管理行为趋向于"保管者"行为的决策方面因素有集体决策,为达成共识,反复讨论协商,易形成折中方案;为了确保现有资源的利用,只有适合本企业资源条件的项目才可接收;为了降低风险,需放慢决策过程,收集充分信息。③资源获取方式维度用以说明"企业家"和"保管者"在对待如何获取资源问题方面的区别。"企业家"行为是机会导向的,不需要基于资源去寻求机会,"企业家"考虑的是在利用机会、制定和执行决策过程中哪一步骤需要哪些必要的资源,分阶段、少量、多次去获取资源,试图以最少的资源基础创造最大的价值,当然这需要承担更大的风险。"保管者"行为是资源导向的,其目标的实现需要大量的资源支持,"保管者"期望在实施决策、计划时一次性获取拥有大量的资源,依靠这些资源稳定地运营企业,避免风险。诱发或迫使管理行为趋向于"企业家"行为的这方面原因有:对整体计划方案推进所需资源数量难以预测,只能分阶段获取资源;对资源的控制程度会随环境变化而变化,分阶段利用资源可能成本低;资源供给条件限制,无法一次获得大量资源。诱发或迫使管理行为趋向于"保管者"行为的资源获取方面因素有:降低个人风险,要求一次得到更多的适用资源;要求企业有稳定的收益,以短期利润目标作为考核标准,激励管理者追求过多的资源支持;企业现有的计划管理制度和资金分配制度适合一次性决策机制要求,一旦决策计划开始执行,不可能追加资源,促使管理者期望一次性获取足够的资源。④"企业家"和"保管者"在资源控制方式上存在着明显差异,"企业家"倾向于采用市场交易方式,以临时性的使用契约或租用方式广泛利用市场中的各种资源。这种方式保证"企业家"针对不同的机会、在不同的决策阶段随时控制市场中的最好资源。与之相反,"保管者"相信,如果不是永久性所有或长期雇佣某种资源,就不能使用和控制这种资源,倾向于将所有资源都置于企业组织内部,以企业组织控制各种资源。诱发或迫使管理者趋向于采用"企业家"控制资源方式的原因有:短期内所需的非常专业化的资源,从固定成本和风险角度考虑没有必要长期所有;永久性所有或长期雇佣某种资源存在随时间而贬值的风险;增加资源的流动性,减少管理成本。诱发或迫使管理者趋向于采用"保管者"控制资源方式的原因有:管理者的权力、地位和报酬与企业组织所拥有的资源数量正相关;由于纵向一体化而产生的内部化收益;全部生产过程在企业内部完成,可以保证生产稳定性和产品质量;对某种资源拥有所有权可以避免竞争对手使用该资源。⑤"企业家"和"保管者"需要不同的管理组织结构,前者为了洞察机会、灵活有效地利用市场资源,需要建立含有非正式网络组织的扁平式组织结构;后者需要通过正式组织授权控制组织所有的资源,因而要建立正式层级组织。企业管理组织趋向于扁平式结构的原因有:沟通信息和控制、激励企业外资源的需要;扁平型结构增加了组织的灵活性;创造民主的组织环境,使那些不愿接受层级组织权威的成员获得一定的自主权。企业管理组织趋向于正式层级结构的原因有:需要清楚地界定职责和权限,以实现日益复杂的计划、组织、控制和协调等企业管理职能;组织文化对规范化管理的需要;奖励制度的需要。⑥"企业家"期望自己企业的市场价值不断提高,自己个人财产随之增多,而企业市场价值提高的基础是企业绩效的提高,因而"企业家"制定报酬政策的基础和依据是企业绩效,根据绩效和每个成员的贡献份额提供报酬,报酬的形式倾向于分配股票、分配红利的形式。"保管者"更为关注的是自己的职位是否有保障,所控制的资源是否增多,随着职位的稳定、所控资源增多,"保管者"的利益有保证并日益增大。因而,"保管者"制定报酬政策的基础和依据是企业资源,根据每个成员的职责和对所控资源目标的贡献提供报酬,报酬的形式倾向于工资和职位提升的形式。对于那些预期企业的市场价值会日益增高的人,投资者以及高素质人才而言,期望"企业家"类型的报酬政策,得到股票形式的收入;而社会规范、大众股东对企业管理人员具有过高的股票类收入难以接受,再加之个人对企业的市场价值的贡献份额又难以衡量,这些因素促使企业选择"保管者"类型的报酬政策。

表1-1 企业家角色和企业家行为模式:管理行为角度的解释

企业家行为模式诱因	描述维度		保管者行为模式诱因
原有机会消失 新技术产生 消费者行为发生变化 社会价值观念转变 政府政策改变	企业家	战略导向 ← 机会驱动 → 资源驱动　保管者	管理者对机会敏感性差 资产的专用性约束 短期管理绩效导向

(续表)

企业家行为模式诱因	描述维度	保管者行为模式诱因
抢先进入市场的优势 风险管理的保证 个人或少数人决策机制	制定和执行决策 企业家 ←果断、迅速 →迟疑、缓慢 保管者	集体决策机制 减少风险 适应本企业资源要求
所需资源总量难以预测 缺乏对资源的长期稳定控制 资源供给量的限制	资源获取 企业家 ←分阶段、少量 →一次性、大量 保管者	降低个人风险 鼓励短期利益的激励制度 计划制度和资金分配制度 适应一次性决策
专业化资源只在短期内需要 拥有所有权的资源存在贬值风险 增加资源流动性 减少管理成本	资源控制方式 企业家 ←市场交易方式 →企业组织方式 保管者	权力、地位和报酬提高的需要 内部化利益 生产稳定和质量控制的需要 避免竞争对手使用
协调组织外关键资源的需要 增加组织的灵活性 创造民主的组织环境	管理组织结构 企业家 ←扁平型（含非正式网络） →正式层级组织 保管者	明确职责和权限的需要 组织文化的要求 奖励制度的需要
个人预期企业市场价值增高 投资者的需要 高素质人才竞争的需要	报酬政策 企业家 ←市场价值驱动、绩效基础 →职位安全驱动、资源基础 保管者	传统的社会规范 个人对企业市场价值贡献的衡量比较困难 大众股东对管理人员的高报酬难以接收

从管理行为角度对企业家角色的解释可以进一步引申出对企业家激励约束问题的若干认识。第一，企业家角色与一般管理者在机会敏感性、创新和承担风险方面存在差异，企业家行为首先是一种管理行为，然而这种管理行为是机会导向的。第二，在现代企业中，这里所描述的"企业家"行为模式就是本章开始经济学代理理论中所谓的最大化委托人福利的行为，也就是将委托人的积极性和代理人的能力

合二为一的理想的企业家行为模式。第三,"保管者"行为模式虽然偏离委托人利益最大化,但不能认为是一种渎职行为、管理腐败或经济犯罪,① 只是一种资源导向的管理行为。上面描述的"保管者"行为表现出"保管者"不具有"企业家"那样的洞察机会、创新和承担风险的能力,但在现代企业中,具有"保管者"行为特征的代理人未必不具有"企业家"能力,而是由于缺乏有效的激励机制,代理人没有积极性去采取"企业家"行为,表现出其"企业家"能力。也就是说由于缺乏激励,代理人的人力资本没有得到充分利用。如果我们对应鲍莫尔(Baumol, 1990)关于企业家的生产性行为、非生产性行为和破坏性行为的分类,我们这里刻画的"企业家"行为和"保管者"行为可以分别是鲍莫尔的生产性行为和非生产性行为,而渎职可以认为是破坏性行为。第四,建立有效的企业家激励约束机制的目的在于诱导和迫使职业企业家的行为逐渐趋向于"企业家"行为。

1.3 企业家行为假定与企业家的激励约束机制

企业家理论中的企业家角色分析和从管理学角度对企业家行为的详细描述回答了激励约束企业家行为的目标问题。下一步我们需明确

---

① 贝克尔和斯蒂格勒(Becker and Stigler, 1993)等的开创性的工作使渎职行为或经济犯罪行为可以用经济学方法进行分析。在经济分析中,渎职可以指未能充分履行职责的故意行为,不仅包括因收受贿赂而导致的错误行为或通常所说的腐败现象(腐败和贿赂都是一种寻租行为,是一种权与钱的交易关系,腐败者以公权谋私利,贿赂者以私利谋公权,进而谋取更大的私利[张曙光,1994]),还包括并未受惠于他人的玩忽职守、不负责任、消极怠工等行为(杨晓维,1994)。然而"保管者"的行为与一般意义的渎职行为是不同的,"保管者"与"企业家"的差别表现为经营哲学、管理意识和能力方面的差异,虽然实际上可能是积极性不同。渎职问题往往由法律手段来解决(贝克尔和斯蒂格勒的开创性的工作属于"法和经济学"的研究领域),而"保管者"行为则依靠代理人的选择机制去制约,依靠有效的激励机制去诱导改变。企业家的激励约束机制虽然包括法律监督和约束机制,是制约代理人发生违法行为的机制,而"保管者"的行为并不是违法行为。

的问题是企业家的自发行为如何,即如果不存在有效的激励约束机制,企业家将如何行为。从企业家的自发行为到企业家的目标行为就是企业家激励约束机制的"作用空间"。企业家的自发行为是人的本性使然,经济学和管理学,甚至以人为研究对象的整个社会科学,都是基于人的本性研究给定人的行为假设,进一步发展其理论的。人的本性问题无疑是复杂的,行为科学家通常用由一对反义词命名的模型来描述个体的本性,这包括理性—情感模型(rational and emotional model)、行为主义—人本主义模型(behavioristic and humanistic model)、X 理论—Y 理论模型(theory X and theory Y model)和经济—自我实现模型(economic and self-actualizing model)。[①] 下面对人的行为假设给定的企业家自发行为的分析可归于经济—自我实现模型的描述范围,一个极端是经济学中强调追求自身经济利益最大化的"经济人",另一个极端是管理学中认可和倡导的追求成长、发展和自我完善的"自我实现的人"。

1.3.1 经济学中的理性行为假设与企业家的基本激励约束模型

在现代经济学中,理性行为假设发挥着重要的作用。人类被假设是理性地行事的,而且,一旦给定这种特殊假设,所假定的人类理性行为特征最终就成为经济学对人类实际行为的描述。在主流经济理论中,定义理性行为主要有两种方法(阿马蒂亚·森,1996),一是人类选择的内在一致性,即一个人努力实现的目标与他如何去做的行为之间有一致的关系。[②] 在西蒙看来,这种理性行为的定义一般和"经济人"

[①] 有关这些个体本性模型的详细解释可参阅阿尔特曼等(1990,第 72—75 页)。
[②] 微观经济学中对消费者偏好关系的完备性、自返性和传递性等性质的假设,体现了人类选择行为的内在一致性的理性假设。

的完全理性假设是相对应的,[①]他将具有完全理性的"经济人"描述为:"具备关于其所处环境各有关方面的知识,而且,这些知识即使不是绝对完备的,至少也是相当丰富、相当透彻。此外,这种人还被设想为具备一个很有条理的、稳定的偏好体系,并拥有很强的计算技能;他靠这种计算技能就能计算出,在他的备选方案当中,哪个方案可以达到其偏好尺度的最高点(西蒙,1989,第6页)"。另一定义理性行为的方法是自身利益的最大化,这是以要求个人作出的选择和这个人的自身利益之间的外在一致性为基础的,这对应于"经济人"追求自身利益最大化的特性。在经济学中,理性更多的是指这种方法,即人类选择或决策所产生的利益最大化的结果,"经济学家一般用理性一词表示靠抉择过程挑选出来的行动方案的属性,而不是表示抉择过程的属性。达尔和林德布鲁姆这样说道:'一项行动是理性的,就是说,对于指定目标及其真实处境来说,该行动被"正确地"设计成为一种能谋求最大成功的行动'(西蒙,1989,第4—5页)"。

虽然理性行为的假设受到至少来自四方面的批判——西蒙的"有限理性"学说、制度经济学强调人的社会性、人类行为的实验结果对理性最大化行为的证伪以及利本斯坦的X效率理论,但很多经济学家认为,一旦加上一些限定语后,包括完全理性和自身利益最大化行为两方面特征的"经济人"假设还是一个充分体现人类行为的假设(张宇燕,1992,第67—80页)。斯蒂格勒辩护道:"我们生活在一个信息灵通的人们明智地追求自身利益的社会之中……让我们来预测一下,当自身利益与普遍声称要忠诚的伦理价值发生冲突时,对人们的行为进行系统

---

① 这里的理性行为假设和"经济人"假设具有同样含义,都含有完全理性行为和追求自身利益最大化行为的含义。其中完全理性行为,是和西蒙的有限理性行为或贝克尔的非理性行为相对的。西蒙认为:"我讲的'有限理性'用贝克尔的术语来说,就是'非理性'(西蒙,1989,第71页脚注)"。有关经济学中理性行为和非理性行为的详细研究可参阅张雄(1995)。

的、综合的测试会得到的结果。许多时候,实际上是绝大多数时候,自利理论将会获胜。"① 其实,人的理性行为假设的意义不仅在于它在一定行为程度上符合了人的实际行为特征,对于主流经济学而言,还在于它是具有审美合意性的数理经济模型的基础,如果没有人的行为的内在一致性和追求自身利益最大化的假设,基于严格数理逻辑的模型将不存在,经过经济学家们上百年"苦心经营"而发展起来的以科学主义形式表现的主流经济理论体系将"一文不名"。正因为如此,是否全面接受理性行为假设,成为一项研究能否归入主流经济学的标准。这反映在对经济组织的理论研究上,代理理论以完全理性和机会主义(道德风险和逆向选择)为行为假定,② 其研究成果作为非对称信息博弈论的应用构成了主流经济学的新发展(张维迎,1996,第1—7页);而威廉姆森的交易费用经济学,虽然承认人的自私自利的机会主义行为假设,但由于强调有限理性,而非完全理性,即所谓的"契约人"假定,则不能为主流经济学所接纳。交易费用经济学和代理理论都以自私自利的机会主义行为假设为前提,承认理性行为假设中的追求自身利益最大化的一面,但由于二者在是完全理性行为假设还是有限理性行为假设方面的选择不同,所以形成了对有效的企业家激励约束机制的不同观点。

交易费用理论认为存在有限理性,人具有"主观上追求理性、但客观上只能有限地做到这一点"的行为特征,③ 无论如何复杂、详尽的契约都不可能是完整的,因此,交易费用理论认为试图事前就解决契约的所有问题,包括企业家的激励约束问题,是不可能的,也是徒劳的。许多问题只有在组织运行过程中,也就是契约执行过程中才能暴露,这些

---

① 转引自阿马蒂亚·森(1996)。
② 机会主义的行为假设是指以不诚实或欺骗的方式追求自身利益最大化的行为,与单独的谋求私利、追求自身利益最大化行为的区别在于强调其谋利手段的欺骗性。
③ 引自威廉姆森(Williamson,1975,第21页)。

问题只能靠"治理结构""事后"来解决,企业家的激励约束问题同样如此。也就是说,交易费用理论从人的机会主义和有限理性的假设得出企业治理结构作为企业家的一种有效激励约束的结论。

与交易费用理论强调"事后"治理结构对企业家激励约束问题的决定作用相反,由于委托代理理论以完全理性为假设,认为人能够设想出在什么样的激励约束条件下其他人如何行动和反应,因而代理理论强调委托人和代理人就有关激励约束条件"事前"达成一致意见,进行所谓的激励机制设计,寻求最优激励机制。在委托代理理论的完全理性和机会主义行为假设前提下,企业家的激励约束问题可以转化为道德风险问题模型。[①]

假设所有者(股东)是风险中性的,其目标函数等于预期企业总利润减去企业家预期报酬支付。假定企业家是风险规避的,其不可观察决策变量为 e,它被解释为企业家的努力水平,但更为一般化的解释是不为股东观察到的任何管理决策行为或道德风险变量,$e \in A$,A 为代理人所有可选择行动的集合。给定 e,企业利润的实现取决于随机数变量或自然状态 ε,用 $\Pi(e,\varepsilon)$ 表示利润函数。假定 Π 为 e 的增函数,随 e 的增加而增长。股东只能观察到利润水平,根据观察到的利润水平决定企业家的报酬支付 ω,于是企业家的报酬函数为 $\omega(\Pi)$。

对于所有者而言,其目标函数为:

$$E[\Pi(e,\varepsilon) - \omega(\Pi(e,\varepsilon))]$$

对于企业家而言,其预期效用 U 决定于得到的报酬 ω 和努力水平 e,据企业家机会主义的假设,$U(\omega,e)$ 是 ω 的增函数,e 的减函数。企业家是风险规避的,U 是 ω 的凹函数,于是就有企业家的目标函数:

[①] 在委托代理框架下,道德风险模型用于分析企业家的激励问题,逆向选择模型用于分析企业家的产生问题。这里的道德风险模型是企业家激励约束问题的最基本的模型描述。

$EU[\omega(\Pi(e,\varepsilon)),e]$

如果要保证所有者和企业家的委托代理关系的存在还必须满足两个条件。其一,保证企业家在这种委托代理关系下的效用U不低于在其他地方工作的预期效用U_0,否则,企业家将在个人理性的支配下不参与这种委托代理关系,这个条件被称为"个人理性"或"参与"约束条件(individual rationality constraint,简称IR):

(IR) $EU[\omega(\Pi(e,\varepsilon)),e] \geq U_0$

其二,由于股东不能观测企业家的努力水平,而遵循理性行为假设的企业家总是选择使自己效用最大化的努力水平,任何所有者希望企业家的努力水平,都只能通过使企业家自己效用最大化来实现。换言之,如果e是股东希望企业家所付出的努力水平,$é \in A$是企业家可选择的任何努力水平,那么,只有当企业家从选择e得到的期望效用大于、至少等于选择é得到的期望效用时,企业家才会选用e,这被称为激励相容约束条件(incentive compatibility constraint,简称IC):

(IC) $EU[\omega(\Pi(e,\varepsilon)),e] \geq EU[\omega(\Pi(é,\varepsilon)),é], \forall é \in A$

于是,企业家的激励约束问题就是满足企业家(IR)和(IC)的所有者目标函数最大化问题:

max $E[\Pi(e,\varepsilon)-\omega(\Pi(e,\varepsilon))]$

s.t. (IR) $EU[\omega(\Pi(e,\varepsilon)),e] \geq U_0$

(IC) $EU[\omega(\Pi(e,\varepsilon)),e] \geq EU[\omega(\Pi(é,\varepsilon)),é], \forall é \in A$

一般地说,解决这个最大化问题是十分困难的。[①] 但该模型提出

---

① 迄今为止,关于这类模型化问题的处理方法有三种,包括由威尔森(Wilson,1969)、斯宾塞和泽克豪森(Spence and Zeckhauser,1971)、罗斯(Ross,1973)最初使用的"状态空间模型化方法"(state-space formulation),莫里斯(Mirrlees,1974,1976)和霍姆斯特姆(Holmstrom,1979)发展的"分布函数的参数化方法"(parameterized distribution formulation)以及在此基础上进一步推广的"一般化分布方法"(general distribution formulation),其中参数化处理方法已成为一种标准方法(张维迎,1996,第402—408页)。

了企业家的"激励"和"保险"的替代问题：一方面，为激励企业家提高努力水平，这要求企业家的报酬ω对利润Π非常敏感，增加企业家追求利润的激励强度；另一方面，利润也是自然状态ε的函数，是存在风险的，企业家的报酬ω对利润Π非常敏感会增大企业家的风险，企业家要得到稳定的完全保险的报酬，则要求企业家的报酬ω对利润Π不敏感，甚至完全不相关。因而，企业家的报酬结构设计问题也就是"激励"和"保险"的最优替代问题，或者说企业家的最优风险分担问题。该问题构成了委托代理理论的研究核心。

无论是交易费用理论提出的通过"治理结构""事后"解决企业家的激励约束问题，还是委托代理理论强调的通过机制设计，寻求企业家报酬结构的激励和风险分担的最优匹配，都是遵循机会主义的行为假设，把企业家自发行为设定为不惜采取欺骗手段追求自身利益最大化。交易费用提出的作为企业家激励约束机制的"治理结构"的作用机理是通过"事后"对企业家的责、权、利的调整来约束企业家的偏离所有者利益的自利行为，诱导、激励企业家采取最大化所有者利益但又同时自利的行为。委托代理理论提出的企业家的激励约束机制设计的原则是通过满足企业家的自利需要来调动企业家的积极性，进而激励企业家追求所有者利益，即所谓的激励相容。这一切对于企业家的激励约束问题无疑是建设性的，因为自利在企业家的大量决策中的确发挥着十分重要的作用。我们不可能怀疑追求自身利益最大化的人类理性行为的存在，如果自利在人类的选择中没有起到重要的作用，那么，正常的经济交易都不会存在。然而，进一步关键的问题是究竟是否存在一种以上的动机，或者究竟自利理性是不是驱动人类行为的唯一动机，显然，对该问题的回答是否定的，企业家的目标函数中除了收入外还包括声誉、自我实现、权力、预算规模、下属数目、欢乐、友谊等等大量数目的自变量。① 面对这众多数目的目标,我们该如何设计满足"参与约束"和"激励相容"条件的企业家的激励约束机制呢?我们面临着一个经济学家熟悉的困境:解释性变量的数目增加使解释真实世界的现象更加容易,通过增加足够多的自变量,人们总能解释各种行为;然而,只有限定少量的基本变量才能得到定理或定律,自变量的增加使理论失去了预见力(泰勒尔,1997,第55页)。长期以来,经济学,尤其是主流经济学"挥舞"着人类追求自身利益最大化的理性行为假设的"大旗"深刻地解释并解决了众多人类问题,但是把自利理性行为假设作为驱动人类行为的单一动机显然是不全面的,进而对问题的解释也是不全面的。关于企业家的激励约束问题,交易费用理论和委托代理理论的解释和回答同样如此,深刻但不全面。

1.3.2 管理学中的需要多样性行为假设与管理激励理论

与经济学认为人采取某种行为的积极性来自于其自利的动机有差异的是,管理学认为人的行为是受满足需要的动机支配。管理学接受的人的行为模式或称为基本激励过程模式是:需要是个体生理或心理不平衡的状态,当个体产生某种需要后,就会产生某种满足该需要的行为动机,在动机支配下发生目标指向性行为,行为的结果可能使该需要得到满足,不平衡的状态得到改善,并进一步产生新的需要,进入另一轮循环过程,需要不断产生,行为不断发生;行为的结果也可能未使该需要得到满足,个体受到挫折,会采取建设性行为或防御性行为去改善

---

① 由于企业家目标函数的多变量性,从企业家目标函数出发对企业家的激励约束问题进行分析就只能是对企业家多重目标的罗列描述,在这方面张春霖(1991,第149—159页)的研究颇具代表性。本篇放弃了企业家目标函数角度的研究,而是基于管理学中的需要理论构造企业家的激励约束问题的分析框架,就更为全面和系统。

自己内部的不平衡的状态,[①]并进入新的循环。管理学认为人的需要是非常多样化和复杂的,[②]个体不仅有大量不断变化的、有时还是互相冲突的需要,而且还尽力用不同的方法去满足自己的需要,当一种需要得到满足或许可能导致对这种需要的进一步强化。对人的需要进行研究的成果,构成了激励因素理论的内容。

管理学对现实中人的需要复杂多样化的认可,在承认了人的利己动机同时,也放弃了经济学把自利理性作为驱动人类行为的唯一动机的行为假设,使管理学对人类行为的解释更为全面和现实。[③]迄今为止,管理学中有关人的需要的具有广泛影响的激励因素理论有马斯洛(Maslow, 1954)的"需要层次"理论、奥尔德弗(Alderfer, 1972)的ERG理论、麦可利兰(McClelland, 1961)的成就需要理论、赫兹伯格(Herzberg, 1959)的"激励—保健"双因素理论。虽然这些理论对人的需要有不同的描述分类和强调,但各种需要是相通的,可谓"异曲同工"。[④]如果以企业家为个体研究对象应用这些理论,我们可以相应地演绎出企业家的四类需要。

第一,企业家的生存需要。这是有机体的必然的生理和物质安全保障方面的需要,包括衣食住行、生活稳定、避免生理痛苦及风险等,

---

① 建设性行为和防御性行为都是个体对待挫折的行为反应,前者是指适当、现实地放弃坚持原有需要的行为,后者则是指为保护自己免受挫折的伤害而产生的本能反应,如自我辩护、攻击等(阿尔特曼等,1990,第150—154页)。

② 需要说明的是这里人的"需要(need)"不能混同为人的"需求(demand)",人的"需要"是指人的未得到基本满足的感受状态,人的"需求"是指人的对于有能力购买并且愿意购买的某种产品或服务的欲望。著名市场营销专家菲力普·科特勒(1996)在其《市场营销管理》中对此进行了详细的区分。

③ 这种全面性可以体现在管理学中的激励理论研究的是人的全面"需要",强调人的"需要"多层次、多样化;而经济学则一般注重研究人的"需要"中受支付能力和价格水平决定的"需求",承认不同的人具有不同的"需求"偏好,"具有需求偏好多样性的行为假设"(刘世锦,1993,第30页),但一个人的"需求"偏好是一致的。

④ 几种激励理论的相互关系的详细图示可参阅孙彤(1986,第131页)。

对这种需要的基本满足和高质量的满足因人差异很大。一般而言,企业家的报酬是用于满足这种需要的,报酬的高低反映了满足这种需要的程度或质量的差异。但在一定条件下,企业家可以利用其职权进行所谓的"职位消费",来替代报酬满足这种需要,或提高满足这种需要的质量。从企业家工作是为了得到报酬来满足其生存需要这个一般意义上,报酬和职权就是企业家的激励因素。但如果基于赫兹伯格的"激励—保健"双因素的分类,基本的工资、职务保障和职位只属于保健因素,如果没有,会引起不满意,如果具备,只保证没有不满意,并不一定会满意而引发内心的积极性。借用委托代理理论的术语,这些保健因素满足"参与约束"的要求,不一定满足"激励相容"约束的要求。在这个深层次意义上,满足生存需要的报酬和职位更多地体现为约束因素,约束职业企业家工作中不出现可以导致结束其职业生涯的渎职行为和失误,但并不属于能诱发企业家从"保管者"行为向"企业家"行为发展的激励因素。

第二,企业家的关系需要。这是指作为社会人对人际社会交往、友爱、归属等方面的需要。与组织中的一般成员相比,企业家由其关系需要所产生的与其企业家角色相关的行为动机并不强烈。麦可利兰(1961)的研究表明,许多成功的企业家归属动机不高,因为他们已在所从事的事业中获得了归属感,当一个人上升到组织等级链的顶部,他对组织的归属感需要趋于下降。这说明对于企业所有者而言,根据企业家的关系需要建立相应的激励约束机制的可能性和价值不大。但企业家作为一个社会职业阶层,其社会关系网络、阶层归属对企业家事业发展却是十分必要的。

第三,企业家的权力需要。权力需要是一种控制他人或感觉优越于他人、感觉自己处于负责地位的需要。权力代表着责任,行使权力的工作本身就极富挑战性,因而权力是赫兹伯格所谓的真正的激励因素。麦可利兰（McClelland，1976）甚至认为权力是"巨大的"激励因素（"Power is the great motivator"）。企业家的权力需要表现为对企业经营控制权全面、自主掌握的要求。掌握经营控制权不仅给企业家带来地位方面的心理满足，而且使得企业家具有职位特权，享受职位消费，给企业家带来正规报酬激励以外的物质利益满足。因而，根据企业业绩决定控制权的授予与否、何时授予、授予多少就形成了一种激励机制。

第四，企业家的成就发展需要。这可归于马斯洛的尊重和自我实现的需要。[①] 社会上所有的人都期望得到高度评价和尊重，期望有所作为和成就，不断进步和发展，体现自己的价值和实力。对于现代企业职业企业家而言，追求企业的发展，尤其是保证企业在激烈的市场竞争中立于不败之地，具有永续生命，证实自己的经营才能和价值，进而获得长期职业生涯中的良好声誉以及由此而产生的社会荣誉和地位是其成就发展需要的一般表现。为此，强烈的事业成就欲以及由事业成功而得到的良好的职业声誉构成了激励企业家努力工作的重要因素。应说明的是，强调声誉作为激励因素的重要性，并不否定给高成就的企业家以高报酬的必要性和重要性，但这里使成功的企业家获得高报酬，并不在于满足其生存需要，而是对其社会价值的衡量和认可，高报酬带给企业家的更多的是证明自我实现、获得比他人更优越的地位的心理满足。

管理学中另一大类激励理论是研究激励过程的过程激励理论，这主要包括洛克和拉瑟姆（Locke and Latham）的目标设置理论（goal setting

---

① 在马斯洛看来，自我实现的需要是一种个体希望自己越来越成为所期望的人物、完成与自己能力相称的一切事情的愿望，自我实现的人能在自我发展和创造性方面发挥出其全部潜能。

theory)、弗鲁姆(V. H. Vroom)的期望理论(expectancy theory)、亚当斯(J. S. Adams)的公平理论(equity theory)等。这些理论分析了在上述激励因素产生激发力、激励过程开始后，任务目标设定、目标满足个人需要的价值和实现可能性、实现目标后的报酬公平性等问题对激励过程，进而对激励目标的影响。下一节的分析表明，这些理论有助于我们动态地考察企业家的激励约束机制的作用过程。

1.4 基本分析模式：企业家激励约束机制的连续统一体模式

在我们从经济学、管理学角度对企业家的激励约束机制进行论述时，是将企业家的激励和企业家的约束作为一个问题，或者说是有意不加区分地进行讨论，而且我们只是从一般意义上将企业家的激励约束问题对等于调动企业家积极性、使其行为趋于所有者要求的问题。这种笼统的论述对服务于本书主题需要是不够的，有必要进一步①严格界定企业家的激励机制和约束机制的概念；②分类描述企业家激励机制和约束机制的内容构成和作用机理；③研究各类企业家激励约束机制的相互关系。这三方面问题是分析企业家激励约束问题的基础，因而构成了本书关于企业家激励约束问题的基本分析模式的内容。

虽然单从中文"激励"、英文"motivate"或"motivation"字面释义看，激励即包括激发、鼓励、诱导等含义，也包括约束和归化之义（刘正周，1996），但当我们并列使用"激励与约束"时，"约束"是指不允许某种行为发生，一旦发生则给行为主体实施惩罚，这些惩罚就是"约束因素"；而"激励"则是通过奖励等手段激发行为主体采取某种行为的内在积极性，诱导某种所期望的行为发生，这些奖励就是"激励因素"。"机制"一词，原指机械构造和动作原理，后经生物学、医学、经济学等学科的借用和发展,已被广泛应用于社会科学和自然科学中。[①] 从系统论的观点来看,"机制"是指系统内各子系统、各要素之间的相互作用、相互联系、相互制约的形式。那么,在现代企业组织中,所谓企业家的激励机制,是指激励主体(企业所有者)通过激励因素与企业家(激励客体或对象)相互作用的形式;企业家的约束机制则是约束主体(企业所有者)通过约束因素与企业家(约束客体或对象)相互作用的形式。在企业组织中,这些相互作用的形式即表现为一系列相互配合的激励和约束企业家行为的制度的集合,又表现为对企业家行为有激励和制约作用的价值观念、文化传统、道德标准和行为准则。激励或约束企业家行为的目标、诱导或约束企业家行为的因素及这些因素作用的时间、条件和程度就构成了一套企业家激励或约束的完整机制。

显然,根据上述界定,在我们没有明确具体的激励因素和约束因素之前,我们无法进一步展开论述企业家的激励与约束机制的内容构成。其实,上一节有关企业家的行为假设和经济学、管理学中的激励理论的分析,已经为我们在这方面进行了理论准备,西方国家现代企业建立有效的企业家激励与约束机制的实践则为此提供了经验支持。归结起来,影响企业家行为的激励与约束因素包括报酬、控制权、声誉和市场竞争四类,与之相对应形成了企业家行为激励与约束的报酬机制、控制权机制、声誉机制和市场竞争机制。虽然,一般认为,报酬、声誉、组织授权等是作为激励因素,而治理结构的权力制约,以及来自企业家市场、资本市场、产品市场的竞争是约束企业家行为的因素(冯根福,1998),但是,基于下面三点对企业家激励机制和约束机制的认识,我

[①] 我国经济学界对"机制"一词的关注源于1990年代初比较经济体制研究和企业经营机制研究,尤其是我国企业改革步入转化企业经营机制的阶段后,更多的经济学者开始注重对社会主义企业经营机制的目标模式的研究。本篇探讨的企业家的激励约束机制构成了企业经营机制中的动力机制和约束机制的一部分内容(陈佳贵,1997,第51—59页)。

们将抛弃这种严格划分激励机制、约束机制的分类：

第一，某种机制的"激励"作用和"约束"作用的区分是非常"微妙"的，如果严格界定"激励"为激发企业家内心的积极性，"约束"为制约企业家不采取某种行为，也就是说"激励因素"是赫兹伯格所谓的使人真正"满意"的因素而非"没有不满意"的因素，"约束因素"只是使人"没有不满意"，但既不使人感到"满意"、又不使人感到"不满意"的因素，那么，报酬、控制权等机制并非全部发挥激励作用，基本的工资报酬或授权只会使人"没有不满意"，仅起到约束作用，因而不能将其完全归为激励机制；同样，市场竞争机制除了有对企业家"劣汰"的约束作用外，还具有"优胜"后满足企业家成就需要的激励作用，因而也不能将其完全归为约束机制。

第二，激励本身也是一种约束，某种机制的激励作用越大，约束作用亦大（刘小玄，1996）。这一方面是因为企业家的时间、精力有限，由激励机制激励、诱导企业家而发生的某些行为就可替代约束机制去限制约束企业家的其他行为，祝足等（1998）曾证明，当企业家用于生产性努力增加时，用于分配性的努力就会减少；另一方面是因为由于强激励机制巨大的利益诱导，增大了企业家机会主义行为的机会成本，使企业家的机会主义行为可能"得不偿失"。

第三，虽然某种机制的激励作用发挥的条件要"强于"其约束作用发挥的条件，但由于企业家行为的复杂性，某种机制对企业家行为的激励作用不可能完全取代该机制对企业家行为的约束作用，这如同在信息不对称情况下"参与约束"和"激励相容约束"都是委托人效用最大化所必需的约束条件、后者不能替代前者一样。这种类比的基础是：从理性假设出发，"参与约束"条件成立是企业家的约束机制发挥约束作用的前提，企业家之所以约束自己的机会主义行为，是因为得到、保留现有"职业"的期望效用不小于其任何其他职业选择的期望效用；"激励相容"约束表达了企业家激励机制的作用机理,信息不对称情况下,所有者的利益最大化必须通过调动职业企业家追求其自身利益最大化的积极性来实现。

基于上述对企业家激励机制和约束机制的认识,从动态角度考察,可以认为,某种机制的"激励"和"约束"作用是不可分的连续统一体。为此,本篇构造企业家报酬机制、控制权机制、声誉机制和市场竞争机制的"激励与约束连续统一体模式"来描述各类机制的激励与约束作用的机理。

1.4.1 企业家报酬机制的激励与约束连续统一体模式[①]

与企业家报酬相关的理论认识是多方面的,在新古典经济学中,企业家才能作为和劳动、土地、资本相对应的一种要素,其报酬是利润;源远流长但又角色林立的企业家理论因不同理论赋予企业家角色不同,相应对企业家的报酬来源、数量的认识存在差异,在企业家理论中,企业家的报酬可以是承担风险、不确定性的收入,可以是创新的结果,可以是洞察、利用市场机会的投机收入等。对于现代企业中的"支薪"的职业企业家而言,从人力资本理论角度说,其报酬是其人力资本投资的收益,是其人力资本的价值,但从企业家的激励约束角度说,报酬是调动企业家积极性、激励约束其行为的一个重要因素,是其对企业贡献的奖励。

一般地说,基于"多劳多得"的简单逻辑,报酬是作为激励因素来满足企业家的生存需要的,但赫兹伯格的"激励—保健"双因素理论认为基本的工资报酬只属于保健因素,不会引发被激励者内心的积极性。这意味着由于企业家在其他地方得不到满足其生存需要的工资报酬,

---

① 这里的报酬是指狭义的货币形式的收入。

为了这份报酬不得不约束自己的机会主义行为,按所有者要求的行为去做,但由于企业家工作的性质,出于获得工资报酬的企业家行为只会是"保管者"行为,而不会趋向于真正的"企业家"行为。因而工资报酬只能算是一种"约束"因素,约束职业企业家工作中不出现可以导致结束其职业生涯的渎职行为和失误。正如美国通用食品公司总裁C.弗郎西克所说:"你可以买到一个人的时间,你可以雇到一个人到指定的工作岗位,你可以买到按时或按日计算的技术操作,但你买不到热情,你买不到创造性,你买不到全身心的投入"。① 如果报酬是固定的,报酬中没有风险收入,这样分析的结论是成立的。但进一步分析,如果职业企业家报酬的结构是多元化的,除了包括固定报酬满足其生存需要外,还包括风险收入(企业剩余)部分,报酬因素就会随着风险收入的增多而逐渐增加激励力量,直至报酬全部变为风险收入,激励作用达到最大,报酬完全成为激励因素,职业企业家的行为也就会是真正的"企业家"行为(然而,此时,职业企业家也就不再是职业企业家,已经成为具有完全剩余索取权的古典企业家了)。因而,现代企业中企业家报酬机制的作用机理是如图1-1所示的对企业家行为激励与约束的连续过程。委托代理理论强调的"参与约束""激励相容",以及寻求企业家报酬结构的激励和风险分担的最优匹配,可以认为是对此的印证。

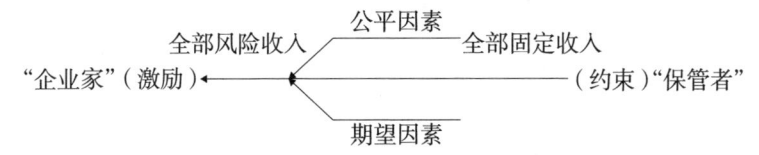

图1-1 企业家报酬机制的激励与约束连续统一体模式

在图1-1中,还考虑了在用报酬因素激励和约束企业家行为的过

---

① 转引自刘正周(1996)。

程中公平因素和期望因素对激励约束效果的影响。基于公平理论,企业家报酬数量绝对值高低对其积极性的影响并不大,其报酬的社会比较或历史比较的相对值往往与其满意程度和积极性更为相关,即企业家的满意程度和积极性主要取决于该企业家的报酬与同类型企业家的报酬相比或与自己以前获得的报酬相比是否公平。这可部分解释日本企业家的报酬普遍低于美国企业家的报酬,但两国企业家的积极性并没有明显差异的事实;这也可用以说明为什么企业家的报酬具有"刚性",如在美国经济陷于衰退的1990年,美国公司的利润下降了37%,而经理的报酬却提高了8%(冯根福,1998)。期望理论认为个体激励力量的大小是个体对实现目标后所得报酬满足个人需要的评价与个体对采取某种程度的行为可能实现目标的概率估计的乘积。也就是说,企业家的积极性不仅受企业家报酬大小的影响,还受到对实现业绩目标的可能性大小的估计以及报酬对其需要满足程度的评价的影响。对公平和期望两方面因素的考虑,使我们放弃了报酬数量与企业家的积极性的正线性相关的观点。

关于企业家的报酬机制另一个更为基本的问题是以什么样的业绩指标衡量企业家的努力程度和能力,利润、股票价值、销售额、资产额等一般指标与企业家的努力程度和能力的相关性有多大,企业家的报酬应与哪种或哪几种指标"挂钩"。这是一个关于企业家报酬机制的具体目标导向的问题,也就是如何将第2节所描述的"企业家"行为(图1-1左侧)转化为可观测的指标。由于"道德风险"和"逆向选择"的存在,企业家的努力程度和能力是"不可观投入",为此必须寻找一些可以观测的指标替代衡量企业家的努力程度和能力,从而使企业家的报酬能真实反映企业家的贡献。然而,当选择可观测指标替代估量"不可观投入"时,存在两大困难,使得可观测的指标不能真实全面衡量企业家的努力程度和能力(周惠中,1993)。一是可观测的指标常常具有相互冲突的多维特性,过于强调某一方面特性可能会产生不适当的激励作用。如完全依赖利润指标,有可能激励企业家为追求利润而采取"拼设备"的短期化行为。二是可观测的指标不仅为企业家的决策行为所影响,还受到许多非企业家所控因素的影响,若企业家的报酬与这些指标"挂钩",有可能表现为不公平,从而产生副作用。如利润指标除受企业家的能力和努力程度影响外,还受到企业条件、外部环境等多方面因素的影响。[①] 正是由于这两方面的障碍,职业企业家的报酬与什么指标"挂钩"问题难以有统一的定论,大量的经验统计分析证明了这一点(张军,1994,第176—177页)。

归结起来,建立激励约束企业家行为的报酬机制主要解决三方面问题:①报酬构成、报酬结构变化对企业家行为的影响及最优的报酬结构确定。②报酬数量与企业家的积极性的关系及最优报酬数量确定。③企业家的报酬与何种企业业绩指标"挂钩"、如何"挂钩",才能最好地衡量企业家的能力和努力程度。

1.4.2 企业家控制权机制的激励与约束连续统一体模式

一般对企业激励问题的研究有两方面欠缺,一是只注重收入的分配方式差异,忽视控制权分配和转移。如注意到股权和债权在收入分配方面的不同,但较少考虑股权和债权在控制权分配方面的差异:债权人在企业无法还债时有控制权,股东则是在付完债权人债务后的情况下有控制权。二是注重货币收入的激励作用,忽视非货币的与控制权相关联的"个人好处"(private benefits)的激励作用(钱颖一,1996)。

[①] 也就是说,即使指标是可观测的,如利润,但还存在一个可证实性问题(泰勒尔,1997,第44—45页),如果不能被证实,将报酬与可观测指标"挂钩"也是不可行的。所谓可证实问题是指所有者虽然可能能够观测到职业企业家的业绩,但他无法向法院证实其观测结果,因而根据企业家的绩效签订报酬契约就不可能被强制执行。

如我国国有企业厂长经理的货币收入与一般职工差别不大,但有很大的控制权,享有高额的"在职消费"(consumption on job),高额的"在职消费"相对于其货币收入更具有激励作用。[①] 这两方面不足正是由于没有把控制权作为企业家的激励约束因素进行研究所致。

掌握经营控制权(或者用产权理论的分析框架,称其为相对于剩余控制权的特定控制权)可以满足职业企业家两方面的需要,既满足了控制他人或感觉优越于他人、感觉自己处于负责地位的权力需要,又使得企业家具有职位特权,享受职位消费,给企业家带来正规报酬激励以外的物质利益满足。采用上述构建报酬机制同样的思考问题的逻辑,我们可以构造企业家控制权机制的激励与约束连续统一体模式(图1-2所示)。[②] 职业企业家行使经营控制权的约束和失去经营控制权的威胁主要来自两方面,一方面是来自企业组织内部所有者通过法人治理机制对企业家的监督约束,另一方面是来自市场竞争约束和其他企业对本企业的接管、兼并或重组的资本市场行为。这两方面的约束可以保证那些为了拥有控制权满足权力需要和"职位消费"需要的职业企业家约束自己的机会主义行为,按所有者要求的行为去做,但其努力程度只限于不断送其职业生涯,其行为只会是资源管理导向的"保管者"行为,在图1-2中右边,是这样的一个只拥有经营控制权、支取固定工资报酬的"保管者"。但如果允许职业企业家拥有部分剩余索取权(剩余索取权是与剩余控制权相匹配的,拥有一定剩余索取权,也就是拥有相应程度的剩余控制权),在法人治理结构中他不仅是经理,而且还是股东或董事,随着其拥有的剩余索取权的逐渐增大,其行

---

① "职位消费"一词引入经济学应归功于贝克尔(Becker),在他的《歧视经济学》中,他将管理者对非现金品的消费引入生产消费理论(科斯等,1995,第223页)。较早地对我国国有企业代理人的"职位消费"进行研究,并试图把"职位消费"作为激励因素建立"职位消费"激励机制的是黄群慧等(1995)。

② 在第4章中将对控制权的概念和分类,以及图1-2作进一步的解释和分析。

使经营控制权受到的约束会逐渐减弱,也就相当于其权力日益增大,权力需要和"职位消费"需要日益得到更高满足,控制权的激励作用日益增大,其积极性日益增高。发展到极端,就是完全集剩余所有权和控制权于一身的古典企业家,权力的激励也达到最大化。现实中现代企业的职业企业家的控制权是介于"企业家"和"保管者"之间的,是通过法人治理结构对企业家的控制权授予和约束进行动态调整的,旨在保证控制权机制既对企业家行为有约束作用,又对企业家行为有激励作用。图1-2还标明公平因素和期望因素的作用,其作用机理与报酬机制相同,只是相对于权力而言。归结起来,有效的企业家控制权机制的建立完全取决于科学的法人治理结构的建立和有效运作。

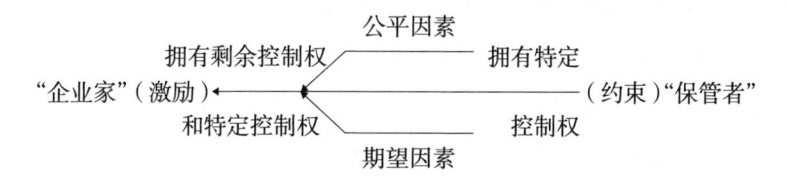

```
                        公平因素
        拥有剩余控制权            拥有特定
"企业家"(激励) ←——————●——————— (约束)"保管者"
        和特定控制权              控制权
                        期望因素
```

图1-2　企业家控制权机制的激励与约束连续统一体模式

1.4.3　企业家声誉机制的激励与约束连续统一体模式

上述报酬机制和控制权机制都隐含着一种认可:剩余索取权,或者说让企业家占有经营剩余是一种终极的激励手段。这种认可被认为是经济学所揭示的激励理论的重要原则(周惠中,1993,第216—220页)。然而,对于声誉机制而言,似乎与剩余索取或剩余占有并不直接相关。在管理学看来,追求良好声誉,是企业家的成就发展需要,或归于马斯洛的尊重和自我实现的需要。如果承认马斯洛的自我实现的需要是人类最高层次的需要,那么,声誉才是一种终极的激励手段。现代企业职业企业家努力经营,并非仅仅是为了占有更多的剩余,还期望得到高度评价和尊重，期望有所作为和成就，期望通过企业的发展证实自己的经营才能和价值，达到自我实现。虽然企业家的高报酬，在一定程度上代表了对其社会价值的衡量和认可，但高报酬所带给企业家的具有比他人更优越地位的心理满足是不能替代良好声誉所带给企业家对自我实现需要的满足的。

与管理学把追求声誉作为满足自我实现的终极激励手段不同，经济学仍从追求利益最大化的理性假设出发，认为企业家追求良好声誉是为了获得长期利益，是长期动态重复博弈的结果。自亚当·斯密始，经济学中一直把声誉机制作为保证契约诚实执行的十分重要的机制（Milgrom and Roberts，1992，第259页）。由于契约是不完全的，不可能穷尽所有情况，契约各方履行职责是基于相互信任，而相互信任的基础是多次重复交易，长期信任就形成了声誉。对于职业企业家而言，声誉机制的作用机理在于没有一定的职业声誉会导致其职业生涯的结束，而良好的职业声誉则增加了其在企业家市场上讨价还价的能力，前者起到对企业家机会主义行为的约束作用，后者则对企业家行为具有激励作用。如图1-3所示，右边"一次交易"表示企业家的事业刚刚开始，还没有建立自己的声誉，由于担心产生不好的声誉而失去现有的职位，会约束自己的机会主义行为；进一步为了获得良好的声誉，增加自己在企业家市场上讨价还价的能力，企业家会尽最大努力去工作，声誉的激励作用愈来愈大，直至由于努力工作建立了很高的声誉，声誉激励的作用达到最大，图1-3的左边"重复交易"表明了这种具有高声誉、老资格的企业家的状态。但这种激励约束作用是动态变化的，有一种极大的可能是企业家一旦获得良好的声誉后，其努力程度可能反而低于其事业开始追求声誉的时候（Holmstrom，1982）。[①] 管

[①] 可以类比的是，一个著名的专家学者在成名前的努力程度常常大于成名后的努力程度。

理学对此可能的解释是"成名"后企业家的成就发展需要在一定程度上得到满足。但由于声誉是企业家的无形资产，高声誉或"成名"的企业家与事业刚开始的企业家相比，不需要花费过多的努力就会取得很大的业绩。然而，如果市场机制较为完善的话，在激烈的竞争中，不进则退，具有高声誉的企业家要不懈努力，以保持与其声誉相称的竞争地位。

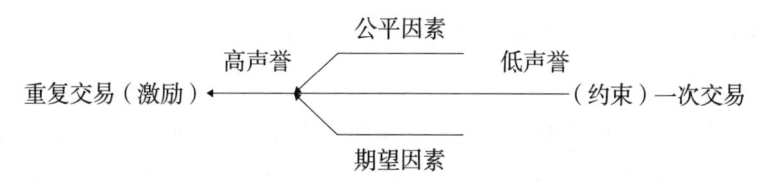

```
                        公平因素
                 高声誉 ╱        ╲ 低声誉
重复交易（激励）────────●────────（约束）一次交易
                        ╲        ╱
                        期望因素
```

图 1-3　企业家声誉机制的激励与约束连续统一体模式

公平因素和期望因素对声誉的激励约束过程有着重要的影响。其一，公平因素涉及声誉的"质量"问题（张春霖，1991，第 158 页），如果是公平的，即声誉能准确地反映企业家的努力和能力，则声誉能够发挥正常的激励约束作用；反之，如果声誉"质量"比较低，企业家可以通过一些非正常手段"浪得虚名"，声誉的激励约束机制将可能发生扭曲。其二，企业家对自己通过努力得到相应声誉的期望概率，以及声誉能够带来其需要满足程度的预期（例如企业家对一定的声誉能够使其得到多少收入的预期）会影响声誉的激励约束作用，如果企业家对未来预期悲观，则会重视现期收入，不重视声誉，声誉机制的激励约束作用有限；如果企业家对未来预期乐观，则会重视声誉，声誉机制对企业家的激励约束作用强烈。由于声誉与文化、法律、制度等因素密切相关，具有模糊性和不可控性（Milgrom and Roberts, 1992，第 264—269 页），虽然存在一些多阶段动态博弈模型，但还缺少对声誉机制与企业家积极性的关系的全面描述。

1.4.4 市场竞争机制对企业家行为的激励与约束连续统一体模式

如果经济学认为剩余索取权是一种对企业家行为的终极激励手段,那么,市场竞争机制就是一种对企业家机会主义行为的终极约束,其前提是市场竞争是充分的。这不仅因为较为充分的市场竞争具有一定的信息披露机制,缓解信息不对称问题,更因为市场竞争的优胜劣汰机制对企业家的机会主义行为的惩罚是"致命"的,是控制权机制、声誉机制发挥约束作用的前提。

对企业家行为的市场竞争约束包括企业家(经理)市场、资本市场和产品市场三方面,三方面市场对企业家行为约束的机理略有不同。企业家市场被有的经济学家认为是最好的企业家行为的约束机制(Fama,1980),充分的企业家之间的竞争,很大程度上动态地显示了企业家的能力和努力程度,使企业家始终保持"生存"危机感,从而自觉地约束自己的机会主义行为。但这种市场机制对企业家行为的约束除受到企业家市场完善程度的影响外,还受到诸多限制,使这种约束不是强有力的,一是如果股东分散,股东之间会出现"搭便车"行为,不愿意承担"弹劾"现任企业家的费用,[①] 结果是即使现在的企业家"声誉"有问题,也没有股东出面提出更换企业家;二是股东们"已知的恶要好于未知的恶"的心态;三是现任企业家会采取各种途径、利用其现有地位阻止董事会更换人选(哈特,1996)。资本市场的约束机理一方面表现为股票价值对企业家业绩的显示,另一方面则直接表现为兼并、收购和恶意接管等资本市场运作对企业家控制权的威胁,另外,企业资本结构的变化,尤其是以破产程序为依托的负债的增加会在一定程度

---

① 这些费用可能包括确定股东们的地址及邮寄选票,劝说其他股东相信新候选人比现任经理有能力和积极性等(哈特,1996)。

上有效约束企业家的机会主义行为(哈特,1996)。[①]但泰勒尔(1997,第50页)指出接管威胁会产生降低长期投资积极性、破坏经理职位稳定性等反面的激励作用。产品市场的约束机理在于来自产品市场的利润、市场占有率等指标在一定程度上显示了企业家的经营业绩,产品市场的激烈竞争所带来的破产威胁会制约企业家的偷懒行为。哈特(Hart,1983)考察了存在管理型企业(所有权和控制权分离的现代企业)和企业家型企业(所有者自己经营)两类企业的竞争性产业,认为企业家企业作为一种管理型企业的竞争性参照,产品市场的较为充分的竞争导致管理型企业的偷懒行为的减少。然而,如果产品市场是垄断的,或者企业得不到有关竞争者的利润等方面的信息,产品市场的竞争机制对企业家的机会主义行为的制约就变得十分脆弱。

无论是企业家市场、资本市场还是产品市场,其竞争机制的作用一般都被认为是一种约束,对企业家机会主义行为的约束。这只强调了市场竞争机制的优胜劣汰的"生存竞争"的一面,其实市场竞争机制还存在与生存压力无关的"标尺竞争"(yardstick competition)的一面。"标尺竞争"可以理解为类似条件下的职业企业家之间的比赛,通过对类似条件下不同企业家业绩的比较,可以在一定程度上知道企业家的努力程度和能力。更重要的是,"标尺竞争"产生了一种类似体育比赛"排名次"的激励作用。在很多非商业体育竞赛(或称为友谊赛)中,参赛者尽最大努力争夺第一并非为了什么奖励,而是为了证明自己能力比其他人强、满足显示欲、成就欲的需要。同样,企业家的业绩"排名"所产生的对企业家的激励力量源于企业家"争强好胜"、成就需要的满足,而且这种"排名"是企业家声誉的最有效的建立和显示途径,在"标尺竞争"中的"胜利"给企业家带来了良好的职业声誉,声誉机

[①] 这被形象地比喻为:"股票是坐垫,债务是针毡",转引自赵耀增(1998)。

制的激励作用转化为"标尺竞争"的激励作用。但是，不能忽略的是"标尺竞争"可能导致"合谋"行为和"互相拆台"行为的负效应。从"生存竞争"到"标尺竞争"，促进了企业家由仅仅约束自己机会主义行为的"保管者"转变为尽最大努力经营企业的"企业家"。如图1-4所示，这个过程中公平因素和期望因素同样发挥着作用。

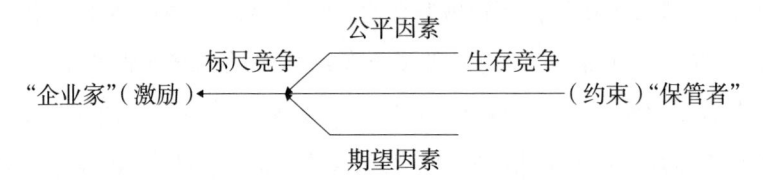

```
                    公平因素
             标尺竞争    生存竞争
"企业家"（激励）◄─────────────────（约束）"保管者"
                    期望因素
```

图1-4 市场竞争机制对企业家的激励与约束连续统一体模式

1.4.5 关于报酬、控制权、声誉和市场竞争机制的替代与互补关系的命题

毋庸置疑，上述四种企业家的激励约束机制并非孤立的，分类论述是出于理论分析的需要，① 实际中这四种机制会综合作用于企业家的行为。这种综合作用表现为报酬、控制权、声誉和市场竞争四种机制的替代和互补关系。例如，货币报酬和由控制权所产生的职位消费之间具有替代性，企业家的工资收入可以很低，只要能保证较高的职位消费，职业企业家的角色仍是非常具有吸引力的；声誉和市场竞争具有互补性，没有竞争则无所谓声誉高低，而良好的声誉又使企业家处于较好的市场竞争地位；报酬和声誉之间也具有一定的替代性，为了获得较好的声誉，企业家可以牺牲一些报酬。在经济学中，这些关系可以用无差异曲线进行描述；在管理学中，这些机制的替代和互补关系则体现为需要

---

① 根据激励约束机制的特性，还可以存在不同的分类，如按照委托人能否根据可观测的行动结果来奖惩代理人，可将激励约束机制分为"显性"（explicit）和"隐性"（implicit），报酬机制属于显性机制，声誉机制、竞争机制则属于隐性机制。

理论所揭示的各层次或各种需要的关系。

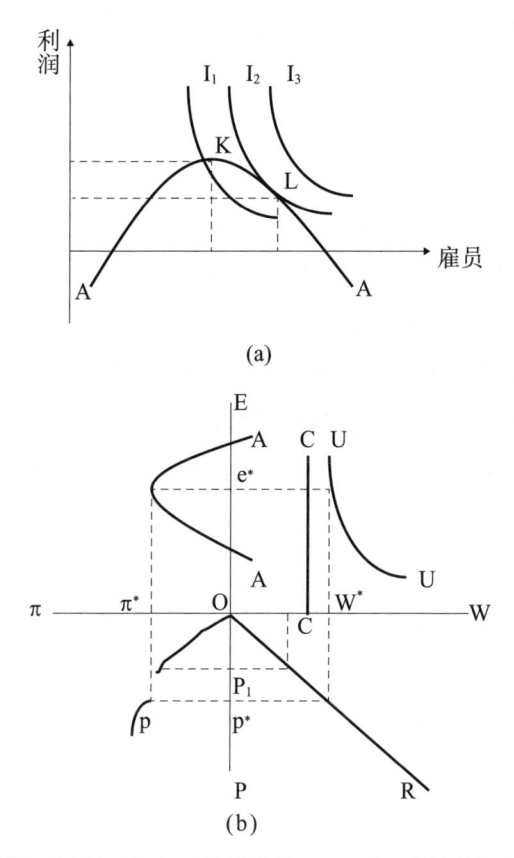

图 1-5　报酬机制和控制权机制的替代关系：无差异曲线的解释及其局限性

经济学中的一个典型的例子是威廉姆森用无差异曲线方法描述了企业家为追求雇员或职工规模、个人可随意支配费用、个人"知名度"等"个人好处"，[①] 而发生偏离企业利润目标最大化的现象，这被称为

---

① 这些"个人好处"又被描述为与其正式工资相对应的"账外薪水"（perks or perquisites）（于立等，1996，第95页）。"个人好处""职位消费""个人支出账户""账外薪水"等说法并没有严格的内涵，都是描述企业家因掌握控制权而享有的正式报酬之外的收益，构成了企业家的目标函数中除正式收入以外的自变量。

"管理者效用最大化理论"(于立等,1996,第95—96页)。如图1-5所示,[①] 在图(a)中,假设企业家的货币报酬和企业的利润成正比,除货币报酬对企业家有激励作用外,增大控制权也是企业家所需要的,这里将其具体化为增加雇员。I_1、I_2、I_3是一组反映企业家对货币报酬和增加雇员偏好的无差异曲线;AA线表明雇员人数和企业利润的关系。K点为企业利润最大时所需的雇员人数;L点是AA线和无差异曲线的切点,代表企业家效用最大化时企业的利润。由于L点低于K点,表明企业家为了达到个人效用最大化,管理更多的雇员,而宁肯使企业的利润低于利润最大化水平。在图(b)中,张春霖(1991,第156—157页)试图说明利用货币报酬和控制权之间的替代关系,通过调整货币报酬支付原则可以解决企业家追求控制权而牺牲企业利润的问题。W为企业家得到的货币报酬,E为雇员数量,π为企业利润,P为给予企业家的货币报酬,OR为45°线,实现W和P的转换。第一象限中UU线表达货币报酬和雇员数量的无差异线;第二象限的AA线为雇员数量和企业利润之间的关系;第三象限的Op线是企业利润和给予企业家货币报酬的关系,中间断开表明未达到利润最大值π^*和达到π^*的两种情况。针对这两种可能,如果利润达到最大值π^*,给予企业家的货币报酬为p^*,保证企业家的效用(货币报酬和雇员数量的组合)在无差异曲线UU上(W^*和e^*决定的点的组合)或者这一曲线的上方(大于UU线的效用);如果企业利润低于π^*,给予企业家的报酬P_1,P_1只能使企业家的效用组合落在CC线的左侧,效用总会低于UU线的效用。如果这些条件成立,企业家为了追求自己效用最大化,就要力求获得p^*,从而激励约束企业家追求企业利润最大化π^*,选择雇员数量为e^*。显然,引入无差异曲线有助于对这些关系的规范化的解释,然而,由于实际中企业

---

① 这两个图分别转引自张春霖(1991,第151、156页),转引时略加变动。

第1章 企业家角色、行为假定与激励约束机制

家的偏好一致性不能得到绝对保证,职位消费的形式多样,每种形式的职位消费和企业利润的关系无法确定,[①] 无差异曲线对问题的解决和预见性意义不大。

管理学中的马斯洛需要层次理论、奥尔德弗的 ERG 理论除了划分了人的需要层次和种类外,还揭示了各种需要之间的关系,这些关系对应于各种机制的替代和互补关系。基于这些激励理论,我们给出有关企业家的报酬、控制权、声誉和竞争机制对企业家行为作用关系的几个命题。①某种机制愈是相对缺乏,该机制对企业家的激励约束的"边际作用"就愈大。此命题的理论基础是奥尔德弗有关激励的基本观点:人的某种需要被满足的程度越低,对它的追求也就越强烈(俞克纯等,1988,第 50—51 页)。这类似于经济学中的边际效用递减规律。②当报酬机制的作用发挥到一定程度后,控制权机制、声誉机制和标尺竞争机制对企业家的激励约束作用更大;反之,当不存在或较少存在控制权机制、声誉机制和标尺竞争机制的作用时,报酬机制将具有更大的激励约束作用。这个命题的理论依据是马斯洛的"满足—发展"模式和奥尔德弗的"挫折—退回"模式。"满足—发展"模式认为当较低层次的需要被满足后,对较高层次需要的追求就得到加强;而"挫折—退回"模式进一步认为越是较高层次需要的满足受到挫折后,个体越是倾向于寻求较低层次的满足(阿尔特曼等,1990,第 161 页)。③如果两种机制的作用满足同一种需要,如报酬机制的基本工资和控制权机制的某些职位消费都可满足生存需要,那么一种机制满足程度的增加会降低另一种机制的激励约束作用,反之,一种机制满足程度的降低会增加另一种机制的激励约束作用。这可以认为是第一个命题的推论。④四

[①] 例如,我们无法确定"招待费""差旅费"和利润之间的准确关系,对于每种形式的职位消费而言,类似图 1-5 中的 AA 线是无法描述的。

种机制可以在一定程度上共存。奥尔德弗认为,个体在同一时刻存在着有所不同的各种需要,因而这就需要不同的机制来满足。⑤竞争机制作为隐性激励约束机制,和报酬、控制权和声誉机制对企业家行为约束作用方面存在互补。竞争机制约束作用的关键在于在竞争中失败可能导致基本生理需要、生存需要得不到充分满足。

第 2 章　企业家的产生机制、激励约束机制与企业效率

在第 1 章关于企业家的角色、行为和激励约束机制的冗长分析中，我们没有提及关于企业家的选择机制问题，隐含的假定是企业家市场竞争机制和现代公司制企业法人治理结构会甄别人的能力差异，保证最有企业家能力的人成为企业家。然而，由于"逆向选择"、市场竞争不充分等原因，这种假设在实际中很难绝对成立，如何保证最有企业家能力的人成为企业家就成为有待解决的一个重要问题。它不仅影响到企业家激励约束机制的建立和有效性，更为关键的是企业家的产生机制和激励约束机制共同作用决定了企业家的管理行为，进而在很大程度上决定了企业效率，而效率则是经济学和管理学共同关注的永恒的主题。

2.1　一个关于企业家的产生机制、激励约束机制与企业效率的综合分析模式

近几十年来，有关产权和企业效率之间的关系一直是经济学，尤其是新制度经济学、转轨经济学关注的焦点，相关文献可谓汗牛充栋。这个问题之所以如此得到经济学的"青睐"，是因为该问题的实质是国有企业和私有企业效率是否存在差异、造成差异的主要原因是所有权因素还是竞争因素，与此紧密相关的经济政策是推进产权私有化是

否必要。进入20世纪80年代以来,最早始于英国的私有化浪潮已席卷全球,产权私有化成为全球微观经济机制调整的"特征化事实"(张维迎,1998)。面对这种全球性浪潮,经济学界一直存在着争议,无论是理论研究还是实证分析,关于私有化是否会促进企业效率的改进始终未有定论。一方面,持肯定态度的传统的产权理论认为,资产的排他性私人拥有、剩余利润的私人占有,会激励拥有者或占有者最大程度地关心资产、追求效益,而国有企业的目标多元化、财务软约束、对经理的激励不足等原因必然导致低效率(刘芍佳等,1998);① 世界银行(1997)的研究报告总结了12个代表地区(9个发展中市场经济国家、3个转轨国家)的国有企业改革经验,实证分析表明了产权处置对提高企业效率的必要性。另一方面,持怀疑态度的"超产权"理论认为,企业效益主要与市场结构有关,竞争才是激励企业经营者追求效益的根本条件,企业改变自身的治理机制追求效率的基本动力是引入竞争,变动产权只是改变机制的一种手段,产权的激励作用只有在竞争条件下才能发挥(刘芍佳等,1998);泰腾布朗(Tittenbrun,1996)分析了85篇有关产权与企业效率的文献支持了这种观点,贾亚蒂等(Jayati, Subrata and Bhaumik,1998)对发展中国家印度银行业的实证研究表明,在缺乏功能完善的资本市场的情况下,私人企业与公共企业的绩效没有差异。这两方面争论的深层次问题是所有制与竞争的兼容,如果公有制和竞争是兼容的,私有化就不是绝对必要的。虽然比斯利和利特柴尔德(Beesley and Littlechild,1994)认为私有化与竞争具有天然的共

---

① 应说明的是自从格罗斯曼和哈特(Grossman and Hart,1986)开拓性地从不完全合同解释产权理论以来,人们对产权的认识正逐渐深入,这里的产权论仅仅是最为基本的产权理论观点。值得提及的是,现在,经济学家们已认识到,产权是解决激励问题的非常重要的手段,但不是唯一的手段,产权是重要的,但当竞争是充分的,产权的重要性就会下降(许成钢,1996、1998)。

存性，政府对私人企业比对国有企业更能有效地实施竞争政策，但没有证据能说明私有化本身能促进竞争。①

　　无论是将产权或所有制作为促进企业效率的解释变量，还是将竞争视为企业效率改进的根本原因，都是把职业企业家或经营者追求效益的积极性和能力作为"中间变量"传递产权或竞争对企业效率的作用效果的。产权论者所强调的是私有企业的产权人享有剩余利润占有，由此激励产权人产生强烈的追求企业效率的动机，在这种动机支配下，或者产权人自己努力经营（即古典企业）去提高企业绩效，但会受到经营能力的限制，或者选聘有能力的职业企业家，但需建立有效的激励约束机制解决委托代理问题，调动职业企业家的积极性；超产权论强调竞争是企业改善机制、提高企业效率的根本原因，因为竞争的优胜劣汰机制会迫使企业所有者寻找最有能力的企业经营者或职业企业家，同样的企业家市场的"生""死"机制会激励企业经营者的努力经营，保证企业生存发展，否则企业和企业家都会被淘汰而"死亡"。由此可以看出，虽然"产权论"和"超产权论"对决定"中间变量"——职业企业家的能力和积极性的因素认识不同，但都认为职业企业家的能力和积极性直接决定企业效率。②如果我们对应上一章企业家的激励约束机制的内容，可以认为"产权论"强调的产权激励，可归入报酬机制中；而"超产权论"则强调的是竞争激励，可归入市场竞争机制。也就是说，有关企业绩效的决定因素方面，"产权论"和"超产权论"的观点

---

　　① 有关私有化、竞争与效率的关系的更为详尽的文献综述可参阅王俊豪（1998，第288—312页）。

　　② 如果我们不遵守所谓经济学的严格理论研究范式，接受"管理"的概念，那么，可以认为企业管理水平（主要取决于职业企业家的经营管理能力和积极性）决定了企业效率，而产权、竞争等因素可以激励企业家努力经营、提高其管理水平。这个观点的引申对我国企业改革实践意义十分重大，即正确处理企业改革、管理与发展的关系问题（陈佳贵，1996），以及正确处理企业制度创新、管理创新和技术创新的关系问题（黄群慧等，1997）。

都可纳入我们的企业家激励约束机制的分析框架中。如果再把企业家的选择机制和企业家的激励约束机制整合在一起,就可以构造一个有关企业家的选择机制、激励约束机制和企业效率的分析模式(如图2-1所示)。

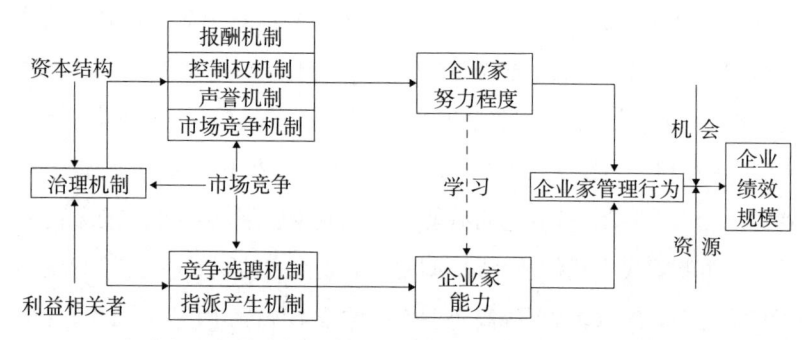

```
                    ┌─────────────┐
                    │  报酬机制    │
                    │ 控制权机制   │
       资本结构 ────┤  声誉机制    ├──→ ┌──────┐
           │        │市场竞争机制  │    │企业家│
           ↓        └─────────────┘    │努力程度│        机会
       ┌────────┐                      └──────┘           │    ┌──────┐
       │治理机制│←── 市场竞争 ──             │ 学习      ┌──────────┐│企业│
       └────────┘                           ↓          │企业家管理行为├→│绩效│
           ↑        ┌─────────────┐    ┌──────┐       └──────────┘│规模│
       利益相关者───┤竞争选聘机制  ├──→ │企业家│           资源     └──────┘
                    │指派产生机制  │    │ 能力 │
                    └─────────────┘    └──────┘
```

图 2-1　有关企业家的选择机制、激励约束机制与企业绩效关系的分析模式

该分析模式的基本逻辑是制度(机制)决定行为,行为影响绩效,其作用机制依靠企业家的努力程度(积极性)和企业家的能力"传递"。企业家的努力程度和企业家的能力共同决定了企业家的管理行为,前者决定了企业家"愿意"选择的行为,后者决定了企业家"能够"选择的行为。企业家的努力程度取决于报酬、控制权、声誉和市场竞争四类激励约束机制,企业家的能力则在较大程度上取决于企业家的选择机制。企业家的选择机制大致可以划分为两类,一是通过竞争机制在企业家市场选聘,也包括在本企业内部进行考核选拔、竞争上岗,[①] 规范的现代公司制企业都采用这种竞争选聘机制;另一类是指派产生机制,既包括古典企业或家族式企业的指定继承人的方式,也包括计划体制下国有企业的领导人由上级主管部门选派的方式。企业家的激励约束机制和企业家的选择机制的形成和作用的发挥又

---

① 本企业的内部管理人员仍是企业家市场的组成部分。

决定于企业内部的治理机制和企业外部的市场竞争。企业治理机制则是企业股权人、债权人和其他利益相关者（stakeholders）经过"讨价还价""动态博弈"做出的有关企业运行的、治理企业交易关系的制度安排。企业治理机制包括外部治理机制和内部治理机制，可以认为主要取决于企业资本结构和利益相关者的影响。市场竞争可以直接对企业家的激励约束机制、选择机制发生作用，如资本市场的敌意接管直接使在职企业家失去控制权，产品市场的信息显示对企业家的约束作用，企业家市场的标尺竞争机制对企业家声誉建立的作用等；市场竞争还可以通过治理机制对企业家的激励约束和选择发生作用，如产品市场上的信息显示为董事会在一定程度上提供了奖惩企业家的依据，企业家市场对企业家的评价一般是董事会选聘总经理的主要依据等。

显然，这个模式接受了刘芍佳等（1998）关于企业治理机制是决定企业长期绩效的一个基本因素的观点，[①] 然而，这里对企业治理机制的理解与刘芍佳等把企业治理机制理解为广义的公司经营的"管控软件"是不同的。[②] 我们认为企业治理结构是一种界定投资者（股东和债权人）、董事会成员、经理人员和企业的其他利益相关者之间的权力、义

[①] 一旦引入企业治理机制的概念，我们也就步入一个关于"企业治理机制"理解的"语义丛林"。有关对企业治理机制的多种界定，可参阅费方域（1996）和何玉长（1997，第26—35页）。

[②] 刘芍佳等（1998）在其长文中的第一个脚注里把企业治理机制广义地界定为"既包含了狭义的有关董事会的功能、结构、董事长或总经理权力及监督方面的制度安排，同时也概括了公司的各项收益分配激励制度、经理选聘与人事管理制度、财务制度、公司管理结构、企业战略发展决策管理系统、企业文化和一切与企业高层管控有关的其他制度，简而言之，就是公司经营的'管控软件'"。这种广义到甚至把企业文化都包含在内的企业治理机制的概念，显然是把"治理"（governance）等同于"管理"（management），想用企业治理机制的概念取代企业经营管理机制的概念。实际上，与"管理"相比，"治理"属于公司法理（corporate jurisprudence）或管制机制领域的问题，重视权力的分配和监督权力的使用。有关二者的区别的详细文献是梅慎实（1996，第90—93页）。

务和利益,激励各方履行义务、监督权力行使的制度安排和组织结构(吴敬琏,1993,第189—196页;钱颖一,1995,第133页)。治理结构所解决的治理问题的产生有两个条件,第一个条件是组织成员间存在利益冲突,即所谓的代理问题;第二是合约是不完全的,交易费用之大使成员之间的利益冲突(代理问题)不可能完全通过合约解决(哈特,1996)。在这两个条件下,治理结构就至关重要。治理结构的重要性不仅在于"事先"设计一套制度或组织结构,界定各方的权力和利益(这是标准的委托代理理论所关注的),更重要的是借助治理结构能对各方的权力和利益进行"事后"动态调整(这是交易费用理论所强调的)。也就是说,从治理机制对企业家的激励约束作用而言,治理结构的重要作用不仅表现在企业家的报酬机制设计方面,尤其重要的是体现为对企业家控制权的动态调整。因为治理结构对权力界定的关键内容是哪一方拥有剩余控制权,即在不明确的情况下,谁将拥有最终决策控制权。正如哈特(1996)所认为的:"在合约不完全情况下(代理问题也将出现),治理结构确实有它的作用。治理结构被看作一个决策机制,而这些决策在初始契约中没有明确地设定。更准确地说,治理结构分配公司非人力资本的剩余控制权,即资产使用权如果在初始合约中没有详细设定的话,治理结构决定其将如何使用。"基于这种对治理结构的理解,本书更多的是将治理结构和企业家的控制权机制联系在一起。

本书的综合分析框架不仅强调了"产权论"和"超产权论"所忽略或部分忽略的控制权机制,[1]而且还折中了双方的观点。"产权论"的剩余利润激励机制只表现为这里的企业家报酬激励约束机制,在

---

[1] 在刘芍佳等(1998)的模式中,控制权收益激励被隐含在上岗激励中,显然这只注意到治理结构对企业家控制权授予与否的一方面作用,忽略了治理结构对企业家控制权大小动态调整的作用。

上一章的报酬机制的激励约束连续统一体模式中,我们曾指出,当企业家完全占有企业剩余时,报酬机制的激励作用达到最大。"超产权论"所强调的竞争激励机制则表现为这里的市场竞争机制和竞争选聘机制,而且我们的竞争机制连续统一体模式,不仅指出了生存竞争的激励约束作用,还强调了标尺竞争的激励作用。虽然企业家的声誉机制作为隐性激励机制常常是和市场竞争机制共同发挥作用,但人的声誉是多方面的,声誉的形成也并不完全取决于市场竞争,还受到许多因素的影响,因而本模式中声誉机制也被作为一个独立的激励约束机制。这样,图2-1所示的分析模式不仅涵盖了产权激励、竞争激励,还考虑了控制权激励和声誉激励,因而可以认为是一个更为全面的综合分析模式。

关于这个综合分析模式值得强调的另一方面是关于对企业家能力决定因素的认识。一般认为,一个科学的企业家的选择机制是企业家能力的决定因素,而一般所理解的科学的选择机制就是竞争选聘机制。毋庸置疑,竞争选聘机制比指派产生机制更能客观地、公正地保证最有企业家才能的人成为企业家。然而,如我们在第1章第4节所指出的,由于市场竞争不完全和信息不对称,更换一个职业企业家的成本很高,以及在职企业家会采取各种途径、利用其现有地位努力阻止董事会更换人选等原因,在现实经济中,竞争选聘机制并不能有效地发挥作用。其实,职业企业家的能力除了有天生的因素外,在很大程度上取决于学习、培训和教育,尤其是"干中学"对企业家能力的形成和提高有很大的作用。因此,当一个企业的企业家能力不能依靠市场竞争机制选择企业家来提高时,"干中学"对该企业的企业家能力的提高就至关重要。而企业家学习、提高自身能力的积极性在很大程度上取决于企业家的激励约束机制,图2-1用虚线表明了这一点。企业家能力是一个动态的概念,通过"干中学"可以改变一个企业的企业家能力,并非一定要通过竞争机制,明确这一点对于企业家指派产生机制的企业(如古典企业、国有企业)具有十分重要的意义。然而在迄今为止的多数关于企业家的模型中,如张维迎(1995)企业的企业家模型、刘芍佳等(1998)的"超产权论"模型和王珺(1998)的转轨经济中国有企业经理的行为模型,这一点都被有意或无意地忽略了。[①] 这种忽略的原因在于这些模型遵循新古典经济学的完全信息和理性人的假设,不可能存在"学习"问题。诺斯(1990)对新古典经济人假设进行修正时,就引入了人的认知结构,他把学习当成认知能力发展的基础,并使时间成为认知能力发展的载体。因此,在企业家问题的研究中,忽视企业家的能力发展是需要修正的。

企业绩效除了受企业家积极性和企业家的能力影响外,还受到企业资源和市场机会的影响。同样能力和同样努力程度的企业家,如果其所在企业的资源条件差异较大,企业绩效也不会相同。市场机会的作用可以说明一个企业何以在不同的时间会有不同的企业绩效。企业资源和市场机会在本模型中是作为外生变量给定的。

基于上述分析,我们可以进一步把图 2-1 所示的企业家的激励约束机制、选择机制和企业绩效的关系用一个分析性数学模型来描述:

$$X = \sum K_i C_i \quad (1)$$

$$\theta = \theta_1 + \theta_2 \quad (2)$$

$$Y = X \cdot \theta \cdot \gamma + \varepsilon \quad (3)$$

(1)式中,X 代表企业家的努力程度;$\sum K_i C_i$ 表示报酬、控制权、声誉和竞争机制对企业家努力程度的综合作用;K_i 为第 i 种激励约束

[①] 这种忽略的"后果"是:有关改善转轨经济中国有企业效率的政策建议必然是建立完善企业家市场和竞争选聘机制,但由于我国渐进式改革(尤其是国有企业干部人事制度改革的滞后)以及市场建立需要一个较长期的过程,这种建议更多的是一个长期目标,不大具有操作性。有关这方面的讨论我们在后面还将继续。

机制对企业家努力程度的贡献系数，即在其他机制不变的情况下，第i种激励约束机制的单位改善能够增加的企业家的努力水平；C_i表示四种企业家的激励约束机制。(1)式表明，在不存在任何激励约束机制的作用条件下，企业家的努力水平为零，[①]随着四种机制的建立和不断完善，企业家的努力水平逐渐提高。(2)式表明企业家的能力θ由两部分构成，一是最初担任某企业的企业家角色时的能力$θ_1$，另一部分是通过"干中学"新增加的能力$θ_2$。$θ_1$取决于企业家的产生机制，在企业家的天赋学习能力相同的情况下$θ_2$的大小取决于企业家的经营企业的学习努力程度。(3)式中，γ被定义为资源—机会乘数，表明在企业家努力程度X和能力θ确定的条件下，企业的绩效Y由企业家掌握的资源和机会出现的时间决定。(3)式中将企业绩效定义为企业家能力和企业家努力程度之积的函数，旨在表明企业家的经营能力转化为企业的绩效，企业家的努力程度具有倍乘作用，反之也可以认为企业家的努力转化为企业绩效，企业家的能力具有倍乘作用。其实我们很难得到企业绩效和企业家的能力及努力程度之间的准确函数关系，采用乘积形式表明对于企业的绩效而言，企业家能力和努力两个因素缺一不可。[②]除此之外，企业的绩效还受到随机干扰因素ε的影响，这种随机因素是企业家理性难以预见和控制的，如重大的突发自然灾害，企业所有者对企业家的非商业理性的不规范的行为骚扰等。随机干扰因素ε的影响可正可负，但其总期望值E(ε)为零。

[①] 其实这种情况在现实中是不存在的，企业家的激励约束机制总是存在的，只是在不同的企业中，存在着不同的激励约束机制，决定了企业家的努力程度有差异。

[②] 如果采用X和θ之和的函数形式，则表明如果企业家的能力为零，只要企业家努力经营，也会取得较好的企业绩效；或者如果企业家努力程度为零，只要企业家能力足够大，企业也会有足够大的企业绩效。这显然是荒谬的。刘芍佳等(1998)所构造的企业绩效是企业家能力和努力程度之和的函数，其致命错误就在于此。

2.2 企业制度与机制组合:对分析模式的进一步说明

图 2-1 和上述三个简单的代数式不仅说明了企业家的选择机制、激励约束机制与企业效率之间的关系,而且还为分析不同企业制度环境下的企业绩效的差异提供了一个基本框架。不同的企业制度环境对应于不同的企业家的产生机制、激励约束机制组合,进而决定了企业家的努力程度和能力差异,导致了企业绩效产生差异。以颇具代表性的古典企业制度和现代公司制度(尤其是公开发行股票的上市公司)为例进行比较,古典企业制度对应于一种能保证企业家的高努力程度,但不能保证企业家高能力的企业家产生机制、激励约束机制的组合;现代公司制度则对应于一种能保证具有高能力的人担任企业家角色,但不能保证企业家一定具有高努力程度的企业家产生机制、激励约束机制的组合。也就是说,在企业家的产生机制方面,现代企业制度优于古典企业制度,但在企业家的激励机制方面,古典企业制度具有竞争优势。

关于企业家能力,通过对比古典企业企业家的世袭产生机制和现代企业企业家产生的竞争选聘机制,可以证明后者所决定的 θ_1 期望值大于前者(刘芍佳等,1998)。假设人的能力服从正态分布,其分布范围为 (0,1),0 代表最没有能力,1 代表最有能力。对于古典企业的世袭制,企业家的能力为 0 或 1 的可能性都存在,其期望值为

$$E(\theta_1^a) = \int_0^1 \frac{\theta}{\sqrt{2\pi}\sigma} e^{-\frac{(\theta-0.5)^2}{2\sigma^2}} d\theta = 0.5$$

而在现代企业中,由于竞争选聘机制的存在,排除了企业家全无能力的情况,企业家的能力分布范围为 (x,1),0 < x < 1,选聘机制越好,竞争越充分,x 值越高,所选聘的企业家的能力与委托人所期望的企业家能

力的方差就越小,企业家能力的期望值 $E(\theta_1^b)$ 就越高,如图 2-2 所示, $E(\theta_1^b) > E(\theta_1^a)$,即大于 0.5。

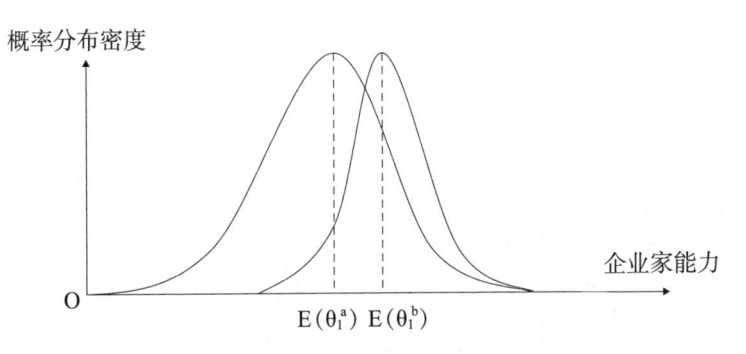

图 2-2 企业家期望能力分布曲线

关于企业家的激励约束方面,由于古典企业制度下的企业家集所有权和控制权于一身,拥有全部剩余索取权和剩余控制权,利润占有率为 100%,能产生终极激励作用,甚至可以认为不存在所谓的企业家的激励约束问题。但在现代公司制企业中,由于所有权和控制权的分离,即所谓的委托代理问题的存在,需设计有效的企业家的激励约束机制,提高职业企业家的努力程度。因而,对于现代公司制企业而言,不断改善企业家的激励约束机制,最大程度地提高企业家的努力水平,是改善企业绩效的关键。假设两个具有相同资源、机会条件的企业,一个为现代公司制企业,一个为古典制企业,[①] 如果两者绩效相同,则一定说明公司制企业的企业家能力大于古典制企业的企业家,或者可以认为,如果两个企业家能力相同,那么古典制企业的绩效一定优于现代公司制企业。用上述模型语言来说,这是因为古典企业的企业家的努力程度的倍乘作用大于现代公司制企业。

---

① 这里仅仅是为说明问题进行假设,实际上现代公司制企业往往要比古典企业掌握更多的资源,古典企业向现代企业发展的一个重要原因就在于现代企业制度允许企业支配更多的资源,具有更大的发展空间。

古典企业和现代企业在企业家的产生机制、激励约束机制方面各有利弊，企业绩效的提高关键在于扬长避短，改善这两方面机制。除了典型的现代企业和古典企业制度外，现实经济中还存在其他类型的企业制度，下表（表 2-1）分别描述了 6 种企业制度环境下企业家产生机制、激励约束机制的不同组合。

表 2-1　6 种企业制度环境下的企业家产生机制、激励约束机制组合

制度类型 \ 机制组合	企业家竞争选聘机制	企业家指派产生机制	报酬机制	控制权机制	声誉机制	竞争机制
古典企业	不存在	企业家世袭产生	拥有全部剩余索取权，利润占有率100%，激励作用最大	拥有全部控制权，包括契约控制权和剩余控制权，激励作用最大	家族声誉、企业商业信誉、个人成就欲能起到一定的激励约束作用	一般只存在来自产品市场竞争、破产机制的激励约束作用
合伙企业	不存在	在有限数量的合伙人中产生	拥有较大份额的剩余索取权，具有较强的激励作用，但随合伙人增多而递减	拥有较大剩余控制权，但在一定程度上受到其他合伙人的约束	在专业性合伙企业中，个人职业声誉（人力资本）起到很大的激励约束作用	行业竞争具有激励约束作用，职业企业家市场有一定的激励约束作用
现代公司制企业	在职业企业家市场中由董事会选聘企业家，保证具有高能力者成为企业家	不存在	遵循"激励"和"保险"的最优分担的设计原则，企业家的年薪由固定收入和风险收入构成	授予契约控制权，通过法人治理结构对其控制权进行动态调整	充分的市场竞争保证企业家的职业声誉对企业家的行为具有激励约束作用	职业企业家市场、产品市场和资本市场的竞争程度决定了其对企业家的激励约束作用

（续表）

制度类型 \ 机制组合	企业家竞争选聘机制	企业家指派产生机制	报酬机制	控制权机制	声誉机制	竞争机制
西方市场经济中国有企业	不存在	企业限于特殊行业，大众最终拥有企业，政府任命企业家	类似于公务员管理，建立类似于"高薪养廉"机制	企业家具有较大的控制权，政府通过各种途径进行监督制约	注重建立自己在政府主管人员心中的良好形象和声誉	市场机制较少可能发生作用
传统计划体制下的国有企业	不存在	全体人民最终拥有企业，政府主管部门任命企业家	按行政级别得到固定工资报酬	完全执行政府制定的生产计划和发出的各种指令	关心自己的政治声誉和在政府主管人员心目中的形象	不存在
转轨经济中的国有企业	不存在	实质上绝大多数仍是政府主管部门任命	企业绩效与一部分收入挂钩，尝试实行年薪制，激励约束作用不大	具有很大的控制权，权力较少受到约束，出现所谓"内部人控制"现象，激励作用很大	原有政治声誉激励约束作用逐渐淡化，职业声誉机制还没有建立，激励约束不大	不存在职业企业家市场，产品市场竞争较为充分，资本市场竞争在一定程度起作用

注：本表所描述的 6 类企业制度环境下的企业家的产生机制、激励约束机制是一般意义的，其中"西方市场经济中的国有企业"又被称为"政治性企业"（埃格特森，1996，第 131—135 页），而"传统计划体制下的国有企业""转轨经济中的国有企业"则是针对我国而言的。我国企业改革旨在从"传统计划体制下的国有企业"向"现代公司制企业"过渡，现在的企业制度环境是"转轨经济中的国有企业"，本表关于这几种企业制度类型的机制组合的描述对于后文探讨现在我国国有企业的企业家激励约束问题具有指导意义。

2.3 机制组合与企业家行为模式选择

鲍莫尔(Baumol,1990)曾指出,企业家关于生产性行为、非生产性行为和破坏性行为的理性选择取决于社会对这些行为的回报规则。基于上述综合分析模式,不同制度环境下的企业家的产生机制、激励约束机制组合对企业家的行为选择有决定作用。在第1章中,我们曾详细地区分了"企业家"行为模式和"保管者"行为模式,指出建立有效的企业家激励约束机制的目的在于诱导和迫使职业企业家的行为趋向于"企业家"行为模式。虽然我们曾说明"保管者"行为不能归为渎职,但迄今为止,我们的讨论还没有涉及对企业家的另一类行为——渎职行为,或者说破坏性行为的制约问题,我们所论述的四类企业家的激励约束机制也并没有包含法律监督制约机制。如果我们全面考虑企业家的三种行为模式——"保管者""渎职者"和"企业家",假设企业家的行为是理性的,图2-3的决策树示意图清楚地说明了在给定的企业家产生机制、激励约束机制条件下,理性企业家的行为模式的选择逻辑。这种逻辑分析进一步拓展了综合分析模式的外延。

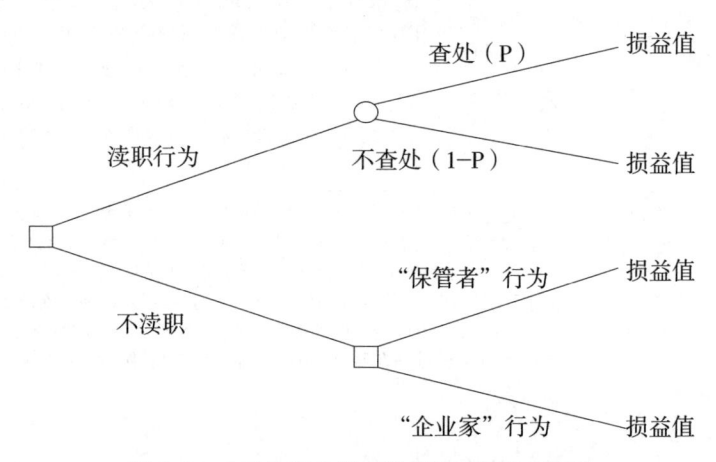

图 2-3　企业家行为模式选择的决策树示意图

对于一个理性的职业企业家而言,是否选择渎职行为取决于其渎职行为的期望效用或收益是否大于非渎职行为的期望效用。首先我们分析其渎职的期望效用,假设企业家渎职被查处的概率为P,不被查处的概率为1-P,其渎职的收益为A,渎职行为的直接成本(如处心积虑、道德代价等)为B,渎职被查处的损失或惩罚是C,则企业家渎职的期望效用$EU=U[B+P(A-C)+(1-P)A]=U[B+A-PC]$。显然,在A、B、C不变的情况下,查处概率P增大,企业家渎职的期望效用将减小,这体现了建立完善法律监督约束机制的重要性。但问题的关键不仅在于此,而且在于如果企业家不渎职,选择"保管者"行为模式或"企业家"行为模式,其期望的效用将是多少。当不渎职的期望效用EU'大于渎职的期望效用$EU=U[B+A-PC]$时,企业家将放弃渎职行为,用决策树的语言来说,"剪"去渎职方案"分枝"。同样,在"企业家"行为模式和"保管者"行为模式的选择中,当选择"企业家"行为的期望效用EU_1大于"保管者"行为的期望效用EU_2时,企业家就会"剪"去"保管者"行为方案"分枝",而选择"企业家"行为模式。而$EU'>EU$,$EU_1>EU_2$(此时$EU'=EU_1$)的实现则决定于有效的企业家的产生机制、激励约束机制的建立和完善,也可以说这是有效的企业家的产生机制、激励约束机制组合的目标。

显然,进一步用准确的数学语言全面描述由企业家产生机制、激励约束机制组合决定的企业家各种行为的期望效用是十分困难的,但上述决策树所示意的企业家行为模式选择逻辑,对解释不同企业制度下企业家行为是十分有意义的。王珺(1998)对转轨经济中国有企业企业家的风险爱好行为的解释,就是一个很好的说明。

如图2-4所示,[1] 横轴OW表示包括非货币收益在内的企业家的收益,或认为是企业家行为的期望效用,纵轴上方OP为企业所有者收益或企业利润,下方OR表示风险程度。在WOP区中,PP表示可能性曲线,d_1和d_2为无差异曲线,则PP可能性曲线与无差异曲线d_1的切点e_1表明企业家期望效用和企业利润最大化的结合点,只有在职业企业家选择"企业家"行为模式,存在完善有效的企业家产生机制、激励约束机制的情况下才能达到这一点,其对应企业家的期望效用为OW_1,企业利润为OP_1。但如果企业家的激励约束机制组合并不十分完善有效,企业家的行为就可能偏离标准的"企业家"行为模式,追求自身期望效用最大化而损失企业股东的利益,如d_2线的e_2点,企业家的效用仍为OW_1,但企业利润降为OP_2。在WOR区中,OM线表示企业家效用和企业风险之间的正相关关系,ON为在不同的企业家产生机制、激励约束机制条件下企业家行为的期望效用和企业风险的关系,对比OM和ON,在Om_1段,企业家是"风险厌恶"的,企业家行为属于"保管者"行为模式,为了保住自己的职位及得到相应的期望收益,"不求有功、但求无过";在m_1N段,企业家是"风险爱好"的,[2] 盲目投资扩张,通过扩大企业规模增加自己的效用,图2-4所示从e_2到e_4点,表明通过项目扩张企业家的效用增加了W_1W_3,但企业的利润没有增加,承担的风险增加了R_1R_2;从e_2到e_3,表明通过企业规模扩张,企业家的效用增加了W_1W_2,利润虽然也增加了,但增加幅度P_2P_3小于W_1W_2,而因扩张给企业带来的风险R_1R_3大于W_1W_2。

---

[1] 转引自王珺(1998)。
[2] 这里所说得企业家"风险厌恶""风险爱好"是指企业家比所有者所期望的更厌恶风险或爱好风险。

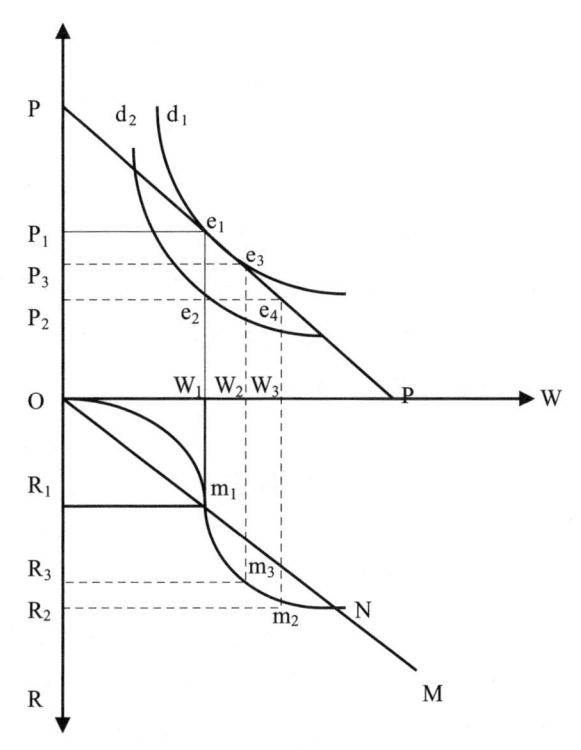

图 2-4　解释转轨经济中国有企业企业家的风险爱好行为

企业家的行为是在 Om_1 还是在 m_1N 段,取决于企业家的产生机制、激励约束机制组合。如果机制组合使得企业家的职位有随时被替代的巨大风险,而且只要企业家保留职位,就可得到较高的期望效用,那么企业家为了保住自己的职位及得到相应的期望收益,会选择 Om_1 段"风险厌恶"行为模式,放弃任何增加其职位风险的经营行为,企业将会失去很多存在风险但高盈利的市场机会。如果机制组合锁定了企业家的职位,企业家职位不会因为投资失误受到影响,那么企业家会在确保职位收益的基础上进行盲目投资扩张,增大自己的期望效用,选择 m_1N 段"风险爱好"行为模式。基于此我们可以解释为什么在大多数情况下,现代公司制企业的企业家行为比所有者所希望的更为厌恶风险,而过渡经济时期国有企业的企业家行为是爱好风险的。如表 2-1 所描述的，现代公司制企业存在竞争选聘机制，企业家市场、资本市场的竞争机制随时对企业家的职位构成威胁，为了降低职位风险，现代公司制企业的企业家倾向于选择"风险厌恶"行为模式；对于转轨经济中的我国国有企业而言，企业家的竞争选聘机制不存在，企业家职位被取代的可能性很小，其控制权又较少受到约束，控制权机制对企业家的激励作用很大，因此，盲目投资扩张，扩大规模，增加自己的期望效用，选择 m_1N 段"风险爱好"行为模式也就理所当然。

2.4 小结

关于一个问题的分析模式是有关该问题的本质、内涵、意义及研究范围的界定和概括，分析模式的功能在于指导对该问题的进一步分析研究，从而解释或解决该问题。本篇所建立的关于企业家激励约束问题的综合分析模式是由"企业家激励约束机制的连续统一体模式"和"关于企业家的产生机制、激励约束机制与企业效率的综合分析模式"两个核心模式构成，前者严格界定企业家的激励机制和约束机制的概念、分类描述企业家激励机制和约束机制内容构成和作用机理、研究各类企业家激励约束机制的相互关系，后者则揭示了企业家激励约束机制影响企业效率的逻辑关系：企业家的产生机制、激励约束机制组合决定企业家能力、努力程度和行为模式选择，进而决定了企业绩效。而所谓综合分析模式的"综合"，所突出的是模式建立的方法的综合性，综合了经济学和管理学的理论、方法和相关研究文献。基于这两个模式，本篇接下来将以四章的篇幅具体研究企业家的报酬机制、控制权机制、声誉机制和市场竞争机制的建立和具体作用机理。我们的研究将集中于现代公司制企业和过渡经济中的国有企业两类。从古典企业制度发展为现代企业制度,所有权和控制权发生分离是企业家激励约束问题产生的根源,现代企业制度解决了企业家的能力问题,其企业效率基本取决于由企业家激励约束机制决定的努力程度,因而研究现代公司制企业的企业家激励约束问题是本篇主题的应有之意。我国国有企业改革的目标是建立现代企业制度,过渡经济中国有企业的企业家的激励约束问题具有特殊性,通过对现代公司制企业和过渡经济中国有企业的企业家的激励约束问题进行研究,指导我国的改革实践,体现了本篇的现实意义。

第 3 章　企业家的报酬结构与报酬机制

狭义地讲,企业家的激励机制就是指企业家的报酬激励机制。一般而言,关于企业家激励约束问题的讨论也大都集中于企业家的报酬方面。因而,首先对企业家的报酬机制进行研究也就十分必要。建立激励约束企业家行为的报酬机制主要要解决三方面问题:报酬构成、报酬结构变化对企业家行为的影响及最优的报酬结构确定;报酬数量与企业家的积极性的关系及最优报酬数量确定;企业家的报酬与何种企业业绩指标"挂钩"、如何"挂钩",才能最好地衡量企业家的能力和努力程度等。本章将从理论和实证两方面对这些问题进行分析,并深入研究和探讨我国国有企业建立企业家报酬激励约束机制及实行年薪制所面临的问题。

3.1　企业家的报酬结构及其理论基础

随着现代经济的发展,可供选择的企业家收入形式日趋多元化。现代公司制企业的企业家的报酬中常常既包括固定收入(如固定工资),也包括不固定或风险收入(如奖金、股票等);既含有现期收入,也含有远期收入(如股票期权、退休金计划等)。工资或薪水(salary)是预先确定的,并在一定时期内保持不变。奖金(bonus)的金额通常由董事会根据企业家的短期业绩(如一年的会计利润)来确定,并一次性支付。企业家的股票收入主要包括股票赠与和股票期权(stock options）等形式。股票赠与是指无偿送给或以很大折扣出售给企业家本公司的一定数额的股票，这类股票可能受到一定的限制，一般只有在企业达到一定的增长指标或利润指标后才能出售，或者只有退休后才能出售，又被称为限制性股票奖励（restricted stock awards）。另一种股票奖励为"名义股"（phantom stock plans），只能获取与一般普通股相同的资本增值和收益，但不享受所有者其他权益。股票期权允许企业家以某一基期的价格来购买未来某一年份的同等面额的股票，企业家所得到的报酬是股票的基期市场价格和未来市场交割价格的差额。如果企业家将企业经营得好，未来企业股票升值，企业家将得到高额收入，反之如果企业家所经营的企业业绩差，未来股票就不可能升值，企业家的收入就无从谈起，这旨在激励经理人员的长期化行为，其激励作用很大，但风险也更大。设计这种收入形式多元化的企业家报酬方案的必要性在于不同形式的收入对企业家行为具有不同的激励约束作用，委托代理理论和人力资本理论为此提供了理论分析基础。

3.1.1 最优激励方案设计理论与企业家报酬激励五原则

基于委托代理理论，如第 1 章所述，企业家的激励约束问题就是满足企业家"参与约束"和"激励相容"约束的所有者目标函数最大化问题：

$$\max E[\Pi(e,\varepsilon) - \omega(\Pi(e,\varepsilon))]$$
$$\text{s.t.} \quad (IR) \, EU[\omega(\Pi(e,\varepsilon)), e] \geq U_0$$
$$(IC) \, EU[\omega(\Pi(e,\varepsilon)), e] \geq EU[\omega(\Pi(\acute{e},\varepsilon)), \acute{e}], \forall \acute{e} \in A$$

一般地说，解决这个最大化问题是一项复杂工作。在完全信息情况下，由于股东能够通过完全观察 e，设计任意满足"参与约束"的"强制合同"对企业家实施奖惩，因而"激励相容"约束是多余的。在（IR）是唯一约束的情况下，可以证明，对于给定的 e，风险中性的股东将给企业家一个固定工资ω，即企业家得到完全保险。[①] 更为一般和现实的情况是股东只能观察到利润、而不能观察到企业家的努力水平的不对称信息条件。假设一般经理效用函数u(ω, e)在收入和努力之间是可以分离的：u(ω, e)=u(ω)-Φ(e)。假定 u'> 0, u"< 0, Φ' ≥ 0, Φ">0, Φ'(0)=0, Φ'(∞)= ∞。根据不确定性参数化形式，给定e, Ⅱ的积累分布是由[Ⅱ$_0$, Ⅱ$_1$]上的积累分布函数F(Ⅱ; e)描述的，其中分布函数密度为f(Ⅱ; e)> 0。这些函数被假定对努力水平是可微的，分布函数满足一级随机占优条件。那么，给定企业家的一个报酬激励方案ω(·)，企业家的最优化问题就是：

$$\max\left(\int_{\mathrm{II}_0}^{\mathrm{II}_1} u(\omega(\mathrm{II})) f(\mathrm{II}; e) d\mathrm{II} - \Phi(\dot{e})\right)$$

据莫里斯(Mirrless, 1974)和霍姆斯特姆(Holmstrom, 1979)的工作，激励相容约束可以用下述一阶条件代替：

$$\int_{\mathrm{II}_0}^{\mathrm{II}_1} u(\omega(\mathrm{II})) f_e(\mathrm{II}; e) d\mathrm{II} - \Phi'(e) = 0$$

企业家的参与约束条件为IR：

$$\int_{\mathrm{II}_0}^{\mathrm{II}_1} u(\omega(\mathrm{II})) f(\mathrm{II}; e) d\mathrm{II} - \Phi(e) \geq U_0$$

令λ和μ分别为参与约束IR和激励相容约束IC的拉格朗日乘数，上述最优化问题的一阶条件是：

$$\frac{1}{u'(\omega(\mathrm{II}))} = \lambda + \mu \frac{f_e(\mathrm{II}; e)}{f(\mathrm{II}; e)}$$

---

① 可以证明，如果固定e，企业家的工资是独立于企业利润的(泰勒尔，1997，第70页)。更一般地，可以证明，在对称信息下，当委托人可以观测代理人的努力水平时，风险问题和激励问题可以独立解决，帕累托最优风险分担和帕累托最优努力水平可以同时实现(张维迎，1996a，第409—417页)。

式中，左边表示股东和企业家的边际效用之比，由于假定股东是风险中性的，企业家是风险规避的，那么，股东的边际效用的二阶导数为零，一阶导数应为常数，不失一般性可以设为1。如果 $\mu=0$，表明激励相容约束是不起作用的，就是上述完全信息情况，由于拉格朗日乘数 λ 是严格正的常数，股东和企业家的边际效用之比等于常数，与利润无关，不同利润条件下的边际替代率对于股东和企业家是相同的，符合典型的帕累托最优条件。由于股东的边际效用是恒定的，u' 就是一个常数，表明企业家的工资是独立于企业利润的，从而证明了在完全信息条件下，企业家将得到完全保险的结论。但在现实经济中，信息是非对称的，股东不可能完全观测企业家的努力水平，μ 不可能为零，μ 和 λ 都是严格正的常数，此时帕累托最优分担是不可能的，为了使企业家更有积极性努力工作，必须让企业家承担更大的风险。这一点在只考虑企业家非连续的高和低两种努力水平（e_L 和 e_H）时可以得到更好的说明，如果股东要激励企业家的高水平努力，激励相容约束变为：

$$\int_{\Pi_0}^{\Pi_1} u(\omega(\Pi)) f_H(\Pi) d\Pi - \Phi(e_H) \geqslant \int_{\Pi_0}^{\Pi_1} u(\omega(\Pi)) f_L(\Pi) d\Pi - \Phi(e_L)$$

式中，$f_H(\cdot)$ 和 $f_L(\cdot)$ 分别代表努力水平为和 e_L 和 e_H 时的密度，上述最优化问题的一阶条件就变成：

$$\frac{1}{u'(\omega(\Pi))} = \lambda + \mu \left(1 - \frac{f_L(\Pi)}{f_H(\Pi)}\right)$$

由于 u' 是递减的，u' 的倒数则是递增的，因此，当观察到利润 Π 时，企业家高努力的相对概率越高，企业家的报酬会越高。式中，$f_L(\Pi)/f_H(\Pi)$ 被称为似然比或似然率，企业家的报酬随似然率的变化而变化。似然率所度量的是给定企业家选择低努力程度 L 时企业利润 Π 出现的概率 f_L 与给定企业家选择高努力程度 H 时企业利润 Π 出现的概率 f_H 的比率,它说明了所观测到的利润Ⅱ在多大程度上来自分布f_L而不是f_H。如果似然率高,意味着利润Ⅱ在较大程度上来自分布f_L,反之则是意味着利润Ⅱ在较大程度上来自分布f_H。如果似然率是递减的,那么,企业家的最优报酬函数就会随着实现的利润递增,因为这表明较高的利润的确是较高的企业家努力程度的信号,企业家的报酬应该随着观测到的企业的利润增加而增加。这一切表明了为了使企业家更有积极性努力工作,让企业家承担更大的风险是必要的,在低似然率的情况下,企业家的报酬要与利润"挂钩"。

上述一阶条件推导方法的适用条件有两点,一是分布函数呈凸性,意味着企业家努力函数规模报酬递减;二是具有单调似然率特征(monotone likelihood ratio property,MLRP),f_H / f_L随着Ⅱ增加而增加,较高的利润意味着较大的企业家选择高努力的可能性。

更进一步,最优化的一阶条件还可以告诉我们一些新的结论。如果假设股东不仅观察到利润Ⅱ,还观察到其他信息s,如某种投入品的价格,其他企业的利润等。用$G(Ⅱ,s;e)$代表给定努力e时Ⅱ和s的联合分布,其分布密度为$g(Ⅱ,s;e)$,这样一阶条件就变为:

$$\frac{1}{u'(\omega(Ⅱ,s))} = \lambda + \mu \frac{g_e(Ⅱ,s;e)}{g(Ⅱ,s;e)}$$

将该条件与上述一阶条件进行比较,如果存在下面等式,则新的观察信息s对企业家报酬是没有意义的:

$$\frac{g_e(Ⅱ,s;e)}{g(Ⅱ,s;e)} = \frac{f_e(Ⅱ;e)}{f(Ⅱ;e)}$$

此时,Ⅱ被称为相对于e的有关(Ⅱ,s)的"充足统计量"(sufficient statistic),表明所有s能提供的有关e的信息都已包括在Ⅱ中,s不能够提供任何新的信息,将s列入企业家的报酬契约中是没有意义的。

然而，如果上述等式不成立，将 s 列入企业家的报酬契约是十分有价值的，因为借助 s 传递的信息，股东可以排除掉更多的外生因素的干扰，判断出企业家的真实的努力水平，进一步激励企业家的高努力水平。充足统计量对企业家的报酬方案设计有着重要意义，它至少说明了两点结论：一是对企业家实施有效监督是重要的，因为监督可以提供更多的有关企业家行为选择的信息，降低企业家的风险成本。二是使用相对业绩比较是十分有意义的。因为一个企业的业绩除受到企业家的努力程度、能力、行为和企业特有的因素影响外，也受到该企业所在行业的共同因素（如市场波动、技术进步等）影响，本企业的利润并不是充足统计量，行业中的其他可比企业的经营业绩一定包含着对该企业企业家行为的有价值的信息，"标尺竞争"对企业家的激励约束意义也在于此。

归结上述有关企业家报酬契约设计的理论分析，一般性的有指导意义的结论很少。一个合情合理的结论是：每增加 1 单位的利润，可产生的企业家的报酬增加在 0 单位（完全保险）和 1 单位（完全剩余索取）之间。即使这一点，也并不总是成立的。格罗斯曼和哈特（Grossman and Hart, 1983）证明，企业家的报酬函数在某些利润水平上是递增的，而在某些利润水平上可能出现斜率小于 1 的情况。为了使基于委托代理理论分析框架推导的企业家报酬设计理论对管理实践更有指导意义，米尔格罗姆和罗伯茨（Milgrom and Roberts, 1992, 第 206—241 页）建立了关于企业家报酬方案设计的线性模型，[①] 模型的基本原理与上述委

---

① 美国斯坦福大学的米尔格罗姆和罗伯茨两位教授 1992 年出版的《经济学、组织和管理》(*Economics, Organization and Management*, Prentice-Hall, Inc) 被认为是"管理时代的经济学"（张军, 1998）、"企业导向经济学的代表作"（李国津, 1996）。该书针对经济学家长期忽视关于经济组织的研究、而真正管理经济组织的人缺乏一个分析组织问题的理论框架这一问题，尝试从经济学出发，以经济组织为媒介，建立经济学和管理学的沟通桥梁。从方法论角度而言，该书和本书在结合经济学和管理学方面有相通之处，只是本书综合运用经济学和管理学的知识解决企业家的激励约束问题，而该书则试图用经济学知识建立一个适合身体力行管理经济组织的人需要的分析框架。

托代理模型一样,只是更为直观,并由此推出企业家最优报酬激励契约设计的5个原则或原理。①

第一,充足信息原理(the informativeness principle)。在企业家的报酬方案中,如果把那些减少业绩测度误差的指标包含在报酬决定因素中(并赋予一个恰当的权数),同时把增加业绩测度误差的指标排除出去(因为它们可能只反映非企业家控制的随机因素),那么就能增加报酬方案的有效性或价值。或者说,企业家的报酬激励成本随着反映企业家努力程度的信息变量的协方差的增加而增加。最优激励方案应是基于协方差最小的反映企业家努力程度的信息变量而设计的。如果协方差为零,说明该信息变量是充足统计量,能全面准确提供企业家的行为信息,基于此设计的激励方案成本最低,效率最大。上述关于充足统计量的两方面重要意义可以认为是该原理的应用价值。

第二,激励强度原理(the incentive-intensity principle)。企业家激励方案的激励作用或激励强度是工作努力的边际回报率、行为绩效评价的准确性、企业家行为对激励报酬因素反应的敏感度和企业家风险承担程度等四个变量的增函数。工作努力的边际回报率提高,意味着企业家单位努力增加可以得到更多的报酬,因而激励作用增大;行为绩效评价的准确程度越高,报酬能准确地"补偿"企业家的"付出",报酬激励因素就越能正确地发挥作用;企业家行为对激励报酬因素的反应敏感度所表明的是受激励性报酬因素的影响,企业家行为效果的可能的变化程度,例如在自由市场经济体制环境下,企业家行为空间自由度大,反应敏感度高,为了获得强激励性报酬,企业家将进行创新以增加其绩效,从而产生可观的利润,但在计划体制环境下,企业家行为空间

---

① 米尔格罗姆和罗伯茨两位教授所提出的5条原理是适用于委托代理框架下所有的激励问题的,这里是针对企业家的激励问题进行表述的。

自由度小，反应敏感度低，即使存在强激励性报酬，企业家的行为效果也不可能有多大的变化程度，激励作用很小；企业家的风险态度将影响激励性报酬的作用效果，较少的风险厌恶会降低企业家承担风险的成本，增加激励强度。

第三，监督强度原理（the monitoring intensity principle）。如果强激励性报酬是必需的，那么更多的资源投入在企业家行为的监督评价是必要的。这条原理可以认为是激励强度原理中关于准确的企业家业绩信息是最优激励报酬契约所必需的一个引申。准确地评价企业家的业绩和给企业家提供强激励是互补行为，必需协同进行，一个有效的激励报酬契约关于企业家的业绩评价监督和企业家的报酬激励强度是相匹配的。

第四，等报酬原理（the equal compensation principle）。如果存在两类企业家行为或任务，委托人不能监督测评出企业家在每类行为或任务上投入的时间和精力，那么在企业家报酬契约设计时应使两类企业家行为和任务具有相等的边际收益。实际中，如果无法知道企业家完成某项任务所付出的努力程度，针对该任务给予企业家强激励性报酬是没有任何意义的。在这种情况下，给予平均报酬是可行的。由于对企业家的某种行为的强激励，会诱导企业家将其用于其他行为上的时间和精力转移到该种行为上，因而，在需要企业家完成两种以上的任务时，使两类企业家行为或任务具有相等的边际收益有利于企业家平均分配时间、精力于两种工作任务。

第五，棘轮效应原理（the ratchet effect principle）。如果企业家的激励报酬契约中以其过去的业绩表现作为今后企业家奖惩激励的基准，那么就会产生所谓的"鞭打快牛"现象：以前的业绩好，奖励的基点高，企业家很难得到高报酬；以前的业绩差，奖励的基点低，企业家反而得到高报酬。这又被称为"棘轮效应"。① 棘轮效应不仅对好业绩的企业家是不公平的,不具有激励作用,而且会产生破坏作用。克服棘轮效应的方法是采用横向比较业绩评估的方法,即所谓的"标尺竞争"方法。②

3.1.2 人力资本理论与企业家股权

第二次世界大战以后,面对西方经济的迅速增长,传统经济理论无法解释许多现象。美国经济学家舒尔茨(T. W. Schultz)提出了人力资本的理论体系,他认为,研究经济增长问题,不仅仅要考虑有形的物质资本,更有必要考虑人力资本,而且,人力资本的投资收益率要高于物质资本的投资收益率。他进而指出,人们会对投资收益率的差异做出合理的反应,正确选择自己的经济行为,结果就会使社会经济迅速增长,提高国民收入。80年代中期以后,以罗默为代表的新增长理论突破了传统的新古典增长理论的分析框架,在技术内生和收益递增的假定下研究了经济增长的原因以及增长率的国际差异等问题。他们强调生产的规模收益递增和知识的外部性对经济增长的影响,着重分析技术创新引起的产品多样化对经济的推动作用,认为各国人力资本水平的差异是导致经济增长率的国际差异的主要原因。他们的贡献确立了人力资本在主流经济学中的地位。随着人力资本理论的影响日益深远,经济学家将人力资本理论"移植嫁接"到现代企业理论中,提出人力资本是财产的一种特殊形式,与物质资本一样,也存在产权问题,只是人力资本的所有权只能属于个人,非激励难以调动,而企业则是众多独立要素所有者所拥有的人力资本与非人力资本的特别合约(周其仁,

---

① 经济学中关于棘轮效应的研究最初源于对苏联传统计划体制下一种现象的描述:具有好的业绩纪录的企业管理者在新的考核周期中必须接受高的考核标准,这实质上等于对好的管理者进行惩罚。

② 对于企业的一般员工,还可以采用管理上的时间—动作研究(属于工业工程的内容)方法确定考核标准,或者实行工作轮换制。

1996)。所有这些要素所有者可分为两类,一是人力资本所有者,如工人、一般管理人员和职业企业家,另一类是非人力资本(即物质资本)的所有者,如股东、债权人等(有些非人力资本所有者也提供一定的人力资本)。进入企业契约的人力资本大致包括生产者的体力、技能等,一般管理者的管理知识、监督能力等,以及企业家对付不确定性的经营决策能力。其中企业家的人力资本在所有进入企业契约的要素中居于中心地位(刘翌,1997)。"正是人力资本的产权特点,使市场中的企业合约不可能在事先规定一切,而必须保留一切事前说不清楚的内容由激励机制来调节。'激励性契约'——企业制度的关键——不但要考虑各要素的市场定价机制,而且要考虑各人力资本要素在企业中的相互作用,以及企业组织与不确定的市场需求的关联。'激励'得当,企业契约才能节约一般(产品)市场的交易费用,并使这种节约多于企业本身的组织成本,即达到企业的'组织盈利'"(周其仁,1996)。

  基于上述将人力资本理论结合产权理论引入企业契约理论对企业制度的理解,[①]古典企业制度向现代企业制度的发展过程,就是人力资产商品化不断扬弃的过程,也是人力资本的产权地位不断上升的过程(李鸣、刘小腊,1997;钱勇,1997)。在古典企业中,企业家既是物质资本的所有者,又是作为企业经营管理者的人力资本的所有者。随着以有限责任公司和股份有限公司为主要形式的现代企业制度的建立,企业制度发展史经历了一场"经理革命",这场革命的实质不是"所有权和经营管理权发生了分离",而是随着人力资本的产权地位上升,公司制现代企业实质上成为财务资本和职业企业家知识资本这两种资本及其所有权之间的复杂契约(Stigle and Friedman, 1983)。这就从理论上提供了企业家凭借其人力资本的所有权取得剩余索取权、参与企业利

[①] 将人力资本理论结合产权理论引入企业契约理论解释企业和企业制度,至今仍存在较大的争议,参阅张维迎(1996b)、方竹兰(1997)等。

润分配的依据。这表现在企业经营管理实践上,由于信息不对称,普遍存在"道德风险"和"逆向选择",企业家的人力资本具有可激励而不可压榨的特征,企业所有者为了激励职业企业家,不仅仅要按期给高层管理者固定的工薪收入,往往还要让渡一部分企业利润。现代股份公司流行的分配给职业企业家股票、股票期权的制度正说明了这一点。对于企业一般职工而言,美国、英国、日本等国的企业从70年代开始推行的职工持股计划(the employee stock ownership plan),[①]虽然是作为一项推行民主管理的激励制度提出的,但可以认为是对一般职工人力资本产权的认可。其中英国一些企业用分享利润的办法给职工购买股票,则表现得更为直接。据估计,至1991年,美国已有1.1万家公司推行职工持股计划,拥有股票的职工达1 200万人(陈佳贵,1996,第123页)。翁君弈(1996)则把员工持股计划、利润分享制或收益分享制统统归为和传统的支薪制公司相对应的分享制公司,认为日本到1988年,91%的公司采用了分享制,而美国达到30%以上,日本员工分享额占公司利润的比重在42%—67%,美国的经理人员的报酬中,固定工资、年末奖金和股票期权的大体比例为4∶3∶3。总之,人力资本理论从另一个角度为职业企业家以股权、股票期权等各种形式分享剩余收益提供了理论依据,也说明了企业家报酬结构多元化的必要性。

3.2 企业家报酬机制与企业业绩指标的选择

正如充足信息原理所揭示的,企业家报酬机制的有效性在很大程度上取决于企业家业绩指标选择的科学性、准确性。除固定薪水的作

---

① 应该说,国外企业推行的职工持股计划与我国现在许多企业进行的股份合作制改革类似,但国外是作为推行民主管理的激励制度而进行的,我国则是把其作为一种企业制度创新。

用是为企业家提供"保险服务"外,奖金是与企业短期业绩尤其是年度会计利润挂钩的,而与股票相关的其他报酬形式是与企业的市场价值紧密关联的,因而与企业家报酬相关联的企业业绩指标主要有两大类,一是会计指标,一是市场价值指标。明确两类指标的特点对建立企业家的激励约束机制至关重要。

由于企业股东财富最大化在股票市场上表现为股票市场价值的最大化,因而市场价值指标能直接体现股东追求财富最大化的要求,将企业家的报酬与股票价值联系在一起,基于市场价值指标建立企业家的报酬激励机制,有利于直接改善股东的福利。市场指标的最大优点在于如果资本市场是有效的,股票交易价格能够充分反映每个市场参与者的私人信息,那么市场就能对企业经营情况的各种变化进行准确反映,市场价格就是衡量企业家在企业经营管理过程中努力或投入的最好指标。在市场充分有效的前提下,企业家的激励报酬方案设计应使企业市场价值最大化。然而,市场充分有效在现实中很难达到,只是一种理想境界或是强式有效市场假说。现实经济中,虽然资本市场中有专门评价企业计划与经营状况的信息灵通的专家提供咨询,但企业经理和投资者之间仍存在非对称信息,企业家对自己的企业的了解远远多于投资者,股票的市场价格并不能准确反映企业的价值。再加之股票交易价格还受到企业业绩以外的其他因素的影响,使股票价值信号中出现非企业所能控制的"噪音",结果甚至会使股票的市场价格远远偏离企业的真实价值,因此,单纯依靠市场价值指标建立企业家的报酬激励机制就有很大的局限性。

与企业市场价值指标相比,会计指标所反映的各种因素更易为企业家所控制,较少受企业家可控范围以外的"噪音"因素的影响,更多反映的是企业自身的"信号"。一份对《财富》杂志排名前500家的企业经理的调查表明,半数以上的调查对象认为"会计方案更具有优势"。① 然而，正是由于会计指标容易为企业家控制，企业盈利会计指标可能不是企业的真实业绩的反映，而是企业家人为操纵的结果。会计指标考核，尤其是短期会计指标给企业家留下了"玩数字游戏"的操作空间。当企业家的奖金达到上限水平时，他们会调低账面盈利水平；在企业家的奖金达不到上限水平时，他们会压低投资或在拿到奖金以后再确认损失。会计指标的这个缺陷限制了依靠其建立企业家报酬机制的科学性和有效性。

综上分析，无论是市场价值指标，还是会计指标，在反映企业家的真实业绩方面都有利弊两方面特点。因此，在进入企业家的报酬激励方案时，两方面的指标都是必要的，而各自的权重就取决于指标的准确性。基于信息充足原理，能更准确地提供更多信息的指标应得到更大的权数（如果是充足统计量，则权重为1），因而在企业家报酬方案设计时，更多地依赖会计指标，还是依赖市场价值指标，取决于哪类指标更能准确地提供更多的信息。从总体上说，通过资本市场建设剔除市场"噪音"，通过加强审计监督减少企业家对企业会计指标的"操作空间"，进而提高两类指标的准确性都是必要的。然而这一切应是在信息成本允许的前提下，提高会计指标和市场价值指标的准确性常常受到实现成本的约束。还应说明的是，会计指标和市场价值指标是紧密相联的，是对企业业绩的两种度量，在考虑企业家报酬方案结构时，要注意到这两类指标的重叠内涵。如不仅会计盈利指标反映了企业的收益情况，而且股票价格的信息价值中也包含了有关企业收益的信息，所以企业家报酬方案中有关会计盈利指标的相对权数可能夸大了其相对重要性。

虽然我们将企业业绩指标分为会计指标和市场价值指标两类，但

---

① 转引自孙经纬（1997b）。

这两类指标的目标是一致的,即增加所有者的福利。[①] 这一点在市场经济国家中的现代企业中是毋庸置疑的。然而,对于国有企业而言,尤其是对于计划体制下或处于转轨经济中的大量的国有企业而言,由于作为其所有者的政府目标是多元化的,除了有经济效率目标外,还要兼顾诸如公平之类的其他目标,这就增加了企业业绩指标选择的复杂性,企业家的报酬机制的设计也就很难找到有效的业绩"支点"。孙经纬(1997a)在总结若干国内外相关研究文献基础上指出:"事实上,在关于国有企业激励问题的经济学文献中,主要分歧就在于不同学者对国有企业委托人目标函数的定义不同。"当效率是政府的单一方面目标时,存在一个最优企业家报酬函数;当政府同时兼顾效率和收入分配公平时,报酬函数不可能具有帕累托效率。更为困难的是,由于国有企业处于多层委托代理下,每层委托人的目标也不相同,而且每层政府的目标还会随时间的变化而变化,这样企业的目标就不可能是单一方面的,也不可能是前后一致的,多方面的、前后不同甚至有时自相矛盾的国有企业目标使建立有效的国有企业企业家考核激励机制十分困难,甚至是不可能的。哈特(1998,第13页)曾指出由公共产权所引申出的两个问题:"政府的客观职能是什么?许多现有的著述把政府看作铁板一块,但是这有点不尽人意,因为即使在不局限于公司的情形下,政府也代表着具有不同目标的主体的集合:公务员、政客以及公民自身。第二,什么可确保政府将尊重所达成的产权配置呢?政府不像私人主体,

---

[①] 有关企业的目标也许是经济学中最值得争议的问题之一。"在最简单正统的企业模型里,目标是利润或市场价值,并且越多越好,但许多学者描述过或怀疑过这种简单的说明。曾有人详细说明所有者利益和管理行动之间的联系,来努力支持标准的正规表述。有些学者提出了利润值以外的目标,而其他学者却怀疑,在可以由标量值函数来代表选择标准的意义上,企业是否确有前后一致的目标。批评从高度异端(如西尔特和马奇论组织的目标)到显然正统的(如近来论'股东一致性'的文献)都有。"(纳尔森、温特,1997,第61页)虽然以所有者福利为企业目标是可争议的,但对于论述企业家的激励约束问题,则是必要的。本篇下一章还将涉及企业利益相关者的目标问题。

它可随时改变主意：它可以把已私有化的资产进行国有化，或者把已国有化的资产进行私有化。"① 国内的一些个案分析也表明，造成国有资产大量流失的一个重要原因是地方政府和中央政府等委托人的不同目标（忻文、尚列，1996）。

企业家行为的不确定性已使企业家业绩评价十分困难，国有企业的多层委托人的多重目标无疑使国有企业企业家业绩考核评价更是难上加难。但在实际操作上，对国有企业的业绩进行考核，并以此为基础设计国有企业企业家的报酬激励机制又是十分必要的。1995年我国财政部按照建立现代企业制度的要求，提出了一套旨在综合、全面地评价和反映企业经济效益状况的评价指标体系。将此对应到企业家的考核评价上，可以得到反映企业家经营管理水平、企业家对国家贡献、企业家对社会贡献、企业家对企业贡献的4方面29个指标（徐传谌，1997，第190—194页）。这具体包括销售利润率、全员劳动生产率、可比产品成本降低率、经营者费用支出成本率、新产品开发成功率、项目投资收益率、应收账款周转率、存货周转率、资金周转率、资产负债率、流动比率、速动比率、事故损失降低率、市场占有率、利润总额、上缴税金总额、国有资产增值额、资产增值率、资产利税率、就业率、原材料和能源利用率、环保效益比率、新产品销售比率、一等品率、净资产增长率、销售收入增长率、人均收入增长率、留利增长率和设备更新系数等。如此庞杂的考核评价指标，显然考虑了适应多层次、多方面的要求，甚至"不在乎"各指标之间存在一定的相互矛盾（如就业率和利润类指标）。但面对这套详细的指标体系，我们无法将其与企业家的报酬方案相联系，基于这套指标体系无法建立可操作的企业家报酬公式。也许正是因为这个原因，在这些指标出台4年后，仍不能建立一套有效的国有企业企业家年薪制度。一种可行的选择是在这些指标中

---

① 这里在引用译文时根据原文对译文中的个别名词译法进行了调整。

挑选一些主要指标建立企业家的报酬公式，现在我国部分地方和企业试行的年薪制就是如此。其中资产增值保值率（期末所有者权益和期初所有者权益的百分比）、利润总额和资金报酬率（税后利润与股本和贷款之和的比率）是常常被选用的重要指标。但是，由于我国资本市场发展程度较低，股票价格不具备完善的"信号"功能，资产价值的评定只能由资产评估机构用主观性较大的历史成本法或重置成本法来完成，交易成本大。另外，目前我国企业会计盈利指标也给企业家留下很大的"操纵空间"。这一切影响了用这些指标建立企业家报酬机制的有效性。

3.3 企业家报酬机制的激励强度的实证分析

在委托代理框架下，我们已从理论上说明企业家报酬和企业业绩的关系，米尔格罗姆和罗伯茨（Milgrom and Roberts, 1992，第206—241页）还给出了报酬激励强度原理，说明影响企业家报酬机制作用效果的若干因素。然而，这一切还缺乏实证分析的支持。只有通过实证分析，我们才可能真正明确企业家报酬和企业业绩之间的关系，才可能确定企业家报酬机制的激励强度或作用效果如何。在进行实证分析时，研究人员多采用一种简化的回归关系式（孙经纬，1997b）：

$$\Delta \log(\text{报酬}) = \alpha + \beta (\text{业绩})$$

式中，β 为报酬对业绩的敏感程度，说明企业家报酬在多大程度上影响企业业绩。最早进行企业家报酬和企业业绩实证分析的是詹森和墨菲（Jensen and Murphy, 1990a, 1990b）。他们分析的结论是大型公众持股公司的业绩和它们的企业家的报酬有微弱的相关性："对于多数公众持股公司，其高层管理人员的报酬实际上是独立于公司的业绩的，……一般而言，美国公司支付其高层管理人员的报酬如同官僚。"

詹森和墨菲的实证分析结果是股东财富每年增加 1 000 美元，相应企业家的与报酬相关的财富平均增加 3.25 美元，其中大公司企业家增加 1.85 美元，小公司企业经理增加 8.05 美元。罗森（Rosen，1992）关于企业家报酬的实证分析的结论是："一些独立的研究和样本证明，经理的报酬对股票收益率的弹性在 0.10—0.15 之间。"弹性为 0.1 的含义是企业股票收益率从 10% 涨到 20%，该企业的企业家的报酬将增加 1%。表 3-1 罗列了近年来西方学者研究企业家报酬和企业业绩之间敏感程度所采用的数据、指标和得出的相应结论。① 表中所列的几项研究结论基本一致：企业家的报酬和企业业绩之间的联系非常脆弱，企业家的报酬对企业业绩激励强度很弱。

表 3-1　近年来西方学者关于企业家报酬和企业业绩之间关系的实证研究

研究人员	数据指标	报酬指标	业绩指标	激励强度 β（标准差）	评论
詹森和墨菲（Jensen and Murphy）	1974—1986年关于美国2 213位高级经理的数据	薪水和奖金之和的变化。总报酬*价值变化。	股东财富变化	1. 0.000022（0.000002）2. 0.0000309（0.0000054）	只有很小的影响
格雷戈、梅钦和西曼斯基（Gregg, Machin and Szymanski）	288家英国公司（1983—1986年）	收入最高的董事的薪水和奖金之和的变化。	股东收益的变化	1983—1988年0.027（0.013）1989—1991年-0.024（0.022）	1988年这种关系消失
梅恩（Main）	512家英国公司（1969—1989年）	收入最高的董事的薪水和奖金之和的变化。	股票市场收益	0.038（0.012）	
梅恩和约翰逊（Main and Johnson）	220家英国公司（1990年）	收入最高的董事的薪水和奖金之和的变化。	风险调整后的市场收益	0.100（0.135）	

---

① 该表转引自孙经纬（1997b）。

（续表）

研究人员	数据指标	报酬指标	业绩指标	激励强度 β（标准差）	评论
康扬和利奇（Conyon and Leech）	294家英国公司（1985—1986年）	收入最高的董事的薪水和奖金之和的变化。	股东财富的变化	0.052（0.020）	
康扬和格雷戈（Conyon and Gregg）	169家英国公司（1985—1990年）	收入最高的董事的薪水和奖金之和的变化。	股东收益	1985—1987年 0.026（0.032）1988—1990年 0.020（0.036）	
康扬（Conyon）	217家英国公司（1988—1993年）	收入最高的董事的薪水和奖金之和的变化。	股东收益	−0.016（0.081）	

* 总报酬包括薪水、奖金、股票价值、股票期权及其他福利等。

然而，最近的实证分析却得出了完全相反的结论。霍尔和利伯曼（Hall and Liebman, 1998）利用美国上百家公众持股的最大商业公司最近15年的数据，对这些公司的企业家报酬和其相应的公司业绩之间的关系进行了实证研究，得出了企业家报酬和企业业绩强相关的结论。这种强关联几乎完全是由于所持股票和股票价值的变化引起的，尤其是自1980年企业家所持股票期权大幅度增加以后，企业家的报酬水平和企业业绩对企业家报酬的敏感程度都戏剧性地增大。表3-2为霍尔和利伯曼所研究企业家对象的基本情况。表3-3所列为1980—1994年样本企业家报酬的基本情况。表3-4为1980—1994年企业家报酬和企业业绩的相关程度的衡量。从表3-4我们可以看出，用"弹性系数"（企业市场价值每增长1%相应企业家报酬增加的百分数）和用"企业市场价值每变化1 000美元企业家报酬变化额"两项指标所衡量的企业家报酬和企业业绩的关联度，从1980

年到 1994 年基本是递增的。霍尔和利伯曼认为,这个结论与詹森和墨菲的结论之所以不同,是由于 1980 年以后企业家所持股票期权的数量增加,如在其样本企业中,企业家所得到的股票期权奖励比例从 1980 年的 30% 增加到 1994 年的 70%,同期企业家累计所持有股票期权奖励比例从 57% 增加到 87%。也就是说,股票期权具有强激励作用,企业家报酬结构中增大股票期权的比重,企业家报酬和企业业绩的相关性显著增加。霍尔和利伯曼还分析了在企业业绩很差的情况下企业家报酬的损失,如在 1994 年股票市场显示企业业绩平平,样本中 24% 的企业家出现收入损失,财富平均损失 1 300 万美元。

表 3-2 霍尔和利伯曼研究提供的 1994 年基本数据汇总*

变量	平均值	中位数	标准差	最小值	最大值
年龄	57.6	58.0	6.6	36.0	82.0
任现职（CEO）年限	8.4	6.0	7.3	1.0	38.0
为该公司服务年限	22.0	22.0	13.3	1.0	59.0
是否为公司发起人	0.09	0	0.29	0	1
所持公司股票比例	2.15%	0.14%	6.65%	0%	53%
工资和奖金总额（美元）	1 292 290	1 050 000	1 163 920	52 000	16 000 000
股票期权价值（美元）	1 213 180	324 989	2 874 280	0	28 849 350
限制性股票价值（美元）	201 736	0	757 127	0	9 737 770
其他报酬（美元）	319 014	69 000	961 007	0	11 154 000

* 公司样本数量 n=368,时间为研究周期 1980—1994 年的最后一年。

表 3-3 霍尔和利伯曼研究提供的 1980—1994 年样本企业家报酬的基本情况*

年份	薪水与奖金之和的平均值	薪水与奖金之和的中位数	购股权价值的平均值	购股权价值的中位数	直接报酬的平均值	直接报酬的中位数	总财富增加的平均值	总财富增加的中位数
1980	654 935	566 541	155 037	0	809 973	622 777	6 493 312	1 025 342
1981	676 912	604 050	211 014	0	887 926	650 515	2 032 343	818 455
1982	675 441	572 067	235 571	0	911 011	669 588	4 481 189	1 119 251
1983	732 029	641 307	266 388	0	998 417	760 926	10 383 767	1 842 217
1984	770 878	677 527	258 402	0	1 029 280	784 504	1 852 328	915 421
1985	830 365	705 190	431 333	6 257	1 261 698	853 985	8 122 815	2 044 776
1986	931 056	809 962	375 738	64 274	1 306 793	964 111	10 439 932	1 586 680
1987	960 829	846 671	543 886	89 190	1 504 725	1 083 832	3 964 999	964 806
1988	1 057 791	929 539	530 653	44 651	1 588 444	1 120 047	3 782 151	1 569 690
1989	1 062 148	938 202	574 162	42 410	1 636 309	1 152 117	13 357 133	2 358 251
1990	1 005 860	857 791	751 477	71 646	1 757 336	1 098 947	907 567	483 799
1991	994 470	857 427	780 604	141 852	1 775 074	1 179 344	17 546 181	3 033 961
1992	1 061 370	860 891	959 791	236 296	2 021 161	1 250 785	14 852 845	2 318 349

（续表）

年份	薪水与奖金之和的平均值	薪水与奖金之和的中位数	购股权价值的平均值	购股权价值的中位数	直接报酬的平均值	直接报酬的中位数	总财富增加的平均值	总财富增加的中位数
1993	1 175 870	945 608	891 843	271 091	2 067 715	1 309 698	12 774 561	2 002 501
1994	1 292 290	1 050 000	1 213 180	324 989	2 505 469	1 472 202	9 168 990	1 046 897
1980—1994 变化率	97.3	85.3	682.5	NA	209.3	136.4	—	—

* 表中数字的单位是 1994 年的美元，每年样本数量范围从 365 到 432；

表中"直接报酬"包括薪水、奖金和购股权的价值；

表中"总财富增加"是指企业家所持有的股票和股票期权的增值部分与直接报酬之和。企业家所持有的股票和股票期权的增值是根据当年实际股市收益率计算的。

表 3-4 霍尔和利伯曼研究提供的 1980—1994 年企业家报酬和企业业绩的相关程度*

	1980	1981	1982	1983	1984	1985	1986	1987	1988	1989	1990	1991	1992	1993	1994
A	1.17	1.40	1.50	1.71	2.02	1.91	2.26	2.42	2.33	2.81	3.10	2.68	3.61	3.99	3.94
B	2.51	2.70	2.86	3.35	3.21	3.46	3.84	3.97	3.63	4.11	3.64	4.22	4.63	5.30	5.29

* 表中 A 代表"弹性系数"（企业市场价值每增长 1% 相应企业家报酬增加的百分数）；

B 代表"企业市场价值每变化 1 000 美元企业家报酬变化额"。

上述实证分析说明了经营者持股,尤其是股票期权对企业家激励的重要作用,也实证了长期激励的必要性和重要性。从另一方面说,关于企业家持股额上升,企业业绩和企业家的报酬相关性显著增加的实证结论也支持了我们在第1章所构造的企业家报酬机制的激励与约束连续统一体模式。正如该模式所认为的,报酬是作为激励因素来满足企业家的生存需要的,基本的工资报酬只属于保健因素,不会引发被激励者内心的积极性。这意味着由于企业家在其他地方得不到满足其生存需要的工资报酬,为了这份报酬不得不约束自己的机会主义行为,按所有者要求的行为去做,但由于企业家工作的性质,出于获得工资报酬的企业家行为只会是"保管者"行为,而不会趋向于真正的"企业家"行为,因而工资报酬只能算是一种"约束"因素。詹森和墨菲(Jensen and Murphy,1990a,1990b)等人分析的关于公司业绩和它们的企业家的报酬有微弱相关性的结论可以认为是对此的一个实证说明。然而如果企业家报酬除了包括固定报酬满足其生存需要外,还包括以股权、股票期权等形式表现的风险收入(企业剩余)部分,那么报酬因素就会随着该部分收入在总报酬中所占比例的增加而逐渐增加激励力量,这一点的实证说明则是霍尔和利伯曼(Hall and Liebman,1998)的实证分析结论。

3.4 年薪制与我国国有企业企业家报酬激励的设计

3.4.1 关于年薪制的两类模式

年薪制是一种以年度为单位确定企业家报酬的制度,是世界各国较为普遍采用的一种企业家报酬机制。理论上说,年薪制就是上述有关企业业绩和企业家报酬关系的理论探讨的实践延伸。但各国具体实践的方式具有较大的差别,我们可以大致归结为以英、美为代表以及以德、日为代表的两类模式。①

　　美、英等国的企业家的报酬主要由基本薪金、年度奖金、长期激励、养老金计划和津贴组成。如表 3-5 所示，为英国、美国和法国公司企业家的报酬组合情况。② 从表中可以看出，长期激励项（即股票、股票期权等收入）在企业家的总报酬中占有相当的比重，这与上述理论和实证分析相符。与此不同的是德、日等国的企业家报酬结构中，几乎不存在所谓的长期激励项目。如德国公司高层经理人员报酬中 65.9% 为基本薪金，16.5% 为奖金，12% 为养老金计划，津贴占 5.6%（高良谋，1997）。日本企业的经营者虽持有本企业的一定股票，但不准出售，其在股票上的收益和损失都非常小（常兴华，1998）。两类模式的另一重要区别是英美等国的企业家的报酬总额非常巨大，与普通职工收入的差距悬殊，德、日公司经理的报酬相对低得多，与一般员工的收入差距也相对较小。一份对世界主要国家的同类规模企业（销售额为 2.3 亿马克）经理报酬的调查表明，美国公司经理的年扣除税金平均净收入为 33.1 万马克，日本为 20.2 万马克，联邦德国为 18.1 万马克（冯根福，1998）。调查表明，美国 80 年代大型公司（销售收入 300 亿美元以上）的总裁年收入为一般工人收入的 109 倍，同比法国、德国为 24 倍，日本为 17 倍（Milgrom and Roberts, 1992，第 425—426 页）。斯蒂格里茨（Stiglitz, 1993）分析认为，在 90 年代，美国经理的报酬约为普通制造业工人的 120 倍，英国为 35 倍，而日本为 20 倍。表 3-6 为霍尔和利伯曼（Hall and Liebman, 1998）研究美国上百家公众持股的大商业公司的企业家收入的结果，从中可以看出美国企业高层经理的收入增长速度

---

　　① 关于年薪制的提法并不是对任何市场经济国家的企业家报酬制度都是恰当的，如日本的多数企业实施终身雇佣制和年功序列工资制，他们认为由于企业家重大决策影响的长远性，很难用一年为单位度量企业家的贡献或业绩。但考虑到日本企业制度的经营者主导的特点，其收入是以年为计算描述单位的，我们不妨都统称为年薪制。

　　② 该表转引自高良谋（1997）。

远远高于一般工人,仅仅低于NBA球员。

表 3-5 美、英、法三国高级管理人员收入构成(%)

收入构成	美国	英国	法国
基本薪金	45.2	47.0	60.9
年度奖金	15.7	12.2	15.6
长期激励	29.6	15.1	13.9
养老金计划	7.8	20.0	6.1
津贴	1.7	5.7	3.5

表 3-6 收入增长比较:企业家和其他阶层*

对象组	1982年	1994年	1982—1994年总增长率	1982—1994年年平均增长率
企业家报酬	911 011	2 505 469	175.0%	8.8%
一般工人收入	30 400	32 600	7.2%	0.6%
政府官员收入	—	—	11.9%	0.9%
教授收入	40 700	47 900	17.7%	1.4%
NBA球员收入	325 600	1 558 000	378.5%	13.9%
企业家总财产增长	1 904 056	7 039 669	269.7%	11.5%

* 表中数字为平均值,其单位是1994年的美元,每年样本数量范围从365到432。

虽然美英模式具有注重企业家的长期激励、给予企业家高额年薪的两大特点,但并没有数据说明美英模式产生了更好的公司业绩或更高的企业效率。也就是说,在效果方面两类模式并没有显著差异。这进一步引出的问题是:为什么德、日能在不给予企业家高额年薪、不采取股权激励形式的情况下也能产生同样的激励效果?基于我们在第1章构造的企业家激励约束连续统一体模式可以从三方面回答该问题。

首先,对于调动企业家的积极性而言,激励和约束是不可分的,二者是协调发生作用的。德、日虽然没有在企业家长期激励、高额年薪等所谓的"激励"因素方面给予过多的"关注",但在企业家行为"约束"方面进行了"弥补"和更多的"投入"。这一方面表现为德日公司的企业家行为约束是以投资者直接约束为主导,德国公司有效的法人治理结构保证董事会、监事会对企业家权利的有效制衡,日本的主银行体制和法人持股制度使企业的主要交易银行和关系企业密切关注企业家的经营行为,对企业家形成了有效的监督约束(冯根福,1998)。如卡普兰和明顿(Kaplan and Minton, 1994)的研究表明,日本企业面临困境时,日本主要交易银行和关系企业向困难企业派遣董事的频率以及最高管理者被更换的频率都明显增加,而且更换最高管理者和新增银行及关系企业董事后,困难企业的经营状况都能得到改善。相比之下,美国企业投资者直接约束作用没有得到很好的发挥,而是过多依赖资本市场、经理市场的优胜劣汰机制,通过公司控制市场来约束企业家的行为,这不仅易导致企业家行为短期化,而且更换经理过程长,标准低,对企业家行为约束效率低。企业家的短期化行为、对企业家较低的约束作用必然要求通过长期激励、高额年薪等措施对企业家行为进行诱导。另一方面,德日企业重视的是对那些达不到经营业绩要求的企业家进行"惩罚",如果经营业绩指标合理,这种"惩罚"约束就转化为业绩激励。如一份调查研究表明的,1982年至1990年,在东京证券交易所上市的690家公司中,有150家公司对董事们采取了不发奖金的"惩罚"措施,原因是其股息没有超过5日元(刘湘丽,1999)。显然这种"惩罚"约束措施会产生激励企业家追求提高股息业绩的力量。也就是说,无论是日本、德国,还是美国、英国,企业家的报酬和企业业绩都是相关的,只是对于美英模式而言,这种相关性体现在用长期激励项目、高报酬去诱导,而对于德日模式,这种相关性则体现在用约束措施去惩罚。无论体现形式如何,只要企业家报酬和企业业绩相关,企业家报酬能产生相应的激励力量和激励效果,企业的业绩则不会有明显差异。

其次，在用报酬因素激励和约束企业家行为的过程中，公平因素会对激励约束效果有重要影响。基于公平理论，企业家报酬数量绝对值高低对其积极性的影响并不大，其报酬的社会"横向"比较或历史"纵向"比较的相对值往往与其满意程度和积极性更为相关，即企业家的满意程度和积极性主要取决于该企业家的报酬与同类型企业家的报酬相比，或与自己以前获得的报酬相比是否公平。这可以说明德、日企业家的报酬普遍低于美国企业家的报酬，但两种报酬模式下的企业家积极性并没有明显差异，因为一个国家内的企业家报酬的横向比较是公平的。

最后，报酬因素仅仅是影响企业家积极性的一方面因素，控制权、声誉和市场竞争等因素都会对企业家积极性发生作用。企业家努力程度，进而企业业绩是由企业家的报酬机制、控制权机制、声誉机制和市场竞争机制综合作用决定的，某种机制作用缺乏，会有另一种机制替代发生作用。如日本企业的高层经理可能得不到像美国企业高层经理人员那样的高额年薪，但其交际费用的数量是非常巨大的，据日本国税厅《法人企业实态》公布的数字，日本企业1989年的实际交际费支出为5兆亿日元，而且92%的普通职工认为这是开展经营工作所必需的（吴家骏，1992）。这可以说由控制权所产生的职位消费对企业家报酬发生了替代激励作用。另外，日本企业非常重视精神激励，重视声誉机制对企业家的激励约束作用。正如青木昌彦（1994，第272页）所认为的："日本社会非常重视那些因为为公众福利'公正无私'做出贡献而受尊敬的颇有所长的调停者。以天皇颁发勋章和晋升所标志的社会承认是大公司的最高层管理者所渴望获得的。虽然不能否认个人成为杰出人物的抱负和渴望是成为成功的工商企业家的驱动力，但是社会承认在日本是一种不同于金钱激励的有效的制度化机制，它驱使高层经理人员在日本企业内外、在仲裁以及在行政领导方面发挥独一无二的作用。"

3.4.2 我国国有企业试行年薪制的若干问题

年薪制是随着我国企业改革的不断深入而提到议事日程上的。据中国企业家调查系统 1997 年的调查结果，调查对象中约有 60.4% 的企业经营者表示愿意实行年薪制，明确表示不愿意的只占 6.1%。同一系统 1998 年的调查结果表明，对企业经营管理者已实行年薪制的企业占 17.5%，国有企业也达 15.2%。在我国国有企业中实行年薪制，其实质是改革以前国有企业领导者的管理体制，建立新的国有企业企业家报酬机制。长期以来，国有企业经理人员被看作具有行政级别的国家干部，对国有企业经理人员的选拔、任命一直坚持党管干部的原则，没有形成独立的经理阶层，不承认国有企业经理人员的独立利益的存在，进而也就不存在针对经理人员独立利益、以提高企业效益为导向的国有企业经理人员报酬机制。虽然随着国有企业改革的深入，这种状况得到了一定程度的改观，但由于我国人事管理制度改革的相对落后，以及长期形成的观念意识很难在一段时间内彻底扭转，建立有效的企业家报酬机制仍任重道远。具体地说，对我国国有企业实行年薪制、建立有效的企业家报酬机制需探讨以下问题：

第一，国有企业的特殊性与年薪制的实施对象问题。年薪制作为激励企业家的报酬制度，是以现代公司制为制度背景的，在国有企业中实施企业家年薪制必然面临一些特殊问题，首先是年薪制的实施对象问题，即哪些国有企业的企业家可以实行年薪制。[1] 回答这个问题必

---

[1] 一个通常的提法是企业经营者年薪制，而在实际中经营者是指董事长还是总经理，还是专指具有法人资格的厂长经理，常常被混淆，甚至有些地方政府在企业经营者年薪制的规定中将党委书记、职工持股企业的工会主席都作为经营者（高良谋，1997）。严格意义上说，企业家年薪制的对象就是企业的职业企业家一人，企业经营者年薪制也就是职业企业家年薪制。至于企业领导班子中其他成员的报酬可按照职业企业家的年薪的一定比例进行折算。

然涉及对国有企业和企业家进行分类。施密特和施尼泽（Schmidt and Schnitzer, 1993）在研究东欧转轨经济中国有企业的经理报酬安排问题时曾把企业家分为三类，一是已经私有化的企业高层经理，二是控股公司的经理人员，三是控制国有企业的政府官员。对于第一类经理人员，如果建立起有效的公司治理结构，可以完全按照市场经济中的通常做法实行年薪制，设计报酬制度；对于第二类经理人员可以利用股票价格来衡量控股公司业绩，设计相应的报酬制度。对于第三类人员，由于无法激励其关心企业效率，可实行固定报酬制度。这种分类研究无疑是颇具启发意义的。其实，进行国有企业改革、建立现代企业制度，不能笼统地说要政企分开。西方国家的国有企业都是政府控制的，而且政府作为所有者对国有企业的经理人员控制十分严格，国有企业的财务预算都要经过议会批准。问题在于西方国家的国有企业不完全以效率为目标，要承担一些政策要求，而且限制在很小的范围内。我国国有企业也应分为两类，一类是由政府控制的真正完全的国有企业，可以以国有企业独资公司形式存在，数量要有限制，其目标并不完全定位于效率，需承担相应的政策目标；另一类国有企业则是以现代企业制度的形式存在，其股权结构是多元化的，严格地说，这类企业并不是完全的国有企业，但属于国有经济的范围，其目标完全定位于效率，不承担政策目标。这两类国有企业的性质和目标定位差异决定了其高层经理人员的报酬机制不同。对于第一类国有企业，政府是激励约束企业高层经理人员的主体，可以参照对公务员的要求建立高层经理人员的报酬机制。对于第二类国有企业，要建立规范的法人治理结构，董事会是激励约束企业高层经理人员的主体，在这类企业中要实施年薪制，建立上述现代公司制企业高层经理人员的有效的报酬机制。在目前我国以国有独资形式存在的国有经济范围过大，以公司制形式存在的国有企业难以彻底摆脱政府干预，还承担政策目标的这种情况下，显然不能不加区别地都引入以现代公司制企业为制度背景的年薪制。年薪制的实行应和国有企业公司化改革步伐协同推进。

第二,国有企业企业家的产生方式与年薪制的有效性问题。国有企业企业家实行年薪制的另一障碍来自企业家的产生方式。虽然年薪制在我国大有普及之势,但迄今为止,我国国有企业的企业家还主要是由上级主管部门指派产生,属于"指派产生机制",而不是现代企业的"竞争选聘机制"。据中国企业家调查系统1998年调查,国有企业的企业家由主管部门任命的比例高达90.9%。国家体改委联系的30家试点企业董事会的人选由政府或主管部门直接任命的比例也达66.7%(邹东涛等,1997)。在这种上级行政任命替代董事会选聘的企业家产生方式下,由于作为其所有者的政府目标是多元化的,除了有经济效率目标外,还要兼顾诸如公平之类的其他目标,这不仅决定了政府选择企业家的标准非单一效率标准,而且也决定了企业业绩指标选择的复杂性和困难性,企业家年薪制很难找到有效的业绩"支点"。因此年薪制对企业家的激励约束效果将大打折扣,其有效性必然会受到限制。如政府在制定企业家年薪制时考虑企业家年薪与职工收入的差距不能过大,对企业家收入进行封顶(北京市政府规定经营者基薪不得超过北京市和本企业职工平均工资的3倍,风险收入不得超过基薪的1倍;劳动部规定经营者年薪不得超过企业平均工资的4倍),这无疑会影响企业家积极性的发挥。基于我们的企业家激励约束连续统一体模式,企业家的竞争机制和企业家的报酬机制具有互补作用,没有竞争机制的存在,年薪报酬机制对企业家激励约束的有效性自然受到限制。正因为这一点,有的学者认为当前最迫切的不是如何完善年薪制,而是调整经理选聘制度(王珺,1998)。

第三,国有企业企业家持股与年薪制模式选择问题。国有企业企业家年薪报酬设计的另一个重要问题是年薪构成中是否应该含有长期激励项目,即股票、股票期权等收入,所占比重如何。基于企业家保健和激励最优替代原理,引入股票和股票期权等长期激励项目是必要的。在我们的企业家报酬机制的激励约束连续统一体模式中,股票、股票期权作为剩余索取权的主要形式,属于真正的激励因素,同样说明了将这些项目引入年薪方案的必要性。从年薪制模式选择角度分析,由于我国处于转轨经济时期,法人治理结构很不完善,"内部人"控制现象严重,难以满足德日年薪制模式要求具有有效的投资者直接约束机制相匹配的条件,不可能用约束惩罚措施去体现企业家的报酬和企业业绩的相关性,因而德日年薪制模式对我国的适用性较差。较为现实的选择是学习美国模式的注重长期激励的做法,提高年薪制的激励效果。

随着我国企业改革的深入,尤其是股份合作制的推广,企业家持股已得到社会的认同。到 1997 年,我国上市公司中企业家持股市值在 100 万元以上的 23 人,最高市值达 2 050 万元,上市公司管理层所持股份日益增多,最高持股比例为 10.9101%,市值达 12 345.505 万元(毛为,1998,第 233—234 页)。① 一份对 100 家上市公司的调查表明(田志龙等,1998),经理班子中持股者占 91.5%,总经理中持股者占 85%,总经理的平均持股约为 2 万股。而且,随着改革的进一步推进,经营

---

① 其实,经营者持股在我国是有历史传统的,其实践活动可以追溯到清朝末期。当时山西票号的顶身股制度可以认为是最早的企业家持股制度。山西票号是清末山西人经营的金融企业,它始于 1823 年,20 世纪上半叶走向衰亡,在长达 100 多年的历史中,执中国金融业之牛耳。山西票号的资本组成采取股份制,按股份分红,票号的股本由银股和顶身股构成。资本家以所出资本为银股,对票号承担无限责任。顶身股是为了激励约束具体经营者而设立奖励经营者股份的制度。在票号工作的人员在工作到一定年限,薪金达到一定等级,可以在票号设立顶身股,根据其工作业绩,每人少则一厘,多则数厘,十厘为一俸(一俸相当于银股十万两),总经理的一般为一俸(张正明,1987)。这种制度极大地调动了经营者的积极性,为山西票号的发展奠定了坚实的制度基础。随着时间的推移,经营者的、顶身股不断增加,最终票号的资本结构中顶身股甚至超过了银股。如协成乾票号,银股、顶身股比例由成立初期的 13.25 比 3.9 发展到 1906 年的 13.25 比 17.5;大德通票号的银股、顶身股比例由 1889 年的 20 比 9.7 发展到 1908 年的 20 比 23.95(刘可为,1997)。

者持大股已成为一种全国性的趋势（李江宁，1998）。从对企业家的激励约束角度分析，只要在具体操作过程中公开、公正、公平，循序渐进，因企制宜，应该允许企业家持相当比重的股份。根据上市公司1997年度报告，706家A股上市公司中高级管理人员持股比例最高的20家公司的平均净资产收益率远远高于高层管理人员持股比例最低的20家公司的平均净资产收益率，前者为16.93%，后者为7.28%（韩智华、边永民，1999）。

　　第四，国有企业"内部人"控制问题与企业家年薪的计算。在考虑企业家报酬机制设计原则及上述国有企业特殊性问题的基础上，就可对企业家年薪进行具体计算确定。虽然我们反对对企业家年薪进行封顶，赞同美国模式的在企业家报酬中引入长期激励项目，增加风险收入比例，但这并不意味着我们同意对现在的国有企业企业家实行绝对的高薪。现在一种错误的认识和做法是把年薪制等同于高薪制，中国企业家调查系统1998年的调查表明，实行年薪制的企业企业经营者的收入水平明显高于未实行年薪制的企业，① 然而，从理论上讲，由于企业家年薪中包括风险收入，年薪制绝不一定是高薪制。但在我国目前转轨经济中国有企业普遍存在"内部人控制"的背景下，衡量企业业绩的会计指标会被企业家操纵，资本市场中企业价值信息很难真实反映企业家的业绩，企业家年薪制成为高薪制也就有其必然性。国有企业"内部人控制"产生的另一个重要问题是企业家的隐性收入远远高于其契约中明确规定的显性收入。这种隐性收入是指"职位消费""扩大个人支出账户"（黄速建，1999）等行为给企业家带来的效用增加，包括不合理的公费吃喝玩乐、公费旅游、公费出国、公费私用、公费购

---

① 没有调查数字表明，实行年薪制的企业业绩明显高于未实行年薪制的企业，因而也就无法验证年薪制一定有效。刘小玄、郑京海（1998）对1985—1994年国有企业效率决定因素的实证分析表明，厂长工资变量对企业效率有积极的正效应，但并不太大。

买豪华汽车、公费购买高级住房自用等多种形式。这种隐性收入难以控制地增加，可能使年薪高低对企业家行为不具有激励约束力量。因为当企业家的显性收入只占总收入的很小一部分时，企业家更为关心的是能否得到控制权所带来的隐性收入，并不很在意年薪的高低。也就是说企业家控制权机制对企业家的报酬机制起到了替代作用。因而在计算确定企业家的年薪时，还必须考虑到控制权机制的激励约束作用。

第 4 章 公司治理结构与企业家控制权机制

从企业家激励约束问题的本意看,企业家的报酬无疑是最直接的影响因素,但实质上企业家的控制权更具有根本的决定意义,因为企业家获得经营控制权是企业家激励约束问题产生的前提,企业家的货币报酬和非货币报酬可以认为是对企业家运用经营控制权成果的回报。虽然权力被管理学家认为是一种巨大的激励力量(great motivator),但经济学很少把控制权作为企业家的一种激励因素进行研究,更多的是关注公司治理结构中的企业家控制权和其他利益相关者的权力的制衡。本章分析试图表明,公司法人治理结构的实质是一套通过对企业家控制权的动态调整实现对企业家激励约束的决策机制,并进一步将这一观点应用于转轨经济中的国有企业改革中。

4.1 作为企业家激励约束因素的控制权:理论界定和相关说明

在标准的经济理论中,权力(power)配置和转移是不重要或不相干的。以经济学家们用来分析经济主体行为的一般均衡理论、博弈论、机制设计或委托代理理论以及交易费用理论为例,一般均衡理论假定交易是通过匿名的竞争市场进行的,每个主体都遵循交易规则,此时,权力是不相关的;在博弈论中,主体可以拥有市场权力,但这种权力是指主体影响市场价格的权力,并不涉及权力在主体之间的配置问题;在委托代理理论中,拟定契约是无成本的,最优契约规定了任何可能情况下的每个主体的责任,权力是不相干的;交易费用理论虽然对拟定契约的成本及由此产生的不完全性给予了足够的重视,但也没有涉及主体间的权力配置问题(哈特,1998,第4—5页)。对于产权为什么十分重要,尤其是一项资产是由私人所有还是作为公共财产为什么十分重要,经济学家们进行了大量研究,但在格罗斯曼和哈特(Grossman and Hart,1986)将所有权定义为剩余控制权之前,经济学并没有解释清楚为什么一项私有财产由谁拥有十分重要这个问题(哈特,1998,第5页)。基于哈特的理论,契约是不完全的,即合同双方不可能详尽地把全部可能发生情况下的责任和义务都写进合同。在合同没有写明的情况下,对资产拥有控制权的一方便行使权力,控制权的配置将对企业效率有重要影响。这不仅解释了所有权的实质,而且把控制权的配置问题引入了经济学。

一般意义的控制权是指当一个信号被显示时决定选择什么行动的权威(authority)(张维迎,1995,第44页)。如果按照产权理论的分析框架,企业的契约性控制权可以分为特定控制权(specific rights of control)和剩余控制权(residual rights of control),特定控制权是指那种能在事前通过契约加以明确确定的控制权权力,即在契约中明确规定的契约方在什么情况下具体如何使用的权力,剩余控制权则是指那种事前没在契约中明确界定如何使用的权力,是"决定资产在最终契约所限定的特殊用途以外如何被使用的权利"(Hart and Moore,1990)。当契约成本高昂时,契约一方就会购入剩余控制权,此时,所有权就是剩余控制权。在古典企业或者说所有者经营(owner-manager)企业,拥有剩余控制权的所有者同时拥有特定经营控制权(此时,这种区分并不重要)。但在现代企业中,尤其是公开招股公司中,特定控制权则通过契约授权(delegate power)给了职业企业家,这种特定控制权就是高层经理人员的经营控制权,包括日常的生产、销售、雇佣等权力。而剩余控制权则由所有者的代表董事会拥有,如任命和解雇总经理、重大投资、合并和拍卖等战略性的决策权(钱颖一,1989,第24页)。如果基于法玛和詹森(Fama and Jensen,1983)在其经典论文《所有权和经营权的分离》中对企业决策程序的分类,企业决策可分为"决策管理"(decision management)和"决策控制"(decision control),"决策管理"包括最初决策方案提议和决策方案被批准后的执行决策,而"决策控制"则包括决策方案的审批和对决策方案执行的监督,那么,经理所得到的特定控制权就是"决策管理权",而董事会所具有的剩余控制权就是"决策控制权"。[①]也就是说,规范的公开招股公司中,存在一个契约控制权的授权过程。作为所有者的股东,除保留诸如通过投票选择董事与审计员、兼并和发行新股等剩余控制权外,将本应由他们拥有的契约控制权绝大部分授予了董事会,[②]而董事会则保留了"决策控制权"(属于剩余控制权),将"决策管理权"(特定控制权)授予了总经理。这种授权之所以必要,是因为决策分工和专业化知识提高了现代企业的经营效率,这也正是区分特定控制权和剩余控制权的理论解释意义所在。这种分工授权的必要性得到了阿洪和梯若尔(Aghion and Tirole,

---

[①] 张维迎(1995,第20页)认为剩余权力不是个很好定义的概念,因为无法确定是经营抉择(科斯意义上的权威)的权力还是对管理者本身的权力。杨瑞龙等(1997)采取比较现实的态度把企业剩余索取权定义为企业的重要决策权。周其仁(1997)认为,在现实中的公有制企业中,没有可以界定的剩余权,但存在排他性使用企业资产,特别是利用企业资产从事投资和市场营运的决策权,这些权力可以直截了当地被定义为企业控制权。本篇明确认为剩余控制权是授予总经理特定控制权以外的契约控制权,是法玛和詹森所谓的"决策控制权",在公司法中表现为公司股东和董事会所具有的权力。

[②] 现代企业理论的核心观点是,效率最大化的企业要求剩余收益权和剩余控制权是相互匹配的,是不可分的,拥有剩余所有权的所有者就应拥有剩余控制权,这是一种最优的所有权安排(Milgrom and Roberts,1992,第191—193页)。在这个意义上,本篇这里称所有者"本应"拥有控制权。

1997)的一篇从不完全契约角度分析权力的重要文献的理论支持。他们在区分了实际权力(real authority)和正式(法定)权力(formal [legal] authority)的基础上,通过建立一个委托代理模型证明了这样的观点:在一个组织中,虽然正式权力的授权会使授权者(委托人)在一定程度上丧失控制权,但可促进被授权者(代理人)的踊跃参与,又可激励他收集、提供有价值信息的积极性,有利于组织目标的实现,而集权(不授权)会严重地影响组织中信息沟通的质量,不利于组织效率的提高。

从法律角度分析,经理人员的特定控制权被称为经理权,是一种商事代理权。[①] 经理权主要表现为管理权能和代表权能,前者是指经理在公司内部所享有的可以抗衡股东、董事或监事,并以之处理一些特定事务的权力和能力;后者是指经理以公司名义进行活动,并与第三者缔结契约,使公司直接承当该契约的法律后果的能力。综观西方国家公司立法、公司章程以及相关合同规定,经理权的具体内容可以归结为:代表公司签定业务合同(有的国家将其限定为一定金额的合同);任免经理以外的其他的公司职员;执行董事会制定的经营方针和计划;定期向董事会报告业务情况;向董事会提交年度经营报告和分配方案;主持公司的生产经营管理工作,负责管理公司日常事务;代表公司参加诉讼;列席董事会议;公司章程或董事会授予的其他职权等(范健、蒋大兴,1998)。与经理权相应的股东大会的剩余控制权包括制定、修改公司章程;规划公司总体目标;决定公司的分立与合并;任免董事会和监事会成员;批准年度财务报表和股利分配计划等。而董事会的职权为

---

① 经理权有狭义和广义之分,广义指一般商事代理权,狭义为公司经理权,这里显然是狭义上的使用。我国现行《公司法》中并未采纳"经理权"这一名称,以"经理职权"代称,范健等(1998)认为,现在有必要使经理人复归为公司代理人,以"经理权"代替"经理职权"。

提供战略指导；控制公司总体运行；任免、指导和奖励公司高级职员；负责召集股东大会；制定公司规章制度等。

在从经济理论和法律两个角度界定了职业企业家特定控制权后，我们接下来的问题是控制权何以成为企业家的激励约束因素的，控制权机制是如何对企业家发生激励约束作用的。如同报酬机制把报酬作为企业家努力和贡献（含有能力因素的作用）的回报一样，把控制权作为企业家的激励约束因素，就是把企业控制权授予与否、授予后控制权的制约程度作为对企业家努力程度和贡献大小的相应回报。报酬机制的有效性取决于企业家的报酬和企业家贡献的正相关程度，同样，控制权机制的激励有效性和激励约束强度取决于企业家的贡献和他所获得的控制权之间的对称性。然而，这里的问题在于"控制权回报"意味着以"继续工作权"或"更大的继续工作权"作为对企业家"努力工作"的回报，而"以工作权或更大的工作权回报工作"为什么能作为一种激励机制呢（周其仁，1997）？[①] 这是由企业家特定控制权的内容所决定的，掌握经营控制权可以满足企业家三方面的需要，一是在一定程度上满足了企业家施展其才能、体现其"企业家精神"的自我实现的需要，二是满足控制他人或感觉优越于他人、感觉自己处于负责地位的权力需要，三是使得企业家具有职位特权，享受职位消费，给企业家带来正规报酬激励以外的物质利益满足。基于管理学对激励的认识，能满足人的需要的因素就可以作为激励因素，因而"控制权回报"是可以作为一种激励机制的。而且，控制权的激励力量大小取决于控制权所带

---

① 周其仁（1997）对该问题的回答是由于企业控制权可以被理解为在市场上竞价出售的"企业家精神和才能"的机会权。这种答案本身是正确的，但这种回答是片面的，只注意到了控制权能满足企业家自我实现需要的一方面，而忽视了控制权能满足企业家权力需要、职位消费需要。第三节将要分析，这种忽视使得描述国有企业的企业家控制权问题遇到困难。

来的这些满足的程度如何。而这些满足的程度是受剩余控制权对特定控制权的制约程度影响的,剩余控制权和特定控制权之间的作用关系就构成了现代公司的企业家控制权机制的作用机理:随着来自剩余控制权对企业家特定控制权制约程度的加强,企业家的满足程度会逐渐降低,直到剥夺企业家的控制权,这些满足将荡然无存。反之,当来自剩余控制权的制约力逐渐减弱,企业家的满足程度会逐渐加强,直到股东的剩余控制权被职业企业家剥夺,来自股东的制约力消失殆尽,职业企业家的这些需要满足达到极限。① 因此,企业家控制权机制的激励约束作用的机理就如第1章图1-2所示,董事会通过契约授权企业家特定控制权,同时保持剩余控制权对企业家行使特定控制权进行制约(市场竞争和其他企业对本企业的接管、兼并或重组的资本市场行为是对企业家行为的另一方面制约)。这些制约作用的有效发挥可以保证职业企业家约束自己的机会主义行为,按所有者要求的行为去做,但其努力程度只限于不断送其职业生涯,其行为只会是资源管理导向的"保管者"行为。但如果允许职业企业家拥有部分剩余控制权,在法人治理结构中他不仅是经理,而且还是股东或董事,那么企业家受到的剩余控制权约束将减弱,并且随着其拥有的剩余控制权的逐渐增大,其行使特定控制权受到的约束会逐渐减弱,也就相当于其权力日益增大,自我实现需要、权力需要和"职位消费"需要日益得到更高满足,控制权的激励作用日益增大,其积极性日益提高。发展到极端,就是完全集剩余控制权和特定控制权于一身的古典企业家,控制权的激励也达到最大化。

综上所述,企业家控制权激励约束机制是一种通过决定是否授予

---

① 其实这时职业企业家已变成集所有权与经营控制权于一身的古典意义的企业家了,他的行为只会受到来自市场竞争的约束。

特定控制权(法律意义的经理代理权)以及选择对授权的制约程度来激励约束企业家行为的制度安排。从本质上看,企业家控制权激励约束机制是一种动态调整企业家控制权的决策机制,决策的内容是是否授予控制权、授予谁和授权后如何制约,决策的结果在很大程度上影响着企业家的产生、企业家的努力程度和行为。在现实的公司中,这种制度安排或决策机制表现为股东大会、董事会、经理人员和监事会之间的权力的分配和相互制衡关系,构成了所谓的公司或法人治理结构(corporate governance)的核心内容。

4.2 公司治理结构与公司治理模式

尽管公司治理结构这一术语被广泛地使用,但迄今为止并没有形成一个统一的定义,本篇第2章中曾称公司治理结构的多种定义为"语义丛林"。本篇这里无意对各种公司治理结构的具体定义进行比较和评论,只指出两点共识:(1)具体而言,公司治理结构是有关所有者、董事会和高级执行人员即高级经理人员三者之间权力分配和制衡关系的一种制度安排,表现为明确界定股东大会、董事会、监事会和经理人员职责和功能的一种企业组织结构。从本质上讲,公司治理结构是企业所有权安排的具体化,是有关公司控制权和剩余索取权分配的一整套法律、文化和制度性安排,这些安排决定了公司的目标、行为,决定了在公司的利益相关者中在什么状态下由谁来实施控制、如何控制、风险和收益如何分配等有关公司生存和发展的一系列重大问题。(2)企业治理存在两类机制,一类是外部治理机制,指产品市场、资本市场和劳动市场等市场机制对企业利益相关者的权力和利益的作用和影响,尤其是指诸如兼并、收购和接管等市场机制(被称为公司治理市场、控制权市场等)对企业家控制权的作用;另一类是内部治理机制,是企业内部通过组织程序所明确的所有者、董事会和高级经理人员等利益相关者之间的权力分配和制衡关系,即公司治理结构或法人治理结构。①

从理论上分析,两方面原因决定了公司治理结构中上述制度性安排十分必要。一方面是由于代理问题的存在,尤其是现代公司中存在着所有者和职业企业家的委托代理关系,公司组织成员间利益有冲突,需要一套解决代理问题的授权和权力制约的制度性安排;另一方面原因是契约是不完全的,交易费用之大使成员之间的利益冲突(代理问题)不可能完全通过契约解决,上述制度性安排就十分必要(哈特,1996)。然而,在20世纪80年代以前,公司治理结构并没有引起人们太多的关注。进入80年代以后,公司治理结构问题才成为理论界研究的热点,甚至"一度成为报纸上沸沸扬扬的标题"(约翰·凯等,1996)。这主要是由于另两个更为现实的原因,一是公司高级经理人员的薪金增长速度大大快于公司收益的增加,尤其是在股票价格大幅度上升的80年代,由于股票期权的报酬制度,使得公司高级经理人员变得极为富有,再加之高级经理人员的过于奢侈的"在职消费",②因而,对过于贪婪的高级经理人员如何制约成为人们关注的焦点问题。二是随着世界上许多计划经济体制国家纷纷向市场经济体制转轨,人们的注意力开始集中于市场经济国家的不同模式上,而公司治理结构模式的差异是市场经济模式不同的集中体现。因而建立什么样的公司治理结构,进而选择何种市场经济模式成为世界各国经济学家共同关注的主题。

---

① 与这两类机制对应的企业家的激励约束机制就是本篇所谓的企业家的市场竞争机制和控制权机制。应说明的是,内部治理和外部治理的区分更多的是理论分析的需要,实际中两类机制的界限是模糊的,如同企业家的四类激励约束机制具有互补替代关系一样(见第1章),内部治理和外部治理是共同作用的。
② 一个臭名昭著的"职位消费"的例子是雷诺工业公司(RJR Nabisco)的执行总裁用公司的喷气式飞机接送其爱犬。

一般而言,有效的或理想的公司治理结构标准包括:(1)应能够给企业家以足够的控制权自由经营管理公司,发挥其职业企业家才能,给其创新活动留有足够的空间。(2)保证企业家从股东利益出发而非只顾个人利益使用这些经营管理公司的控制权。这要求股东有足够的信息去判断他们的利益是否得到保证、期望是否正在得到实现,如果其利益得不到保证、期望难以实现,股东有果断行动的权力。(3)能够使股东充分独立于职业企业家,保证股东自由买卖股票,给投资者以流动性的权力,充分发挥开放公司的关键性优势(郑红亮,1998)。显然,这些理想要求或标准在实际中很难完全实现,因为它们常常是冲突和矛盾的。而公司治理结构就是要在各利益相关者的权力和利益的矛盾中寻求动态平衡。

正是公司治理结构这种动态平衡的内在要求,决定了公司治理结构的灵活性。这种灵活性一方面表现为一个公司的治理结构不是一成不变的,需要根据企业外部环境和内部条件变化不断完善和改进。这个改进和完善的过程在很大程度上表现为职业企业家控制权的动态调整过程,表现为利用控制权调整激励约束企业家行为的过程,进而表现为企业效率的改进过程。这一点与我们在第2章的企业家综合分析模型中(图2-1)指出的企业治理结构决定企业家的激励约束机制,进而影响企业效率的逻辑是一致的。公司治理结构灵活性的另一方面表现为不同公司的治理结构的差异性,这种差异性进一步影响了公司竞争力。虽然经济理论和法律研究确定了关于公司治理结构的一个基本框架,为股东、董事会和经理人员之间的关系提供了一个基本规范,但具体到各个国家的各个公司的治理结构,有关三者之间关系的规定常常是不尽相同的(邓荣霖,1995,第218页)。例如,关于公司的兼并、收购事宜,有的公司由股东大会直接决定,有的公司则授权董事会决定;关于高层执行官员的任命,多数公司授权董事会,有的公司则由股东大会自己掌握批准权；有些公司董事会只任命一个首席执行官员或总经理，其他高层经理人员由总经理选择，而有些公司的所有高层经理人员都由董事会直接任命。从公司治理结构的契约构成角度分析，构成公司治理结构的契约包括"正式契约"（formal contracts）和"非正式契约"（informal contracts）两类，其中"非正式契约"是由一个国家或地区的文化、社会、传统习惯决定的行为规范，虽没有法律效用，但实实在在地起作用，在很多情况下影响"正式契约"的签订；"正式契约"又包括诸如公司法、破产法、劳动法之类的以政府颁布的法律、条例形式出现的"通用契约"，和只适用于单个企业的以公司章程、条例和具体合同形式出现的"特殊契约"（张维迎，1996）。"特殊契约"决定了同一国家的不同公司的治理结构差异，而"通用契约"和"非正式契约"决定了不同国家的公司治理结构差异。

迄今为止，我们对公司治理结构的论述主要集中于公司内各利益相关者之间的权力分配和制约关系，我们并没有论及各利益相关者在进入"公司治理"这个契约以前的来源和地位问题。显然，影响公司利益相关者的来源和地位的因素是很多的，如上面各种决定"非正式契约"的因素，但市场因素无疑是十分重要的，在签订契约之前各方所拥有的资源的性质和市场相对稀缺性决定了契约各方在公司治理结构中的角色分配，作为公司的利益相关者，其来源是与各类市场环境紧密相关的。[①] 公司作为一个法人实体，股东、债权人与公司之间的关系体现为资本市场关系；企业家、雇员和顾客与公司的关系则分别表现为企业家市场、劳动力市场和产品市场的关系。如果把市场环境因素对公司

---

① 本章主要是从公司治理结构角度对企业家控制权机制的激励约束作用进行论述，有关市场竞争机制对企业家的激励约束作用将在第6章进行专门研究。这里引入市场因素是为了对不同国家的公司治理结构进行全面比较分析的需要。

治理的影响与上述意义的公司治理结构综合考虑,就可引入公司治理模式的概念(吴淑琨、席酉民,1999)。公司治理模式并不是一个严格的概念,所谓一个国家的公司治理模式是对在该国占主导地位的公司治理结构的主要特征的归纳,并非该国公司的治理结构都是如此。根据上面所说的公司治理结构的灵活性,每个公司的治理结构不可能是相同的。公司治理模式的引入只是用于描述不同国家的公司治理结构差异、进行跨国界比较分析。[①]

　　关于世界上的公司治理模式,一种典型的分类是莫兰德(Moerland,1995)给出的"二分法",一个是以美、英、加等国为代表的市场导向型(market-oriented)模式,另一个是以德、日等国为代表的网络导向型(network-oriented)模式。市场导向型的特征为存在非常发达的金融市场;公司的所有权结构较为分散,开放型公司大量存在;公司控制权市场非常活跃,对企业家的行为起到重要的激励约束作用;外部企业家市场和与业绩紧密关联的报酬机制对企业家行为发挥着重要作用。网络导向型模式的特征是公司的股权相对集中,持股集团成员对公司行为具有决定作用;银行在融资和企业监控方面起到重要作用;董事会对企业家的监督约束作用相对直接和突出;内部经理人员流动具有独特作用(郑红亮,1998)。表4-1、4-2、4-3所提供的数据对上述两类治理模式的特征归纳提供了支持。关于这两类模式的业绩,并没有实证数据和理论分析说明哪一类更优。莫兰德(Moerland,1995)进一步的分析认为,市场导向型模式具有的重要的优点是存在一种市场约束机制,能对业绩不良的企业家产生持续的替代威胁。这不仅有利于保护股东的利益,而且也有利于以最具生产性的方式分配稀缺性

---

　　① 有关这方面比较研究的文献很多,如银温泉(1994)、林忠(1995)、黄运成(1996)、曾德明(1998)等。

资源，促进整个经济的发展。但市场导向型模式的不足也是明显的：易导致企业家的短期化行为，过分关注短期有利的财务指标；过分担心来自市场的威胁，不能将注意力集中于有效的经营管理业务上；缺乏内部直接监督约束，企业家追求企业规模的过度扩张行为得不到有效制约。与市场导向型模式相比，网络导向型的优点在于，有效的直接控制机制可以在不改变所有权结构的前提下将代理矛盾内部化，管理失误可以通过公司治理结构的内部机制加以纠正。但由于缺乏活跃的控制权市场，无法使某些代理问题从根本上得到解决；金融市场不发达，企业外部筹资条件不利，企业负债率高，这些缺陷是该模式的重要问题所在。比较这两类模式，取长补短，无疑是改进公司治理结构的必然选择。莫兰德(Moerland, 1995)的研究表明，从长期发展趋势看，由于产品和金融市场的全球化趋势，上述两类模式似乎逐渐趋同。在美国，金融机构作为重要股东的作用正逐渐增强；而在日本，主银行体制的中心作用正在削减(郑红亮，1998)。

表 4-1　美、日、德非金融公司前五位大股东持股占公司总股份的百分比(1990年)*

	美国	日本	德国
平均值	25.4	33.1	41.5
中位数	20.9	29.7	37.0
标准差	16.0	13.8	14.5
最大值	1.3	10.9	15.0
最小值	87.1	85.0	89.6
平均规模	3505	1835	3483

*表中"平均规模"一栏数字单位是百万美元，是以1980年不变价格计算的公司总资产。

资料来源：普劳斯(Prowse, 1995, pp. 1—60)，转引自茅宁(1997)。S. D. Prowse, "Corporate Governance in an International Perspective: a survey of corporate control mechanisms among large firms in U. S., U. K., Japan, and Germany", New York University Salomon Center, 1995.

表 4-2　美、日、德各类股东持股占企业总股份的比重（1990 年）

类别	美国	日本	德国
个人	30.5	22.4	3.0
金融机构（作为代理）	55.1	9.5	3.0
金融机构（作为所有者）	2.0	38.5	33.0
非金融企业	7.0	24.9	42.0
外国	5.4	4.0	14.0
政府	0.0	0.7	5.0
合计	100.0	100.0	100.0

资料来源：同表 4-1。

表 4-3　美、英、日、德 1985—1990 年期间国内兼并与收购交易额年平均值

	美国	英国	日本	德国
交易额（10 亿美元）	1 070	107.6	61.3	4.2
占资本市场交易总额的百分比	41.1	18.7	3.1	2.3

资料来源：同表 4-1，转引自曾德明（1998）。

关于公司治理模式的另一种分类是根据监控主体不同而进行"三分法"：家族监控模式、内部监控模式和外部监控模式（吴淑琨、席西民，1998，1999）。下表（表 4-4）对三类模式的特点进行了归纳描述。表中，家族监控模式在东南亚国家和中国香港、中国台湾等地区的公司中较为普遍，法国、意大利和西班牙等国家也存在一定数量的家族公司。内部监控模式和外部监控模式分别对应莫兰德分类中的以英美等国为代表的市场导向模式和以德日等国为代表的网络导向模式。家族监控模式可以归在内部监控模式中，但又有其独特之处。显然，对各国的公司治理模式进行比较分析对转轨经济国家改进公司治理结构有重要的指导意义。

表 4-4 三种公司治理模式典型特征描述*

模式 项目	家族监控治理模式	内部监控治理模式	外部监控治理模式
股权结构和资本结构	股权集中，主要控制在家族手中，负债率较高	相对集中，法人相互持股，银行贷款是企业的主要筹资渠道，负债率较高	相对分散，个体法人持股比例有限，证券市场筹资是企业的主要资金来源，负债率较低
外部市场的作用	市场体系不完善，几乎不依赖外部市场	很少依赖外部市场	各类市场发达，对市场依赖程度很高
法律的作用	家族内部协商解决问题，几乎不依赖法律	股东成员间协商解决问题，较少依赖完备的法律保护	更多依赖完善的法律保护
决策方式	个人决策或家庭决策	倾向于集体决策	倾向于个人决策
对企业家控制权的激励约束	企业家的激励约束基本不是问题，以血缘为纽带的家族成员内的权力分配和制衡	董事会的直接监督约束作用明显，银行实质性参与监控，内部经理人员流动起到一定控制作用	活跃的控制权市场发挥着关键的激励约束作用，外部经理市场的有效运作对业绩不良的企业家产生了持续的替代威胁
文化特征	家族传统	集体主义	个人主义

* 该表是在吴淑琨等(1998,1999)的表格基础上进一步归纳的。

4.3 国有企业的企业家控制权机制与转轨经济中的"内部人控制"问题

第 1 节中把企业家控制权作为一种激励约束因素的讨论是针对现代公司制企业进行分析的。对于我国的国有企业而言，企业家的控制权问题具有特殊的内涵，值得单独深入探讨。如上所述，无论是企业剩余控制权还是剩余索取权，都是在一定契约基础上的产权。但我国现实经济中的国有企业不是在契约基础上形成的，没有最初的企业契约，"剩余权"也就无法界定，这也就是为什么国有企业清楚界定"剩余权"十分困难的原因（周其仁，1997）。同样，国有企业中也就无法界定特定控制权和剩余控制权。然而，国有企业的正常运转，一定存在相应的控制权。这种控制权表现为排他性使用企业资产、对企业的生产经营活动进行管理决策的权力。在传统计划经济体制下，不仅国有企业的企业领导人由上级主管部门任命，而且企业的生产经营控制权也由上级主管部门掌握，企业领导人只有执行上级主管部门生产经营计划指令的权力，企业的实际控制权完全掌握在企业主管部门手中，并由此形成层级的行政管理体制。也就是说，企业控制权是行政权力的一部分，企业控制权的授予、监督约束是靠干部管理体制保证的。在传统的公有制社会中，不存在私人财产及其收益使用权，社会成员所拥有的公有财产的控制权大小决定了其收益多少，进而决定了激励程度。如果说私有产权是按资产界定产权，那么，传统公有制经济中的产权界定规则就是"控制权界定产权"（曹正汉，1998）。因此，公有制社会成员的根本激励在于控制权激励，通过"控制权回报"激励社会成员的行为。国有企业的领导人具有行政级别、优秀的国有企业领导人被提拔为更高一级的行政领导是"控制权回报"的典型表现。

在传统的计划体制下，"控制权回报"的激励规则不是以企业效率目标为考核标准，更多的是以政治、公平目标为导向。随着计划经济体制向市场经济体制的过渡，屈从于效率目标的要求，政府主管部门逐渐将生产经营控制权交给企业厂长经理，只保留对企业厂长经理的任命权。然而，在以现代企业制度为目标的国有企业的渐进式改革推进过程中，由于真正行使国有企业所有者权力和承担所有者责任的主体难以明确，有效的公司治理结构也就无法建立，此时国有企业企业家的控制权得不到有效的监督和制约，而原有的以政治、公平等目标对企业家控制权实施的监督约束也不复存在,"内部人控制"(insider control)问题也就产生了。按照青木昌彦(1995,第4页)的观点,在转轨经济中,由于计划经济体制的停滞,计划权力的下放,企业经理人员获得了不可逆转的权威,而经理人员利用计划经济体制解体后对权力监督约束的真空,进一步加强其控制权,"经理人员事实上或依法掌握了控制权,他们的利益在公司的战略决策中得到了充分的体现。"我国企业"内部人控制"主要通过三条途径产生,一是政府的放权让利,扩大企业的经营自主权和提高留利水平;二是企业制度改革和创新,如进行公司化改造、组建中外合资合作企业等;三是自发的或非正式的私有化,如承包者不断扩展成功企业的控制权,并可能最终得到整个企业的所有权(钱颖一,1995,第120—126页)。与其他转型国家相比,我国企业改革体现在企业家控制权方面的特点是:国家通过正式颁布《全民所有制工业企业转换经营机制条例》和《公司法》之类的法律明确了企业经理人员的相应控制权(如14项经营自主权),但没有试图通过私有化的途径来解决剩余索取权和剩余控制权匹配问题,而是试图建立中央政府统一所有,地方政府分级监管,企业独立经营的模式,政府作为最终的所有者行使对企业经营者的任免权和重大经营决策权(费方域,1996)。这种特点决定了在实际中国有全资和国有控股企业企业家控制权的三种可能类型:一是沿袭旧计划经济体制,企业经营者仍没有足够的经营自主权,上级主管部门经常干预企业的人、财、物、产、供、销的正常决策,企业家不具有应有的控制权。二是上述的"内部人控制",包括董事长、总经理甚至主管部门领导一身兼的合法化"内部人控制",[①] 以及没有任何所有者监督约束的事实上的"内部人控制"。三是取决于企业家和上级主管部门的关系:关系好,企业家干什么都可

[①] 吴淑琨等(1998)的实证研究表明,中国上市公司的董事长和总经理两职是否合一与企业绩效之间并没有显著的联系,只与公司规模呈正相关关系。

以，属于第二类；关系不好，企业家的控制权行使受到很大制约，正常的企业决策受到干预，甚至可能被随时解除控制权，属于第一类。

"内部人控制"作为转轨经济中企业家控制权机制的一种表现，对企业家的激励约束作用是独特的。一方面，与传统的计划体制下的企业相比，"内部人控制"使企业家有绝对的经营自主权，产生了巨大的激励力量，提高了企业的效率；另一方面，与现代企业制度下的规范的法人治理结构相比，"内部人控制"缺少对企业家控制权的必要的约束，企业家的行为会偏离所有者利益最大化的要求，国有资产流失问题严重。对于第一方面，"内部人控制"企业效率提高的原因在于企业的商业目标替代了计划体制下企业的社会目标，打破了原有的政府行政管理体系对企业经营管理活动的制约，克服了多级委托代理关系下激励机制的扭曲，发挥了"内部人"在企业经营管理方面的信息优势和能力优势，提高了企业的市场竞争能力和创新动力。改革开放以后，我国国有企业的产出和总要素生产率有不同程度的持续提高说明了这一点。对于第二方面，虽然"内部人控制"企业存在着类似于股份公司中的契约控制权的授权过程，但由于所有者缺位，没有形成诸如规范的法人治理结构之类的对企业家的控制权进行动态调整的决策机制。再加之市场体系的不完善，不存在经理市场、产品市场和资本市场对企业家行为的有效的竞争约束，企业家偏离所有者利益最大化的行为得不到有效的监督制约。过度职位消费、扩大个人支出账户等行为司空见惯，国有工业部门固定资金和流动资金的利税率不断下降，而相应企业人员实际工资却一直在增加等现实（钱颖一，1995，第123页），说明了这一点。

归结起来，上级主管部门任命企业高层经营管理者、授予企业家控制权，以及"内部人控制"是现阶段我国国有企业企业家的控制权机制的主要特征。这种特征归纳得到了国家体改委试点办公室（1998）对30家试点企业的调查与分析的支持。该项调查表明，虽然《公司法》

规定，公司总经理的聘任或解聘由公司董事会决定，公司的副总经理的聘任或解聘由公司总经理提名、董事会决定，但在30家试点企业中，由董事会起决定作用产生的总经理占30%，由政府或主管部门起主导作用产生的总经理占70%（如表4-5）。公司副总经理的产生由主管部门起主导作用的也占26.6%。在这些试点企业中，有57.7%的公司总经理保留有行政级别。该项调查也显示出国有企业"内部人控制"的特征，30家企业中《公司法》赋予总经理的职权都得到了有效的行使（见表4-6），而从国有股东或出资人行使本公司《章程》中所规定的重大经营决策权情况看，30家试点企业中只有一半企业能够行使（见表4-7）。

表4-5　30家试点企业经理产生的方式

方式＼样本数	企业数（个）	所占比例（%）
董事会聘任	6	20
政府提名，董事会聘任	8	26.7
董事会提名，政府任命	3	10
企业主管部门任命	6	20
上级主管部门任命	7	23.3
合计	30	100

表4-6　30家试点企业总经理行使职权情况

职权项＼样本数	选择"是"的企业个数	选择"否"的企业个数
主持公司的生产经营工作，组织实施董事会决议	30	0
组织实施公司年度经营计划和投资方案	30	0
拟定公司内部管理机构设置方案	30	0

(续表)

职权项 \ 样本数	选择"是"的企业个数	选择"否"的企业个数
拟定公司的基本管理制度	30	0
拟定公司的具体规章	30	0
提请聘请或解聘公司副总经理、财务负责人	28	2
聘任或解聘由董事会聘任或解聘以外的管理人员	28	2

表 4-7　30家试点企业国有股东或出资人行使本公司章程中规定的重大经营决策权情况

状态 \ 样本数	企业个数	所占比率(%)
是	16	53.3
否	14	46.7
合计	30	100

上述国有企业企业家控制权特征可以解释当前国有企业三种现象。

第一，关于好的领导班子或者准确地说优秀的企业家是搞好国有企业的关键。对于任何企业，具有优秀经营才能的企业家都是企业生存发展的必要条件，寻求适合本企业的优秀的企业家对企业所有者是至关重要的。在市场经济国家，企业家市场对优秀的企业家的产生具有重要的保证作用。但对于转轨经济的国有企业而言，由于没有企业家市场及竞争选聘机制，增大了优秀企业家选择成本，一个企业得到适合的优秀企业家就愈加"难得"和"珍贵"。而且由于"内部人控制"问题，不存在对企业家行为有效的制度约束，这就要求国有企业企业家更为"优秀"，不仅具有通过"市场环境检验"的经营才能，而且还具有对国家的奉献精神、对国有资产的责任心、公正、严于律己等优良品德。在"内部人控制"的企业,企业的发展缺少制度上的保障,完全依赖于企业家的个人能力、"关系资源"等人力资本,使得企业的兴衰几乎全部取决于企业家个人的沉浮。因此,国有企业的成功需要更为优秀的企业家,优秀的企业家对于国有企业而言更为必要。一些成功的"新国企"的经验表明了这一点(刘世锦,1997)。

第二,关于"59岁现象"。在国有企业中,沿袭企业家是具有一定级别的领导干部的做法,政府要求企业家到60岁退休。所谓"59岁现象"就是描述一些企业家甚至非常优秀的企业家在退休前一反几十年守法努力工作的常态,为自己大谋私利,侵吞国有资产的现象。从表面上看,产生这种现象的原因是企业家腐化变质,退休前利用职权大捞一把。但实质上是由现阶段国有企业企业家控制权机制的特点决定的。企业家控制权机制是以"继续工作权"或"更大的继续工作权"作为对企业家"努力工作"的回报,而"控制权回报"可以满足自我实现的需要、权力需要和享受职位消费,给企业家带来正规报酬激励以外的物质利益满足等。在国有企业中,由于"内部人控制"问题,企业家的控制权几乎是很少受到约束的,"控制权回报"给企业家的满足是巨大的和全方位的。然而,这种巨大的全方位的需要满足是和控制权完全"绑"在一起的,只要拥有控制权,就可直接利用职位满足各种物质、精神需要,"一旦拥有(控制权)无所不有";与之相对应,如果失去控制权,各种需要满足顷刻化为乌有,"一旦失去(控制权)一无所有"。因此,退休前后企业家需要满足程度的巨大反差使得企业家在失去控制权之前铤而走险、大量侵吞国有资产。在市场经济国家的现代公司制企业中,基本不会出现这个问题,这不仅因为没有统一的企业家退休年龄,更因为规范的法人治理结构对企业家控制权有一定的制约,还因为企业家高额的年薪使企业家获得了一定的剩余索取权,这作为对企业家人力资本的补偿使"控制权回报"转化为"剩余索取权回报",消除了企业家失去控制权前后的巨大利益反差。

第三，关于过度职位消费问题，即所谓"穷庙富方丈"现象。与国有企业企业家控制权相关联的另一个问题是普遍存在的国有企业高层经理人员的过度职位消费。职位消费问题在国外现代公司制企业中同样存在，只是我国国有企业经理人员的职位消费问题相对突出，与企业的实际经营状况和业绩不相称。这既表现在职位消费的范围之广可以满足人的几乎所有需要方面，也表现在职位消费的档次远远高于一般消费水平，有的近似于奢侈的程度。职位消费问题突出的原因一方面在于"内部人控制"使企业家控制权较少受到制约，另一方面在于企业家的名义收入偏低，报酬机制起不到应有的对企业家的激励作用，企业家必然从合法报酬之外寻求对自身人力资本的补偿。虽然缺少实证研究说明企业家的职位消费究竟在多大程度上对企业家报酬有替代作用，[①]但这种替代作用的存在是可以理解的。这种替代作用进一步产生了一个两难的改革问题：不大幅度提高企业家的报酬，发挥报酬机制的激励约束作用，难以替代控制权机制的激励约束作用，解决过度职位消费问题；提高企业家的报酬，在目前职位消费额远远大于企业家报酬、无法约束企业家职位消费的情况下，是否公平，甚至是否必要，报酬提高多大幅度才可能对职位消费起到替代作用。

综上所述，随着渐进式国有企业改革的推进，我国国有企业改革在企业家控制权激励约束机制方面面临着一个两难选择：授予企业家充分的经营控制权，可以改善国有企业的效率，但可能产生"内部人控制"问题，导致国家股东利益的损失；国家作为国有企业的大股东对企业家的控制权进行监督约束是必要的，但国家及各级政府主管部门的

[①] 这种替代作用的实证研究无疑是有意义的，但由于职位消费范围广泛，且大都处于"灰色"状态，实证数据很难获得，因而，该项实证研究非本书力所能及。

特殊角色使这种监督约束无法避免具有行政干预色彩，影响国有企业效率的提高。解决这个两难问题，规范国有企业公司治理结构，建立有效的激励约束国有企业企业家的控制权机制，是我国国有企业进一步改革的当务之急。

4.4 规范公司治理结构与建立有效的激励约束国有企业企业家的控制权机制

从上述现阶段国有企业企业家控制权激励约束机制面临的两难选择中，我们可以归结出规范国有企业治理结构的要求：在避免政府行政干预条件下建立对企业家控制权的监督约束机制，既要给企业家充分的经营决策权，留足企业家创新空间，提高企业效率，又要控制"内部人控制"，使企业家行为符合所有者利益要求，防止国有资产流失。基于对公司治理模式的国际比较研究，对企业家控制权有效的监督约束不仅来自企业内部所有者的直接作用，还来自企业外部各类市场的间接作用。对比市场导向型公司治理模式，我国缺少英、美等国具有的非常发达的金融市场、企业家市场；和网络导向型公司治理模式相比，虽然所有权相对集中，但没有找到一个真正的所有权代表，存在"廉价投票权"问题，董事会不真正发挥对企业家的直接监督约束作用，我国银行在融资和企业监控方面没有起到重要作用。因而，无论是外部市场治理机制，还是内部组织机构的作用，我国国有企业都是缺乏的，加强这两方面的建设都是必要的。由于市场导向型公司治理模式和网络导向型公司治理模式的趋同，以及外部市场建设和真正的投资主体的培育是密不可分的，所以确定我国国有企业是学习网络导向型公司治理模式，还是市场导向型公司治理模式，意义不大。借鉴各种模式的优点，结合我国国有企业特点综合创新是必然选择。关于外部治理市场机制问题将在第 6 章中论述，这里只探讨国有公司治理结构的规范和建立问题。

现在理论界存在两种建立和规范国有公司治理结构的思路，一种是基于"股东至上逻辑"，着重在企业所有者方面做文章，在不影响国有企业的"国有"前提下，塑造各类投资主体，使国有企业股权多元化，把国有公司改造为真正的公司。这种思路的一种代表性的做法是培育多种形式的金融机构，形成竞争性的融资市场，改变国有企业的融资方式，进一步形成规范的国有公司治理结构（张春霖，1995）。具体而言，国有企业的资本或者说"内部人"使用的资本可以分为国有资本和民有资本两个部分，每种资本都可以通过多种而不是一种融资机构，以多种而不是一种融资方式进入企业。对于国有资本而言，要以金融机构制取代行政机构制，从而避免行政干预。而且对于代表国有资本投资主体的金融机构的控制取向型融资也只能有选择地使用，更多的是保持距离型融资。[①] 对于民有资本而言，一方面要保障金融机构作为债权人的相机治理权，另一方面要通过民有资本融资机构的多样化，使一部分民有资本由融资机构以控制取向型方式投入企业。这种做法的实质是让国有资本搭民有资本的便车，发挥民有资本所有者对"内部人"行为的制约作用，解决国有资本所有者"廉价投票权"问题。但这种做法是否保证了国有企业的国有前提是可争议的。其他通过股权多元化把国有公司改造为真正的公司，进一步建立规范的法人治理结构的具体做法还包括法人相互持股、培育包括银行在内的机构投资者

---

① 保持距离型和控制取向型融资方式的分类是由伯格洛夫（1995，第 83—90 页）提出的一个公司治理分析框架。保持距离型融资把企业控制权的分配与企业的经营状态相联系，为相机控制权。在某一经营目标实现的状态下，控制权归经营者，反之，则自动转移到出资者手中。控制取向型融资的特点是投资者直接卷入企业的重大经营决策。就金融工具而言，债权是与保持距离型融资相联系的，而控制取向型的典型工具是股权。

(郑红亮，1998)、国有资产分级所有(周叔莲、陈佳贵，1994，第120—134页)等。另一种建立和规范国有公司治理结构的思路是基于"利益相关者合作逻辑"建立国有公司共同治理机制(杨瑞龙、周业安，1997，1998)。"利益相关者合作逻辑"和"股东至上逻辑"的本质区别在于公司的目标是为利益相关者服务，而不仅仅是追求股东利益最大化。[①]基于"利益相关者合作逻辑"的治理结构允许企业契约中的每个产权主体都有参与企业所有权分配的机会，强调企业决策的共同参与与监督的相互制约。在具体设计公司治理结构时，董事会和监事会中要有股东以外的利益相关者的代表，如工人代表、银行代表等。杨瑞龙、周业安(1998)给出了如图4-1a和图4-1b所示的具体国有公司治理结构。这种思路旨在通过引入工人、债权人甚至一些私人股东作为企业经营者的监督人，借助职工的就业刚性、债务人的债务刚性、小股东自身权益等激发出的各自的监督动力，克服国有企业由政府机构作为单一的所有者而产生的监督失灵问题。这种思路抛弃了只有股东所有者才能制约企业经营者控制权的思维模式，强调经济民主化，通过公司章程等正式制度安排来确保每个产权主体具有平等参与企业所有权分配的机会。这种思路客观上又发挥了工会和职代会的作用，承认了改革的"路径依赖"特征。但问题在于，这种"共同治理"在具体操作中会不会由于企业的多重目标而使企业经营者无所适从，会不会由于迁就多方要求而使决策方案难以出笼，或难以适时产生，错过市场最佳决策时机。因为在很多情况下，股东、债权人和职工的利益要求和监督目的可能是相互冲突的。因此，这种"共同治理"的思路更可能是长期的治理结构发展的指导模式。

---

① "利益相关者"是公司治理结构研究的一个争论焦点，代表性的文献可参阅布莱尔(Blair，1995)、约翰·凯等(1996)、崔之元(1996)、张维迎(1996)、杨瑞龙和周业安(1997，1998)等。

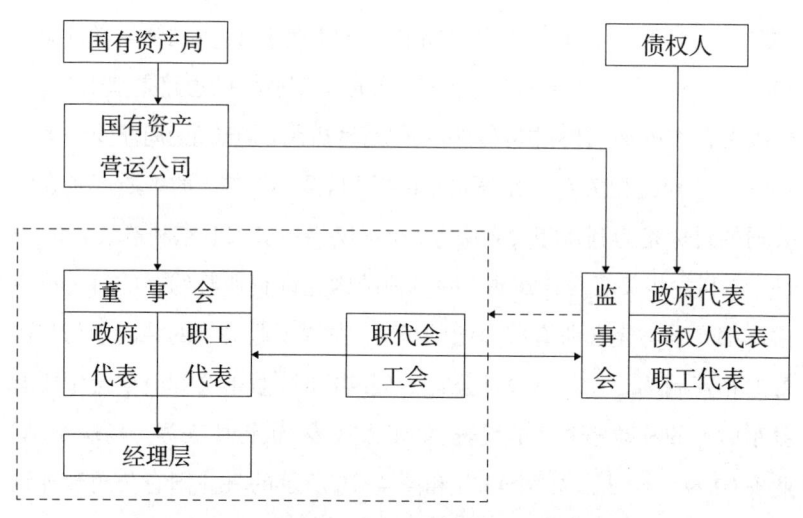

图 4-1a　国有独资公司共同治理结构的模式[*]

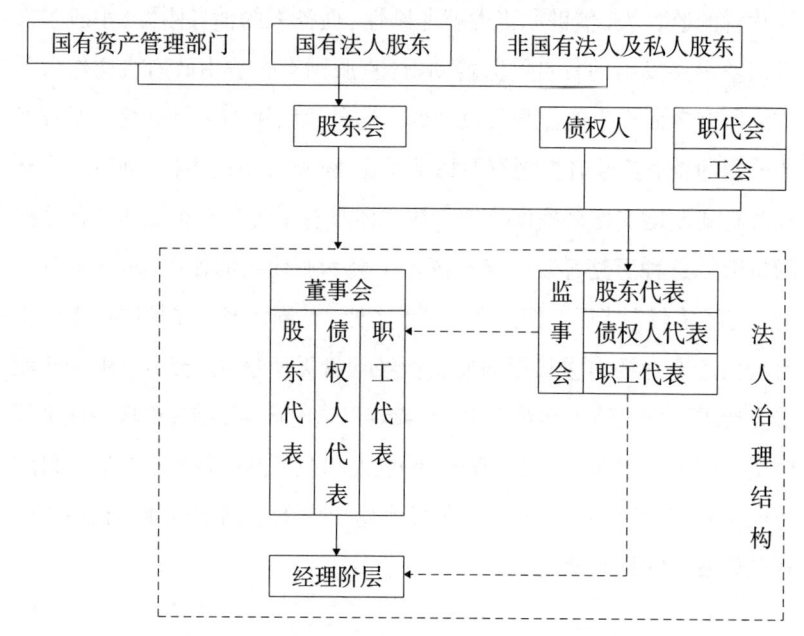

图 4-1b　国有股份公司共同治理结构的模式[*]

* 图 4-1a、b 中实箭线为权威方向,虚箭线为监督方向。

虽然这两种思路各有利弊，但都有必要进行试点来实践探索。面对差异巨大的众多国有企业，想寻求一种统一的模式本身就不太切合实际。在进行具体实践探索过程中，值得关注的是如何处理"新三会""老三会"之间的关系问题。这个问题的处理有两类做法，一类是通过灵活多样的形式协调组合由"老三会""新三会"及经理人员构成的"六会七方"，包括主次型、兼职型和参与型等具体形式（何玉长，1997，第189—192页）。主次型是指以"新三会"为主，主要发挥"新三会"在企业经营活动中的作用。"老三会"不直接干预企业的经营活动，处于企业经营活动的外线，为企业经营活动提供保证、监督和服务，但"新三会""老三会"都是围绕经理人员、以经理人员的经营管理工作为核心。兼职型则是通过一身兼二职的安排来协调"新三会""老三会"之间的关系，如董事长兼党委书记、总经理兼党委副书记及董事、工会主席兼监事会主席等。参与型是指各机构负责人可互相参与，使各机构的职能都得到较好的发挥。另一类做法是探索表决权机制来发挥"新三会""老三会"的作用，如建立否决制来制衡各权力机构的关系和经理人员的行为（卢昌崇，1994），或通过表决权委托代理制、表决权信托制、表决权累积行使制等体现小股东的要求，完善股东大会对董事会的制衡机制（梅慎实，1996）。另一个值得提及的问题是，1998年国务院开始向国有大型重点企业派出稽查特派员，代表出资者对企业行使完整的监督权，加强了所有者对企业高层经理人员的监督约束。这种制度在现阶段的必要性毋庸置疑，但是，这种制度也产生了新的问题，如我们不能完全排除稽查特派员与"内部人""合谋"的可能性，又如对于这些企业中的股份公司或上市公司而言，稽查特派员是否有权不通过股东会而直接检查账目，这种直接检查与《公司法》中规定的股东会、董事会和监事会的制约权力机制有无矛盾。应该认识到，这种来自企业外部的、非市场的对企业家控制权的监督约束绝非长久之计，即使这种制度有长期存在的必要,也只能是一个辅助的信息披露渠道。只有积极推进国有企业改革,培育外部治理市场机制,规范国有公司的治理结构,才是建立有效的激励约束国有企业企业家的控制权机制的根本。

第 5 章 企业家的声誉机制

虽然自亚当·斯密始,经济学中一直把声誉机制作为保证契约诚实执行的十分重要的机制,但真正把声誉(reputation)引入经济模型中,① 却是 20 世纪 80 年代以后博弈论的发展结果。在管理学中,荣誉激励被认为是一种重要的激励手段,而且"创建和维护企业的良好声誉"也代表着一种新的管理思潮(戴维斯·扬,1997)。声誉之所以引起经济学和管理学的重视,是因为人的声誉在人的行为决策过程中是一个重要的影响因素。而对于作为开拓创新的管理者的企业家而言,声誉对其行为的影响尤为重要,声誉甚至可以替代报酬之类的显性激励因素。因此,研究企业家的声誉对企业家行为的激励约束作用、建立有效的企业家的声誉激励约束机制也就十分必要。

5.1 企业家的声誉机制:两个声誉模型的说明

在管理学看来,追求良好声誉,是企业家的成就发展需要,或归于马斯洛的尊重和自我实现的需要。现代企业职业企业家努力经营,并非仅仅是为了得到更多的报酬,还期望得到高度评价和尊重,期望有所作为和成就,期望通过企业的发展证实自己的经营才能和价值,达到

---

① "reputation"可以是声誉、名声,也可以是荣誉、信誉,所以这里的声誉机制含有荣誉激励的内容。进一步,如果说本书的报酬激励体现为一般意义的物质激励方面的内容,那么声誉激励则体现为精神激励方面的内容。

自我实现。虽然企业家的高报酬，在一定程度上代表了对其社会价值的衡量和认可，但高报酬所带给企业家的具有比他人更优越地位的心理满足是不能完全替代良好声誉所带给企业家对自我实现需要的满足的。因而，管理学认为，除了物质激励以外，精神激励或荣誉激励是十分必要的。在西方企业中，精神激励的形式表现为赋予企业家重要的社会地位和以企业家形象和价值观为代表的企业精神和企业文化。在我国，精神激励的形式主要表现为荣誉激励，荣誉是贡献的象征，是自身价值的体现，但在传统计划体制下由于过于强调精神激励，而忽视了物质激励，结果适得其反（俞文钊，1993，第42—53页）。在现阶段，建立国有企业企业家的有效的报酬机制和声誉机制，就体现了物质激励和精神激励的有效组合。

与管理学不同，经济学仍从追求利益最大化的理性假设出发，认为企业家追求良好声誉是为了获得长期利益，是长期动态重复博弈的结果。由于契约是不完全的，不可能穷尽所有情况，契约各方履行职责是基于相互信任，而相互信任的基础是多次重复交易，长期信任就形成了声誉。在第1章中，通过图1-3我们已经表明，对于职业企业家而言，声誉机制的作用机理在于没有一定的职业声誉会导致其职业生涯的结束，而良好的职业声誉则增加了其在企业家市场上讨价还价的能力，前者起到对企业家机会主义行为的约束作用，后者则对企业家行为具有激励作用。旨在表明上述声誉对人的行为决策的影响以及企业家声誉机制作用机理的正规经济学模型是克瑞普斯、威尔森（Kreps and Wilson, 1982）/米尔格罗姆、罗伯茨（Milgrom and Roberts, 1982）的声誉模型（reputation model）和霍姆斯特姆（Holmstrom, 1982）基于法玛（Fama, 1980）思想建立的代理人市场—声誉模型。如果说，马斯洛的需要层次理论是本书所谓企业家声誉机制存在的管理理论基石，那么这两个经济模型构成了本书分析企业家的声誉机制的经济理论基础。

5.1.1 克瑞普斯、威尔森/米尔格罗姆、罗伯茨声誉模型的分析

克瑞普斯等人的声誉理论的提出源于关于消费者的重复购买和垄断厂商提供产品或服务质量之间关系的讨论。他们的研究结果表明，只要消费者充分经常地重复购买垄断厂商的产品或服务（重复次数足够多），即使垄断厂商有很小的可能性是非利润最大化的，还是会导致利润最大化类型的垄断厂商树立高质量的声誉。这里没有必要给出克瑞普斯等人的声誉模型的严格证明，[①] 我们可以通过下面的一个重复的"囚徒困境"博弈问题进行说明（泰勒尔，1997，第334—335页）。如图5-1所示，是一个有两个参与人的"囚徒困境"博弈。两个参与人可以在合作（C）和背叛（F）之间进行选择。如果都选择合作，每个人得到3。如果都选背叛，则每个人得到0。如果一个合作，另一个背叛，则分别得到-1和4。如果这个博弈过程是一次性的，背叛都是参与人的最优战略或选择，此时唯一的纳什均衡是（F，F）。这个博弈过程的特点在于虽然双方参与人通过合作比都背叛会得到更多的好处，但单方背叛方会得到最多的收益，而单方合作方损失最大。为了避免损失最大，或得到收益最大，在一次性博弈中，（F，F）是双方的最优选择。如果双方都是理性的，即使这个博弈过程重复T次，合作解（C，C）仍不是一个稳定的纳什均衡解，因为在最后一次博弈过程中，每个参与人都选择背叛，倒数第二次同样如此，如此继续下去，根据逆推归纳法，除非博弈进行无限次，[②] 均衡（F，F）在每个时期都是唯一的非合作均衡。

[①] 有关该模型的严格证明可参阅克瑞普斯、威尔森/米尔格罗姆、罗伯茨的原文，或泰勒尔（1997，第151—153页，第583—585页），或张维迎（1996，第363—374页）的详细说明。

[②] 此时，如果贴现因子足够大，合作均衡（C，C）就会通过威胁不合作一方将来会回到（F，F）的方法而得以实现，这个结论可以根据博弈论中著名的无名氏定理得出。

参与人1 \ 参与人2	C	F
C	3, 3	-1, 4
F	4, -1	0, 0

图 5-1 重复的"囚徒困境"博弈

然而,如果我们考虑到上述博弈参与方的理性问题,则可能得到新的均衡。假定存在两种参与人,一类参与人是完全理性的,也就是所谓的"机会主义者",或者称为非合作型参与人。另一类参与人并不是完全理性的,其非理性的概率为 α,理性的概率为 $(1-\alpha)$。非理性表明参与人的偏好和一般意义的理性人不同,这里可以具体为讲义气重信誉的人,或者称为合作型参与人。非完全理性的参与人并非不追求效用最大化,只是其偏好或效用函数比较特殊而已。在此前提下,假设博弈从 t=0 开始,重复进行 t=T,从简化计算考虑,设贴现因子 δ 为1。为了分析方便,假设非完全理性参与人的行为选择策略是"针锋相对":在时期 0(一开始)都总选择合作;在时期 t 继续合作,只要参与人1在此之前也合作,否则,他就背叛。每个参与人知道自己的偏好(即是完全理性的,还是非完全理性的),但不知道对手的偏好。现在博弈开始,在时期0,如果参与人1选择背叛,由于假定非完全理性参与人一开始一定选择合作,因而参与人1一定是完全理性的,而相应的参与人2如果也选择是背叛,表明参与人2也是完全理性的,双方的收益都是0,而且会一直持续下去,在 T 期中纳什均衡为(F, F),与上面所述的情况相同。但在参与人1是完全理性、在时期0选择背叛的情况下,而参与人2一开始选择合作,表明参与人2为非完全理性,采用"针锋相对"策略,由于在时期0参与人1选择背叛,参与人2从时期1开始惩罚参与人1,会一直背叛下去,那么在全部 T 次博弈中,参与人1的总收益最多为4(在时期0得到4,在时期1,2,…,T,都得到0)。但现在考虑参与人 1 的另一种策略选择：一直选择合作直到 T 期，除非参与人 2 在某个时期 t 背叛；在后一种情况下参与人 1 从 t+1 期到 T 期选择背叛。对于这种策略，如果参与人 2 也是非完全理性的，双方将一直合作下去，参与人 1 的收益为 3（T+1），如果参与人 2 是完全理性的，参与人 1 最坏得到 -1 的收益。这种策略的期望收益为：

$$\alpha[3(T+1)]+(1-\alpha)(-1)$$

无论 α 如何小，我们总能找到一个 T，使得：

$$\alpha[3(T+1)]+(1-\alpha)(-1)>4$$

这说明，对于参与人 1 而言，即使他是完全理性的，在时期 0 选择背叛也不是最优的。这意味着，只要时期足够多，每个参与人都会选择合作。归结起来，通过上述推导过程，克瑞普斯等人想表明：在"囚徒困境"博弈重复的次数足够多的情况下，参与人的偏好的小小不确定，就会对参与人的行为产生重大影响。①

上述结论的直观的解释是：对于每个参与人而言，如果选择合作，其所承担的风险是由于另一个参与人选择背叛而使自己得到一个较低的现阶段收益；然而，如果选择背叛，将会暴露自己是非合作型的，从而失去来自合作的未来收益（如果另一参与人是合作型的）。如果博弈重复的次数足够多，未来合作的期望收益就将超过被欺骗的损失。因此，在双方建立博弈关系一开始，每方都想建立一个合作型的**声誉**（即使他本质上是非合作型的），以期得到合作的期望收益。只有在博弈将结束的前一期，参与人才会一次性地把自己过去建立的**声誉**毁掉，以获取更大的短期收益。如果我们进一步把这种解释通俗化，人的良

---

① 克瑞普斯等人的声誉模型的结论被张维迎（1996，第 371—372 页）表述为 KMRW 定理：在 T 阶段重复囚徒博弈中，如果每个囚徒都有 P>0 的概率是非理性的，如果 T 足够大，那么存在一个 $T_0 < T$，使得下列战略组合构成一个精炼贝叶斯均衡：所有理性囚徒在 $t \leqslant T_0$ 阶段选择合作（抵赖），在 $t > T_0$ 阶段选择不合作（坦白）；并且，非合作阶段的数量（$T-T_0$）只与 P 有关而与 T 无关。

好声誉会给当事人带来长期收益（不能排除这种收益仅仅是道德或心理上的满足），为了获得长期收益，当事人要树立良好声誉，而要得到良好声誉需当事人采取他人认可、赞赏的行为，虽然这些行为对于当事人现阶段而言可能是一种"损失"或负担，当事人仍心甘情愿而为之，旨在树立良好声誉获得长期收益。声誉作为一种激励约束人的行为的因素，其作用机理也就在于此。①

5.1.2 代理人市场—声誉模型的分析

克瑞普斯等人的声誉模型只一般性地证明了声誉对人的行为的影响，而霍姆斯特姆（Holmstrom, 1982）基于法玛（Fama, 1980）思想建立的代理人市场—声誉模型则直接用于说明经理市场上的声誉可以作为显性激励契约的替代物。②

假定存在两个时期，t = 1, 2，其生产函数表达为：

$$\pi_t = a_t + \theta + u_t, \quad t=1, 2 \tag{1}$$

式中，π_t 为产出，是公共信息，a_t 代表企业家的努力程度，是企业家的私人信息。θ 是企业家的经营能力（假定不存在"干中学"问题，其能力不随时间变化而变化），u_t 是随机变量。θ 和 u_t 是独立正态分布，$E(\theta)=E(u_t)=0$，$V(\theta)=\sigma_\theta^2$，$V(u_t)=\sigma_u^2$，$\theta$、$u_1$ 和 u_2 是独立的，协方差为零。进一步假定企业家为风险中性，不考虑资金的时间价值，可以得到企业家的效用函数：

---

① 克瑞普斯（Kreps, 1990）进一步把其声誉理论发展为一种企业理论，认为"声誉"的建立并不需要交易双方保持长久的交易关系，只要一方长期存在，而其他方可以观察到它的长期行为，"声誉"机制就可以发挥作用。任何人都可以与长期存在的"长寿"一方签订契约，而不必担心"长寿"方不遵守契约，因为"长寿"方会考虑今后的声誉，这是其长期生存的无形资产。这种长期生存的一方就是企业，企业的核心是"声誉"，而企业声誉就是"企业文化"（corporate culture）。

② 有关代理人市场—声誉模型的推导主要参考了张维迎（1996, 第 451—454 页）。

$$U = w_1 - c(a_1) + w_2 - c(a_2) \quad\quad (2)$$

式中，w_t 是企业家在 t 期的工资，$c(a_t)$ 是企业家努力的负效用，$c(a_t)$ 是严格递增的凸函数。现假定有两种情况：

情况1：在对称信息条件下，存在一个显性激励契约，$w_t = \pi_t - y_0$，y_0 不依赖于 π_t，帕累托一阶最优可以达到，风险成本为零，企业家的最优努力水平为：

$$c'(a_t) = 1, \quad t = 1, 2$$

情况2：由于非对称信息，假定上述显性激励合同不存在，企业家只得到固定工资。显然，在这种情况下，如果委托代理关系是一次性的，那么企业家将不付出任何努力，a_t 为零。但是，如果代理关系保持在两个以上时期，结果如何呢？我们进一步假设存在一个完全竞争的经理市场。在完全竞争经理市场中，经理的工资等于预期产出：

$$w_1 = E(\pi_1) = E(a_1) = \overline{a_1}$$
$$w_2 = E(\pi_2|\pi_1) = E(a_2|\pi_1) + E(\theta|\pi_1) + E(u_2|\pi_1) = E(\theta|\pi_1)$$

这里，$E(a_1)$ 是市场对经理在时期1的努力水平的预期，$E(\pi_2|\pi_1)$ 是给定时期1的实际产出为 π_1 的情况下市场对时期2的产出的预期，因为 $E(a_2|\pi_1) = E(u_2|\pi_1) \equiv 0$，所以 $E(\pi_2|\pi_1) = E(\theta|\pi_1)$。而 $E(\theta|\pi_1)$ 表明在观测时期1的实际产出为 π_1 的情况下市场对企业家经营能力的预期。由于无法把经营能力对产出的作用和外生随机因素对产出的作用分开，市场只能根据时期1的实际产出推断企业家的经营能力。令

$$\varphi = \frac{V(\theta)}{V(\theta) + V(u_1)} = \frac{\sigma_\theta^2}{\sigma_\theta^2 + \sigma_u^2}$$

φ 为 π_1 的方差和 θ 的方差的比率，φ 越大，表明事前的不确定性越大，越需要根据实际观测值修正事前对企业家经营能力的判断。$\varphi=0$，表明没有事前的不确定性，市场将不修正；$\varphi=1$，表明事前的不确定性

非常大，而没有外生的不确定性，市场将完全根据观测到的产出修正事前对企业家经营能力的判断。一般而言，φ界于0和1之间。完全竞争的经理市场具有理性预期，根据理性预期公式：

$$E(\theta|\pi_1) = (1-\varphi)E(\theta) + \varphi(\pi_1 - \overline{a_1}) = \varphi(\pi_1 - \overline{a_1})$$

也就是说，观测时期1的实际产出为π_1的情况下市场对企业家经营能力的预期值是先验期望能值$E(\theta)$（我们假定为零）和观测值$(\pi_1 - \overline{a_1})$的加权平均，即市场根据观测到的信息修正事前对经理能力的判断。由于$\varphi>0$，市场均衡工资$w_2 = E(\theta|\pi_1) = \varphi(\pi_1 - \overline{a_1})$，该式意味着时期1的产出越高，时期2的经理的工资越高。将w_1，w_2代入经理的效用函数：

$$U = \overline{a_1} - c(a_1) + \varphi(a_1 + \theta + u_1 - \overline{a_1}) - c(a_2)$$

经理最优化的一阶条件为：$c'(a_1) = \varphi > 0$，由此得到$a_1 > 0$。

比较情况1和情况2，我们得到这样的结论：在非对称信息条件下，如果代理关系能保持在两个以上时期，出于对第二时期"声誉"的考虑，企业家第一时期的努力水平会严格大于零，因为第二时期的工资依赖于股东（市场）对经理经营努力程度的预期，而经理在第一时期的努力水平通过其第一期的实际产出影响这种预期。当然，这种努力的程度比对称信息条件下要小，但相对于一次性委托代理关系下固定工资不能激励出任何努力水平而言，经理市场的"声誉"在一定程度上起到显性激励契约的激励作用，可以认为声誉成为了显性激励契约的替代物。

5.2 建立企业家声誉机制的必要性：进一步的分析

正规的经济学模型对声誉机制的作用分析无疑是严格的和深刻的，但相对人的复杂行为而言，却是片面的。经济学基于理性的追求利益最大化的或机会主义的"坏人"假设，认为声誉机制对人的行为具有激励约束作用的机理在于声誉能够给人带来更大的长远利益。其实，实际生活中人的需要是多样化的，得到他人的赞扬、尊敬，具有良好的声誉本来就是人的一种需要。也就是说，对于很多人而言（可以认为是"好人"假设），具有良好的声誉本身就是其行为的目的。因此，在管理学看来，基于马斯洛的需要层次理论，可以直接建立精神、声誉或荣誉激励机制，激励约束人的行为。也就是说，经济学和管理学虽然都说明了声誉对于人的行为的激励约束作用，可以建立相应的声誉机制激励约束人的行为，但二者的出发点是不同的。经济学通过模型证明了，即使是"自私自利"的"坏人"，为了获得长远利益，也需要树立"好人"的声誉；而管理学则认为追求良好的声誉本身就是人的内在需要。

　　无论经济学中的"坏人"假设，还是管理学中的"好人"假设，都可以在现实生活中找到对应，因为现实中人们对待声誉的重视程度的确相差甚远，有的人视自己的声誉重于生命本身，而有的人却为了一点物质利益将声誉弃之如敝屣。产生这种巨大差异的原因是复杂的，但毋庸置疑的是，人的道德价值观念、意识形态差异是其中一个重要的决定因素。虽然经济学在最初产生时和伦理学密切相关（如亚当·斯密、约翰·斯图亚特·穆勒、卡尔·马克思、弗兰西斯·埃奇沃斯等人的著作中都严肃地考虑到伦理问题），但遗憾的是现代主流经济学的发展已经越来越忽视意识形态、道德伦理对人的行为的影响了。[①] 与主流经济学不同，新制度经济学认识到意识形态对人的行为的作用。意识形态在新制度经济学家那里被定义为关于世界的一套信念，是关于劳动分工、收

---

① 正如被比喻为"我们经济学界的良心"的阿马蒂亚·森（1996）所指出："可以证明，随着现代经济学的演进，伦理学方法的价值已经大大地减弱了。所谓'实证经济学'的方法论不仅回避了经济学中的规范分析，而且产生了忽视影响人类实际行为的各种复杂的伦理因素的后果。"值得提及的是阿马蒂亚·森因"将经济学与哲学手段融为一体，从道德的角度和范畴探讨极其重要的经济学与社会问题"而被瑞典皇家科学院授予1998年诺贝尔经济学奖。

入分配和社会现行制度结构的道德判断。良好的意识形态,如讲信用、守约等观念,可以认为是一种人力资本,具有这种人力资本的人"搭便车"或违犯规则的可能性较小,对周围的制度安排及制度结构是否合乎道德的意识形态信念较强,较少有机会主义行为。因此,意识形态有节约信息费用,克服"搭便车"问题,减少强制执行法律和实施其他制度的费用等功能(卢现祥,1995)。因而,基于新制度经济学的观点,重视个人声誉可以认为是良好的意识形态资本,这种意识形态资本可以减少社会经济生活中的"道德风险",起到对人的行为的激励约束作用。

对于职业企业家而言,声誉这种人力资本更是至关重要。在经理市场上,企业家的声誉既是企业家长期成功经营企业的结果,又是企业家拥有的创新、开拓、经营管理能力的一种重要的证明。声誉机制可以作为经理市场中的关键的信息披露机制,用于解决信息不对称所产生的"逆向选择"问题。这正如卡森(Casson,1991,第170页)所认为的,声誉信息具有公共产品的特征,能提供正的外部性,使很多相关者同时受益。声誉的核心是信任,信任是人们交往的前提。职业企业家只有通过建立良好的声誉,创造出企业所有者对于其经营管理决策能力的信任,创造出企业员工对于其领导能力的信任,才能成功地担当职业企业家的角色。职业企业家的行为和经营管理活动具有极大的风险和未来不确定性,需要股东、债权人、职工、政府和顾客等利益相关者的极大信任、理解和支持,这种理解和支持的程度在很大程度上取决于人们对企业家声誉的认可。良好的企业家声誉,能促进各利益相关者形成一种思维定式,[①]即使在企业处于不利局面下,各利益相关者也会坚定

---

① 思维定式是指一定的心理活动所形成的固有的准备状态,它在很大程度上决定了同类心理活动的未来趋势。如心理学实验证明:人在重复感知两个大小不同的球后,对两个大小相同的球也会感知大小不同。也就是说,过去感知对当前事物感知会有一定的影响(王新新,1998),声誉的影响也就在于此。

信念，支持职业企业家的各种决策和行为。例如，良好的企业家声誉，可以使企业更方便地得到信贷支持，在同等条件下，条件可能更优惠，从而降低融资成本，提高企业利润。而且，即使企业偶然遇到困难，良好的企业家声誉也会赢得各种支持，有利于企业走出困境。总之，如果说，企业是一种人力资本和非人力资本的特别契约，职业企业家以其特殊的人力资本进入企业契约，那么，声誉可以认为是企业家人力资本的核心内容。

职业企业家的职能在于进行管理决策，而管理决策活动具有复杂性、风险性和不确定性，这不仅对职业企业家的能力提出了特殊的要求，而且也增加了评价企业家业绩、监督企业家活动的困难性。从理论上说，职业企业家具有特殊的人力资本，企业家的劳动可激励而不可"压榨"。因而，与一般企业员工相比，企业家的激励约束机制设计就更加强调声誉之类的精神激励。精神激励和物质激励的关键区别在于精神激励能够从内心调动人的积极性，即产生管理学中所谓的内激力。内激力不同于外激力，外激力仅仅是为了得到相应的报酬而被动地完成指定任务，而内激力则是出于内心，积极主动地、创造性地完成工作，最大可能发挥个人才能，在工作中寻求自我实现、在企业经营管理活动中获得满足感（黄群慧、张艳丽，1995）。另外，企业家的经营管理决策行为对企业的影响是长期的，一项决策或某个行为的短期效果不好，可能对企业长期发展十分有利，反之亦然。因而以年度为考核单位对企业家的行为进行评价往往会有失偏颇，年薪制之类的以短期业绩指标为基础的激励约束机制有其局限性。而企业家声誉机制则是注重长期以来企业家的一贯行为所形成的企业家的声誉，非以一时得失论英雄，给企业家以更大的创新空间，有利于企业的长远发展。

5.3 企业家声誉机制发挥作用的条件与建立我国国有企业企业家的声誉机制

建立企业家的声誉机制，发挥声誉对企业家行为的激励约束作用，是十分必要的，但并非是轻而易举的。企业家声誉机制发挥作用需要相对严格的条件，这里将企业家声誉机制发挥作用的条件和建立我国国有企业企业家的声誉机制问题结合进行论述。

首先，保证企业家具有长远预期是企业家声誉机制形成和发挥作用的基础。这不仅因为企业家声誉只有在长期经营管理实践中才能建立和形成，而且还因为只有对未来有长远预期的企业家才一定会在经营管理活动中注重自己的声誉问题。正如克瑞普斯等人的声誉理论所认为的，即使是"自私自利"的"坏人"，为了获得长远利益，也需要在相当长的时期内激励约束自己的行为，树立"好人"的声誉。只要企业家预期到"博弈"能够长期重复进行下去，未来长期收益巨大，企业家为了长期保持企业家职位，获取长期收益，就要重视自己的职业声誉，激励约束自己的行为，克服"机会主义"行为倾向；反之，如果企业家预期到是一次性的"博弈"关系，就有可能重视现期收益，无所谓职业声誉，发生"机会主义"行为（当然，这里并不排除存在具有良好道德观念的"好人"仍自觉重视声誉的极大可能）。现阶段我国国有企业的"59岁现象"对此是一个很恰当的"实证"。套用干部管理的60岁退休制度使59岁成为企业家的最后一个"博弈"时期，失去未来预期增大了企业家的"机会主义"行为甚至违法行为的概率。从这个意义上分析，建立国有企业企业家的声誉机制，需要改革已明显不适应国有企业改革和发展需要的干部人事管理制度，增加其职业化倾向，尤其是废除企业家套用国家干部60岁退休制度。对于经营业绩好的企业家，可延长其退休年龄，甚至对经营业绩一直很好的著名企业家可不设立退休制度。企业家不同于一般的国家干部,其经营管理经验和技巧是十分稀缺的资源。硬性划线退休制度不仅使企业家失去未来长远预期,可能引发短期化行为,而且有可能造成经营管理才能的浪费。据中国企业家调查系统调查(1998),我国国有企业企业家的任职年限普遍较短,连续担任企业厂长、经理达6年以上的比例为56.6%,而外商投资企业和私营企业的比例分别达83.3%和82.1%,而且国有企业经营管理者的初始任职年龄普遍高于其他所有制的企业经营者。这在某种程度上说明了改革国有企业干部管理体制、保证国有企业的经营者具有长远预期的必要性和紧迫性。

其次,企业家声誉的"质量"在很大程度上决定着企业家声誉机制作用的有效性。企业家的声誉是体现企业家创新能力、经营管理能力和领导能力、努力程度、敬业精神的公共信息。这种信息的产生和传输都应该是准确无误的,只有根据准确的声誉信息对企业家进行奖惩,才能体现声誉机制对企业家行为的激励约束作用。"浪得虚名"之类的错误声誉信息会导致激励约束机制的扭曲,使声誉机制不仅起不到应有的激励约束作用,反而会起反作用,引导企业家把精力放在追求虚名等非生产性行为上,而真正有能力的企业家的生产性行为反而得不到激励。解决这类问题的主要方法是培育充分竞争的经理市场,充分的市场竞争机制是保证企业家声誉"质量"最有效的措施,是避免声誉机制扭曲的根本保证。真正优秀的企业家的声誉是在长期的市场竞争中获得的,通过市场生存竞争检验的企业家才是合格的企业家。保证企业家的长期预期并非要保证职业企业家的"铁饭碗",而是保证在激烈的市场竞争中赢得良好声誉的优秀企业家的职业角色。对于我国国有企业而言,应该积极培育充分竞争的市场机制,给予真正在市场竞争中产生的、而非政府及大众媒介人为树立的优秀企业家以社会地位和荣誉,通过声誉机制激励企业家的生产性行为,从而有效地发挥企业家的声誉机制的作用。

再次，企业家声誉机制作用的有效性的提高有赖于社会法律环境、规章制度的完善和正确的道德伦理、意识形态的形成。法律、规章制度的作用在于惩恶劝善，没有对"恶"的行为的惩处，也就没有对"善"的行为的鼓励。正如克瑞普斯等人的声誉模型所揭示的，只有对于选择背叛的参与人进行惩罚，针锋相对地也选择背叛，才会构成置信威胁，从而保证即使是"坏人"，为了获得长期收益，也要树立"好人"的声誉，直至博弈结束前一时期。但是如果不对背叛的人进行惩处，总是对其"仇将恩报"，他就没必要考虑声誉问题，没有必要约束自己的行为。因而，完善的法律保护对声誉机制作用的发挥至关重要。然而，法律的威胁及规章制度对人的行为的约束作用的范围是有限的，而且成本较高，企业家的大多数"机会主义"行为并非是违法行为，很多违章行为也是难以查处的。相比之下，由于道德伦理、意识形态对人的行为的影响在于"教化"，使人自觉地约束自己的机会主义行为，作用范围相对广泛。例如，据经济学的"坏人"假设，声誉机制的最大问题在于到重复博弈的最后一个时期，理性人会毁掉自己的声誉，追求利益最大化，这是所谓的"终止博弈问题（end game problem）"（Milgrom and Roberts, 1992, 第 266 页）。这与我们国有企业的"59 岁现象"是相对应的。对于"终止博弈问题"，从经济学角度分析，除了诉诸法律之外，并没有更多的良策，[①] 这无疑会使声誉机制的作用效果大打折扣。但如果通过意识形态的"教化"作用，使企业家从意识中重视自己的声誉，遵守职业道德，自觉地约束自己的机会主义行为，也就不存在"终止博弈问

---

① 米尔格罗姆和罗伯茨（Milgrom and Roberts, 1992, 第 266 页）分析认为，解决"终止博弈问题"的一个可能的方法是将即将退休的企业家的声誉和其他正式的显性激励机制相关联。吉本斯和墨菲（Gibbons and Murphy, 1990）的实证分析表明，美国大公司的 CEO 们在临近退休时其报酬与本企业的股票市场业绩相关性增大。

题",声誉机制的作用得到最大程度的发挥。据中国企业家调查系统（1998）的调查,企业家对职业道德的理解主要是爱岗敬业、廉洁自律、维护企业利益和诚实守信。显然,这些职业道德都是针对企业家的机会主义行为而言的,如果能够遵守,机会主义行为将得到有效抑制。我国现在正处于经济转轨时期,法律体系需不断完善,道德伦理和意识形态也需要正确的引导,这对国有企业企业家声誉机制的建立,对企业家行为的激励约束具有重要的长远意义。[①]

最后,企业家的声誉机制、报酬机制、控制权机制和市场竞争机制构成了对企业家行为激励约束的一个整体系统,每个机制作用的有效发挥都需要其他机制的配合和支持,声誉机制也不例外。我们强调企业家的声誉机制,强调精神激励,强调个人品德,但不能忽视物质激励和相应的制度建设,没有有效的制度约束,没有报酬机制、控制权机制和市场竞争机制,声誉机制的作用也就无法有效发挥。计划经济体制下只重视精神鼓励、道德教育,不但没有起到精神激励机制应有的激励作用,反而造成人的逆反心理,使荣誉因素成为去激励（demotivation）因素,这种教训不能忘记。

[①] 值得提及的是,受西方主流经济学研究的影响,我国经济学研究中也存在一种推崇"理性人"假设的倾向。由于经济学家在当前具有广泛的社会影响,这在客观上形成了一种"教化"作用,不利于转轨时期正确的社会道德意识的形成。在这一点上,优秀的企业家也许比有些经济学家看得更远。一次对民营企业希望集团总裁刘永好的记者采访似乎说明问题:"记者问:企业家追求的是利润最大化,在效益和道德的天平发生冲突时,您的砝码投向哪一边? 因为有的经济学家提倡企业只注重效益,不问道德。刘回答:做企业的根本是做人,我们四兄弟都注重道德的修养和人品的提升,要有道德的选择,而且信誉是有力量的,回报也是非常大的,'希望'这块牌子包含了很浓的信誉价值"（许列,1999）。

第6章 竞争机制与市场对企业家的激励约束

"竞争在经济学中占有如此重要的地位,以至于难以想象经济学没有它还能是一门社会科学。离开了竞争,经济学就主要由孤立的鲁宾逊·克鲁索(Robinson Crusoe)经济的最大化微积分学构成。"竞争对经济学的重要性被德姆塞茨(1992,第1—2页)一语道破。如同竞争在经济学中的重要地位一样,竞争机制也是企业家激励约束机制中至关重要的一种。法玛(Fama,1980)甚至认为经理市场的竞争机制是约束企业家行为的最好机制。竞争和市场有着天然的联系,外部治理市场(包括资本市场、经理市场和产品市场)对企业家行为的激励约束就表现为对企业家的竞争激励和竞争约束。竞争机制是一种隐性激励机制,其激励约束作用不同于显性激励,显性激励是通过契约根据可观测的信息建立企业业绩和企业家报酬补偿的对应关系,从而激励约束企业家的行为;而竞争则能够把不能完全准确观测到的隐性信息还原给企业家,形成一种压力,强制其自我激励约束。本章对外部治理市场的激励约束作用的研究,和前面三章分别对企业家报酬机制、控制权机制和声誉机制的论述,构成了本篇提出的企业家激励约束分析模式的全面详细表述。

6.1 竞争、压力与激励：一般理论说明

关于竞争，斯蒂格勒在《新帕尔格雷夫经济学大辞典》(1992,第577页)中解释道："竞争系个人(或集团或国家)间的角逐：凡在两方或多方力图取得并非各方均能获得的某种东西时，就会有竞争，竞争至少和人类历史同样悠久，所以达尔文从经济学家马尔萨斯那里借用了这个概念，并像经济学家用于人的行为那样，将它应用于自然物种。"自古典经济学兴起后，"竞争"的概念一直占据着经济理论的核心位置。从亚当·斯密(1992,第49—52页)开始，买者和卖者之间的竞争就被描述为一种获得有限的供给和避免超额供给的竞争，这种竞争使价格趋于供求均衡。在经济学看来，竞争和均衡的重要性在于："竞争的刺激和压力是一个行业中每家企业进行决策的环境的一个重要部分。竞争的力量不仅使自愿的企业决策得以形成，而且帮助给企业决策加上非自愿的、与存活有关的限制。在试图理解竞争力量模型的全部倾向时，询问整个动态过程可能在何处结束，也就是，寻找稳定的均衡结构，肯定是有用的，在那种结构里，那些竞争力量不再发生变化(纳尔森和温特，1997,第38—39页)"。竞争和均衡的概念是如此重要，以至于现代微观经济理论可以用被认为最具审美合意性的阿罗和德布罗竞争—均衡范式来描述：从可供选用物品的非常精确的定义开始，假定消费者完全了解物品的所有特性，对物品组合有一个偏好次序，生产者(厂商)服务于消费者，赋有生产可能性集合。然后再加上市场组织范式，所有行为主体都是价格接受者。消费者在支出不超过其收入的条件下，使福利达到最大，从而产生了需求函数。生产者在技术可行的范围内使利润达到最大，这就产生了供给函数。竞争均衡是由需求函数和供给函数决定的一组价格，使所有的市场都出清(泰勒尔，1997,第6—7页)。

虽然以竞争—均衡范式为核心的主流经济理论或正统经济学受到各方面的批评，[①]但竞争对于提高经济效率具有不可替代的重要作用这一点却是人们的共识。广为接受的观点是：由竞争所产生的压力使组织通过有效的激励而变得更有效率，更能避免偷懒与不负责任的行为在组织中存在；竞争性的选择力量迫使低效率的组织走出静态均衡，从而产生有效率的经济组织；竞争的压力引发创新活动，构成了生产效率的重要来源（石磊，1997）。迄今为止，还较少有非常正式的经济模型证明这些观点，然而，效率不足的关键原因是激励不足，而竞争能够提高人的努力程度这一点能够通过管理学中的激励理论加以说明。在管理学看来，需要是个体生理或心理不平衡的状态，当个体产生某种需要后，就会产生某种满足该需要的行为动机，在动机支配下发生目标指向性行为，行为的结果可能使该需要得到满足，不平衡的状态得到改善，并进一步产生新的需要，进入另一轮循环过程。需要不断产生，行为不断发生；行为的结果也可能未使该需要得到满足，个体受到挫折，会采取建设性行为或防御性行为去改善自己内部的不平衡的状态，并进入新的循环。如果把竞争引入这个过程，由于竞争的存在使个体的需要满足并非"轻而易举"，个体要在竞争压力的前提下发生行为，因而与没有竞争相比，个体行为的努力程度会增加。也就是说，竞争产生了压力，而压力转化为动力，或者说积极性、努力程度。当然，这种转化是存在一定条件的，例如压力大小需在个体的承受范围之内，否则可能使个体崩溃，另外，压力转化为积极性也需正确的方向引导。这一点可以用莱本斯坦为了说明市场竞争所产生

[①] 例如演化经济理论的杰出代表理查德·纳尔森和悉尼·温特（1997，第40页）对正统经济学批评道："如果基础在经验上是稳定的，浪费在华丽的逻辑上层建筑上的注意力就是可以理解的。如果上层建筑是严肃的，而且有直接的实际用途，对摇摇欲坠的基础的权宜的承诺可以说成是正当的。正统的经济理论越来越在松散的经验的沙上建造一座华丽的逻辑宫殿。"

的环境压力对企业效率的影响而改写的耶基斯-多森法则说明。[①] 实验心理学家提出的耶基斯-多森法则用于描述激励强度与学习的关系：在一定的激励水平上学习会随着激励强度的增加而增加，但到达一定程度后，学习会随着激励强度的增加而减少。经过改写的耶基斯-多森法则则表现为压力和企业家决策质量之间的关系（如图6-1所示）。图中小于P^*的压力代表一种竞争不足的"安逸"的环境（或者可以理解为企业家具有不可替换的"垄断"地位），缺少对企业家必要的激励力，需要通过竞争增大压力，提高激励力，迫使企业家改善决策质量；然而当压力大于P^*，表明过度竞争，压力过大，反而会降低激励作用，企业家的决策质量逐渐降低。只有在P^*处，压力水平使决策质量最高。

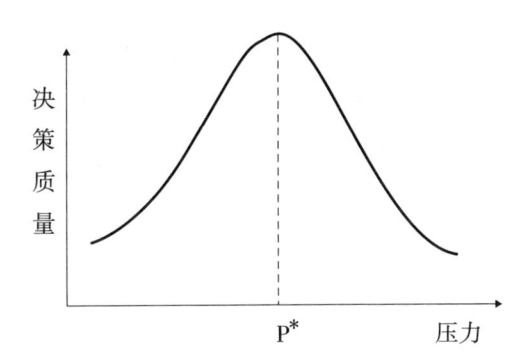

图6-1　莱本斯坦改写的耶基斯-多森法则

应用上述压力转化为动力的管理学分析逻辑，结合莱本斯坦（Leibenstein）的X效率经济学中的一些基本结论，我们还可以进一步详细分析竞争对企业家的努力程度的影响，即竞争对企业家的激励约束作用。

[①] 本章有关莱本斯坦X效率经济学的论述参阅了弗朗茨（1993，第87—111页），图6-1和图6-2分别转引自该书的第111页和第89页。

认知心理学认为，人的决策不但根据成本和收益，而且还依靠神经系统。但人的神经系统会产生错误判断，神经系统的一个重要问题是所谓的感觉环境变化的"差异阈限"（difference threshold）。如果周围环境变化要被人的神经系统感知的话，周围环境的变化量一定要大于某个最小量，这个最小量就是所谓的"差异阈限"。也就是说，如果周围环境的变化量小于"差异阈限"，人的神经系统会对此变化毫无察觉，而认为周围环境没有发生变化。另外，人的神经感觉系统还有适应性，长期存在于一种环境中会适应该环境，而不能明显地感知该种环境的特点。① 人的神经系统的这些"不完善性"增加了习惯行为的可能性，减少了对环境变化的敏感性。实际上，人的很多行为选择是由习惯决定的，并不总是按照极大化行为模式理性思考的结果。个体是存在偏好的，但由于受对环境变化敏感性的限制，人并非在任何时候都能够区分两种情况而进行完全理性的选择。对于人的努力程度而言同样如此，从理论上讲，人的努力程度可以进行细分，包括很多甚至无穷个努力水平，但实际上某些努力水平之间的差异（小于"差异阈限"）个体是无法准确感受和区分的。② 基于此，莱本斯坦提出了惰性区域的

---

① 例如，当你把手放在热水中，开始会感觉到水的热度。但这种热的感觉会随着时间的延长（假设水的温度并没有随时间延长而降温）而被逐渐中和掉。一个煮青蛙的寓言说明了动物感觉系统的"差异阈限"和适应性问题对于动物而言有时可能真是致命的问题。如果把一只青蛙放在沸水中，它可能立刻跳出而逃生。但如果把青蛙放在温水中，它将待着不动。接下来对水加温，刚开始时青蛙仍若无其事，自得其乐，但随着水温慢慢上升，青蛙变得越来越虚弱，最后将无法动弹，虽然没有什么限制青蛙离开困境，但由于感觉系统的问题使其只能被慢慢煮熟。以提出"学习型组织"而闻名的著名管理学家彼得·圣吉在其《第五项修炼》（1996，第 23—24 页）中用这个寓言说明不能察觉到环境的微小、逐渐的变化是许多公司失败的原因。

② 但这并不妨碍我们在进行理论分析时（包括本篇所构造的分析模式）假设人的努力水平是连续的，因为连续性假设条件下的分析结果和考虑到"差异阈限"的结论不会有明显的差异。

概念。如图 6-2 所示，曲线 SE 表示人的努力水平和满足程度之间的关系。这条曲线被分为三个区域，区域 1 表示小于努力水平 E1 的区域，在该区域中，为了得到更大的满足程度，个体愿意选择更大的努力水平。区域 3 为努力水平大于 E_2 的区域，在该区域中，为了得到更大的满足程度，个体愿意选择较低的努力水平。区域 2 是以努力水平 E_1 和 E_2 为边界的，在该区域中，由于上述认知方面的因素，区域中的各点的努力水平是难以区分的，个体愿意选择 E_1 和 E_2 之间的任何努力水平。虽然人们愿意选择高满足程度 S_1 而不愿意选择低满足程度 S_2，但实际上在该区域所涉及的满足水平 S_1 和 S_2 之间，每个满足水平对于个体而言也是无法区分的。这个区域被莱本斯坦定义为"惰性区域"（inert area）。由于惰性区域的满足水平高于区域 1 和区域 2，个体将不愿意选择努力水平 E_1 和 E_2 之外的任何努力水平。也就是说，一旦一个人进入他的惰性区域，他将抵制任何努力水平的改变。要想改变其努力水平，外界环境必须有足够程度的"巨变"。"尽管任何特定的惰性区域都不会长期存在，但在努力水平将超出惰性区域之前，个人必定会表现出'足够'程度的震惊"（弗朗茨，1993，第 90 页）。

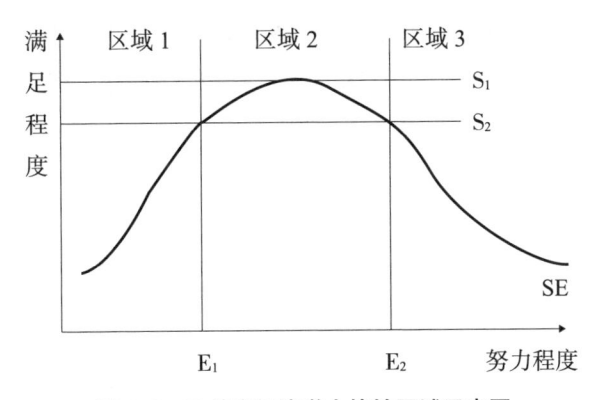

图 6-2　X 效率经济学中惰性区域示意图

将 X 效率经济学中惰性区域的理论应用于企业家的激励约束问题，可以认为，当企业家进入惰性区域时，如果外部环境没有巨大的变化，企业家的努力程度不会有明显的提高，对企业家的一般激励将很难起作用或起到很小作用，业绩也就很难改善。要提高企业家的努力程度，需使其 SE 曲线向右移动，即只有企业家付出更多的努力程度才能达到与以前相同的满足水平。按照上述管理学的竞争转化为压力、压力转化为动力的分析逻辑，SE 曲线的右移就要求有外部的充分竞争，竞争的存在使企业家在获得同样的需要满足水平时付出更多的努力程度。也就是说，市场竞争构成了企业家走出惰性区域的外部压力，成为激发企业家积极性的激励力量。

市场竞争对企业家的压力和激励可以归为两方面，一是市场竞争能够在一定程度上揭示有关企业家能力和努力程度的信息，而这些信息原本是企业家的私人信息。市场竞争这种信息显示机制为企业家报酬机制、控制权机制和声誉机制发挥作用提供了信息基础；另一方面是市场竞争的优胜劣汰机制对企业家的控制权形成一种威胁，低能力或低努力程度的企业家随时都有可能被淘汰，而战胜对手，寻求自我实现又是企业家激励力量的来源。企业外部治理市场包括资本市场、经理市场和产品市场，每类市场的竞争机制对企业家的压力、进而对企业家激励约束作用的表现形式并不相同，表 6-1 是对此的一个描述，本章接下来的几节将对表中内容进行深入论述。

表 6-1　市场竞争机制对企业家的激励约束作用的表现形式

作用形式 类型市场	信息显示机制	优胜劣汰机制
资本市场	企业市场价值指标	接管（并购）机制、破产机制
经理市场	声誉显示	竞争选聘机制
产品市场	企业会计财务指标	盈亏、破产机制

6.2 资本市场、企业融资结构与企业家的控制权

资本市场竞争的实质是对企业控制权的争夺。与企业控制权争夺相关的资本市场行为和活动种类繁多，而且还在不断地创新和发展。具体而言，这些活动包括兼并与收购（mergers & acquisitions）、发盘收购（tender offers）、合资公司（joint ventures）、分立（spin-off）、资产剥离（divestiture）、溢价回购（premium buy-backs）、代理权争夺（proxy contest）、交换发盘（exchange offers）、股票重购（share repurchases）、转为非上市公司（going private）、杠杆收购（leveraged buy-outs）等等。① 从控制权角度说，所有这些资本市场行为（或称为公司重组 [restructuring]）都可以称之为接管（takeovers），或通称为并购（M & A）。② 接管机制或并购机制就是资本市场的竞争运行机制。接管或并购行为是以资本市场所反映的企业的市场价值为基础的，即资本市场的接管机制是以资本市场的信息显示机制为基础的。例如，从公司收购者的角度而言，是否收购某个对象，要考察该对象是否具备相对于资产重置成本或其潜在的盈利能力而言企业的股票价格较低，相对于当前股价而言有很好的现金流等资本市场所显示的市场价值条件。一般认为，没有实现利润最大化的企业，其股票价值会下降，这将引起外部企业家（公司收购者）来购买该企业，对企业进行重组，改善其管理，把企业引向利润最大化。也就是说，接管者相信，通过接管，改善

---

① 有关这些资本市场活动的具体含义可参阅威斯通等（1998，第3—9页）。

② 兼并是指任何一项由两个或两个以上的实体形成一个经济实体的交易。兼并与收购的共同点都是最终形成一个经济实体，只是兼并由两个或两个以上的经济实体形成一个新的实体，而收购则是将被收购方纳入到收购方公司体系之中。但实际上由于收购方在吸收被收购方后，收购方的公司体系常常会发生重大变化，所以人们通常把收购也看成一种兼并，或者将兼并和收购通称为并购（M & A）（威斯通等，1998，中文版序言）。由于并购是资本市场的最主要的产权交易方式，所以这里将资本市场行为通称为并购或接管，而不再提及其他种类繁多的公司重组形式。

管理,可以使目标公司的价值提高,接管者的收益就是公司价值提高部分。这种接管对低努力程度和低能力的企业家构成一种威胁,迫使其增加努力程度,约束自己的机会主义行为。因为公司被接管后,附在企业家控制权上的职务租金,如声誉、职位消费等,将随之消失,害怕失去职务租金会使企业家们增加其努力程度。然而,接管并非轻而易举,接管机制并不总是行之有效的。首先,接管需要收集关于接管目标企业的无效性和改进领域的信息,而这些信息的成本是昂贵的。其次,虽然有的企业的章程存在"价格稀释"条款,但被接管公司股东不转让其股份、不支持接管者的"搭便车"现象却是在所难免的:因为对于被接管公司股东而言,保留股份能够免费享受到接管者"入侵"带来的股价提高的好处。再次,接管者可能面临来自其他接管者和少数股东的竞争,因为接管者的"入侵"本身就传递出接管某公司有利可图的信息,而且被接管公司的管理者也会邀请其他接管者扮演"白衣骑士"来投标,并提供非公开信息支持这些竞争者。最后,被接管公司的管理阶层采取各种接管防御措施使接管难以成功。这些具体的接管防御措施包括反托拉斯诉讼、"毒丸计划"、"绿色邮件"、实行员工持股计划和"金色降落伞"等。①另外,泰勒尔(1997,第50页)指出接管威胁会产生降低企业家长期投资的积极性、破坏经理职位稳定性、妨碍经理和职工之间建立信任等反面的激励作用。也正因为如此,与接管机制相比,经济学家更为青睐债务及与之相关的破产机制,下面融资理论的分析说明了这一点。

6.2.1 资本市场的竞争机制对企业家的激励约束:融资理论角度的分析

经济学家所关心的是如何通过理论模型来说明接管(兼并)这一

---

① 有关这些防御措施的具体内容可参阅威斯通等(1998)第20章"接管防御"。

资本市场的竞争机制对企业经营者行为的激励约束。有关这方面的研究成果被归为融资理论或称为资本结构理论、证券设计理论。企业的资本结构,又称为企业的融资结构,是指企业总资本中股权资本(equity,包括普通股资本和优先股资本)和债务资本(debt)的组合比例关系。企业资本结构的基本问题是股权资本和债权资本如何组合可以使企业市场价值最大。对此作出开拓性贡献的莫迪利亚尼和米勒(Modigliani and Miller,1956),他们提出了被称为"现代金融资本结构理论的基石"的著名的M-M定理(朱民等,1989)。M-M定理认为,如果企业的投资政策和融资政策是相互独立的,并且资本市场是充分竞争和有效运行的,即满足没有企业所得税和个人所得税、企业没有破产风险、没有交易成本、自由出入市场、信息公平获得等条件,那么企业的资本结构和企业的市场价值无关,也就是说企业的资本结构选择不影响企业的市场价值。这个著名的"无关性定理"又得到了滨田(Hamada,1969)、斯蒂格里茨(Stiglitz,1974)的理论模型的进一步支持。虽然M-M定理分析了企业资本结构中最本质的关系——企业经营者的目标和行为以及投资者的目标和行为的关系,但由于该定理是在严格的假设条件下才成立的,这些假设条件距离现实经济相差太远,该定理在实践中就遇到问题。因为在现实中,每个企业都花费相当的精力来决定企业的融资政策,这显然说明企业资本结构与企业价值相关。

进入70年代以后,经济学家逐渐放松M-M定理的假设条件,产生了平衡理论、新综合理论,特别是将非对称信息理论引入了企业资本结构的研究中,极大地推动了企业融资理论的发展。[1] 更为重要的是,自从詹森和麦克林(Jensen and Meckling,1976)的经典论文《厂商理论:管理行为、代理成本和所有权结构》开拓了"实证代理理论"或"代理

---

[1] 有关这些新发展的详细内容可参阅朱民等(1989,第268—290页)的详细文献介绍。

成本理论"以来,融资理论和代理理论融合发展代表着融资理论的新发展。新的融资理论表明,融资结构的选择至少通过两方面的渠道影响企业的市场价值。一方面是企业的融资结构会影响企业的控制权的分配,会影响企业家的工作努力程度,这进而会影响到企业的收入流和企业价值;另一方面,企业融资结构的变化往往是企业家融资决策的结果,而职业企业家一般要比投资者更了解企业的经营状况,企业家根据企业的经营状况所作出的融资政策的选择可以起到一种信息显示功能,能影响投资者对企业的经营状况的判断,从而影响企业的市场价值(段文斌,1998)。从本篇的分析角度说,这些融资理论新发展所表明的是:企业的融资结构变化对企业价值的影响是通过资本市场对企业家的激励约束作用来实现的。这具体体现在现代企业融资理论所包括的三方面理论模型上,一是激励模型(incentive-based models),一是信息显示模型(signaling models),一是公司控制权模型(corporate control-based models)(钱颖一,1989,第14—19页)。这三类模型的共同特点是将企业的资本结构与企业家的激励约束问题联系在一起,分析资本结构如何通过对企业家的激励约束而使企业的价值发生变化。其区别在于以詹森和麦克林为代表的激励模型强调资本结构对代理成本的影响,以利兰和派尔(Leland and Pyle,1977)、罗斯(Ross,1977)等人为代表的显示模型则强调企业的资本结构能够起到传递信息和示意优劣的作用,而以阿洪和博尔顿(Aghion and Bolton,1992)、哈里斯和雷维夫(Harris and Raviv,1988)、斯达尔兹(Stulz,1988)等人为代表的控制权模型则强调资本结构差异会影响公司控制权的分配,进而影响企业的市场价值。

在詹森和麦克林(1976)看来,当管理者不是企业的完全所有者时,不可能具有充分的积极性,因为管理者的努力工作可能使他承担全部成本而只获得部分收益,此时企业的市场价值就小于他是企业完全所有者时的市场价值，这二者之差就是外部股权融资的代理成本。让管理者成为完全的剩余权益拥有者，可以消除代理成本，但这会受到管理者自身财富大小的约束。虽然通过举债筹资可以解决这个问题，但在有限责任制度下，管理者可能把失败的损失给债权人承担，因而，也会有债权融资代理成本。詹森和麦克林的结论是，均衡的企业所有权结构是由股权代理成本和债权代理成本之间的平衡关系决定的，最优的资本结构应权衡股权融资和债权融资两种方式的利弊，使总代理成本最小。更进一步，当股权人和债权人都认识到股权代理成本和债权代理成本的存在时，股东和债权人具有"理性预期"，他们在购买公司股票或债权时就会将这些代理成本考虑进去，作为购买股票和提供外部资金的条件，迫使管理者承担代理成本。也就是说，资本结构对企业家的激励约束是将资本结构作为减少代理成本的工具，但詹森和麦克林的激励理论的问题在于并没有解释为什么企业一定要用资本结构作为减少代理成本的工具，而不是用与资本结构毫无关系的其他契约方式来约束企业家的行为（钱颖一，1989，第17页）。

利兰和派尔（1977）的信息显示模型要表明的是投资者可以通过企业的资本结构来判断企业的资本市场价值。假定有一名企业家试图建立一个项目，企业家自己知道这个项目的平均收益为μ，为了吸引其他人投资，他必须将这个平均收益信息传递给其他人，并使人们相信。他可以把自己的资金投进去，示意这个项目是值得投资的。假设自己投入股本金q_1，外部投资者股本金为q_2，二者之比为$s=q_1/q_2$，如果该项目所需资金总量为Q，那么对债券的需求$d=Q-q_1-q_2=Q-q_1-q_1/s$。在这个模型中，企业家自己的股份和外部股份之比s起到信息传递作用，s越大，证明企业家所示意的项目平均收益μ越高。这表明企业资本结构中企业家持股比例越高，向外界示意企业的收益越高，市场价值越大。如果说，利兰和派尔（1977）的模型说明的是资本结构中企家持股比例的信息示意，那么罗斯（1977）的信号经济理论模型则证明企业的债务水平的信息显示作用。罗斯的模型表明，越是高质量的企业，其负债水平越高，较高的负债率往往是企业高质量的一个体现。这个判断成立的前提是存在着破产惩罚机制，使低质量企业在给定的债务水平上具有较高的期望破产概率，因而不能模仿优秀企业去发行大量债券。

无论是詹森和麦克林的激励模型，还是利兰和派尔、罗斯等人的显示模型，都没有直接涉及资本市场竞争的本质——控制权争夺问题。而以阿洪和博尔顿（1992）等人为代表的控制权模型则直接探讨了兼并、破产机制对企业家控制权的转移作用。在阿洪和博尔顿之前，哈里斯和雷维夫（1988）、斯达尔兹（1988）等人就从企业家控制权角度探讨了兼并和企业负债水平的关系，并得出兼并收购成功的可能性与负债水平呈负相关关系的结论。哈里斯和雷维夫（1989）还建立了一个投票和剩余所有权匹配的模型，说明资本结构是一种保证优秀的候选人获得公司控制权的工具。但将资本市场的竞争机制和控制权的转移相联系却是始于阿洪和博尔顿（1992）基于哈特（Hart）等人开拓的不完全契约理论建立的融资理论。在该模型中，阿洪和博尔顿假定有一个企业家（有技术而无资金），一个资本家（有资金而无技术），现在双方在市场上签订某种契约。由于契约是不完全的，剩余控制权的分配很重要。该模型可能有三种情况：如果融资方式是发行带有投票权的股票（即普通股），则资本家掌握剩余控制权；如果融资方式是发行不具有投票权的股票（即优先股），则企业家拥有剩余控制权；如果融资方式是发行债券，则剩余控制权仍由企业家拥有，前提是按期偿还债务本息，否则剩余控制权就转移到资本家手中，即出现了所谓的破产。阿洪和博尔顿的模型解释了为什么典型的债务契约是和破产机制相联系的，而股权契约则是在保持清偿能力的条件下和企业的控制权相联系。

该模型证明了资本结构选择就是控制权在不同的证券持有者之间配置的选择,最优的负债比例是一种能使企业在破产时将控制权从股东手中转移到债权人手中的比例。"阿洪-博尔顿模型表明,在一方受到财富约束(但不存在关系性专用投资)的世界中,在一定的状态下,将控制权从该方转移给另一方可能是最佳的。阿洪-博尔顿模型抓住了债务融资的关键方面:控制权的转移"(哈特,1998,第125页)。

虽然融资理论认可资本市场的兼并机制对企业家控制权的威胁,[①]并研究负债水平和兼并机制的关系,但相对于与负债相关联的破产机制而言,融资理论更关注后者。融资理论的核心观点是:债务是一种最好的激励约束企业家的契约方式。这首先是因为债务合同对企业经营者是一种"硬约束",企业经营者必须按期向债权人交纳债务的本息,否则将受到惩罚。作为一种"相机治理"工具,企业不能履行债务合同会导致企业进入破产程序,这种潜在的威胁会促使企业经营者更加努力,以降低企业走向破产的概率。其次,与股权相比,债权所伴随的剩余索取权的分配方式使企业经营者获得了全部的边际剩余,因而债务对企业经营者更有激励作用。再次,与报酬激励机制相比,债务以及与之关联的破产机制可以迫使经营者以各种方式放弃控制权(哈特,1998,第161页)。最后,企业资本结构中债权的存在,在一定程度上具有约束企业股东的作用,使企业股东更加关注企业的经营状况。一般而言,分散的、为数众多的小股东很少有或没有积极性去激励监督经营者,而破产机制要求债权的优先清偿,使股东承担更多的风险,因而债务客观上起到激励股东的作用(吕景峰,1998)。当然,债务也是有代价的,它妨碍了无私的企业家实施一些有利可图的投资项目。总之,

---

① 在李山、李稻葵(1998)看来,兼并机制除了对企业家的控制权形成威胁外,还由于兼并后企业的现金流的波动性减小,从而有利于投资者更加直接地评价与监控企业家的业绩,更有效地利用资本市场来约束企业家的渎职行为。

从代理理论角度发展的新的融资理论认为,债务作为一种激励约束企业家的契约方式,具有其他方式所不可替代的优势。哈特(1998,第183页)甚至认为:"如果经营者并不是自私的,那么企业就根本不应当发行债券。"[①] 也就是说,债务天生就是为约束经营者的机会主义行为而存在的。

6.2.2 资本市场培育与我国国有企业企业家的激励约束

从资本市场和企业融资角度研究我国国有企业,首先可以归结出我国国有企业的相互关联的两方面问题。一方面,从体制角度看,我国国有企业融资体制可以概括为以国家为唯一中介的国家融资体制(张春霖,1997b、1997c)。在过去几十年中,以国家为中介的融资体制主要采取了收入融资和债务融资两种形式。收入融资是计划经济时期的主导形式,通过低工资、工农产品的剪刀差等途径,把城乡居民应得的收入中可以用于长期储蓄的部分以国有企业盈利的形式"暗拿"过来,形成国有资本,用这些国有资本直接开办和经营企业。债务融资是改革开放以来国民收入格局逐渐发生变化的前提下国家融资的主导形式,国家通过其银行,与居民个人形成债务契约关系,承担明确的还本付息义务,取得资本,然后以有偿贷款的形式投入到国有企业中。虽然债务融资形式上表现为债权债务关系,但由于国有企业承担着政策目标和社会负担,国有企业和国有银行不存在根本上的利益冲突和制约

---

① 哈特与阿洪(Aghion)、穆尔(Moore)等人合作,基于其不完全契约理论,进一步对债权及破产问题进行了研究,提出了"阿洪-哈特-穆尔破产程序",旨在对现行的破产程序进行改革。他们认为,一个好的破产程序应该满足三个目标:使现有的债权、股权持有人所获得的价值之和最大化;保持债权对企业经营者的约束作用;保持索取权的绝对优先顺序,即只有在高一级的债权人得到全额清偿之后,次一级的债权人才能开始得到清偿,普通股东处于清偿顺序的最后(张春霖,1997a)。哈特(1998,第232—256页)另一相关重要贡献是证明最优证券投票结构是单一种类附带投票权的股票(即"一股一票")。

关系,行政干预问题突出,这种债权债务关系是"虚拟化"的(吕景峰,1998)。另一方面,长期以来,我国不存在资本市场,企业的融资渠道以国家对资本的行政分配为主。虽经过20年的企业改革,资本市场发展仍不健全,行政干预强,市场功能残缺(唐宗焜,1997),资本市场的兼并机制、破产机制的作用并没有得到有效的发挥。国有企业的国家融资体制问题以及资本市场有待发展问题进一步决定了国有企业的以下问题:一是国有企业的经营者选择的非职业化问题。对于国有企业而言,经营者的选择成为一种政府官员或干部的选择,国有企业经营者具有行政级别,其管理制度套用政府干部人事管理制度。这个问题迄今为止并没有解决甚至很少涉及。二是国有企业的资本结构中债权对企业家的激励约束作用得不到有效发挥。国有企业资本结构的特点表现为"负债率过高"和"债权作用弱化"并存。1994年对12.4万家国有企业清产核资结果显示,国有企业平均资产负债率为75.1%,18个"优化资本结构"试点城市的国有企业平均资产负债率则高达89.9%。如此高的负债率并没有出现融资理论所分析的债务对国有企业企业家的激励约束作用,反而债权人的利益得不到保障的问题十分严重,国有企业与地方政府"合谋"借破产之名,行逃债之实的现象非常普遍。据中国工商银行企业破产问题课题组调查,1995和1996年50个试点城市的企业破产案共涉及工行贷款本息280.6亿元,而法院终裁工行受偿额为41.8亿元,受偿率仅为14.9%。三是国有企业的经营者得不到来自资本市场的有效激励约束,其控制权没有真正受到资本市场竞争机制的威胁。虽然自实施"抓大放小"、对国有经济进行战略性重组以来,资本市场竞争机制的作用逐渐加强,企业的资本经营行为日益普遍,对企业的控制权形成了一定的威胁,但由于国有企业的激励约束机制主要体现为控制权机制,其他机制或者没有形成,或者其作用得不到有效发挥,因而使得其"控制权损失不可补偿"(张维迎,1998a)。这极大地增加了兼并重组和破产的困难程度。再加之我国资本市场发展缓慢,缺乏战略投资者,也限制了资本市场竞争机制作用的发挥。

既然上述从资本市场和融资结构角度观察到的企业家的激励约束问题源于国家融资体制和资本市场机制有待发展和完善,那么解决国有企业企业家激励约束问题的相应的改革政策建议必然是:积极稳妥地发展资本市场,培育各类战略性投资者,以资本市场替代国家融资。具体的政策内容应该包括加快银行体制改革,促进国有银行的商业化改造和公司化改造,逐渐放宽对银行直接投资和参与企业经营控制的限制;在加强管理的前提下逐步通过改造现有的、新建没有的、引进国外的等途径发展各类非银行金融机构和结构投资者;规范证券市场,完善证券市场的管理规则,积极创造条件,使企业上市审批制改为资格登记制;清理企业的不良债权,开放银行不良债权的市场交易,以市场机制取代政府干预,保证存量资产的有效配置;积极培育企业家控制权市场,通过控制权市场交易推进国有经济的战略性重组(国务院发展研究中心《国有经济战略性改组》课题组,1997;张春霖,1997d;刘世锦,1997)。

6.3 经理市场、自增强机制与我国经理市场的培育问题

6.3.1 关于经理市场激励约束作用的一般说明

经理市场(或称代理人市场、企业家市场)的实质是企业家的竞争选聘机制,竞争选聘的目的在于将职业企业家的职位交给有能力和积极性的企业家候选人,而企业家候选人能力和努力程度的显示机制是基于候选人长期工作业绩建立的职业声誉。经理市场的"供方"为企

业家候选人,"需方"是作为独立市场经济主体的"虚位以待"的企业,在"供需双方"之间存在大量提供企业信息、评估企业家候选人能力和业绩的市场中介机构。如果把企业家的报酬作为经理市场上企业家的"价格"信号的话,那么企业家的声誉则是经理市场上企业家的"质量"信号。经理市场的竞争选聘机制的基本功能在于克服由于信息不对称而产生的"逆向选择"问题,它一方面为企业所有者提供了一个广泛筛选、鉴别企业家候选人能力和品质的制度,[①]另一方面又保证所有者始终具有当发现选错候选人后及时改正并重新选择的机会(黄桂田、张绍炎,1998)。经理市场竞争机制不仅有助于克服"逆向选择"问题,而且竞争的压力还有助于降低企业家的"道德风险"。[②]因为充分的企业家之间的竞争,很大程度上动态地显示了企业家的能力和努力程度,使企业家始终保持"生存"危机感,从而自觉地约束自己的机会主义行为。经理市场的另外一个功能在于保证企业家得到公平的、体现其能力和价值的报酬。如果一个企业家的能力和努力都被市场证明是"高质量"的,而该企业家并没有被回报以相应的高报酬,那么,如果经理市场的信息是较为充分的,该企业家的业绩将被其他企业注意到,这些企业就可能向其提供高报酬,而将其吸引走。这种威胁的存在,使得企业必须公平地对待企业家(Fama,1980)。

从本篇主题出发,我们更关注经理市场竞争机制的激励约束企业家行为的功能。在"企业家的声誉机制"一章中,我们借用霍姆斯特姆(Holmstrom,1982)基于法玛(Fama,1980)思想建立的代理人市场—

[①] 斯宾斯(Spence,1977)的劳动力市场模型提供了一个解决"逆向选择"的信息显示机制。在斯宾斯的模型中,教育是一种显示能力的信号,因为接受教育的成本与能力成反比,不同能力的人的最优教育程度不同。高能力的人通过选择接受较多教育而把自己与低能力的人分开。

[②] 我们也可以把"逆向选择"理解为"道德风险"的一个特例,即不说实话行为的"道德风险"。

声誉模型论述了声誉机制的作用机理,该模型同样说明了经理市场竞争机制对企业家的作用。[①]巴罗斯和马克-斯达德勒(Barros and Macho-Stadler, 1998)最近建立的一个模型证明了如下结论:如果两个企业间存在着雇佣企业家的竞争,竞争能够改进雇佣到高质量企业家的企业的产品市场业绩。巴罗斯和马克-斯达德勒假定存在两个企业,这两个企业处于不同的行业,互相不具有可竞争性,而且这两个企业在各自的市场中都具有垄断地位,这个假设保证了市场结果差异完全是由于雇佣了不同能力的企业家所致。又假定雇佣前企业家的类型对于企业而言是公共信息,一旦雇佣,企业家的努力程度是私有信息。假定企业家候选人中存在一个能力最高的,其他候选人的能力都低于此人。这个假设表明两个企业中只能有一家企业能得到这个能力最高的企业家。模型结果表明,得到这个高能力企业家的企业虽然为此付出了更多的信息费用和激励成本,但该企业的产品市场效率得到了极大提高,甚至接近于完全信息条件下的生产效率。如果不存在这种企业家候选人的竞争,这种结果不可能出现。马图特斯等人(Matutes et al., 1994)的一个模型也证明了劳动力市场的竞争有利于降低代理成本。然而,经理市场中企业家的竞争机制并非总能有效发挥作用,一个主要问题是对于股东较为分散的企业而言,股东对更换现职企业家没有足够的积极性,一则因为如果股东分散,股东之间会出现"搭便车"行为,不愿意承担"弹劾"现任企业家的费用,结果是即使现在的企业家"声誉"有问题,也没有股东出面提出更换企业家;二则因为小股东会认为自己的选票作用有限,基于"已知的恶要好于未知的恶"的心态而投现职企业家的票。而且现职企业家也会利用其现有地位采用各种手段进行抵抗,阻碍董事会关于撤换现职企业家提议的通过(哈特,1996)。

---

① 也正是由于这个原因,本章将不着重对经理市场竞争的激励约束作用进行理论分析,而主要论述我国国有企业经理市场的建立和完善问题。

6.3.2 自增强理论与我国经理市场的培育

关于我国的经理市场，一个基本的判断是：对于我国国有企业而言，基本没有形成经理市场。因为迄今为止我国国有企业企业家的产生机制仍以主管部门行政指派为主，而非竞争选聘。中国企业家调查系统的 1996、1997 和 1998 年连续三年的调查报告表明了这一点。1996 年和 1997 年的调查结果都显示：近三分之二的企业经营者是由组织部门任命而走向企业家职位的，其中还有三分之一的人觉得勉为其难，仅有四分之一的人认为职位的获得是由于自己的才能。1996 年的调查还显示，国有企业经营者流动依靠组织人事部门调动的占 63.5%，而通过经理人才市场的仅占 16.0%。根据 1998 年的调查结果，似乎问题表现得更为突出，如表 6-2 所示企业家的任职方式，主管部门任命方式占有主导地位。① 我们进一步的问题是，经过 20 年的企业改革，在其他各项改革都取得重大进展和突破的情况下，为什么在企业家职业化、经理市场的发展方面却进展缓慢、举步维艰呢？虽然我们可以简单归纳出政企分开不到位、人事制度改革缓慢、行政待遇难以割舍、企业家素质有差距、缺少利益激励机制和法律环境不健全等一系列企业家职业化的障碍因素（赵国庆，1997），但是能否进行更深刻的理论分析呢？为此，我们尝试引入阿瑟（Arthur，1988）的自增强理论对上述问题进行解释。②

---

① 这里可争辩的是由于主管部门可以被认作是国有企业的所有者代表，企业经营者理所当然由主管部门任命。但从表 6-2 中可以看出，调查所指的主管部门任命方式是指企业经营者单纯由行政指派产生的方式，不包括经过企业内部招标竞争、社会人才市场配置及职代会选举等竞争选聘过程之后再履行主管部门任命手续的方式。

② 布赖恩·阿瑟（Brian Arthur）是美国斯坦福大学经济学教授，这个被誉为"爱尔兰理念的英雄"的经济学家开创性地提出以边际报酬递增为核心的新经济学理论，认为经济学是极其"复杂"的科学（沃尔德罗普，1997）。其以边际报酬递增为前提的自增强理论尤其适合解释知识经济时代的经济现象。

表 6-2　中国企业家调查系统(1998)关于企业经营者
任职方式的调查结果(%)

	主管部门任命	董事会任命	职代会选举	企业内部招标竞争	社会人才市场配置	其他
总体	75.1	17.2	4.3	1.3	0.3	1.8
国有企业	90.9	4.4	2.2	1.2	0.3	1.0
集体企业	73.3	11.7	11.7	1.2	0.3	1.8
私营企业	27.6	37.9	3.5			31.0
联营企业	47.1	47.1	2.9	2.9		
股份制企业	27.2	60.8	8.1	1.5	0.3	2.1
外商投资企业	31.3	62.7	1.5	1.5		3.0
港澳台投资企业	17.1	80.5	2.4			

自增强理论认为,在边际报酬递增的假设下,经济系统中能够产生一种局部正反馈的自增强机制。这种自增强机制会使经济系统具有四个特征。一是多态均衡,系统中可能存在两个以上的均衡,系统选择哪一个是不确定的、不唯一的和不可预测的。二是路径依赖,经济系统对均衡状态的选择依赖于自身前期历史的影响,可能是微小事件和随机事件影响的结果。三是锁定,系统一旦达到某个状态,就很难退出。四是可能无效率,由于路径依赖,受随机事件的影响,系统达到的均衡状态可能不是最有效率的均衡。而产生这种自增强机制的原因通常是由于系统建立的成本高,一旦建立就不易改变,再加之学习效应、合作效应和适应性预期,使得系统逐渐适应和强化这种状态。也就是说,一个系统可能由于前期历史的影响(路径依赖)而进入一个不一定是最有效率的均衡状态,这个均衡一旦被选择,就会不断地重复选择下去,从而形成一种"选择优势",把系统"锁定"于这个均衡状态。要使系统从这个状态退出,转移到新的均衡状态,就要看系统是否能够积累充分

的能量，克服原"锁定"状态积累的"选择优势"。

　　基于这种自增强理论，我们可以认为我国国有企业经营者系统或国有企业干部人事管理制度由于"路径依赖"而处于一种被"锁定"的状态，虽然这种具有行政级别的企业经营者制度并不是最有效率的（甚至是低效率的），但由于计划经济体制最初选择的"选择优势"而很难退出，因而也就不能转移到企业家的职业化的状态。这种自增强的来源一方面是由于原有国有企业干部人事管理制度是与整个计划经济体制下的人事管理庞大体系相匹配的，构建成本很高，很难重新构建，另一方面这个庞大的人事管理体系内部的制度是自增强的。例如，企业经营者由上级主管部门选拔任命，工作业绩（未必是经营业绩）突出的经营者就升迁，就任主管部门领导，直至市级、省级、部级等，升迁的领导又具有了选拔任命企业经营者的权力。这样企业经营者的激励制度就是由以"控制权回报"为核心的权力链条构成。已升迁的领导对现任企业经营者具有示范效应，学习其做法（学习效应），顺应主管部门要求（合作效应），适应权力增大、职位升迁的轨迹（适应性预期），就成为每个经营者的追求和必然选择，这进而就强化为一种行为准则而"固不可撤"了。如果要打破这种自增强的"锁定"状态，需要积累足够的能量以抵消其"选择优势"，这就需要时间来完成这种能量积累过程。我国国有企业经理市场的逐渐发育过程就是这样一个积累能量打破企业经营者制度"锁定"状态的过程，20年的国有企业改革没有完成这个过程，而只是刚刚开始这个过程。

　　在上述自增强机制的作用下，国有企业内部不会出现经理市场。但由于改革开放，三资企业、私营企业的成立和不断发展需要一个有效的经理市场，于是在国有企业外部出现了一个经理市场，这个站在国有企业角度可以称之为"外部经理市场"的市场已经趋于成熟（芮明杰、赵春明，1997）。"外部经理市场"的形成，再加之国有部门内部形式上存在的竞争选聘经理制度(如承包者竞争招标制),即"内部经理市场",就构成了所谓的"二元性经理市场"(黄泰岩、郑江淮,1998)。这也可以描述为存在体制内经营者(国有企业经营者)和体制外经营者(非国有企业经营者)并存的现象(贺阳,1996)。如果我们用价格改革中的"双轨制",即"体制内价格"(不能调整的计划价格)和"体制外价格"(市场价格),作一个类比,那么我们可以说这是"经理人才双轨制"。这种"经理人才双轨制"的存在,其弊端是十分明显的,一方面是国有企业培养的经理人才大量外流,造成国有企业人力资本的损失;另一方面,使国有企业经理人员更加缺乏约束。因为国有企业不是"外部经理市场"的主体,而国有企业经理却可以自由进出该市场,所以"外部经理市场"的存在实际上是为国有企业经理提供了一条退路。更重要的是,非国有企业所有者并不认为在国有企业中的工作业绩是国企经理人员能力、声誉的真实反映,认为国企经理人员在国企中的低劣的业绩是制度使然,而非能力使然。这就极大降低了国有企业经理人员机会主义行为的成本,使其行为更加肆无忌惮(芮明杰、赵春明,1997)。然而,"经理人才双轨制"的存在也有其重要意义。正如价格"双轨制"被认为是腐败的温床,但它却起到了打破传统计划价格制度的"锁定"状态,使计划价格体系转向市场价格体系的重要作用一样(李绍光,1996),"经理人才的双轨制"对于打破具有行政级别的企业经营者制度的"锁定"状态,建立统一的经理市场具有重要作用。因为"外部经理市场"的存在,使国有企业经理人员看到了除"控制权回报"激励机制以外还存在货币报酬激励机制,使国有企业经理人员产生了对政治权力预期有替代作用的财富预期。这就使得经理人员有可能跳出原来自增强的权力链条。这个过程是逐渐的,当市场财富回报逐渐大于控制权回报时,国有企业干部人事管理制度的自增强机制也失去作用。再加之"外部经理市场"对国有企业"内部经理市场"的竞争压力，国有企业产权改革的深入，统一的经理市场必然形成，国有企业职业企业家阶层也将形成。

6.4　产品市场、标尺竞争与公平竞争环境

6.4.1　产品市场竞争和标尺竞争的激励约束作用：一般说明

应该说，产品市场的竞争对企业而言是最根本的，因为这是企业的利润之源。"从长期看，只有一个简单的工商企业的生存法则：利润必定是非负的。不管经理多么强烈地想追求其他目标，也不管在一个不确定性和高信息成本的世界中找到利润最大化策略有多么难，不能满足这一准则必定意味着企业将从经济舞台上消失"（泰勒尔，1997，第53页）。产品市场的利润是一个反映企业经营状况的基本指标，根据利润指标可以对企业家的能力、努力程度有一个基本的判断。也正因为如此，利润指标是企业家年薪制的主要考核指标。然而，影响利润指标的因素很多，不仅受到企业家个人因素的影响，而且还受到整体市场的需求情况、宏观经济政策的影响，还决定于企业的技术资源、人力资源等综合素质。而且，利润指标具有时间滞后性，企业家的一项重大决策的效果可能经过很长时间（几年甚至十几年）才能在利润指标上反映出来，或者说现期利润可能是几年前一项重大决策结果的体现。因此，以年度利润指标对企业家进行评价并不一定准确，而且还有可能激励企业家的短期化行为，或者人为操纵利润指标。

一种改善措施是所谓的"标尺竞争"（yardstick competition），标尺竞争可以理解为类似条件下的职业企业家之间的比赛，通过对类似条件下不同企业家业绩的比较，可以在一定程度上知道企业家的努力程度和能力。基于标尺竞争的思想，在评价企业家的努力程度和能力时

可以将企业的利润水平与这个行业的平均利润率进行比较。这样企业家的报酬既取决于企业家自己的努力和业绩,也取决于其他企业家的努力和业绩,企业家所选择的努力程度是参与标尺竞争的企业家博弈的均衡结果。如果一个企业家被预期努力工作,并产生高利润,那么低利润的结果自动暴露另一个企业家低努力程度或低能力的私人信息。更重要的是,标尺竞争产生了一种类似体育比赛"排名次"的激励作用。企业家的业绩"排名"所产生的对企业家的激励力量源于企业家争强好胜、成就需要的满足,而且这种"排名"是企业家声誉的最有效的建立和显示途径,在标尺竞争中的"胜利"给企业家带来了良好的职业声誉,声誉机制的激励作用转化为标尺竞争的激励作用;在标尺竞争中"失败",不仅会受到报酬机制的惩罚,而且也不利于自己的职业声誉,甚至可能结束自己的职业生涯,所以,标尺竞争一般具有"强"激励约束作用。但是,标尺竞争也有其局限性,一是它依赖于比较对象具有可比性,标尺竞争要求被比较的两个企业和企业家所面临的条件对等,但这一点在实际中并不容易满足;二是由于标尺竞争的"强"激励约束作用,企业家担心在标尺竞争中失败后受到"严惩",他们有足够的积极性操纵会计指标来歪曲业绩;三是由于参与标尺竞争的企业家的报酬不仅取决于自己的努力,而且还取决于其他企业家的业绩,如果企业家之间进行"合谋"或"互相拆台",那么标尺竞争的激励约束作用将被误置。

关于产品市场的竞争对企业家的激励约束,进而对企业效率改善的作用,还没有得到令人满意的形式化,但一些研究人员,如哈特(Hart,1983)、马丁(Martin,1993)、沙尔夫斯坦(Scharfstein,1988)等,对此进行了有益的探索。哈特(Hart,1983)的模型在一定程度上含有标尺竞争的思想。假定一个竞争性行业中存在两类企业,一类是管理型企业或现代企业(股东将决策权交给职业企业家,所有者和经营者分离),另一类是企业家型企业或古典企业(所有者自己经营,所有权和经营权不分离)。假定在这个行业的产品市场上,虽然各企业的生产成本并不相关,但市场价格包含着企业生产成本的信息。对于管理型企业而言,所有者并不知道企业的全部生产成本,但由于市场上企业家型企业的存在,它们会把成本降低到最低程度,市场价格中就体现出其生产成本。管理型企业的所有者就可以根据市场价格来获得自己企业的应该的生产成本信息。这就构成了对职业企业家的压力,使其努力经营,降低其生产成本直至和企业家型企业的成本相同。也就是说,由于古典企业标尺竞争的存在,现代企业的职业企业家的努力程度得以提高。

6.4.2 创造我国企业的公平竞争环境

经过 20 年的经济改革,我国经济市场化的进程取得了很大的进展。这种进展的一个突出表现就是我国产品市场的形成、发育和成熟。与资本市场、经理市场相比,我国产品市场是发育最为成熟的。产品市场发育成熟的过程得到了两方面改革的支撑,一是企业改革方面,这既表现为我国国有企业改革不断深入,国有企业逐渐成为真正的市场主体,又表现为乡镇企业、新型集体企业、三资企业和私营企业等非国有经济的出现和壮大,形成了与国有企业竞争的新的市场主体;另一方面是价格改革,通过价格"双轨制"等渐进式改革措施使产品价格趋于市场化,如表 6-3 所示,到 1994 年我国市场调节价格的产品比重已占社会商品零售总额中的 90.4%。随着产品市场的发展和成熟,市场竞争日趋激烈,类似于标尺竞争的作用,非国有企业的竞争给国有企业企业家造成巨大压力,从而激励企业家努力改善经营管理,优化资源配置,提高企业效率。如图 6-3 所示，在我国的省、市、自治区中，非国有部门占工业产出份额越高的地方，其国有企业部门的全要素生产率也就越高（北京、上海个别地方例外）。这明显看出竞争对企业家的激励作用，进而对企业效率的影响。

表 6-3　产品价格市场化程度*

商品类型\定价类型\年份	国家定价			国家指导价			市场调节价		
	1990	1992	1994	1990	1992	1994	1990	1992	1994
零售商品	29.8	5.9	7.2	17.2	1.1	2.4	53.0	93.0	90.4
农副产品	25.0	12.5	16.6	23.4	5.7	4.1	51.6	81.8	79.3
生产资料	44.6	18.7	14.7	19.0	7.5	5.3	36.4	73.8	80.0

* 表中数据为所占同类商品销售总额的百分比。
资料来源：郭剑英（1995），转引自林毅夫等（1997，第 88 页）。

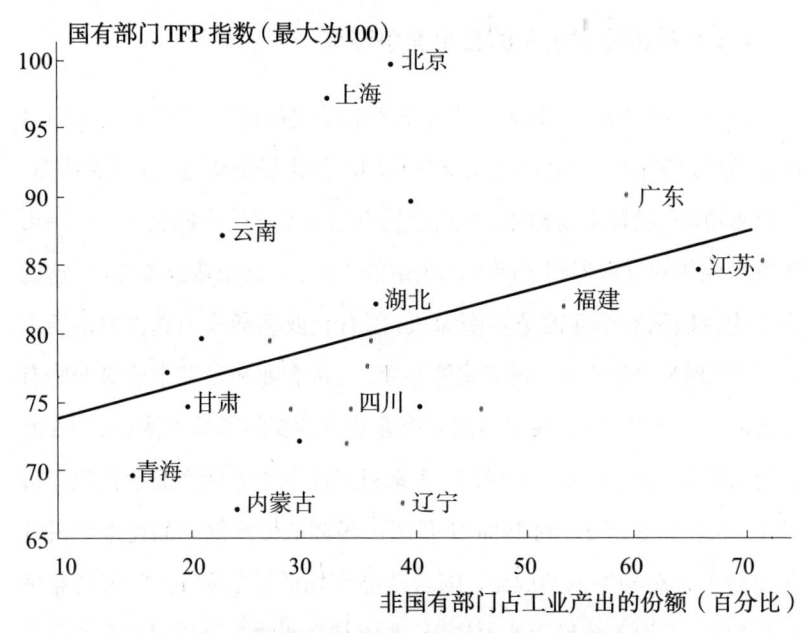

图 6-3　国有部门对来自非国有企业竞争的反应

资料来源：世界银行政策研究报告（1997，第 57 页）。

虽然产品市场的竞争对提高我国国有企业效率的作用明显，但我国产品市场的竞争还存在两大问题，一是与非国有企业相比，国有企业面临着政策性不对等的竞争条件，二是我国产品市场中不正当竞争行为较为严重。这两方面问题的存在在很大程度上影响着市场指标的可信度，比如无法根据企业的利润指标和行业平均利润水平的比较对企业经营情况进行基本判断，这进而也就影响了产品市场竞争对企业家的激励约束作用。关于第一方面问题，主要是国有企业历史遗留问题，具体表现为生产资金密集程度过高、背负沉重的职工福利负担、严重的政策性冗员以及部分产品仍存在价格扭曲等。这些问题的存在，使国有企业软预算约束不能够硬化，为国有企业企业家的"道德风险"甚至违法行为提供了借口（林毅夫等，1997，第 89—111 页）。[①] 这些问题有待通过产业结构调整、社会保障制度改革的推进、下岗分流、减员增效、实施再就业等各项改革措施来解决。关于第二方面问题，据中国企业家调查系统（1997）的调查，企业经营者中认为自己所在行业不正当竞争行为比较严重的为 43.5%，认为很严重的为 21.0%，认为轻微的为

---

① 阎伟（1999）借用贝克尔和斯蒂格勒（1974）的分析执法者渎职行为的委托代理模型验证了林毅夫等人的这一思想（由于道德风险未必一定是违法、渎职行为，因此，借用这个模型来分析国有企业经理道德风险程度的决定因素，这种研究方法本身是否恰当是可争辩的），认为国有企业政策性负担是国有企业道德风险问题恶化的根源，"根除企业经理的道德风险的根本出路就在于加快宏观经济环境的改革，消除目前加在国有企业身上的政策性负担，使国有企业面临一个公平的竞争环境，这是改善国有企业激励机制、解决国有企业经理严重的道德风险问题的根本条件。"本书同意创造公平的竞争环境是有效发挥市场竞争机制对国有企业经理人员激励约束作用的前提，但并不认为这是根除国有企业企业经理的道德风险的"根本出路""根本条件"。正如本书通篇所分析的，企业经理人员道德风险问题的解决，需要包括报酬机制、控制权机制、声誉机制和市场竞争机制在内的各类机制的有效组合，而创造公平的竞争环境只是有效发挥市场竞争机制激励约束作用的必要条件之一。如果阎伟的观点成立，那么在发达市场经济国家（可以认为是存在公平的竞争环境）的现代企业中，经理人员的道德风险问题将不存在，也没有必要设计各种经理人员的激励约束机制了，这显然是荒谬的。在完全竞争市场模型中，他们的论点是成立的，但在该理想化市场中，信息是对称的，也就无所谓道德风险问题了。

25.5%，认为不存在的仅为 8.8%。企业经营者认为的不正当行为包括注册商标被假冒、限定购买指定产品、政府滥用权力限定购买、通过贿赂销售或购买商品、广告虚假宣传、侵犯商业秘密、低于成本价格销售商品、搭售商品或附加不合理条件、不正当的有奖销售、串通投标和以各种手段损害竞争对手声誉等。显然，这些问题向政府提出了规范市场、严格执法、建立公平竞争规则、打破地方保护主义的壁垒等要求。

6.5　小结

出于研究论述的需要，本章有关资本市场、经理市场和产品市场的竞争机制对企业家的激励约束作用是分开表述的，但实际上只要这些市场是健全的，利润、市场价值和声誉之类的信息显示作用，并购机制、破产机制、竞争选聘机制的优胜劣汰作用，就是共同对企业家进行激励约束的。本篇到此为止以四章的篇幅分别论述了企业家的报酬机制、控制权机制、声誉机制和竞争机制，完成了对企业家激励约束问题综合分析模式的"拆解"过程，这个过程的推进是和对我国国有企业企业家激励约束问题的分析结合在一起的。同样需要强调指出的是，这种"拆解"也是出于研究论述的需要，而实际中这四类机制是相互关联、共同作用于企业家的。由于人的需要的多元化、多层次，更由于企业家所从事的管理决策工作的特殊性，只有这四类机制的有效组合，才能有效解决企业家的激励约束问题。我国国有企业企业家的激励约束问题的严重性，恰恰就在于只存在一种控制权机制，而没有建立起有效的报酬机制、声誉机制和竞争机制，如同一个单腿支撑的一张桌面，必然是摇摇欲坠的。因此，把以单一控制权机制为主导的激励约束机制转变为报酬机制、控制权机制、声誉机制和竞争机制有效组合的激励约束机制,是解决我国国有企业企业家激励约束问题的根本出路,这是本篇下一章要进一步论述的。

还应说明的是,在本篇的分析框架中,在实际经济生活中作用巨大的法律约束机制(我们尝试把与法律机制相对应的道德约束机制归于声誉机制中)被排除在外。这种有意"疏忽"法律约束机制的原因在于,法律机制和我们分析框架内的四种机制的作用空间是不同的。企业家追求个人功利最大化的行为可以分为两类,一是利用职务之便从企业中攫取不应有的财富和收益,另一类是不作出应有的努力去经营管理企业,如机会主义行为、偷懒行为等。对于第一类行为,是法律约束的作用空间,而对于第二类行为,则非法律所能制约的,属于我们框架内四种机制的作用空间。例如,英国公司法中对于利用职务之便取得不应有的现金收益作出了严格的法律规定,但对于企业经营者的谨慎从事的义务和应具有的管理水准却要求很低,通常情况下公司经营者几乎不可能因为没有作出应有的努力去经营公司而对公司作出法律上的赔偿。美国、加拿大和澳大利亚等世界其他各国的公司法也是如此(郁光华,1996)。实际上,对于第二类行为,法官是无法准确判断的,这些行为即使是所有者可观察到的,也是法律无法证实的。非法律作用所能及的行为,却正是报酬机制、控制权机制、声誉机制和竞争机制有效作用的空间。本书作为经济学或管理学方面的论著,显然应该更为关注对第二类行为的制约。但这并不说明我们不认为法律机制是对企业家行为最强的威胁和制约,分析框架内的四种机制作用的有效发挥是以法律机制发挥作用为前提的。

第 7 章　我国国有企业企业家激励约束机制的有效组合

作为本篇的结语部分,本章要总结前几章对我国国有企业企业家的激励约束问题所作的分析,并提出改革和完善我国国有企业企业家激励约束机制的建议。在我们归结出结论——对我国国有企业企业家的激励约束应该由单一控制权机制主导转为报酬、控制权、声誉和市场竞争四类机制有效组合——之前,我们还要明确国有企业企业家的激励约束主体是谁的问题。这就要求首先对国有企业的性质、类型和改革目标等基本问题进行论述。

7.1　国有企业目标定位与分类改革

尽管国有企业是世界范围内一种非常普遍的经济组织,但似乎很难找到一个公认的严格定义。正如世界银行政策研究报告(1997,第183页)所指出的,"事实上不但各国对国有企业的定义看法不同,就是在同一国家内人们对此定义的认识也会因时间的不同而不同。"该报告界定的国有企业是政府拥有或政府控制的经济实体,这些经济实体从产品和服务的销售中创造主要收入。该定义将国有企业限定为由政府部门仅凭借其所有权地位控制其管理决策的从事商业活动的企业,包括政府部门直接控制的企业、政府通过其国有企业直接或间接地持有大部分股份的企业以及政府虽持少量股份但能有效控制的企业。而1980年欧共体法规指南对国有企业描述为政府当局（包括中央政府和地方政府）凭借其所有权、控股权或管理条例，对其施加支配性影响的企业。显然该定义要比上述世界银行的界定相对宽泛。虽然定义国有企业存在许多分歧和困难，但国有企业与私有企业的区别在于其所有权归政府，国有企业与一般政府机构组织的区别在于其收入来源是通过出售其产品或服务而非税收，在这些方面是可达成共识的。

通过对国有企业的分类描述，更有助于理解国有企业的内涵。纵观世界各国，由于各种历史原因存在着三类国有企业，第一类是由政府部门直接管理经营的以社会服务为基本目标的部门企业，其财务和会计账目至少部分与政府预算有直接关联，这类企业被称为国营企业（state enterprises）；第二类是指具有特定的法律地位、完全归政府所有或政府以特殊方式控制、承担一定政策目标、但有一定自主经营权的企业，这被称为国家主办企业（state-sponsored enterprises）；第三类企业是政府拥有足以保证控制权的股份、以盈利为目标、具有与私有企业完全相同的法律地位、享有完全经营管理自主权的企业，被称为国有企业（state-owned enterprises）（华民，1994，第39—41页；朱懋光等，1993，第5—8页）。国有企业还可以分为国家政府所有企业和地方政府所有企业，垄断性国有企业和竞争性国有企业等。

归结上述国有企业的定义和分类，可以认为国有企业服务于两大类目标，一是社会目标，一是利润目标。社会目标是指达到社会福利最大化，包括追求社会公平、促进社会稳定发展以及作为一种政策工具维持经济稳定、执行产业政策、弥补"市场缺陷"、保证充分就业等。国营企业和国家主办企业应该是以社会目标为其行为导向的，这类企业一般以公法为基础，可以认为是以"纳税人"来代替"股东"的，一般集中于事关国家安全和国计民生的公共领域，以及私人资本不愿进入或无力进入的可竞争性差的基础性产业。由于这类企业是以社会目标为企业行为目标的，就不能够以一般企业的效率目标对其进行要求，对该类企业的管理人员的业绩评价、激励约束就不能以效率为导向。在很大程度上，这类企业管理人员属于国家公务员，应该主要以公务员的标准进行考核、选拔和奖赏。政府的预算控制是控制这类企业的主要手段。但这类企业的数量不能过多，国家在管理控制这类企业时应坚持"最小进入"和"不与民争利"的原则（罗必良，1997），凡私人资本能够"胜任"的领域最好都由私有企业经营。追求利润目标、以利润最大化为目标的国有企业（state-owned enterprises）应该按照现代企业制度建立，政府只作为一个具有控制权的股东，企业经营具有充分的自主权。由于这类企业是处于竞争性领域的，只有按照现代公司制企业要求去运作，才能在激烈的市场竞争中实现其利润目标。对于这类企业的经营管理者的激励约束，也要建立与现代企业一样的机制，激发其积极性，抑制其机会主义行为。

显然，基于上述国外国有企业的经验，如果对国有企业按照其目标差异，分类经营管理，企业家的激励约束问题是有轨可循的。但由于历史原因，我国的绝大多数国有企业的目标是社会目标和利润目标兼有的，而这两类目标常常是处于冲突状态的，这使得对我国国有企业企业家的激励约束变得复杂。双重目标下，不仅无法确定国有企业企业家的业绩考核指标、行为标准，甚至无法找到对企业家行为进行激励约束的真正主体，政府主管部门、地方政府、国有资产管理部门、股东会、董事会究竟谁来履行对企业家的激励约束职责。一般认为，国有企业不令人满意的是效率低下，其实准确地应该说，令人不满意的是，由于双重目标的存在，现在的国有企业牺牲了高昂的经济目标却仅获得了有限的社会目标。因此,当务之急是在适当收缩国有经济的现有战线,优化国有经济的布局和结构,对国有企业实现战略性改组的前提下,对国有企业进行目标定位,实行分类改革,使每个国有企业目标明确,企业和企业家的行为逐渐趋于规范。

具体地说,国有企业分类改革要求明确划分两类国有企业,一类是承担国家政策目标为主、主要以国有独资形式存在,另一类不承担政策目标、以市场效率取向为主、主要以股权多元化的公司制形式存在。如果我们全面系统地观察和分析市场经济中的现代企业制度,我们可以认为市场经济中现代企业制度应该包括一般意义的现代企业制度和特殊意义的现代企业制度——现代国有企业制度(金碚,1999)。对于建立现代国有企业制度的企业而言,一定要严格限定其数量和范围,我国现有的少数大型和特大型国有骨干企业以及承担特殊政策目标的国有企业,可以考虑建立这种意义的现代企业制度;[①] 对于我国现有的绝大多数国有企业应该通过推进国有企业股权多元化的公司改造建立一般意义的现代企业制度,虽然这些企业中很多企业可能在相当长的时期内甚至一直保持国有控股,但实质上这些企业将不再是"纯"国有企业,而是一种混合所有制企业形式的公司制企业。上述第一类企业对

---

① 一种流行的观点是国有企业应该退出竞争性行业,而只存在于那些非竞争性的领域中,但问题在于有关竞争性和非竞争性的划分是不确定的,即使传统上认为属于非竞争性领域的交通、电信等产业,随着科技进步等因素变化,现在都已演变为可竞争领域。而且,为了提高效率,在一些所谓的垄断性产业中引入竞争也是必要的。实际上,我们基本上无法确定哪些领域是不可竞争的。更为重要的是,由于历史原因,我国国有企业几乎分布所有行业,经过20余年的企业改革,在许多竞争性行业中都出现了大型、特大型颇具竞争实力的国有企业,显然我们不能基于上述观点逼迫这些优秀的、成功的"新国企"退出其所在产业。而从国有企业是一种政策工具角度确立哪些国有企业适于建立国家政策目标导向的现代国有企业制度,哪些国有企业适于建立市场效率导向的一般意义的现代企业制度,则有利于发挥国有企业在弥补市场缺陷、发展战略性民族产业、作为公有制的实现形式之一体现公有制经济的决定性力量等方面的作用。

应于特殊意义的现代国有企业制度，是真正意义的国有国营企业，政府是所有者，也是企业家的激励约束主体，有权力义务加强对企业家的监督约束。这类企业的企业家应该是准公务员，其激励约束机制可以参照公务员标准、考虑一定的效率要求进行设计。在报酬方面，不强调以高报酬、高风险收入追求强激励作用，而是保证其在完成一定的目标任务的前提下得到相当水平保险收入，尤其是保证其在退休后能够具有相当高的收入水平和终身的体面生活；政府对企业家的直接任免机制和职位升迁机制对企业家的激励约束作用至为关键，而企业完成政策任务目标的有效程度是其职位升迁的业绩基础；政府对企业的财政预算或财务预算约束以及行政纪律约束对该类企业的企业家行为具有重要的监督约束作用。第二类企业对应于一般意义的现代企业制度，是有国有股份的现代公司制企业，具有规范的法人治理结构，股东会是企业的最高权力机关，公司董事会、监事会是激励约束企业家的主体。这类企业可以以市场目标为导向、按上述现代企业企业家的有效激励约束机制内容进行相应机制设计。具体而言，通过股权多元化和分散化，在绝大多数国有企业中建立规范的法人治理结构。规范的法人治理结构从组织上一方面保证企业彻底摆脱政府干预，另一方面加强了所有者对企业家的激励约束，控制了"内部人控制"。在股权多元化的公司制国有企业中，企业家属于职业企业家阶层，是由董事会据其能力和业绩聘任的，企业家的报酬数量和结构也是由董事会据其经营业绩动态确定的，对企业家是否采用年薪制、年薪多少是董事会的职权。国有企业原有的干部管理制度，如行政级别、工资制度、退休制度等在这里都不再适用，应被废弃。对于这类企业家的激励约束，企业家的声誉、市场的优胜劣汰竞争机制和信息显示机制具有至关重要的作用，来自市场的激励约束对这类企业家具有更大的效果。政府要大力推进企业家市场、资本市场和产品市场的建设和完善,促进企业家的有效市场激励约束机制的形成。

7.2 我国国有企业企业家的激励约束:由单一机制主导转为四种机制有效组合

我国国有企业的改革目标是建立"产权清晰、权责明确、政企分开、管理科学"的现代企业制度,显然是针对上述第二类国有企业而言,当然这也是对绝大多数国有企业改革的目标要求,本书的长篇分析也是以此为研究对象的。基于本篇的分析框架,我们将现阶段(转轨经济时期)我国国有企业企业家的激励约束机制与现代企业制度下企业家的激励约束机制加以对比,可以看到现状与改革目标的差距(在第 2 章中我们曾以表格 [表 2-1] 的形式进行描述)。在报酬机制方面,长期以来,国有企业经理人员被作为具有行政级别的国家干部,没有形成独立的经理阶层,不承认国有企业经理人员独立利益的存在,进而也就不存在针对经理人员独立利益、以提高企业效益为导向的国有企业经理人员报酬机制。虽然随着国有企业改革的深入,对企业家开始逐渐试行年薪制,这种状况得到了一定程度的改观,但由于我国人事管理制度改革的相对落后,以及长期形成的观念意识很难在一段时间内彻底扭转,建立有效的企业家报酬机制仍任重道远。在控制权机制方面,虽然这是主要对企业家行为发挥激励约束作用的机制,但是很不规范,没有形成规范的法人治理结构,从制度上保证企业家控制权机制激励约束作用的有效发挥。这在现实中表现为国有全资和国有控股企业企业家控制权的三种类型:一是沿袭旧计划经济体制,企业家不具有应有的经营自主权;二是事实上的或合法化的"内部人控制";三是取决于企业家和上级主管部门领导的私人关系，关系好，企业家行为不受任何约束，属于第二类，关系不好，正常的企业决策受到干预，甚至可能被随时解除控制权，属于第一类。在声誉机制方面，原有政治声誉激励约束作用逐渐淡化，职业声誉机制还没有建立，不存在保证企业家具有长远预期的制度，不存在声誉机制发挥作用的有效的经理市场。在市场竞争机制方面，虽然有"外部经理市场"，但对于国有企业企业家而言，组织和企业主管部门仍掌握有任命权；产品市场竞争较为充分，但竞争环境有待进一步规范和治理；资本市场竞争在一定程度上起作用，但资本市场还不成熟，以及由于"控制权损失的不可弥补性"等问题，资本市场机制的作用得不到有效发挥。总之，我们可以将转轨经济时期我国国有企业企业家的激励约束机制概括为**单一的、不规范的控制权机制主导的激励约束机制**。而我们的改革目标是建立**报酬机制、控制权机制、声誉机制和市场竞争机制有效组合**的现代企业的企业家激励约束机制。所谓建立有效的国有企业企业家的激励约束机制，就是改革现有的由单一的、不规范的控制权机制主导的激励约束机制，建立以报酬机制、控制权机制、声誉机制和市场竞争机制有效组合为核心内容的激励约束机制。

上述改革和转变过程绝非一蹴而就的，需要有一个较长期的过程，基于第 1 节中对国有企业目标定位和分类改革的分析，显然建立有效的国有企业企业家的激励约束机制要与国有企业分类改革、建立现代企业制度相结合，需要逐渐改革和完善，通过逐步建立完善市场竞争机制来激励约束经理人员，通过推动改革干部人事管理制度，促进国有企业经理人员监督、评价、选择机制的科学化，来加大对经理人员的激励约束强度。这可以认为是建立有效的国有企业企业家激励约束机制的总体思路（黄群慧，1999）。在具体实施这个思路的过程中，会面临众多具体问题。如当前国有企业改革进程中关于企业经营者的年薪制问题、企业领导体制改革问题、规范法人治理结构问题、企业经营者的职业化和市场化问题、企业家的监督和评价问题等等，都是在改革国有企业现有的由相对单一的、不规范的控制权机制主导的激励约束机制，建立以报酬机制、控制权机制、声誉机制和市场竞争机制有效组合为核心内容的激励约束机制的过程中所面临的重要问题。这些问题不仅关系到有效的企业家激励约束机制的建立，而且实际上已成为现阶段深化国有企业改革、推进现代企业制度建设的关键问题。如果说，20年的渐进式经济改革一直在探索正确的国有企业改革的方向和途径，那么现阶段国有企业改革的进程可以认为是已发展到一个新的阶段，一个以具体解决各类难点问题、寻求改革突破口为重点的阶段。而企业家激励约束问题就是现阶段国有企业改革面临的十分关键的难点问题，这些问题的解决可能成为一个重要的国有企业改革突破口。针对上述具体问题，结合国有资产管理体制的改革，积极推进国有企业领导制度改革，突破传统的国有企业干部人事管理模式，引入市场竞争机制，促进国有企业企业家监督、评价、选择机制的科学化，加大对企业家的激励约束强度，建立适应社会主义市场经济体制的企业经营者管理体制，这是国有企业改革的当务之急。这里具体提出现阶段改革和完善我国国有企业企业家激励约束机制的若干建议。

1. 结合国有资产管理体制改革，积极探索各种途径，将政府作为资本所有者的职能和宏观经济管理的职能分开，建立或确定政府一个部门完全代理行使国有企业的所有者职责，管人、管事和管资产相统一，既避免国有企业"所有者虚位"，又避免来自多部门、多层次的多个所有者对国有企业的干预，从而进一步真正明确国有企业企业家的激励约束主体，解决国有企业企业家行为目标多元化问题。例如，某些地方本着管人、管事和管资产相统一的原则，建立了市委国有企业工作委员会，撤销了市委工交工作委员会、财贸工作委员会，由市委国有企业工作委员会统一负责市属国有企业经营者的选任、考核、奖惩，负责重大产权变动审批等。从长远分类改革的发展方向看，履行所有者职能的政府部门主要负责对国有产权代表的选择、任免、激励、监督和约束，负责重大国有产权变动审批。对于国有独资公司而言，国有产权代表就是董事长，这类公司的董事长和总经理是可以兼任的，可以不拘泥于法人治理结构的规范要求，政府对这类公司董事长或总经理的选聘、激励约束应该采取准公务员系列的管理办法；对于国有控股或参股公司而言，只要股权是多元化的，就应该按照现代公司制法人治理结构的规范要求去做，由董事会选聘总经理，并对其进行激励约束，履行所有者职能的政府部门主要对国有产权代表（董事长或代表国有产权的董事）进行选择、激励约束，政府部门履行所有者职能要通过其在董事会的国有产权代表作用于总经理来实现，不能直接干预总经理的经营管理活动。

2. 优化现阶段国有企业的领导关系结构，建立内部制衡机制。现阶段的国有企业中，政府任命的厂长或经理作为个人对政府负责，党委书记作为个人对党组织负责，工会主席和职代会主席是作为个人对全国总工会和本企业职工负责，三者都不能分别代表政府、党和职工，三者之间的关系不宜简化为政府、党和职工之间的关系（苏刚，1999）。基于这样的认识，可以探索"新三会""老三会"之间的各种灵活多样的匹配形式，如主次型、兼职型、参与型等。现阶段尤其是考虑在制度上建立领导成员之间权责协作基础上的内部制衡关系，在保证企业厂长或经理的决策自主权的基础上，发挥党委书记和职代会对厂长、经理的监督制约作用。例如，企业党委有向上级党组织提出现任厂长经理罢免或推荐连任的建议权；尝试建立一定的程序保证职代会有权罢免厂长、经理；政府在免除现任厂长、经理职务时要对职代会做出说明并经职代会通过；职代会有权推荐厂长、经理人选，政府部门有最终任命权等。①

3. 对于市场取向的国有企业而言，改革其已明显不适应国有企业改革和发展需要的干部人事管理制度，加大企业家的职业化倾向。废除国有企业企业家硬性划线退休制度，对于经营业绩一直很好的企业家，其任职年限不应该受到年龄的限制。企业家不同于一般的国家干部，其经营管理经验和技巧是十分稀缺的资源。硬性划线退休制度不仅可能造成经营管理才能的浪费，而且有可能引发企业家的短期化行为。逐渐淡化国有企业企业家的行政级别观念，取消根据行政级别享受相应待遇的规定，同时实行国有企业企业家高额退休金计划，解决其后顾之忧。在一家国有企业经营管理不善、业绩不佳的企业经营者应该终止其职业生涯，绝不允许被调到另一家国有企业再担任经营者。只有具有良好声誉的企业经营者才能够有机会"升"和"迁"。

4. 在明确区分法律作用空间和一般制度作用空间、界定法律责任和经济责任的前提下，在加大对企业家行为的法律制约力度的同时，当前要建立一系列明确的具体到人的责任制约制度。为了保证企业家的长期化行为，建立企业经营者经营责任终身追偿制度，对于给企业造成经营性亏损的，不能因为退休或转换工作就不承担责任。如果触犯法

---

① 蒋一苇（1993，第357—358页）曾根据其经济民主的思想在1991年就提出如下设想：在职代会具有重大问题决策权的前提下，党委书记如果受到职工的拥护，可以选为职代会主席，工会主席可以选为职代会的常务副主席，这样党委可以通过职代会参与重大问题决策，实现党委的保证监督作用；如果党委书记不能被选为职代会主席，说明企业党委的工作存在脱离群众的倾向，企业党委要检查自己的工作，必要时上级党委可以对企业党委进行改组。

律，更应追查到底。履行所有者职能的政府部门主要负责人要承担选择、任命国有企业企业家的风险和责任，如同私人所有者要承担选错总经理会使自己的企业和财产遭受损失的风险一样。具体可尝试针对履行所有者职能的政府部门的主要负责人建立选择国有企业企业家的风险约束机制。企业家选择得好，经营业绩优秀，给予直接领导或相关决策者一定奖励；高层经理选择不当，国有资产流失，企业破产，要追究直接领导或相关决策者政治责任、经济责任，后果严重的甚至追究法律责任。对于国有企业的一些违法违规行为，如侵害消费者权益、偷税漏税、超规定排污、参与贩私等，不能只采取对企业进行罚款之类的措施，还应追究国有企业经营者个人的责任。

5. 逐步推行国有企业企业家结构多元化的年薪报酬制度，建立有效的报酬激励约束机制。如果认为年薪制就是以年度为单位计算或支付企业经营者的报酬，那么仅仅从这个意义上讲在全国范围内推行企业经营者年薪制是可行的。但如果进一步具体考虑到年薪报酬的结构、数量等问题，想在全国范围内，甚至具体到一个省、市的范围内制定一个统一的国有企业经营者年薪报酬的具体实施办法都是十分困难的。造成这种困难的主要原因是国有企业千差万别，规模、行业、历史背景、经营环境等差别悬殊，企业的经营业绩与企业经营者能力和努力水平的相关程度很难判断，可比性不大。另外，企业经营者业绩指标的确定的科学性和准确性不能严格保证，给考核企业家的经营业绩带来了困难。在国外，虽然存在所谓的美国、德国、日本等不同国家的年薪制模式，但由于一个公司的企业家的年薪报酬是由董事会根据本企业的具体情况确定的，属于"一厂一策"，在很大程度上避免了上述困难。

至少有两方面原因影响了现阶段我国国有企业经营者年薪制的有

效性，一是我国国有企业的企业家还主要是由上级主管部门指派产生，属于"指派产生机制"，而不是现代企业的"竞争选聘机制"，政府规定的经营者年薪也就不能体现其人力资本价格。二是现阶段国有企业企业家"职位消费"之类的隐性收入远远高于其契约中明确规定的显性收入。这种隐性收入难以控制地增加，可能使年薪高低对企业家行为不具有激励约束力量。因为当企业家的显性收入只占总收入的很小一部分时，企业家更为关心的是能否得到控制权所带来的隐性收入，并不很在意年薪的高低。

虽然现阶段推行经营者年薪制面临很多困难，其有效性也受到一定影响，但对于市场导向的国有企业经营者而言，实行激励性的年薪报酬制度是必然的选择，是建立现代企业制度、推进国有企业改革必然的要求。在具体设计企业经营者年薪报酬制度时应该注意：从分类改革的未来发展看，对于建立一般意义现代企业制度的企业而言，董事会是选聘职业企业家并进而确定其年薪报酬的主体，政府部门只负责对国有产权代表的任免和激励约束，负责产权代表的报酬制度设计。但对于现阶段的绝大多数国有企业而言，企业的整个领导班子都是上级党组织和政府任命的，这就涉及如何确定年薪报酬制度的实施对象和范围问题，政府是负责确定包括董事长、党委书记、总经理、工会主席、副总经理等在内的所有领导班子成员的报酬收入，还是只负责"一把手"的收入。[①] 在实践中处理这个问题折中的办法是政府只确定"一把手"的报酬，但规定相应的系数范围来折算其他领导成员的报酬。这个问

---

① 在"新三会""老三会"并存的情况下，理论上确认谁是企业的"一把手"也会成为一个问题（于立，1999）。从经营者年薪制角度和从企业层级组织的经营管理角度分析，企业总经理应该是"一把手"，本书这里所谓的"一把手"也就是指总经理。在实际中由于国有企业的总经理和董事长兼职情况占多数，谁是企业的"一把手"往往是明确的。

题将随着企业改革和企业家职业化进程的推进,政府部门只负责对国有产权代表的任免和激励约束,而得到解决。根据保险收入和风险收入最佳匹配的激励原则,经营者的报酬结构要多元化,既包括固定收入,如固定工资或基薪部分,也包括不固定或风险收入,如奖金、股票等形式的收入;既含有现期收入,也含有远期收入,如股票期权、退休金计划等形式。设计这种收入形式多元化的企业家报酬方案的必要性在于不同形式的收入对企业家行为具有不同的激励约束作用,能保证企业家行为规范化、长期化。在报酬结构多元化的指导思想下,具体到每个企业企业家报酬结构中的各种收入形式所占比例以及考核企业家业绩的指标选择,如果企业间具有可比性,可以按照一定的标准进行分类,根据不同类型的企业情况进行确定(例如表 7-1a 和表 7-1b 所示 A 市试行年薪制的办法,根据"七级四类"标准确定基薪,根据所有者权益、利润总额和工业增加值增长率确定效益收入,企业经营者的年薪收入为基薪和效益收入之和);[①] 如果企业情况非常特殊,不具有可比性,那么要根据企业的具体情况"一厂一策",不能强行划一。这里尤其强调的是,要给作为所有者代表的政府部门和企业家之间对考核指标、报酬结构多元化形式进行选择和"讨价还价"的交易权力。现阶段可根据具体情况,对有些企业尝试引入经营者持股、股票期权等强激励性收入分配方式,还可根据我国企业的不同情况探索和创新具有激励约束作用的新的收入分配形式,供企业家和代表所有者的政府部门选择。[②]

6. 在现阶段推行国有企业企业家的多元化的年薪报酬制度,建立

---

① 这里应被调查城市的要求,用 A 代替该城市名称。
② 张小宁(2003)曾根据德国企业中的分配权实践提出在企业高层经理人员的激励机制中用企业内部"分配权"的期权代替"股权"的期权进行运作的构想。

有效的报酬激励制度，同时必须控制企业家的隐性收入。有效的企业家年薪报酬制度的建立实质上面临着如何将隐性收入显现化的问题。如第4章所分析的，我们面临着一个两难的改革问题：不大幅度提高企业家的报酬，建立有效的报酬制度，发挥报酬机制的激励约束作用，企业家必然追求过度职位消费和过高的隐性收入；提高企业家的名义报酬，在目前职位消费额、隐性收入远远大于企业家名义报酬、不能有效地控制企业家职位消费的情况下，是否公平，甚至是否必要，名义报酬提高多大幅度才可能对隐性收入起到替代作用。"两害相权取其轻"，从国有企业改革与发展的角度，建立有效的结构多元化的企业家报酬制度是必然的选择。即使在国外现代公司制企业中，职位消费问题也不是彻底解决了，只是进行适当控制而已。我国国有企业企业家的职位消费和隐性收入会由于以下原因或相应措施的采用而逐渐在一定程度上得到控制，进而为企业家年薪报酬制度建立和实施奠定基础。①随着法人治理结构日趋规范化，"内部人控制"问题将逐渐在一定程度上得到控制，董事会、监事会对总经理的监督约束作用会逐渐增强。②通过一定措施，建立企业工会、职代会参与对企业经营者监督、制约机制，充分调动工会组织和职工群众的积极性。例如，一些地方先后出台《关于全心全意依靠职工办好企业若干问题的规定》《关于加强公司制企业职工民主管理的暂行办法》等文件，明确规定了职代会有权监督本公司经营者和其他高级管理人员的工资外收入，建立了国有企业业务招待费使用情况向职代会报告的制度。③严肃财经纪律，健全财务制度，根据每年年度计划的业务量，核定企业经营者的签单报销额度，实行业务费用总额额度控制。随着企业经营者多元年薪报酬制度的实施，名义收入的不断提高，增大了经营者违规、违纪甚至违法获取隐性收入的机会成本。

表 7-1a A 市试行的年薪制中经营者基薪收入部分的确定标准和办法*

三要素 100%	六因素 权重100	最小	小	中偏小	中	中偏大	大	最大
资产规模 40%	资产总额 15	500万元以下 24	2 000万元 28.5	5 000万元 33	10 000万元 37.5	18 000万元 42	30 000万元 46.5	50 000万元以上，51
	所有者权益 25	150万元以下 40	600万元 47.5	1 500万元 55	3 000万元 62.5	6 000万元 70	12 000万元 77.5	20 000万元以上，85
效益规模 40%	实现利税 20	50万元以下 32	250万元 38	600万元 44	1 500万元 50	3 000万元 56	6 000万元 62	10 000万元以上，68
	利润总额 20	10万元以下 32	60万元 38	180万元 44	500万元 50	1 000万元 56	2 000万元 62	4 000万元以上，68
经营规模 20%	净产值 10	150万元以下 16	650万元 19	1 400万元 22	2 700万元 25	4 800万元 28	9 000万元 31	15 000万元以上，34
	职工人数 10	100人以下 16	400人 19	800人 22	1 500人 25	2 500人 28	4 500人 31	7 000人以上，34
总评价得分点数		160	190	220	250	280	310	340

* 经营者年度基薪 = 企业经营责任和经营风险综合评价得分点数 × 企业类别横比调整系数 × (上年地区职工年平均工资 + 上年本企业职工年平均工资) × 1/2。

其中：企业类别横比调整系数掌握在0.8至1.4的范围内，上市公司不超过1.4，公众公司不超过1.2，国有企业不超过1.1。

表 7-1b A 市试行的年薪制中经营者效益收入部分的确定标准和办法*

年度情况	确定经营者效益收入的分档考核标准					
企业年度经营成果综合增长率	<10%	<20%	<30%	<40%	<50%	>50%
效益收入（按年度基薪的一定比例确定）	20%内	40%内	60%内	80%内	100%内	100%（应在年薪收入外给予其他奖励）
负增长	没有效益收入，并按同比例扣减年度基薪					
	企业年度经营成果综合增长率每提高1%，效益收入在年度基薪的基础上增加2%					

* 经营者年度效益收入 = 年度基薪 × 企业年度经营成果综合增长率 × 2（2 为平均权重系数）。

经营者以后年度效益收益 = 上年度效益收入 ± （年度基薪 × 企业年度经营成果综合增长率 × 2）。

其中：企业年度经营成果综合增长率（%）= 所有者权益总额（或国有资产）增值率 ± 利润总额增减率 ± 社会贡献（或工业增加值）增减率。

经营者获得效益收入的前提是必须保证企业全部资产的保值增值，若所有者权益总额减少，则无效益收入并且扣减其年度基薪。

7. 改善外部监督机制,增加外部监督约束的有效性。1998年国务院开始向国有大型重点企业派出稽查特派员,代表出资者对企业行使完整的监督权,加强了所有者对企业高层经理人员的外部监督约束。各级地方政府也开始尝试向地方所属国有企业派驻企业财务总监,即所谓财务总监委派制。① 所谓财务总监是由国资委或国有资产经营公司向国有独资公司或控股公司派出的,代表所有者对企业财务管理和会计活动进行监控的高级财务管理人员,这种源于深圳、上海的做法已有在全国普及之势。在现阶段国有企业"内部人控制"现象严重、内部监督约束机制不能有效地发挥作用、上报财务指标数据虚假问题普遍的情况下,毋庸置疑建立这种外部监督约束制度、增加辅助的信息披露渠道是绝对必要的,而且也取得了一定的效果。但是,这种制度会产生新的问题,如稽查特派员或财务总监可能与"内部人""合谋";又如对于股份公司,尤其是上市公司而言,稽查特派员或只代表国有产权的财务总监不通过股东会而直接检查账目,这会造成与《公司法》中规定的股东会、董事会和监事会的制约权力机制的矛盾。从建立现代企业制度和国有企业的长远发展看,对企业经营者的外部监督机制应该更多地依靠市场机制,一方面逐渐完善产品市场、资本市场和经理市场的信息披露机制和优胜劣汰机制,进而监督约束企业家经营者行为,另一方面规范市场中介机构的行为,通过中介机构获取准确的企业经营信息。例如为了保证对企业家业绩指标考核的真实性,要依靠会计、审计中介机构对企业进行审核,并设计科学的审核程序。为了防止企业和中介机构"合谋",选择的中介机构要有随机性,而且还可设立复核程序二次随机选取中介机构对第一次审核的结果进行复核,同时要建立企业

---

① 称这些人员为财务总监并不妥当,这极可能与企业内部财务管理系统中所设的财务总监的职能相混淆,对于政府委派的这种财务总监也许称其为财务监事更恰当(唐萍,1999)。

对审核结果的申诉程序,以保证公正性。如果企业业绩指标的数据和第一次、第二次审核结果出现差异,要追查问题,追究任何有问题的一方的责任。如果某方中介机构出现问题,该中介机构就会因承担无限责任和声誉问题而结束其职业生涯。从分类改革的长远发展思路看,稽查特派员制度,比较适用于建立现代国有企业制度的国有独资公司,但这种制度只限于国务院层次,各级地方政府的财务总监委派制度是不必要的。① 而对于一般意义的现代公司制企业,尤其是上市公司,即使是国有控股公司,虽然现阶段稽查特派员制度或财务总监制度有其存在的必要性,但从长期看,也不宜一直推行下去。

8. 在加强法律查处、充分发挥法律监督约束作用的基础上,在逐步规范法人治理结构、完善对企业家行为内部制约机制的同时,设计各种形式的"金色降落伞",在一定程度上弥补和消除企业家在任现职时和退休离职后的利益和心理方面的巨大反差,从制度设计角度预防和控制"59岁现象"。① 通过高额退休金计划之类的制度设计,给予企业经营者高水平的养老和医疗社会保障,尤其是对于现在相当一批长期在国有企业中经营者职位任职、报酬收入一直不高而又即将面临退休的企业家,以及未来改革中属于准公务员系列的建立了现代国有企业制度的企业经营者,政府不仅有义务保证其退休后高质量的生活水准,而且从控制"59岁现象"角度分析,这种制度设计也是十分必要的。

---

① 在1985年我国企业改革背景下,蒋一苇有过这样的论述:"为了防止企业发生损害国家利益的行为,有没有必要委派国家代表驻在企业,从企业内部进行监督?我们认为是没有必要的。在实行所有权和经营权适当分离的原则下,企业上级主管部门就是国家代表,它对企业进行监督,是法律赋予它的责任和权力。同时,财政、税务、物价、银行、审计等等国家机关都有权在各自业务范围内检查和监督企业的行为。此外,企业作为法人,也要对自己不法行为的后果承担法律责任,如果再派国家代表驻厂进行监督,势必重走干预企业日常生产经营活动的老路,损害企业的自主权。至于从企业内部进行监督,应当充分发挥企业党组织的保证监督作用和工会等群众组织的监督作用,另派驻厂国家代表,对发挥党组织的作用和群众监督作用是不利的。"转引自蒋一苇(1993,第488页)。

②允许企业家退休后在企业董事会中担任董事，或担任企业高级顾问之类的角色，这样既给企业家提供一个消除退休前后巨大心理反差的"缓冲"机会，又可以充分利用退休经营者的经验，促进企业发展。如果允许退休后的企业家担任监事会成员甚至主席，还有利于发挥监事会对企业财务和继任经营者行为的监督作用。③在企业家的报酬结构中，如果其股票收入、股票期权收入和其固定的年度基薪收入相比所占比重较大，那么企业家的总报酬就主要依赖于企业股票市场的业绩，而与其是不是在位企业家的相关性减少。因而这种以股票、股票期权收入为主的报酬结构不仅对企业家行为的长期化具有很大的激励作用，而且还缩小了企业家退休前后的收入反差，有利于预防"59岁现象"。美国大企业的首席执行官（CEO）退休前的收入与本企业的股票市场业绩的相关性大大加强，也正说明了这一点。更进一步分析，这种报酬结构使得退休后的企业家的收入在很大程度上取决于其退休后企业的发展，而这又受到继任企业家的能力大小的影响，如果允许卸任企业家推荐继任企业家人选，卸任企业家就有积极性选贤举能，因而这种报酬制度还有利于促进历届企业家的不断优化。对于市场导向、以建立一般意义的现代企业制度为改革目标的国有企业，建立这样的企业家报酬制度是一种发展方向。④对于业绩优秀的企业家，除了任职期限不应受年龄限制外，还应在其离任后授予其终身荣誉和奖励，或者给予其一定的政治地位和荣誉，注意发挥荣誉激励的作用。

9. 充分认识市场竞争机制对企业经营者的激励约束作用，积极培育、大力发展、努力规范经理市场，加快企业家职业化和市场化进程。对于建立一般意义的现代企业制度的国有企业而言，其经营者是否实现了由政府官员角色向职业经理角色的转变，是国有企业是否建立现代企业制度的重要标志。企业经营者的市场化、职业化是建立现代企业制度的必然要求。在加快企业家职业化和市场化进程中，应该重视以下问题。①在坚持党管干部的原则下,政府及组织部门首先要实现职能和角色的转换,由过去直接任命企业经营者转为由企业董事会(董事会中有国有产权代表,对于国有控股公司而言,一般国有产权代表就是董事长)到经理市场选聘经营者,由过去直接对企业经营者的管理转为对企业经理市场的管理,通过制定经理市场的建立和运行规则,通过对市场运行进行监管,保证经理市场的正常、规范运行。通过资格认证制度,保证经理市场中经理人员的基本素质;通过对市场中介机构的严格管理,保证其行为的规范化。②经理市场有效运行的重要机制是信誉机制,职业声誉是企业经营可以作为一种职业的重要前提。在建立和规范经理市场过程中,要十分重视声誉机制的建立,对进入经理市场中的每一位经理人员要建立全面、真实、连续、公开的业绩档案记录、信用记录。对于信用有问题的经营者要解除其资格,将其从经理市场中开除出去。③如第6章所分析的,我国现阶段存在两类企业经营者,即体制内经营者(国有企业经营者)和体制外经营者(非国有企业经营者),如果我们用价格改革中的"双轨制",即"体制内价格"(不能调整的计划价格)和"体制外价格"(市场价格)作一类比,那么我们可以说这是"经理人才双轨制"。这种"经理人才双轨制"的存在,虽然造成国有企业经理人才大量外流的人力资本损失,但也形成了一种对国有企业的竞争压力。如果我们正视这种压力,将压力转化为动力,将会加快国有企业经营者职业化和市场化的进程,促进国有企业职业企业家阶层的形成。

10. 现阶段要重视发挥银行对企业的债务约束作用,长远来看要规范和发展资本市场,使资本市场的信息披露机制、破产机制和并购机制也能够起到激励和约束企业经营者的作用。①现代融资理论的一个重要观点是,债务是一种最好的激励约束企业家的契约方式。但长期以来,由于我国金融体制改革的滞后,这种作用并没有得到有效发挥。随着我国银行体制改革的深入,银行的商业化行为日趋规范,银行对国有企业的债务约束也由"软"变"硬"。由于在信息方面,商业银行具有得天独厚的条件,相对于企业外的包括政府在内的其他各部门而言,商业银行对企业的经营状况掌握得最为全面、真实,从某种意义上说,银行的信贷员可能要比政府委派的财务总监具有有关对象企业的更完全的信息。因此,商业银行对企业家的约束作用是十分有效的。②从长远发展看,随着资本市场的完善和规范,企业家的控制权将受到来自资本市场竞争的威胁,这将迫使企业家增加努力程度,约束自己的机会主义行为。自实施"抓大放小"战略、对国有经济进行战略性重组以来,破产机制和并购机制对企业经营者的激励约束作用日益明显。当前这种机制发挥作用的主要阻力之一来自破产企业或被兼并企业的企业家,由于其控制权丧失后得不到相应的弥补而可能采取抵制行为。为了推进国有经济进行战略性重组,对于由于行业性、历史性原因而破产和被并购的国有企业企业家,对其控制权损失给予一定形式、一定数量的弥补(如一次性买断、重新安排工作等)是必要的。

第 8 章　建立国有企业高层经理人员的有效激励约束机制[*]

8.1　国有企业高层经理人员激励约束问题的重要性

如果说，20年的渐进式经济改革一直在探索正确的国有企业改革方向和途径，那么现阶段国有企业改革的进程可以认为是已发展到一个新的阶段，一个以具体解决各类难点问题、寻求改革突破口为重点的阶段。而国有企业高层经理人员的激励约束问题就是现阶段国有企业改革面临的十分关键的难点问题，能否建立起一套有效的国有企业高层经理人员的激励约束机制，对于我国真正建立现代企业制度，进而发挥现代企业的效率优势至关重要。

企业生存和发展的基础是效率，与古典企业相比，现代企业的效率源泉之一是利用了职业经理人员的专业经营管理才能。但随之产生的问题是职业经理人员与集所有者和经营者于一身的古典企业家的工作积极性的差异。而该问题的解决取决于高层经理人员的激励约束机制的有效性。一套有效的高层经理人员的激励约束机制，是保证现代企业组织在享有企业家职能分工产生的高效率的同时，避免职业经理人

---

[*] 本章是作者为中国社会科学院重点课题"国有企业改革"撰写的子报告，课题总负责人为陈佳贵研究员。

员和企业所有者目标利益不一致而产生的损失的必然要求。

解决国有企业效率低下问题是我国国有企业改革的初衷。虽然始于1979年的我国企业改革已取得了令人瞩目的成就,但国有企业效率问题并没有从根本上得到解决,这显然与缺乏对国有企业高层经理人员的有效激励和约束密切相关。现阶段这具体表现为对国有企业高层经理人员激励不足、约束不够。在激励机制方面,国有企业高层经理人员没有形成一个独立的企业家利益阶层,其收入与企业业绩相关性不大;强调精神激励,忽视国有企业企业家的物质利益;收入构成不合理,名誉工资偏低,灰色收入多,更是缺少激励企业高层经理人员追求企业长远利益的经营者股权分配或股票期权的制度。这极大地影响了国有企业高层经理人员的积极性,使国有企业在激烈的市场竞争中处于不利地位。在约束机制方面,没有形成规范的公司治理结构,所有者约束机制空缺;由于经理市场不存在、资本市场和产品市场的不完善等原因,市场对国有企业企业家的竞争约束也难以实现。这导致了所谓的"内部人控制"、过度的"在职消费"、难以控制的隐性收入、"59岁现象"等问题,造成国有资产的流失。这一切表明建立国有企业高层经理人员的有效激励约束机制对促进我国国有企业进一步改革与发展十分必要和紧迫。

8.2 建立激励约束国有企业高层经理人员有效机制的总体思路

建立国有企业高层经理人员的激励约束机制,所面临的首要问题是明确国有企业的目标是什么,因为企业的目标决定了激励约束企业高层经理人员行为的目标。纵观世界各国的国有企业,其目标大致可以分为社会福利最大化的社会政策目标和企业利润最大化的效率目标两大类。对于以社会政策目标为主的国有企业,其管理人员的业绩评价、激励约束就不以效率为导向,而以类似公务员的标准进行考核、选拔和奖赏。对于追求效率目标的国有企业,则按照现代公司制企业的要求去运作,建立与现代企业一样的企业高层经理人员的激励约束机制,以保证这类企业在激烈的市场竞争中实现其利润目标。但由于历史原因,我国的绝大多数国有企业的目标是社会目标和利润目标兼有的,这使得对我国国有企业高层经理人员的激励约束变得复杂。双重目标下,不仅无法确定国有企业经营者的业绩考核指标、行为标准,甚至无法找到对企业高层经理人员进行激励约束的真正主体:企业主管部门、地方政府、国有资产管理部门、董事会,究竟谁来履行对企业经营者的激励约束职责呢?**一般认为,国有企业令人不满意的是效率低下,其实更准确地应该说,令人不满意的是,由于双重目标的存在,现在的国有企业牺牲了高昂的经济目标却仅获得了有限的社会目标。因此,建立有效的国有企业高层经理人员的激励约束机制必须与国有企业目标定位、分类改革相结合。**

具体地说,随着现代企业制度建设的推进,现有的国有企业最终应该形成两类。一类是承担国家政策目标为主、主要以国有独资形式存在的,这可以认为是建立了一种特殊意义的现代企业制度——现代国有企业制度。这类企业的数量很少,只包括少数大型和特大型国有骨干企业以及承担特殊政策目标的国有企业。另一类是不承担政策目标、以市场效率取向为主、主要以股权多元化的公司制形式存在的国有企业,是真正意义的现代企业,我国现有的绝大多数国有企业将改为这类公司制企业。虽然这类企业中很多企业可能在相当长的时期内一直保持国有控股,但实质上这类企业将不再是"纯"国有企业,而是一种混合所有制企业形式的公司制企业。下表(表8-1)描述了这两类企业在高层经理人员的激励约束机制方面存在的差异。

表 8-1　两类企业的高层经理人员的激励约束机制描述

机制内容 企业类型	激励约束主体	报酬方面	经营控制权方面	声誉方面	市场竞争方面
第一类企业	政府主管部门选择、激励约束高层经理人员	类似于公务员，以稳定的保险收入为主，不强调高报酬、高风险	企业家具有较大的控制权，政府通过预算控制、行政纪律等进行监督制约	注重建立自己在政府主管人员心中的良好形象和声誉	市场机制较少可能发生作用
第二类企业	在经理市场中由董事会选聘、激励约束高层经理人员	报酬结构多元化，报酬与经营业绩直接相关，强调以高报酬、高风险收入追求强激励效果	授予经营控制权，通过董事会、监事会对其控制权的行使进行监督约束	充分的市场竞争保证高层经理的职业声誉对其行为具有激励约束作用	经理市场、产品市场和资本市场的竞争程度决定了其对经理人员的激励约束作用

对于第一类企业，政府是所有者，也是企业高层经理的激励约束主体，有权力义务加强对企业高层经理的监督约束。这类企业的经理人员应该是准公务员，其激励约束机制可以参照公务员标准、考虑一定的效率要求进行设计。在报酬方面，不强调以高报酬、高风险收入追求强激励作用，而是保证其在完成一定的目标任务的前提下得到相当水平的保险收入，尤其是保证其在退休后能够具有相当高的收入水平和终身的体面生活。政府对企业家的直接任免机制和职位升迁机制对企业家的激励约束至为关键，而企业完成政策任务目标的有效程度是其职位升迁的业绩基础。政府对企业的财政或财务预算约束以及行政纪律约束对该类企业的企业高层经理人员的行为具有重要的监督约束作用。

第二类企业具有规范的法人治理结构，股东会是企业的最高权力机关，股东大会委托董事会选择、激励约束企业高层经理人员。企业高层经理人员属于职业企业家阶层，是由董事会据其能力和业绩聘任的，企业高层经理的报酬数量和结构也是由董事会据其经营业绩动态确定的。为了调动经理人员的积极性,激励其长期行为,高层经理的报酬结构是多元化的,既包括固定收入(如固定工资),也包括不固定或风险收入(如奖金、股票等);既含有现期收入,也含有远期收入(如股票期权、退休金计划等)。在这类企业中,一方面董事会授予高层经理经营控制权,利用其经营才能,另一方面,董事会、监事会对企业高层经理的控制权的行使进行直接监督约束。在企业外部,企业家市场的声誉机制,资本市场和产品市场的优胜劣汰竞争机制、信息显示机制,也起到对高层经理人员的重要激励约束作用。这些报酬机制、控制权机制、声誉机制和市场竞争机制的综合作用形成了对现代公司制企业高层经理人员的有效的激励约束机制。

归结起来,建立有效的国有企业高层经理的激励约束机制要与国有企业分类改革、建立现代企业制度相结合,除极少数服务于社会政策目标的特殊企业采用准公务员管理方式外,绝大多数国有企业要建成现代公司制企业,通过规范的法人治理结构、激励性的多元结构的报酬制度、完善的市场竞争机制和荣誉效应的综合作用,来激励约束高层经理人员。

8.3 改革和完善国有企业高层经理人员激励约束机制的基本措施

第一,实行激励性的年薪报酬制度,把握企业家报酬水平与职工平均工资水平的倍数关系。对于国有企业企业家实行激励性的年薪报酬制度、使企业家的收入与其经营业绩挂钩是必然的选择。虽然具体的激励性年薪报酬方案多种多样,但从报酬结构分析,可以分为单一报酬结构和多元报酬结构,前者是指完成经营目标后一次性给予一定数额的报酬,这类报酬的数量主要取决于经营目标的完成情况,如果经营任务完成得很好,企业家的报酬数量可以很高,超过职工平均工资10倍以上;后者是指企业家的报酬由多个不同性质的部分组成,一部分是固定的基薪收入,这部分收入不宜过高,一般应是职工平均工资的2—4倍,另一部分是与经营业绩相关的风险收入,这部分收入又可以分为现期收入(如当年的奖金)和远期收入(如股票、股票期权收入),这些风险收入是无法用职工平均工资的多少倍来衡量的。

第二,逐渐引入股票、高额退休金之类的长期激励项目,激励国有企业企业家的长期化行为。激励性年薪报酬制度要解决的一个关键问题是如何激励企业家的长期化行为,单一结构的报酬方案易引发企业家的短期化行为,而多元结构报酬中的股票、股票期权之类的收入有激励企业家注重企业长期发展的作用。因而,逐渐形成国有企业企业家的多元年薪报酬制度是对其进行有效激励的必然要求,建立和完善企业家持股制度和在有条件的企业中尝试股票期权应成为国有企业分配制度改革的一项重要内容。高额退休金计划、给予企业家高水平的养老和医疗社会保障,也是保证企业家行为长期化的重要制度设计,尤其是对于现在相当一批长期在国有企业中的企业家职位任职、报酬收入一直不高而又即将面临退休的企业家,给予高于一般职工平均水平数倍的退休金是必要的。

第三,由于国有企业情况千差万别,十分复杂,不应该也不可能设计统一的企业家年薪制方案,应该根据企业实际情况分类制定。例如,承担政策目标的大型、特大型国有企业,可采用"基薪+津贴+高养老金计划"的准公务员型;对于亏损国有企业,为了扭亏为盈可采取招标式的办法,实现经营目标后可得到事先约定好的较高的固定数量的年薪;对于追求企业经济效益最大化的非股份制企业,可采用"基薪+津贴+风险收入(效益收入和奖金)+养老金计划"的多元年薪报酬方案,现阶段我国国有企业绝大多数都可采用这种年薪报酬方案;对于股份制企业,尤其是上市公司,可采用"基薪+津贴+含股权、股票期权等形式的风险收入+养老金计划"的持股多元化年薪报酬方案,这是一种适应规范化的现代企业制度要求的年薪制方案。

第四,现阶段在推行国有企业企业家多元化年薪报酬制度的同时,必须控制企业家过度"在职消费"之类的隐性收入。有效的企业家年薪报酬制度的建立实质上面临着如何将隐性收入显性化的问题。我们面临着一个两难的改革选择:不大幅度提高企业家的报酬,建立有效的报酬制度,企业家必然追求过度"在职消费"和过高的隐性收入;提高企业家的名义报酬,在目前隐性收入远远大于名义报酬和不能有效地控制企业家"在职消费"的情况下,是否公平,甚至是否必要,名义报酬提高多大幅度才有可能对隐性收入起到替代激励作用。"两害相权取其轻",从国有企业改革与发展的角度,建立有效的结构多元化的经营者报酬制度是必然的选择。即使在国外现代公司制企业中,"在职消费"问题也不是彻底解决了,只是进行适当控制而已。具体控制措施包括:通过规范法人治理结构,增强董事会、监事会对总经理的监督约束作用;通过一定措施,建立企业工会、职代会参与对企业经营者监督制约的机制;严肃财经纪律,健全财务制度,根据每年年度计划的业务量,核定企业家的签单报销额度,实行业务费用总额额度控制。

第五,在充分发挥法律监督约束作用的基础上,在改革已明显不适应国有企业改革和发展需要的干部人事管理制度、逐步完善内部制约机制的同时,设计各种形式的"金色降落伞",消除或弥补企业家退休前后物质利益和心理角色方面的巨大反差,从制度设计角度预防和控制"59岁现象"。这具体包括废除国有企业企业家硬性划线退休制度,对于经营业绩一直很好的企业家,不仅其任职年限不受年龄的限制,而且在其离任后授予其终身荣誉和奖励,包括给予其一定的政治地位和荣誉，从而发挥荣誉激励的作用；通过高额退休金计划之类的制度设计，给予企业家高水平的养老和医疗社会保障，解决其后顾之忧；允许企业家退休后在企业董事会中担任董事，或担任企业高级顾问之类的角色，这样既给企业家提供一个消除退休前后巨大心理反差的"缓冲"机会，又可以充分利用退休企业家的经验，促进企业发展；加大企业家的报酬结构中股票、股票期权之类的风险收入的比重，使其总报酬主要依赖于企业股票市场的业绩，而与其是不是在位企业家的相关性减少。

第六，长远方面要将工作重点放在国有企业公司化改造上，通过构造股权多元化的现代公司制企业，规范法人治理结构，使董事会、监事会真正起到对职业企业家的监督约束作用。现阶段则着重优化国有企业的领导关系结构，建立内部制衡机制。现阶段的国有企业中，政府任命的厂长或经理作为个人对政府负责，党委书记作为个人对党组织负责，工会主席和职代会主席作为个人对全国总工会和本企业职工负责，三者都不能分别代表政府、党和职工，三者之间的关系不宜简化为政府、党和职工之间的关系。基于这样的认识，可以探索"新三会""老三会"之间的各种灵活多样的匹配形式。现阶段尤其是考虑建立领导成员之间权责协作基础上的内部制衡机制，在保证企业高层经理的决策自主权的基础上，发挥党委书记和职代会对厂长、经理的监督制约作用。具体建议包括：尽量避免总经理兼任党委书记的现象；企业党委有向上级党组织提出现任经理罢免或推荐连任的建议权；尝试建立一定的程序保证职代会有权罢免经理；政府在免除现任经理职务时要对职代会做出说明并经职代会通过；职代会有权推荐经理人选，政府部门有最终任命权。

第七，为了保证对国有企业企业家业绩指标考核的真实性，设立中介组织资源库，并设计科学的审核程序，依靠会计、审计等中介机构对企业进行审核。现有的会计师事务所等社会中介机构是可供政府利用的对国有企业企业家进行监督的重要外部力量,为了更有效地利用这种监督约束力量,防止企业、政府工作人员和中介机构"合谋",首先地方政府有关部门设立中介机构资源库,由所有愿意参加本地区国有企业财务审计或会计报表验证的中介机构(包括外地区的中介机构)组成,然后设立初审和复审程序,由政府相关部门在中介机构资源库中随机选取中介机构对企业进行审核,进一步进入复核程序,在经过初审的企业中随机抽取一定比例的企业进行复审,承担复审任务的中介机构同样在中介机构库中随机选取,同时要建立企业对审核结果的申诉程序,如果企业对初审或复审的结果有异议,可以申诉,以保证公正性。如果企业业绩指标的数据和第一次、第二次审核结果出现较大差异,要追查问题,追究任何有问题一方的责任。如果某方中介机构出现问题,该中介机构就会因承担无限责任和声誉问题而结束其职业生涯。

第八,要重视发挥银行对国有企业企业家的债务约束作用。从业务关系角度看,商业银行对企业的经营状况掌握的最为全面、真实,从某种意义上说,银行的信贷员可能要比政府委派的财务总监具有有关对象企业的更完全的信息。再加之要求企业还本付息的动机,这使得银行具有得天独厚的条件和积极性对企业家行为进行监督约束。但长期以来,由于我国金融体制改革的滞后,不存在真正的商业化银行行为,这种作用并没有得到有效发挥。随着我国银行体制改革的深入,银行的商业化行为日趋规范,银行对国有企业的债务约束也由"软"变"硬"。在对企业家进行监督约束、促进企业发展方面,作为所有者代表的政府和债权人银行具有共同的利益,政府应该充分利用银行对企业家的债务约束机制。

第九,尝试建立两种责任制度,一是国有企业企业家经营责任终身追偿制度,一是政府部门主要负责人任命国有企业企业家责任制度。建立国有企业企业家责任终身追偿制度,是为了保证企业家的长期化行为，对于给企业造成经营性亏损的，不能因为退休或转换工作就不承担责任。如果触犯法律，更应追查到底。政府部门主要负责人任命国有企业经营者责任制度是指履行所有者职能的政府部门主要负责人要承担选择、任命国有企业企业家的风险和责任，如同私人所有者要承担选错总经理会使自己的企业和财产遭受损失的风险一样。对于由于经营者选择不当，造成国有资产流失、企业破产的，要追究直接领导或相关决策者的政治责任、经济责任，后果严重的甚至追究法律责任。

第十，培育经理市场，规范经理市场的运行机制。从长远看，培育职业经理阶层，形成经理市场，建立国有企业职业企业家的市场竞争选聘产生机制，是建立有效的国有企业企业家激励约束机制的必然要求。现阶段推进国有企业企业家的职业化、市场化要尤其注意两点，一是各地建立的经营管理人才中心，要严格定位于中介机构，不应该有任何行政管理色彩，其职责应该是专司收集、提供经营管理人才信息，为供需双方相互选择提供服务，促进经营管理人才的流动。尤其是在现阶段各项人事管理制度改革还相对滞后，原有的各项制度不利于经营管理人才流动，经营管理人才中介机构要着重承担经营管理者流动中的人事代理及相关服务活动，这包括人事档案委托管理、行政关系挂靠、党组织关系管理、集体户籍挂靠、办理出国政审手续、代办养老保险、失业保险和医疗保险等。二是在建立和规范经理市场过程中，要十分重视声誉机制的建立。经理市场有效运行的重要机制是信誉机制，职业声誉是企业经营可以作为一种职业的重要前提。这就要求对进入经理市场中的每一位经理人员要建立全面、真实、连续、公开的业绩档案记录和信用记录。

第9章　国有企业经营者年薪报酬方案设计：思路与要点*

对于现阶段我国国有企业至少有以下几方面原因影响了经营者年薪制的有效性，一是年薪制作为激励企业家追求企业效率目标的报酬制度，是以现代公司制为制度背景的，而国有企业具有特殊性，其目标是多元化的，既有追求效率的经济目标，又承担社会政策目标，多元化的企业目标使得考核企业高层经理人员的业绩变得十分困难。二是我国国有企业的企业家还主要是由上级主管部门指派产生，属于"指派产生机制"，而不是现代企业的"竞争选聘机制"，政府规定的经营者年薪也就不能体现其人力资本价格。三是现阶段国有企业企业家"职位消费"之类的隐性收入远远高于其契约中明确规定的显性收入。这种隐性收入难以控制地增加，可能使年薪高低对企业家行为不具有激励约束力量。因为当企业家的显性收入只占总收入的很小一部分时，企业家更为关心的是能否得到控制权所带来的隐性收入，并不很在意年薪的高低。四是年薪制的具体实施对象和范围问题。严格意义上说，企业家年薪制的对象就是企业的职业企业家一人，企业经营者年薪制也就是职业企业家年薪制。但由于我国国有企业的整个领导班子都是由政府任命的，这就涉及经营者年薪制中的"经营者"是指董事长还是

---

* 本章为作者为中国社会科学院课题"国有企业高层经理人员激励约束问题研究"撰写的主报告的一部分，课题组负责人是金碚研究员和黄速建研究员。

总经理,还是专指具有法人资格的厂长经理,党委书记是否包括其中,工会主席的收入如何确定等具体问题。

虽然现阶段推行经营者年薪制面临很多困难,其有效性也受到一定影响,但对于市场导向的国有企业经营者而言,实行激励性的年薪报酬制度是必然的选择,是建立现代企业制度、推进国有企业改革、提高国有企业效率的必然要求。

9.1 建立国有企业经营者有效的年薪报酬激励机制的基本原则

第一,从国有企业实际出发,与国有企业改革、发展的总体目标相结合。

建立现代企业制度、促进国有企业发展是国有企业改革的目标。适应现代企业制度要求的高层经理人员的报酬制度是多元化的年薪制,因而从我国国有企业现有的经营者报酬制度向多元化的年薪报酬制度过渡,是建立国有企业高层经理人员有效的报酬制度的核心内容。但由于我国国有企业实际情况千差万别,十分复杂,这种过渡很难一蹴而就,它不仅涉及企业之间的可比性和企业经营者报酬的公平性问题,涉及企业经营者的选择、激励约束制度的全面改革,还涉及整个社会收入分配体制改革。因此,这项改革的推进,虽可以借鉴国外年薪制的模式,但绝不能生搬硬套,必须结合我国国有企业的实际情况,在明确目标的前提下,逐渐探索一套适应我国国有企业的有效的高层经理人员报酬机制。

第二,坚持国有企业分类改革原则,分类设计国有企业经营者报酬激励机制。

建立国有企业高层经理人员的激励约束机制,所面临的首要问题是明确国有企业的目标是什么,因为企业的目标决定了激励约束企业高层经理人员行为的目标。由于历史原因,我国的绝大多数国有企业的目标是社会目标和利润目标兼有的,这使得对我国国有企业高层经理人员的激励约束变得复杂。双重目标下,不仅无法确定国有企业经营者的业绩考核指标、行为标准,甚至无法找到对企业高层经理人员进行激励约束的真正主体。因此,建立有效的国有企业高层经理人员的激励约束机制必须与国有企业目标定位、分类改革相结合。

具体地说,随着现代企业制度建设的推进,现有的国有企业最终应该形成两类,一类是承担国家政策目标为主、主要以国有独资形式存在的,这可以认为是建立了一种特殊意义的现代企业制度——现代国有企业制度。这类企业的数量很少,只包括少数大型和特大型国有骨干企业以及承担特殊政策目标的国有企业。对于这类企业,政府是所有者,也是企业高层经理的激励约束主体,有权力义务加强对企业高层经理的监督约束。这类企业的经理人员应该是准公务员,其激励约束机制可以参照公务员标准,考虑一定的效率要求进行设计。在报酬方面,不强调以高报酬、高风险收入追求强激励作用,而是保证其在完成一定的目标任务的前提下得到相当水平的保险收入,尤其是保证其在退休后能够具有相当高的收入水平和终身的体面生活。另一类是不承担政策目标、以市场效率取向为主、主要以股权多元化的公司制形式存在的国有企业,是真正意义的现代企业,我国现有的绝大多数国有企业将改为这类公司制企业。这类企业具有规范的法人治理结构,股东会是企业的最高权力机关,股东大会委托董事会选择、激励约束企业高层经理人员。企业高层经理人员属于职业企业家阶层,是由董事会据其能力和业绩聘任的,企业高层经理的报酬数量和结构也是由董事会据其经营业绩动态确定的。为了调动经理人员的积极性,激励其长期行为,高层经理的报酬结构是多元化的。

第三，科学确定国有企业经营者的多元化的报酬结构，充分调动其经营管理的积极性和创造性，重视激励其长期化行为。

根据保险收入和风险收入最佳匹配的激励原则，经营者的报酬结构要多元化，既包括固定收入，如固定工资或基薪部分，也包括不固定或风险收入，如奖金、股票等形式的收入；既含有现期收入，也含有远期收入，如股票期权、退休金计划等形式。设计这种收入形式多元化的企业家报酬方案的必要性在于不同形式的收入对企业家行为具有不同的激励约束作用，能保证企业家行为规范化、长期化。我国现阶段高层经理人员的收入形式还相对单一，主要是固定工资和奖金，激励经理人员长期化行为的报酬形式，如经营者持股、股票期权等形式还很少被采用，结合企业的具体情况设计各种激励经理人员长期化行为的报酬形式是十分必要的。

第四，坚持效率优先、兼顾公平的收入分配原则，正确选择国有企业经营者的业绩评价指标，有效发挥年薪报酬的激励作用。

在报酬结构多元化的指导思想下，具体到每个企业企业家报酬结构中的各种收入形式所占比例以及考核企业家业绩的指标选择，如果企业间具有可比性，可以按照一定的标准进行分类，根据不同类型的企业情况进行确定；如果企业情况非常特殊，不具有可比性，那么要根据企业的具体情况"一厂一策"，不能强行划一。这里尤其强调的是，要给作为所有者代表的政府部门和企业家之间对考核指标、报酬结构多元化形式进行选择和"讨价还价"的交易权力。现阶段可根据具体情况，对有些企业尝试引入经营者持股、股票期权等强激励性收入分配方式，还可根据我国企业的不同情况探索和创新具有激励约束作用的新的收入分配形式，供企业家和代表所有者的政府部门选择。

第五，要注意报酬激励与其他激励（控制权激励、声誉激励、竞争激励等）形式的有效匹配和组合。

由于人的需要的多元化、多层次，更由于企业家所从事的管理决策工作的特殊性，仅仅依靠报酬机制对企业家的行为进行激励约束是不够的，正如上述现代企业理论所揭示的，只有依靠报酬机制、控制权机制、声誉机制和竞争机制四类机制的有效组合，才能有效解决企业家的激励约束问题。我国国有企业企业家的激励约束问题的严重性，恰恰就在于只存在一种不规范的控制权机制，而没有建立起四类机制的有效组合，如同一个单腿支撑的一张桌面，必然是摇摇欲坠。因此，建立多元化的报酬制度，还要注意这四类机制的匹配和组合关系。也就是说，改革现有的企业家报酬制度，还必须同步推进改革国有企业的经营者产生制度、培育经理市场、规范法人治理结构等多项制度创新活动，以实现对企业高层管理人员激励约束的目标。

9.2 国有企业经营者报酬方案基本设计思路

设计经营者的报酬方案，关键是确定报酬的结构、数量和与报酬挂钩的相关指标。基于国有企业经营者年薪报酬制度的基本原则，图9-1描述了确定国有企业经营者报酬的总体思路。按照国有企业的分类原则，那些不以效率为主要目标的企业，其经营者报酬基本是固定或保险收入，主要表现形式就是基薪和各种津贴，退休后具有较高的养老金，保证其终生的体面生活。这类国有企业的经营者报酬高低与其经营业绩相关性不大，主要决定于其管理企业的责任大小和管理难度，而责任和管理难度则体现在企业所处行业性质（在经济中的战略作用）、企业规模（资产规模、职工数量）、企业历史等方面。对于以效率为主要目标、以建立现代企业制度为改革目标的国有企业，其经营者的报酬结构是多元化的，包括基薪、津贴、养老金、股权、股票期权、奖金等多种形式的固定（保险）收入和风险收入，其中股权、期权和养老金等属于长期性收入,在激励经营者行为长期化方面具有重要作用。这类企业经营者的基薪、津贴和养老金等固定收入主要体现了对企业经营者身份、角色的认可,取决于企业的经营责任和经营难度(如企业规模、经营目标、企业竞争地位等)。而其风险收入则严格与经营者的经营业绩挂钩,取决于其所经营企业的实现利润、资产增值、上缴利税等情况。如果经营者的职位一旦"锁定",其固定收入部分也将不具有多大的激励约束作用,经营者报酬的激励作用强弱主要取决于经营者报酬结构中的风险收入部分所占比重的大小。

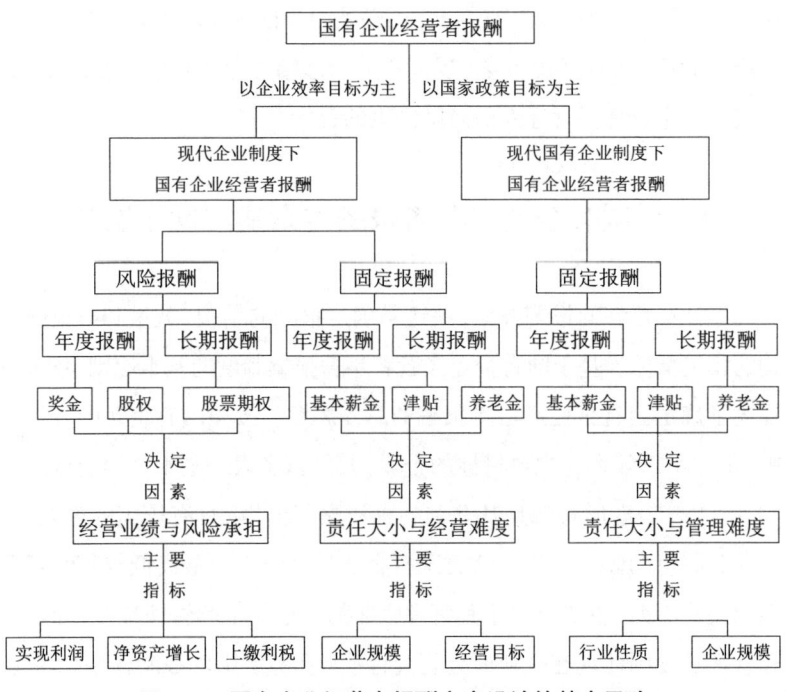

图 9-1 国有企业经营者报酬方案设计的基本思路

关于图 9-1 还应说明两点,一是以企业效率为目标和以国家政策为导向两类企业的划分,虽然是理想化的,但并不是不可操作的。实际上这种划分不是绝对的,可以遵循的原则是随着企业追求效率最大化程度的提高,或者承担政策目标的减少,其经营者报酬中与经营业绩紧密相关的风险收入部分所占比重逐渐增加。作为国有企业,如果要求其承担过多的政策目标,也就是说国有企业是作为一种政策工具而存在的,那么其高层管理人员的报酬就应类似于公务员的工资,不需要有风险收入部分;如果国有企业是以企业效率最大化为目标,那么其高层管理人员的报酬就应该是保险收入和风险收入的匹配,体现经营者报酬与经营业绩挂钩的基本激励原则。二是企业经营者收入的形式和衡量企业经营业绩、经营难度和责任的指标是变化的和可以选择的,图中所列出的只是主要的或经常使用的。企业的技术经济条件不同、发展阶段不同,经营者的收入形式和考核指标都可能不同。正是基于这样的考虑,我们给出几套不同的国有企业经营者报酬方案。

9.3 可供选择的国有企业经营者报酬方案设计要点

方案A:准公务员型

报酬结构:基薪+津贴+养老金计划。

报酬数量:取决于所管理企业的性质、规模以及高层管理人员的行政级别,一般基薪应该为职工平均工资的2—4倍,正常退休后的养老金水平应该为平均养老金水平的4倍以上。

考核指标:政策目标是否实现、当年任务是否完成。

适用对象:所有达到一定级别的高层管理人员,包括董事长、总经理、党委书记等,尤其是长期担任国有企业领导、能够完成企业的目标、临近退休年龄的高层管理人员。

适用企业:承担政策目标的大型、特大型国有企业,尤其是对国民经济具有特殊战略意义的大型集团公司、控股公司。

激励作用：这种报酬方案的激励作用机理类似于公务员报酬的激励作用机理，职位升迁机会、较高的社会地位和稳定体面的生活保证是主要的激励力量来源，而退休后更高生活水准的保证起到约束其短期化行为的作用。

方案B：一揽子型

报酬结构：单一固定数量年薪。

报酬数量：相对较高，和年度经营目标挂钩。实现经营目标后可得到事先约定好的固定数量的年薪，例如，规定某企业经营者的年薪为15万元，但必须实现减亏500万元。

考核指标：十分明确具体，如减亏额、实现利润、资产利润率、上缴利税、销售收入等。

适用对象：具体针对经营者一人，总经理或兼职董事长。至于领导班子其他成员的工资可用系数折算，但系数不得超过1。

适用企业：面临特殊问题亟待解决的企业，如亏损国有企业，为了扭亏为盈可采取这种招标式的办法激励经营者。

激励作用：具有招标承包式的激励作用，激励作用很大，但易引发短期化行为。其激励作用的有效发挥在很大程度上取决于考核指标的科学选择、准确真实。这种一揽子报酬方案的具体制定，尤其是考核指标的选择，十分类似于现在各地政府较为普遍实行的对经营者的奖励。

方案C：非持股多元化型

报酬结构：基薪+津贴+风险收入(效益收入和奖金)+养老金计划。

考核指标：确定基薪时要依据企业的资产规模、销售收入、职工人数等指标；确定风险收入时，要考虑净资产增长率、实现利润增长率、销售收入增长率、上缴利税增长率、职工工资增长率等指标，还要参考行业平均效益水平来考核评价经营者的业绩。

适用对象：一般意义的国有企业的经营者，指总经理或兼职董事长，其他领导班子成员的报酬按照一定系数进行折算，折算系数小于1。

适用企业：追求企业效益最大化的非股份制企业。现阶段我国国有企业绝大多数都采用这种年薪报酬方案，一般集团公司对下属子公司的经营者实施的年薪报酬方案也多是这种，只是各个企业的具体方案中考核指标、计算方法有一定差异。

激励作用：如果不存在风险收入封顶之类的限制，考核指标选择科学准确，相对于以前国有企业经营者的报酬制度和上述A类报酬方案而言，这种多元化结构的报酬方案更具有激励作用是毋庸置疑的。但该方案缺少激励经营者长期行为的项目，有可能影响企业的长期发展。

方案D：持股多元化型

报酬结构：基薪＋津贴＋含股权、股票期权等形式的风险收入＋养老金计划。

报酬数量：基薪取决于企业经营难度和责任，含股权、股票期权等形式的风险收入取决于其经营业绩、企业的市场价值。一般基薪应该为职工平均工资的2—4倍，但风险收入无法以职工平均工资为参照物，企业市场价值的大幅度升值会使经营者得到巨额财富。不过在确定风险收入的考核指标时有必要把职工工资的增长率列入。

考核指标：确定基薪时要依据企业的资产规模、销售收入、职工人数等指标；确定风险收入时，要考虑净资产增长率、实现利润增长率、销售收入增长率、上缴利税增长率、职工工资增长率等指标，还要参考行业平均效益水平来考核评价经营者的业绩。如果资本市场是有效的，有关企业市场价值的信息指标往往更能反映企业经营者的业绩。

适用对象：一般意义的国有企业的经营者，指总经理或兼职董事长，其他领导班子成员的报酬按照一定系数进行折算，折算系数小于1。也可以通过给予不同数量的股权、股票期权来体现其差别。

适用企业：股份制企业，尤其是上市公司。这种报酬方案适应规范化的现代企业制度要求。

激励作用：从理论上说，这是一种有效的报酬激励方案，多种形式的、具有不同的激励约束作用的报酬组合保证了经营者行为的规范化、长期化。但该方案的具体操作相对复杂，对企业应具备的条件要求相对苛刻。

方案E：分配权型

报酬结构：基薪+津贴+以"分配权""分配权"期权形式体现的风险收入+养老金计划。

报酬数量：基薪取决于企业经营难度和责任，以"分配权""分配权"期权形式体现的风险收入取决于企业利润率之类的经营业绩。一般基薪应该为职工平均工资的2—4倍，但风险收入无法以职工平均工资为参照物，没必要进行封顶。不过在确定风险收入的考核指标时有必要把职工工资的增长率列入。

考核指标：确定基薪时要依据企业的资产规模、销售收入、职工人数等指标；确定风险收入时，要考虑净资产利润率之类的企业业绩指标。

适用对象：一般意义的国有企业的经营者，指总经理或兼职董事长，其他领导班子成员的报酬可通过给予不同数量的"分配权"或期权来体现。

适用企业：不局限于上市公司和股份制企业，可在各类企业中实行。

激励作用：把股权、股票期权的激励机理引入到非上市公司或股份制企业中，扩大其适用范围。这是一种理论创新，其效果还有待实践检验。

第10章 对企业高层经理人员激励约束问题的若干基本判断*

自1995年始，全国各省份程度不同地开始重视国有企业企业家的激励约束问题，一方面围绕经营者年薪制、经营者奖励制度和优秀企业家评选等不断强化国有企业经营管理者的激励，另一方面通过完善对企业经营者的处罚制度、进一步强调各相关部门监督约束的职责等工作来加强对国有企业经营者的监督约束。另外，一些省份开始通过试点探索国有企业经营者职业化市场化问题。虽然这些改善国有企业高层经理人员激励约束机制的政策措施取得了一定程度的效果，但从总体上看，适应社会主义市场经济体制的有效的高层经理人员的激励约束机制还没有建立。针对某省的一份问卷调查的结果表明，现阶段国有企业高层经理人员激励约束问题突出表现在五个方面，一是国有大中型企业领导对现有激励方式有效性的评价很低，对自己的经济地位不满意；二是在国有企业高层经理的收入是否应以本企业职工平均收入水平为参照系这个问题的认识上不统一；三是国有企业高层经理对

---

* 建立国有企业高层经理人员的有效的激励约束机制是现阶段国有企业改革面临的十分关键的问题，针对该问题，选择一个省的国有企业为研究对象，从省一级层次探讨建立国有企业高层经理人员的激励约束机制，无疑是一种有价值的课题研究思路。其结论将不仅对该省国有企业改革具有重要的指导作用和现实操作性，而且将会对全国的企业改革和发展有重要的经验借鉴意义和推广价值。基于这样的认识，中国社会科学院接受某省省委委托，对该省国有企业高层经理人员的激励与约束机制问题进行了研究。本章是对该省企业高层经理人员的问卷调查的一个简要的分析结果。按照该省的要求，公开发表时略去该省的名称。该课题组的负责人是金碚研究员和黄速建研究员。

企业未来预期差,不愿意承担风险和采取长期化行为,在对其业绩考核期限和指标选择方面,都明显具有短期化的观点;四是国有企业内部缺乏有效的对企业高层经理的监督约束机制;五是会计师事务所之类的中介机构和商业银行的外部监督约束作用没有得到有效的发挥。具体而言,对该省的问卷调查分析结果如下。

1. 该省国有企业高层经理人员的整体文化素质低于全国水平。问卷表明,随机调查的 215 名对象(董事长、总经理或厂长)中,大学本科以上学历只占 28.8%,多数为大专学历,占 47.4%,高中学历占 16.3%。而据中国企业家调查系统 1996 年在全国范围内的调查,在被调查的 2 674 位企业经营者中,初中学历以下占 2.4%,高中、中专占 18%,大学专科占 37.5%,大学本科占 40.4%,研究生占 1.7%。显然该省国有企业经理人员的整体学历水平低于全国水平。

2. 该省国有企业高层经理人员担任企业领导的年限较长,将近半数的人任职年限在 10 年以上。调查结果表明,任职 1—2 年的只占 8.9%,任职 3—5 年的占 21.5%,任职 6—10 年的占 22.4%,任职 10—20 年的比重最大,占 41.1%,任职 20 年以上的占 6.1%。

3. 从国有企业高层经理人员的来源看,占最大比重的是本企业的中层管理人员。调查表明,从本企业中层管理人员升为总经理或厂长的占比最大,为 40.35%,其次是从其他国有企业领导调任到现任岗位的,占 23.1%,再次是党政干部改任企业总经理或厂长的,比重为 10.6%,这三者占总比重的 74%。这是国有企业高层经理人员的传统来源,中国企业家调查系统 1996 年的调查结果也表明了这一点。值得注意的是 8.8% 的经理人员是来自非国有企业领导,说明国有企业和非国有企业之间存在着呈递增趋势的人员流动。

4. 国有大中型企业高层经理人员对自己的经济地位不满意,而对政治地位相对满意,对社会声望最不关心。这说明了对国有企业高层经理经济激励的有效性,而且说明国有企业经理人员还缺乏职业经理应该具有的声誉观念。下表(表10-1)表明了调查结果。

表10-1　国有大中型企业高层经理对自己社会地位的满意程度*

	满意	无所谓	不满意
经济地位	11.8%	23.0%	61.8%
政治地位	38.2%	35.5%	20.4%
社会声望	28.9%	49.3%	16.4%

* 表中比例之和不是100%,其中还分别有3.3%、5.9%和5.3%的问卷缺失率。

5. 国有大中型企业高层经理人员对于企业领导的业绩考核期限问题,更具有短期化的观点。 对所有样本企业的调查表明,41.0%的人认为经营者的收入和奖惩应取决于未来3—5年的工作业绩,26.0%的人认为取决于未来1年的工作业绩,23.5%的人认为取决于2年的工作业绩,9.5%的人认为取决于5年以上。然而,对单独国有大中型企业的样本分析,其短期化倾向非常极端,而且竟有57.3%的人认为应在未来1—2年。

6. 在经营者的收入应该与哪些指标挂钩的问题上,绝大多数国有企业高层经理人员认为应该与利润挂钩。 选择"利润或利润总额"的比重占59.7%,选择"企业资产的增值"的占13.9%,而选择"职工收入增长情况"的只占5.1%,选择"政府目标实现情况"的占6.0%,选择"销售收入"的占5.6%,选择"企业资产负债结构状况"的占5.1%,其他选择占4.6%。

7. 在谁来考核企业高层经理的业绩这个问题的认识上,国有大中型企业领导认为主要应该由政府行业主管部门或出资者代表(如国有投资公司),或者是组织、人事部门主持进行,二者合计占全部选择数的57.8%。 这与总体平均情况形成鲜明的对照,人们认为业绩考核应该由董事会或职代会主持进行的,占到全部选择数的61.4%。从中可以看出国有大中型企业所受到的行政束缚,其经营管理的自主性是比较有限的。进一步的分析表明,对业绩考核部门选择的众数,上市公司、非上市股份制企业和民营企业都是董事会(百分比分别是74.6%、78.5%和66.0%),而国有大中型企业和国有小企业都是政府行业主管部门或出资者代表(百分比分别是55.0%和48.7%)。越是接近市场的企业,越少受到行政因素的束缚。

8. 关于企业高层经理的业绩考核是否有效的问题,调查表明,**国有企业的有效程度较低**。上市公司、民营企业和非上市股份制企业认为对高层经理业绩考核的有效性分别为92.1%、94.0%和81.4%,远远高于国有大中型与小型企业的69.4%与76.3%的比例。

9. **人们对于现有的对企业领导激励方式的评价相当低,而国有大中型企业领导对现有激励方式有效性的评价更低**。被调查的企业高层经理中认为激励方式有效的仅为36.4%,而48.6%的人认为不大有效,剩余的人认为无效。国有大中型企业领导认为有效的仅为29.3%,认为不大有效占47.9%,余者认为无效。这表明了对我国企业,尤其是国有企业改革现有的企业领导体制/建立有效的激励机制的必要性和紧迫性。

10. **虽然企业高层经理认同赠与企业股票是最有利于企业长远发展的激励形式,但从个人角度讲,最愿意接受的是奖金形式,这即表明高层经理不愿意承担风险的心态,也表明高层经理对企业未来预期差,不愿意采取长期化行为**。面对"给予事先约定的奖金数量""从利润中提取一定比例的奖金""赠与干股""赠与购买股票的权力"和"赠与企业股票"等选择,在问及"哪种方式最能激励你的工作热情"时,42.5%和42.9%的人分别选择了"给予事先约定的奖金数量""从利润中提取一定比例的奖金",3.3%选择"赠与干股",0.9%选择"赠与购买股票的权力",10.4%选择"赠与企业股票"。但在问及"哪种方式最适合企业的长期发展"时,选择"赠与企业股票"的比例最大,为35.4%,选择"赠与购买股票的权力"的比例仍最少。这除了反映高层经理不愿承担风险和采取长期化行为的心态外,还说明人们对股票、股票期权之类激励方式的接受还有一定的困难。

11. 一半左右的企业高层经理认为"本企业职工收入水平"是国有企业经理(厂长)的收入的参照系,而认同这一点的企业职工则高达**83.8%**。这反映了现阶段企业工人对于缩小收入差距的强烈愿望。因而,在考虑对国有大中型企业领导的激励问题时,要兼顾到企业工人的心理承受力。

12. 虽然国有大中型企业高层经理对其经济地位十分不满意,但认为影响其积极性的主要原因是制度原因,进行国有企业领导制度改革**势在必行**。在回答影响国有企业领导积极性的主要原因是什么的问题时,绝大多数人选择了"现有的企业制度下企业管理者的作用难以发挥",还有相当一部分人选择"外部环境对企业管理者约束太多",相对较少的人选择了"企业管理者得不到应有的报偿"。

13. 企业所处的地区差异、企业的发展阶段差异都对企业高层经理的激励约束产生很大影响,在建立企业高层经理的激励约束机制时,一定要考虑到企业的地区、类别差异,分类改革。调查表明,企业领导的个人收入存在着明显的地区差异,而且十分显著。它给了我们一个值得注意的信号,在设计针对国有企业的政策时,一定不要一刀切,要充分重视实际情形的地区差异。通过对企业所处发展阶段的差异与人们对企业领导物质奖励的期望的方差分析,可以发现,当企业处于稳定发展的时期,人们对企业领导较高的个人收入有较大的心理承受力;而当企业处于困境时,企业领导较高的个人收入往往招致严重的心理抵触,从而影响企业的凝聚力。

14. 对于利用会计师事务所等中介机构对企业进行审核,有接近一半的人(45.2%)认为是对企业领导的一种有效约束,而认为不大有效和无效的人占一半多。如何有效地发挥中介机构的监督约束作用是值得深入研究的课题。

下篇　中国国有企业改革

第 11 章　中国国有企业改革历程①

自 1978 年改革开放以来,国有企业改革一直被认为是我国经济体制改革的中心环节。建设中国特色的社会主义市场经济体制,关键是培育自主经营、自负盈亏、自我决策、自我发展的微观市场主体,如何从传统计划经济体制下的作为政府附属物的国营企业逐步转变为适应市场经济体制要求的独立市场竞争主体的现代企业——"新国企",②也就成为我国经济体制改革的核心任务。回首 40 多年中国国有企业改革历程,中国国有企业发展成就来之不易,经历了复杂曲折的历程,这里将从传统计划体制下的"老国企"成长为社会主义市场经济体制下的"新国企"的历程划分为 1978 年到 1992 年的"放权让利"时期,1993 年到 2002 年的"制度创新"时期,2003 年到 2012 年的"国资监管"时期(黄群慧、余菁,2013),以及 2013 年至 2020 年的"分类改革"时期四个时期,这四个时期分别对应了不同形势下的改革任务,各自侧重于解决不同层面的困扰改革的主要矛盾和问题。2021 年,我国进入新发展阶段,国有企业尤其是中央企业面临着新的定位和要求。

---

① 本章是在笔者发表的以下文献基础上综合补充完成的:黄群慧:"'新国企'是如何炼成的——中国国有改革 40 年回顾",载《中国经济学人》(英文版)2018 年第 1 期;谢伏瞻主编:《中国改革开放实践历程与理论探索》,中国社会科学出版社 2021 年版,第二章第一节、第六章第一节和第二节、第九章第一节。

② 从产权制度现代化和管理体系市场化两个维度刻画,"新国企"可以被严格界定为产权现代化程度高(具有股权多元化、规范公司治理等特征)和管理体系市场化水平高(具有按照市场竞争需要自主经营、自主决策、自我管理等特征)的国有企业,具体可参见本书第 12 章第 2 节。

11.1 "放权让利"时期:1978—1992 年

在 1978 年以前,在高度集中的计划经济体制下,国有企业(当时更多地称为国营企业)是执行政府计划任务指令的一个生产单位,是政府主管部门的附属物,不具有自主经营的权力,人、财、物和产、供、销都完全依靠政府计划指令和行政调拨,这使得生产和社会需求严重脱节,企业积极性严重受挫,严重制约了社会生产力的发展。在 1978 年党的十一届三中全会的春风下,国有企业开启了"放权让利"的改革之旅。这个改革时期从改革开放之初一直到十四届三中全会提出国企改革的目标是建立现代企业制度,贯穿 20 世纪 80 年代和 90 年代初,大体上持续了 15 年左右的时间。这一时期,改革的主要任务是对企业放权让利,探索企业所有权和经营权的两权分离,试图引导国营单位摆脱计划经济体制的旧观念与行为的束缚,使它们能够逐步适应商品化的经营环境,完成自身的企业化改造,解决一个个国有企业进入市场的问题。

关于扩大国有企业自主权的问题,改革开放之前经济学界就有过探讨。1956 年高尚全就提出企业自主权过小,主管机关集权过多。1961 年,孙冶方鲜明地指出在简单再生产范围内的事情是企业的小权,国家不应该再管(张卓元,2011)。"文化大革命"后,1978 年 5 月,《人民日报》转载《光明日报》特约评论员文章《实践是检验真理的唯一标准》后,全国范围开展了关于实践是检验真理的唯一标准的大讨论。在这种推动思想解放的大背景下,经济学界围绕着按劳分配问题、"唯生产力论"问题、社会主义商品生产和交换问题、价值规律问题等进行了理论讨论,而针对传统体制下的国营企业的种种弊端也进行了深入的理论分析。在众多研究中,蒋一苇创造性地提出的"企业本位论"思想,成为企业放权让利的重要理论基础。1979 年 6 月,蒋一苇在《经济管理》月刊发表"'企业本位论'刍议",首次提出"企业本位论"思想，1980年1月在《中国社会科学》创刊号上正式发表"企业本位论"。蒋一苇认为，①中央高度集中的体制，实际上是把全国作为一个单一经济体、一个经济组织的基本单位，进行内部统一管理、统一核算，可以说是一种"国家本位论"；而把权力下放到地方，由地方作为经济组织的基本单位，进行统一管理、统一核算，这是一种"地方本位论"；而企业作为基本的经济单位，实现独立经营、独立核算，这就是相对于"国家本位论""地方本位论"的"企业本位论"。"企业本位论"的基本观点，一是企业是现代经济的基本单位，社会主义生产的基本单位仍然是具有独立性的企业，社会主义经济体系只能是由这些独立性企业联合而成；二是企业是一个能动的有机体，社会主义企业既有权利，也有义务，是一个自主经营和自我发展的能动主体；三是企业应该具有独立的经济利益，谋求自己的经济利益是社会主义企业的动力，由企业职工"共负盈亏"也是用经济方法管理经济的根本前提；四是社会主义制度下国家和企业的关系应该是政企分离，国家应该从外部采用经济方法对企业进行监督和指导，而不能直接干预日常经营活动。以蒋一苇为代表的经济学家的理论创新为国有企业波澜壮阔的改革实践探索奠定了坚实的学术基础。

从改革实践看，1978年到1992年国有企业"放权让利"时期，基于改革实践的主体内容又具体划分为1978年到1984年扩大自主权阶段，1984年到1989年推行经营承包制阶段，以及1989年到1992年的转换企业经营机制阶段（吕政、黄速建，2008，第10页）。

11.1.1 扩大企业自主权

1978年到1992年的国有企业"放权让利"改革时期，起步于扩

---

① 具体可参阅蒋一苇（1980）、周叔莲（1996）、陈佳贵（1989）。

大企业自主权试点。1978年10月，中共四川省委、四川省政府选择了宁江机床厂、重庆钢铁公司、成都无缝钢管厂、四川化工厂、新都县氮肥厂和南充丝绸厂6家国营工业企业作为扩大企业自主权试点，逐户核定利润指标和增产增收目标，允许在计划完成后提留少量利润，并允许给职工发放少额奖金（中国经济体制改革研究会，2008，第19页）。几乎与此同时，广东清远县也对4家国营企业实行"超计划利润提成奖"，扩大企业自主权。扩大自主权的试点释放了压抑已久的企业创造力，国营企业开始探索一系列自主经营行为。

（1）扩权试点推广

在地方国营企业扩权试点的基础上，1979年5月国家经贸委等部门选择首都钢铁公司、北京清河毛纺厂、天津自行车厂、天津动力厂、上海柴油机厂、上海汽轮机厂等京津沪的8家企业进行全国性扩权改革试点。1979年7月，国务院下发了《关于扩大国营工业企业经营管理自主权的若干规定》等5份有关企业扩权的文件，明确了企业作为相对独立的商品生产者和经营者应该具有的责权利，包括生产计划权、产品销售权、利润分配权、劳动用工权、资金使用权、外汇留成权和固定资产有偿占用制度等，并在全国26个省级区域的1 590家企业进行了试点，再加之已有的地方自定办法的试点国营企业，全国试点企业达到2 100多家，其产值占全国工业企业的26%，利润占到35%（吕政、黄速建，2008，第22页）。1980年9月，国务院批准自1981年起把扩大企业自主权的工作在国营工业企业中全面推广，使企业在人财物、产供销等方面拥有更大的决策自主权，并提出改进利润留成办法。到1980年年底，全国已经有6 000多家国营企业进行了扩大自主权试点（岳清唐，2018，第34页）。

（2）"拨改贷"改革

在推广国营企业扩大自主权改革试点的同时，基本建设投资由财政拨款改为建设银行贷款的"拨改贷"改革也开始启动。1979年8月国务院批准《关于基本建设投资试行贷款办法的报告》及《基本建设贷款试行条例》,全国28个省份及工业、商业、旅游业等各个行业都开始试点。这项改革的初衷是通过基建投资由无偿拨款转为有偿贷款,来增加国营企业的责任约束,提高资金的使用效益,遏制"投资饥渴症"。虽然"拨改贷"在当时有其必要性和积极意义,但由于基本建设管理体制改革不配套等原因,"拨改贷"进展不快(董志凯,2016)。1984年12月《关于国家预算内基本建设投资全部由拨款改为贷款的暂行规定》发布,从1985年开始"拨改贷"完全推开。但是,"拨改贷"的关键问题在于,一些国有企业资本金不足、难以还款付息,企业负债成为普遍问题,特别是新建企业只有借款,根本就没有资本金,从理论上说企业的所有权归属都是问题。"拨改贷"制度到1988年被基本建设基金制取代,但由"拨改贷"而产生的国营企业高负债、缺少资本金的问题,一直到1995年以后通过将部分企业"拨改贷"资金本息余额转为国家资本金、1998年通过银行贷款转为资产管理公司所持股权的"债转股"(国有企业三年脱困时期帮助脱困的措施之一),才得到彻底解决。"拨改贷"的改革在一定程度上体现了"摸着石头过河"的艰辛探索。

(3)经济责任制与"利润包干"

1981年以后国营企业扩大自主权的主要内容集中于企业向政府利润包干(包括承包利润基数和增长分成、减亏基数等形式)的经济责任制。经济责任制的提出,更多地是出于国家财政稳定增长的需要,也受到农村联产责任制成功经验的启示。为了在扩大企业自主权过程中更好地解决企业多占、财政难保证的问题,内蒙古宁城县、山东济南市和青岛市等地率先对部分企业试行将利润留成改为利润包干,企业在完成国家上缴利润任务后,余下部分全部留给企业或者在国家和企业之间分成。随后,这些包干的办法和扩大企业自主权的规定一起逐步发展成为工业经济责任制的主要内容。1981年10月,国家经贸委和国家体改办提出了《关于实行工业经济责任制的若干意见》,工业经济责任制在全国得到了迅速推广,到1982年年底,全国有80%的预算内国营工业企业实行了经济责任制,商业系统也达到35%(吕政、黄速建,2008,第28页)。国家对企业实施的经济责任制,从分配方面主要有三种类型:一是利润留成,二是盈亏包干,三是以税代利、自负盈亏。1984年5月,国务院颁发了《关于进一步扩大国有工业企业自主权的暂行规定》,从生产经营计划、产品销售、价格制定、物资选购、资金使用、生产处置、机构设置、人事劳动管理、工资奖金使用、联合经营等10个方面放宽对企业的约束。1984年10月十二届三中全会进一步明确了企业是自主经营、自负盈亏和自我发展的独立经济实体,扩大企业自主权的改革告一段落。

(4)两步"利改税"

随着"利润包干"的深入,政府也认识到这种国家和企业利益的分配办法也存在一些缺陷,主要是由于利润基数确定的科学性和公平性无法实现,存在"苦乐不均"和"鞭打快牛"现象,并且国家财政收入的稳定性无法得到保证。1983年年初,国务院决定全面停止以利润分成为主的经济责任制,全面实行"利改税"。"利改税"在1979年就曾在湖北、广西、上海和四川等地的部分国营企业试点,1983年1月1日启动第一步"利改税",采用利税并存,对凡是有盈利的国营大中型企业按55%税率计征所得税,税后利润除以一定比例上缴外其余都留给企业,比例一定三年不变。而小型国有企业则根据实现利润按照八级超额累进税率缴纳所得税,税后企业自负盈亏。第二步"利改税"从1985年1月1日开始,全面以产品税和资金税的分类税收方式规范国营企业和政府之间的关系,对国有企业利润分别征收所得税和调节税,税后利润为企业留利。但是,两步"利改税"不仅混淆了国家的政权代表和资产所有者代表角色,同时还因为税率过高等原因严重影响了企业积极性。再加之出台后赶上宏观经济整顿和收缩,结果国营企业利润连续22个月下滑,最后"利改税"改革被承包经营责任制所替代。

11.1.2 所有权和经营权的分离

关于扩大国有企业自主权的问题,并不仅仅是实践层面的探索,也得到了经济学界的理论支撑。在众多理论中,蒋一苇1979年提出的"企业本位论"思想最具代表性,他认为社会主义企业应该是自主经营、自负盈亏、自我发展、自我约束的主体,社会主义经济体系是这些独立性企业联合而成。这种"企业本位"思想成为企业放权让利的重要理论基础。企业自主经营意味着全民所有不等于国家机构直接经营企业,也就是所有权和经营权可以分离。1984年10月党的十二届三中全会通过了《中共中央关于经济体制改革的决定》,该决定明确提出根据马克思主义的理论和社会主义的实践,所有权和经营权是可以适当分开的,认为把全民所有和国家机构直接经营企业混为一谈是国家对企业管得太死的一个重要原因。在这个思想指导下,国营企业改革进一步深化,推进了承包经营责任制、租赁经营、厂长负责制、股份制试点等一系列改革实践,这些改革不是扩大国有企业一部分自主权,而是把企业独立经营权全部还给企业。

(1)承包经营与租赁经营

大型国营企业承包经营的早期试点是首钢总公司,1979年作为经济体制改革试点首钢就开始试行承包制,1979年到1986年,首钢利润年递增20%,承包制改革试点取得巨大成功。另外,马胜利、张兴让等个人承包经营企业也先后获得了成功,新闻媒体给予大量宣传报道。到 1986 年，这些试点成功使得承包经营责任制被高度重视，1987 年 3 月，六届人大五次会议的《政府工作报告》提出在所有权和经营权适当分离的原则下实行承包经营责任制，承包经营责任制全面推行。到 1987 年年底，全国 80% 以上的全民所有制大中型企业签订了承包合同。这被认为是以增强企业活力为中心的经济体制改革进入一个新的阶段，为整个经济体制改革打开了突破口（邵宁，1987）。1988 年，国务院发布《全民所有制工业企业承包经营责任制暂行条例》，进一步规范了承包经营责任制，按照包死基数、确保上缴、超收多留、欠收自补原则确定了国家和企业的分配关系，明确承包经营责任制的主要内容是包上缴国家利润、包完成技术改造、试行工资总额与经济效益挂钩。到 1990 年，第一轮承包到期预算内工业企业有 3.2 万多家实施承包制，完成承包合同占全部承包企业总数的 90%，以此为基础，1991 年第一季度末开始签订第二期承包（岳清唐，2018，第 69 页）。在推行大中型企业承包经营责任制的同时，一些中小型国营企业开始实施租赁经营。按照 1988 年国务院颁布的《全民所有制小型工业企业租赁经营暂行条例》，租赁经营是在不改变全民所有制属性的前提下，所有权和经营权分离，由个人或者集体交付租金承租企业进行自主经营。早在 1984 年沈阳市就开始在两家小型工业企业实现租赁经营试点，1985 年本溪市国营商业系统职工关广梅租赁 8 个副食品商店获得巨大成功，被称为"关广梅现象"。无论是承包经营，还是租赁经营，都是基于所有权和经营权分离的指导思想的具体实践，这些实践都突破了姓"资"姓"社"的意识观念，遵循有利于发展生产力的判断标准。

（2）厂长负责制

国营企业改革必然触及国有企业领导体制改革。计划经济体制下的国营企业领导体制主要是党委领导下的厂长负责制。1980 年 8 月邓小平同志在中央政治局会议上就提出有准备有步骤地改变党委领导下的厂长负责制。1984年5月国家开始进行厂长责任制试点，浙江海盐衬衫总厂厂长步鑫生是当时的试点典型。1984年10月党的十二届三中全会通过的《中共中央关于经济体制改革的决定》，在提出所有权和经营权可以分离的同时，要求实施厂长（经理）负责制，以保证在现代企业中建立一个统一、强有力、高效率的经营管理指挥系统。1986年中共中央、国务院针对全民所有制工业企业同时颁发了《厂长工作条例》《中国共产党企业基层组织工作条例》和《企业职工代表大会条例》，赋予了厂长对企业生产经营活动统一领导、全面负责的权利，并定期向党委会、职工代表大会汇报工作、接受监督。经过几年试点探索，1987年8月在全国所有的大中型工业企业中普遍推行厂长负责制。截止到1988年年底，国有企业领导体制从党委领导下的厂长负责制全部转变为厂长（经理）负责制。在1986年到1988年期间，不仅企业内部改革取得了进展，还通过横向经济联合、企业兼并形成了一批企业集团，加强了企业间的经济联系，促进了产业组织形式变革。

（3）股份制试点

在推进承包经营责任制、租赁经营制等两权分离模式的同时，在1994年也开始进行股份制改造试点。1984年7月25日北京天桥百货股份有限公司成立，这成为改革开放以来中国第一家正式注册的股份制企业，也是第一家改制为股份制的国营企业。天桥股份的股权包括有国有股、企业股和个人股三种股权，共发行1 000万股，首批发行股票300万股。之后，上海飞乐音响、上海延中实业、上海爱使等股份有限公司相继成立（这是中国股票市场"老八股"中的三只），股份制试点日益增多，到1991年全国已经有3 220家股份制试点企业。1992年5月国家体改委等相关部委联合发布《股份制企业试点办法》，转发《股份有限公司规范意见》《有限责任公司规范意见》。1992年年底有

3 700家试点企业,其中92家在上海证券交易所上市。1993年4月国务院证券委出台《股份发行与交易管理暂行规定》,这为下一阶段建立现代企业制度奠定了很好的基础。

11.1.3 转换企业经营机制

从1978年一直到1988年,围绕国营企业放权让利、搞活国有企业,我国推进了扩大自主权、利润包干、利改税、经营责任制、承包经营制、租赁经营制、厂长负责制、股份制等各类试点和实践,既经过了多次试错,也积累了丰富的经验。1988年4月我国颁布了《中华人民共和国全民所有制工业企业法》(简称《全民所有制工业企业法》),将我国10年探索国营企业改革的经验进行了总结。这部法律将所有权和经营权分离的思想具体化,明确了企业与国家、企业与企业、企业内部各方面的关系,确立了全民所有制工业企业是依法自主经营、自负盈亏、独立核算的社会主义商品生产经营单位。① 全民所有制工业企业的财产属于全民所有,国家对财产享有占有使用和依法处分权利,但国家授权企业具体经营管理财产的自主权,企业依法取得法人资格,实行厂长(经理)负责制,厂长依法行使经营管理职权。企业的自主权利包括完成国家指令计划外的生产权、销售权、采购权、定价权、签约权、工资奖金分配权、用工权、机构设置权等。

《全民所有制工业企业法》颁布后,承包经营制和厂长负责制进一步成为企业改革的主导形式。但是,1989年以后,承包制、厂长负责制的不规范性、不稳定性、普遍短期行为等弊端也开始显现,再加之相应配套改革的劳动用工制度、社会保障制度、价格体系、市场体系等改革难以推进,昔日"一包就灵"的神话不能复制。特别是1988年以后宏

---

① 在一定程度上这部法律可以认为是蒋一苇提出的"企业本位论"的法律体现。

观经济秩序比较混乱,经济过热、通货膨胀、经济失信等现象突出,企业效益大幅下降,国家财政困难加剧。1989年以后整顿经济秩序成为经济工作的主基调,政府花费大力量清理整顿公司、清理"三角债"。在这种背景下,国有企业改革一方面继续完善实施企业经营承包制,另一方面开始更加强调所有权和经营权两权分离下的企业经营机制转变。在1991年4月全国人大通过的国民经济和社会发展的第八个五年规划中,明确企业经营机制转变的目标是实行政企职责分开,所有权和经营权适当分离,探索公有制的多种有效实现形式,建立富有活力的国营企业管理体制和运行机制。1992年7月,国务院颁布了《全民所有制工业企业转换经营机制条例》,规定了生产经营决策权、产品、劳务定价权、产品销售权、物资采购权、进出口权、投资决策权、留用资金支配权、资产处置权、联营、兼并权、劳动用工权、人事管理权、工资、奖金分配权、内部机构设置权、拒绝摊派权等14项企业经营自主权。

从实质上看,无论是《全民所有制工业企业法》,还是推进企业经营机制转换,无非是试图通过更为具体、更为规范的放权让利制度来激励企业自主经营,进而释放企业活力,但是,放权让利的改革思路始终无法走出"一放就乱、一收就死"的怪圈。虽然经过10多年"摸着石头过河"的各种探索,但直到1993年党的十四届三中全会提出现代企业制度之前,始终还没有摸索到可以支撑国有企业成为一个独立经营的市场主体的制度基石。

1978年10月,经国务院批准,四川省重庆钢铁公司、成都无缝钢管厂、宁江机床厂、四川化工厂、新都县氮肥厂和南充丝绸厂6家地方国营工业企业率先实行扩大企业自主权试点,拉开了国有企业改革的大幕。这些企业试点的主要做法是给企业一个增产增收的年度指标,完成指标后允许提留少量利润和给职工发放少量奖金。1979年2月四川省制定了《四川省地方工业企业扩大企业权力、加快生产建设步伐的试点意见》,并将试点企业扩大到 100 家工业企业。1979 年 5 月国家经贸委等部门选择首都钢铁公司、北京清河毛纺厂、天津自行车厂、天津动力厂、上海柴油机厂、上海汽轮机厂等京津沪的 8 家企业进行扩权改革试点。1979 年 7 月国务院下发了《关于扩大国营工业企业经营管理自主权的若干规定》等 5 份有关企业扩权的文件,明确了企业作为相对独立的商品生产者和经营者应该具有的责权利,包括生产计划权、产品销售权、利润分配权、劳动用工权、资金使用权、外汇留成权和固定资产有偿占用制度等,并在全国 26 个省级区域的 1 590 家企业进行了试点。1980 年 9 月,国务院批准自 1981 年起把扩大企业自主权的工作在国营工业企业中全面推广,使企业在人财物、产供销等方面拥有更大的决策自主权。为了在扩大企业自主权过程中更好地解决企业多占、财政难保证的问题,山东省率先对部分企业试行将利润留成改为利润包干,企业在完成国家上缴利润后,余下部分全部留给企业或者在国家和企业之间分成。随后,这些包干的办法和扩大企业自主权的规定一起逐步发展成为工业经济责任制的主要内容。1981 年 10 月国家经贸委和国家体改办提出了《关于实行工业经济责任制的若干意见》,工业经济责任制在全国得到了迅速推广,到 1982 年年底,全国有 80% 的预算内国营工业企业实行了经济责任制,商业系统也达到 35%(吕政、黄速建,2008,第 38 页)。国家对企业实施的经济责任制,从分配方面主要有三种类型,一是利润留成,二是盈亏包干,三是以税代利、自负盈亏。1984 年 5 月,国务院颁发了《关于进一步扩大国有工业企业自主权的暂行规定》,从生产经营计划、产品销售、价格制定、物资选购、资金使用、生产处置、机构设置、人事劳动管理、工资奖金使用、联合经营等 10 个方面放宽对企业的约束。1984 年 10 月十二届三中全会进一步明确了企业是自主经营、自负盈亏和自我发展的独立经济实体,扩大企业自主权的改革告一段落。

随着对企业放权让利不断深入,企业的积极性得到了一定程度的调动,但是,由于利润基数确定的科学性和公平性无法实现,存在"苦乐不均"和"鞭打快牛"现象,以及国家财政收入稳定性无法得到保证,1983年年初,国务院决定全面停止以利润分成为主的经济责任制,全面实行"利改税"。"利改税"在1979年就曾在湖北、广西、上海和四川等地的部分国营企业试点,1983年1月1日启动第一步"利改税",采用利税并存,对凡是有盈利的国营大中型企业按55%税率计征所得税;第二步"利改税"从1985年1月1日开始,全面以产品税和资金税的分类税收方式规范国营企业和政府之间的关系。但是,两步"利改税"不仅混淆了国家作为政权代表和资产所有者代表的角色,同时还因为税率过高等原因严重影响了企业积极性。于是,在首钢、二汽等企业的示范效应下,以及有关马胜利、关广梅、张兴让等企业家宣传报道影响下,1986年承包经营责任制又被重新重视,1987年3月六届人大五次会议的《政府工作报告》提出根据所有权和经营权适当分离的原则实行承包经营责任制,承包经营责任制全面推行。1988年国务院发布《全民所有制工业企业承包经营责任制暂行条例》,进一步规范承包经营责任制,1989年企业经营承包责任制得到进一步完善。在这个阶段,还有两项改革取得进展,一是国有企业领导体制从1984年10月开始从党委领导下的厂长负责制转变为厂长(经理)负责制,并在随后几年不断完善;二是1986到1988年期间积极推进了横向经济联合和企业集团组建。

虽然承包制在开始出现了"一包就灵"的现象,但由于它的不规范性和不稳定性,1989年以后其弊端日益明显,企业利润出现下降。1989年以后整顿经济秩序成为经济工作的主基调,政府花费大量力量清理整顿公司、清理"三角债"。在这种背景下国有企业改革中心更加强调所有权和经营权两权分离下的企业经营机制转变。在1991年4月全国人大通过的国民经济和社会发展的第八个五年规划中,明确企业经营机制转变的目标是实行政企职责分开,所有权和经营权适当分离,探索公有制的多种有效实现形式,建立富有活力的国营企业管理体制和运行机制。1992年7月国务院颁布了《全民所有制工业企业转换经营机制条例》,规定了14项企业经营自主权。这个阶段,在具体探索企业经营机制转变中,一方面继续完善实施企业经营承包制,1990年,第一轮承包到期预算内工业企业有3.2万多家,占全部承包企业总数的90%,以此为基础,1991年第一季度末开始签订第二期承包;另一方面积极探索租赁制、股份制等各种形式的经营机制转变模式。尤其是从1984年7月北京天桥百货股份有限公司成立以来,股份制试点日益增多,1991年全国已经有3 220家股份制试点企业,1992年年底有3 700家试点企业,其中92家在上海证券交易所上市。这为下一阶段建立现代企业制度奠定了很好的基础。

11.2 "制度创新"时期:1993—2002年

第二个时期是20世纪90年代初至21世纪初,即从中共十四大到中共十六大的"制度创新"时期,大体上有10年左右的时间。1992年10月中共十四大召开,会议正式确立了经济体制改革的目标是建立社会主义市场经济体制。1993年党的十四届三中全会通过了《关于建立社会主义市场经济体制若干问题的决定》,明确提出建设产权清晰、权责明确、政企分开、管理科学的现代企业制度是我国国有企业改革的方向。这一时期,改革的主要任务是引导国有企业确立与市场经济要求相适应的资本和产权的观念,建立现代企业制度,通过国有经济布局与结构战略性调整,初步解决整个国有经济部门如何适应市场竞争优胜劣汰的问题,改变国有经济量大面广、经营质量良莠不齐和国家财政负担过重的局面。

这个时期理论研究的主题已经从单纯的企业与政府关系逐步深入到国有企业内部制度和整个国有经济的功能定位,试图从现代企业理论和所有制理论出发分析国有企业的改革方向。一是深入研究所有制理论和社会主义市场经济的性质和实现形式,提出以公有制为主体、多种所有制共同发展,并引入混合所有制的概念。二是从整体上对国有经济的性质和地位进行了深入研究,提出调整国有经济布局和结构,从整体上搞好整个国有经济,增强国有经济在国民经济中的控制力,推进国有资本合理流动和重组,促进各种所有制经济公平竞争和共同发展。三是深入研究现代公司理论,对公司制的各种形式,包括无限公司、有限公司、股份公司、股份有限公司、上市公司等制度和规范进行了详细的研究,提出股份制是公有制的主要实现形式,国有企业应该积极推进股份制公司改革。四是对现代产权理论的深入研究,试图将现代西方产权理论与中国国有企业改革进行结合,围绕国有企业产权是否明晰、产权主体是谁、产权如何交易等一系列问题进行了长期、大量的研究,并引发了持续的争论。最终明确现代企业制度的第一个特征是产权明晰。2003年党的十六届三中全会指出,建立归属清晰、权责明确、保护严格、流转顺畅的现代产权制度,是完善基本经济制度的内在要求,是现代企业制度的重要基础。五是对现代公司治理和激励理论进行了深入探讨,逐步明确了现代公司治理结构的特征,以及在委托代理理论指导下,如何建立企业经营者的有效的激励约束机制,从而进一步指导国有企业公司化改制过程中如何建立有效的现代公司治理结构和激励约束机制,国有企业领导体制逐步从厂长负责制转向由股东会、董事会和经理相互制衡的现代公司治理结构。六是对现代资本市场理论进行了深入研究,逐步构建多层次的资本市场,在国有企业兼并重组和破产中发挥了资本市场的相应作用。

这个时期国有企业改革围绕两条主线展开,一是基于"单个搞活"的思路从单一企业视角建立现代企业制度,二是基于"整体搞活"思路从整个国有经济视角实施国有经济战略性改组。前者的实践贯穿整个时期,而后者主要从1996年以后开始全面展开。

11.2.1 现代企业制度的提出

1987年以后,经营承包制一直是国营企业改革的主导形式,但是同时公司制试点也在不断深化,到1991年年底全国已经有3 000多家股份制试点企业。而且,在20世纪80年代后期,现代产权理论、现代公司理论、所有制理论等理论研究持续深入,已经有一些经济学家建议对国有大中型企业实行股份制,建立现代企业制度(张卓元等,2018,第122页)。这一切为现代企业制度的提出奠定了很好的理论和实践基础。党的十四大报告确立了中国经济体制改革的目标是建立社会主义市场经济体制,并提出,适应建立社会主义市场经济体制要求,国有企业改革要进一步从放权让利为主,转向机制转换、制度建设为主。十四大报告在国有企业改革方面实现了两个重大突破,一方面是用"国有企业"概念替换了"国营企业"概念,另一方面是确定了国有企业改革主线从放权让利转向制度建设。这两方面的重大突破,使得1993年党的十四届三中全会提出国有企业改革的方向是建立现代企业制度水到渠成。

在计划经济体制下,"国营企业"是全民所有、国家直接经营的企业。1986年《中华人民共和国民法通则》在法律上采用了"全民所有制企业"称谓"国营企业",随着授权经营改革的深入,1988年颁布《中华人民共和国全民所有制工业企业法》,将全民所有制工业企业界定为依法自主经营、自负盈亏、独立核算的社会主义商品生产和经营单位,企业的财产属于全民所有,国家依照所有权和经营权分离的原则授予企业经营。这意味着"国营企业"是"全民所有国家授权经营"。基于党的十四大提出的国有企业的概念,1993年八届全国人大一次会议通过宪法修正案将涉及"国营企业"的地方全部修改为"国有企业",意味着由"全民所有、国家授权经营"改为"国家所有、企业独立经营",国家所有即全民所有,"国有企业"就是生产资料归国家所有、由企业独立经营的实体。1993年12月八届人大常委会五次会议通过了《中华人民共和国公司法》。自此,我国的国有企业法律注册形式包括以前按全民所有制企业法设立的企业,也包括按照公司法设立的国有独资公司、股份有限公司和有限责任公司。这实质上为国有企业股份制改革、建立现代企业制度扫清了法律障碍。

1993年11月十四届三中全会决定明确提出现代企业制度具有"产权清晰、权责明确、政企分开、管理科学"的基本特征,并指出可以分三种路径推进现代企业制度建设,对于大型和特大型国有企业,尤其是关系到国家经济命脉的企业,可以保留单一国有投资主体、按照《公司法》组建国有独资公司,而对于一般中型国有企业可以进行多个投资主体参与的公司制改造,依法改组为有限责任公司或者股份有限公司,至于小企业可以采用承包经营、租赁经营、股份合作制、出售等多种形式的产权改革。相对于个人业主企业、合伙制企业等传统企业,公司制企业是市场经济体制下现代的、高级的企业制度形态,其有限责任制度、股份有限制度具有公司法人财产权独立、出资人责任和权利有限、股权明晰和多元、最大程度利用出资者的资本和经营者的经营才能、具有更大可能的良好的治理结构的特征。公司制企业是现代市场经济体制下主流的企业制度形式,我国经济体制转向市场经济体制,必然建立体现为公司制企业制度的现代企业制度。

11.2.2 国有企业股份制改造

1994年7月1日《中华人民共和国公司法》正式实施,给国有大中型企业进行公司制改造、建立现代企业制度奠定了法律基础。同年11月,国务院批准了100家企业开始现代企业制度试点,另外还有2 343家地方企业进行试点。到1997年,100家中有93家转为公司制企业,其中多元股东持股的公司制企业有17家,转为国有独资集团公司的企业多达70家。地方试点企业中1 989家企业转为公司制企业,其中540家转为股份有限公司、540家转为有限责任公司、909家转为国有独资公司,这些公司制企业中71.9%的企业组建了董事会,63%的企业成立了监事会,总经理由董事会聘任的占61%(黄群慧、戚聿东等,2019,第8页)。试点总体取得了明显的成绩,但也体现出政府职能转换滞后、国有资产管理体制不配套、社会保障制度不健全、市场要素体系不健全等一系列问题。而且试点企业有一半以上都转为国有独资公司,不利于政企分开,与最初设想的大多改制为有限责任公司具有较大差距。而且从试点效果看,总体上也是多元投资主体的股份制改革要好一些,而国有独资公司要差一些(邵宁,2019,第152页)。1997年百家现代企业制度试点结束以后,现代企业制度建设转为正常规范过程,成熟一家、改制一家。

1997年9月中共十五大召开,进一步强调股份制作为现代企业资本组织形式的意义,提出要使股份制成为公有制的主要实现形式。随后,中央提出要用三年左右的时间在大多数国有大中型骨干企业初步建立现代企业制度。根据国家统计局调查总队调查,到2001年年底,所调查的4 371家重点企业中已经有3 322家企业实行了公司制改造,改制企业中有74%采用股权多元化形式(汪海波,2005)。1999年9月召开的十五届四中全会通过了《中共中央关于国有企业改革与发展若干重大问题的决定》,明确提出要大力发展股份制,强调国有大中型企业尤其是优势企业,易于实行股份制的,要通过规范上市、中外合资和企业互相参股等形式改为股份制企业,发展混合所有制经济。2000年9月国务院转发《国有大中型企业建立现代企业制度和加强管理基本规范(试行)》,鼓励国企通过上市、中外合资和相互参股等形式实行股份制改造。在2000年以后,宝钢集团、中海油、中国电信、中石油、中国联通、中石化等特大型中央企业先后成功在境内外上市。在中央政策支持下,以股份制改革为核心内容的现代企业制度建设进一步全面展开。到2012年年底,90%以上的国有企业已经完成了公司制股份制改革,中央企业70%的净资产在上市公司(张卓元等,2018,第127—128页)。

11.2.3 规范治理结构与三项制度改革

国有企业建立现代企业制度建设,并不仅仅是从产权上对国有企业进行股份制改革,或者按照《公司法》把原来全民所有制企业注册为股份有限公司、有限责任公司以及国有独资公司,还必须建立规范的公司治理结构以及推进企业内部管理制度的改革,提高治理结构规范化和内部管理制度科学化水平,从而提高国企效率、增强国企活力,实现现代企业制度"管理科学"的要求。在深化国企产权改革过程中,科学管理的重要性也被不断认识,从1991年开始,冶金部就总结邯郸钢铁公司加强成本管理、减低消耗的经验,国务院于1993年和1996年两次批转学习邯钢经验,试图通过学习邯钢经验把企业改组、改制和改造与加强管理结合起来,实施"三改一加强"。从企业内部管理制度看,一方面是企业领导体制的改革,另一方面是劳动、人事和工资三项制度改革。

随着现代公司制度的建立,国有企业的领导体制从厂长负责制转向股东会、董事会、监事会和经理层之间分工制衡的公司治理结构。如何建立规范的公司治理结构和分工制衡的治理机制，成为推进现代公司制改革的一个关键。其中，如何处理股东会、董事会和监事会这"新三会"和党委会、职工代表大会和工会"老三会"之间的关系，是建立规范公司治理结构的一项难点和重点。理论界进行了大量探讨，现实企业改制中也在不断进行探索。直到 2002 年 1 月 7 日，中国证监会、国家经贸委公布了《上市公司治理准则》，阐明了我国上市公司治理的基本原则、投资者权利保护的实现方式，以及董事、监事、经理等高管人员应遵循的基本行为准则等，为我国公司制企业提供了一个规范的公司治理文本。2018 年 9 月 30 日，中国证监会又发布了《上市公司治理准则》的修订版。

与建立现代企业制度、进行公司化改造相适应，1992 年开始对国有企业全面实施劳动、人事和工资三项制度改革。实际上，伴随着 1978 年扩权让利的改革进程，国有企业的三项制度也在不断变化，从计划体制下的统一招工统一分配的国定用工制度到 1982 年试行、1986 年推行劳动合同制，从八级工资制的固定工资制到 1989 年开始施行的岗位结构工资等变动工资制，从干部身份终身制的人事制度到能上能下的岗位聘任制。从劳动用工制度看，1982 年年初江苏、上海等地 16 万名职工开始试行劳动合同制，一举打破"大锅饭"的"铁饭碗"。1986 年 7 月 12 日国务院发布《国营企业实行劳动合同制暂行规定》，对新招工人全面试行劳动合同制。1992 年 1 月 25 日劳动部等部委联合发文《关于深化企业劳动人事、工资分配、社会保险制度改革的意见》，开始打破"铁交椅""铁饭碗""铁工资"的"破三铁"运动。1995 年 1 月 1 日《中华人民共和国劳动法》正式实施，标志着中国劳动用工制度进入依法用工的新阶段。到 2008 年 1 月 1 日《中华人民共和国劳动合同法》正式实施，进一步用法律保障劳动关系的和谐稳定。从工资分配制度看,1985年国务院发布《关于国营企业工资改革的通知》,确立了工资总额与经济效益挂钩的国家和企业之间的利益分配方式。在上述1992年劳动部等部委联合发文"三项制度"改革意见中,强调建立以岗位技能工资制为主要形式的内部分配制度,而同年劳动部等部委还下发《关于改进完善企业经营者收入分配办法的意见》,确定了承包、租赁等各种形式下经营者的收入水平。1994年以后,各地开始积极探索经营者年薪制试点,1997年实施经营者年薪制的国企已超过1万家。关于干部人事制度,1991年10月中组部和人事部联合发文《全民所有制企业聘用制干部管理暂行规定》,推进了国企干部从录用制转向聘用制。1993年公司法颁布以后,一方面积极推进职业经理人制度、市场化选聘职业经理人的试点,另一方面积极探索在坚持党管干部的原则下如何把党管干部嵌入到现代公司治理结构中。

11.2.4 "抓大放小"与国有企业战略性重组

在这个时期,除了基于"单个搞活"的思路从单一企业视角建立现代企业制度、深入推进国企改革外,又开始基于"整体搞活"思路从整个国有经济视角实施国有经济战略性改组。支撑这个思路的基本判断是:"国有经济目前存在的问题,不仅源于国有企业产权界定的缺陷和政企职能不分的状况以及由此导致的经营机制僵化,还源于国有经济战线太长和布局太散。由于后者的制约,单从企业微观层面入手进行企业改革,很难取得突破。国有经济布局不合理的症结是有限的国有资本难以支撑过于庞大的国有经济盘子"。(吴敬琏等,1997)

1995年9月中共十四届五中全会通过的关于"九五"规划的建议中,提出了着眼于搞好整个国有经济、对国有企业实施战略性重组、搞好大的、放活小的。1996年国家主要抓了1 000家国有大企业,并对其中 300 家明确了主办银行以落实其经营资金。同时进一步推进试点企业集团组建，使试点企业集团从 57 家增加到 120 家，对这些试点企业集团进行了公司制改造并建立了以资本为纽带的母子公司体制（吕政、黄速建，2008，第 125 页）。与此同时，进一步放开国有小型企业，1995 年和 1996 年不断出台关于深化国有小型企业的意见，提出"抓大放小"，要求认识到放开搞活国有小型企业、总体上搞活国有经济的重要意义，允许小型企业根据自身特点选择各种改制形式。

之后的 1997 年中共十五大报告、1999 年中共十五届四中全会都不断强调从战略上调整国有经济布局和抓大放小的方针，发挥国有经济的主导作用。十五届四中全会指出，要从战略上调整国有经济布局和改组国有企业，推进国有资产的合理流动和重组。从战略上调整国有经济布局，就是坚持有进有退，有所为有所不为。国有经济需要控制的领域包括涉及国家安全的行业、自然垄断性行业、提供重要公共产品和服务的行业，以及支柱产业和高新技术产业中的重要骨干企业。到 2002 年，中共十六大在坚持继续调整国有经济布局和结构的改革方向的同时，进一步明确关系到国民经济命脉和国家安全的大型国有企业、基础设施和重要自然资源等，要由中央政府代表国家履行出资人职责。在这个方针指导下，国有经济布局和结构不断调整和优化，国有经济活力、控制力和影响力不断增强。同时，这些战略性调整也为下一步国有资产管理体制改革奠定了实践基础。

11.2.5 国有企业"三年脱困"

1997 年亚洲爆发了严重的金融危机，再加之国有企业由于面临着从卖方市场向买方市场的转变，国有企业经济效益大幅下降，1996 年和 1997 年的第一季度国有企业都出现了净亏损。1997 年年底，全国国有及国有控股的16 874家大中型工业企业,亏损的达到6 599家,亏损面达到39.1%,亏损企业涉及的职工达到1 008.9万人(邵宁,2019,第175页)。面对日益严重的国有企业亏损问题,党的十五届一中全会提出"三年两大目标",自1997年开始,用3年的时间通过"三改一加强"使大多数国有大中型企业摆脱困境,力争到20世纪末大多数国有大中型企业、骨干企业初步建立现代企业制度。为了加强对脱困工作的领导,国家经贸委专门成立一个临时机构——国家经贸委企业脱困办公室。于是在我国国有企业改革史上出现了一个十分特殊的"三年脱困"阶段。

围绕三年脱困,中央采取了一系列措施(邵宁,2019,第179—214页)。一是实施积极的财政政策和稳健的货币政策,同时积极调整税收政策,连续三次提高出口退税率,并严打走私。二是对纺织、煤炭、冶金、建材、制糖、石油化工、电力等行业进行总量控制和产业结构调整。以纺织业为突破口,实施限产压锭。到1999年全国累计压锭906万,分流安置职工116万。三是改善国有企业资产负债表,在1999年下半年国家开始全面推进"债转股",以减轻企业债务负担、促进企业扭亏为盈。到2000年,有580家企业实施债转股,总额达4 050亿元。据不完全统计,80%的债转股企业扭亏为盈。四是分离企业办社会职能,包括自办中小学、医院、后勤服务等,逐步推行社会交给政府管理,切实减轻国有企业社会负担。五是构筑国企退出市场通道,加大兼并破产力度。自1994年开始在一些城市进行破产试点以来,兼并破产改革一直在推进,在试点城市1996年和1997年兼并和破产企业数量分别为2 291家和1 697家。而三年脱困时期进一步利用破产重组来推进企业脱困,在6 599家重点脱困企业中有29.5%的企业是通过破产关闭实现脱困。六是减人增效、下岗分流,做好下岗职工再就业工作。通过深化养老、失业、医疗等社会保障制度改革,使得下岗职工有稳定的收入来源和医疗服务支持。

1993年十四届三中全会以后,国有企业改革实践转向以建立现代企业制度为主。1994年11月国务院批准了100家企业开始现代企业制度试点,另外还有2 343家地方企业进行试点。到1997年,100家中有93家转为公司制企业,其中多元股东持股的公司制有17家。地方试点企业中1 989家企业转为公司制企业,其中540家转为股份有限公司、540家转为有限责任公司、909家转为国有独资公司,这些公司制企业中71.9%的企业组建了董事会,63%的企业成立了监事会,总经理由董事会聘任的占61%。1997年党的十五大以后,中央又提出要用三年左右的时间在大多数国有大中型骨干企业初步建立现代企业制度。根据国家统计局调查总队调查,到2001年年底,所调查的4 371家重点企业中已经有3 322家企业实行了公司制改造,改制企业中有74%的企业采用股权多元化形式,没有采用国有独资公司形式(汪海波,2005)。在1994年到1997年这个时期,除了积极推进公司股份制改造、建立现代企业制度外,国家还启动了一系列改革措施,包括城市优化资本结构试点、积极推进试点城市国有企业兼并破产,降低切换国有债务、分离企业办社会职能,"减员增效"、实施下岗职工再就业工程,实施"三改一加强"(改组、改制和改造有机结合和加强企业内部管理),学习邯郸钢铁总厂经验、提高管理科学化水平,探索国有资产管理有效形式、设立国有控股公司,进一步进行企业集团试点,"抓大放小"搞活国有小型企业等。自1997年开始,面对日益严重的国有企业亏损问题,中央实施国有企业三年脱困的改革攻坚战。围绕三年脱困,一方面对纺织、煤炭、冶金、建材等行业进行结构调整,另一方面1999年下半年国家开始全面推进"债转股",以减轻企业债务负担、促进企业扭亏为盈。同时,深化养老、失业、医疗等社会保障制度改革和推进下岗职工再就业。

1995年9月党的十四届五中全会、1997年党的十五大报告、1999年党的十五届四中全会都不断强调从战略上调整国有经济布局和抓大放小的方针，发挥国有经济的主导作用。十五届四中全会指出，国有经济需要控制的领域包括涉及国家安全的行业，自然垄断性行业，提供重要公共产品和服务的行业，以及支柱产业和高新技术产业中的重要骨干企业。到2002年党的十六大在坚持继续调整国有经济布局和结构的改革方向的同时，进一步明确关系到国民经济命脉和国家安全的大型国有企业、基础设施和重要自然资源等，要由中央政府代表国家履行出资人职责。在这个方针指导下，国有经济布局和结构不断调整和优化，国有经济活力、控制力和影响力不断增强。同时，这些战略性调整也为下一步国有资产管理体制改革奠定了实践基础。

11.3 "国资监管"时期：2003—2012年

第三个时期是"国资监管"发展时期，是十六大以后、以2003年国资委成立为标志到党的十八大召开的10年。这一时期国有资产监管体制取得了巨大突破，国有企业改革进入到以国有资产管理体制改革推动国有企业改革发展时期，改革的主要任务是由国资委负责监督管理国有企业实现国有资产保值增值目标，解决了以往的国有经济管理部门林立、机构臃肿、监管效率低下的问题。2002年10月党的十六大提出了毫不动摇地巩固和发展公有制经济、毫不动摇地支持和引导非公有制经济，尤其强调继续调整国有经济布局和改革国有经济管理体制两项重大任务，整个时期在这两方面取得了积极进展。

这个时期经济理论界围绕国有企业和国有经济改革的问题讨论更加具体，主要集中在以下几个方面进行了研究。一是在所有制方面，对股份制进行了更加深入的研究，混合所有制经济日益成为一个重要的研究问题,大力发展混合所有制经济、使股份制成为公有制的主要实现形式成为基本共识;二是在国有经济定位方面,围绕如何推进国有资本进一步集中于关系到国家安全、国民经济命脉等的重要战略性领域进行了大量的研究;三是在国有资产管理体制方面,深入讨论了"多龙治水"的国有资产管理格局的问题,以及在国资委管人、管事和管资产相统一的新国资管理体制下,如何实现国资委有效监管国有资产与充分发挥企业积极性相结合;四是在垄断行业改革方面,对如何放松管制、提高垄断行业的市场竞争度以及推进电信、电力、铁路、民航等行业的改革重组等问题进行了理论和实证研究;五是在产权改革方面,针对产权改革尤其是经理融资收购等方式是否会引发国有资产流失,进而是否是私有化进行了大争论,相关争论客观上延迟了产权改革的推进,但进一步规范了国有企业产权改革,完善了相关的法律法规。

11.3.1 管人管事管资产相结合的新体制

中共十五大后的 1998 年通过了机构改革方案,国务院部、委从 40 个减少到 29 个,各行业主管部门和 1988 年设立的国有资产管理局都被撤销。163 家的中央企业领导班子由中央一个派出机构中央企业委员会管理,而通过建立国务院稽查特派员制度、向国务院管理的重点大型国有企业派出稽查特派员来监督企业的资产运营和盈亏情况。1999 年《公司法》实施后,国有独资公司又确立了监事会制度。但这种体制下国有企业真正的出资人无法落实,国有企业监管呈现出"多龙治水"的格局。针对"多龙治水"的弊端,2002 年中共十六大提出了建立管人管事管资产相结合的国有资产管理体制。2003 年 3 月成立了国务院直属特设部级机构——国务院国有资产监督管理委员会,被授权代表国家履行中央企业出资人职责。2003 年 5 月,国务院颁布《企业国有资产监督管理暂行条例》，2003年10月公布了由国资委履行出资人职责的189家企业名单，由此开始了国企国资改革的一个新阶段。

新的国有资产管理体制坚持了"国家所有、分级代表"的原则，中央和地方分别成立专门的国有资产监督管理机构履行出资者职能，管人、管事和管资产相统一，坚持政企分开、所有制和经营权分离，企业自主经营。2004年6月全国31个省级区域都组建了国有资产监督管理委员会，2006年4月国家颁发《地方国有资产监管工作指导监督暂行办法》，规范各地国资委的相关行为。到2006年年底，从中央到地市全部组建了国有资产监督管理机构，出台了1 200多个相关监管规章和条例，涉及企业产权管理、企业资产和财务监督、企业负责人业绩考核和选聘及薪酬制度、法律事务管理等各个方面。2007年国务院下发《关于试行国有资本经营预算的意见》，标志着国有资本经营预算制度初步建立。该意见明确国有资本经营预算是国家以所有者身份依法取得国有资本收益、并对收益进行分配而发生的各项收支预算。具体上缴利润方面，中央企业分三类实施：一类是石油石化、电力、电信、煤炭等具有资源性垄断性特征的企业，上缴比例10%，后在2010年调整为15%；第二类钢铁、运输、电子、贸易、建筑施工等一般竞争性企业，上缴比例为5%；第三类军工企业及转制科研院所，暂时不上缴利润。

11.3.2 国有经济布局调整与垄断行业改革

国资委成为一个统一的出资者代表，在推进国有经济布局和结构调整方面取得积极进展。国资委成立初期，延续"抓大放小""三年脱困"期间的国有企业战略性调整任务。一方面推进了一批特大型国有企业重组，部分资产在国外上市，通过主辅分离和辅业改制推进了一大批大中型企业重组。在成立的 3 年期间，全国 1 000 多家国有大中型企业实施主辅分离，涉及改制单位近万家，分流职工近 200 万人（吕政、黄速建，2008，第 168 页）。另一方面，积极推进国有资本向关系国民经济命脉的重要产业集中。2006 年年底，国务院国资委出台《关于推进国有资本调整和国有企业重组的指导意见》，明确了中央企业集中的关键领域和重组的目标。通过核定主业、主辅分离、资产重组、破产关闭等一系列资本经营和改革措施，使得国有资本向四个方向集中，一是向关系到国家安全、国民经济命脉等的重要战略性领域集中，二是向具有竞争优势和未来可能形成主导产业的领域集中，三是向具有较强竞争力的大企业集团集中，四是向企业的主业集中。自 2003 年到 2012 年，经过近 10 年的国有经济布局的优化和调整，中央企业的数量已经从 196 家降低到 117 家，中央企业资产总额从 7.13 万亿元到超过 28 万亿元，所有者权益从 3.19 万亿元增加到 11 万亿元，2012 年 117 家中央企业实现利润达到 1.3 万亿元。中央企业 80% 的资产集中到国防、能源、通信、冶金、机械等行业（岳清唐，2018，第 143—144 页）。

在垄断行业改革方面，这个时期对如何放松管制、提高垄断行业的市场竞争程度以及推进电信、电力、铁路、民航等行业的改革重组等问题进行了积极探索。通过推进垄断性行业国有企业改革继续深化，几大垄断性行业形成了多家竞争的市场格局。中共十六大就提出了推进垄断行业国有企业改革，改变计划经济体制下的政企合一的体制。1998 年率先改革了石油石化行业，取消了石油部，形成了中石油、中石化两家巨大企业集团，1999 年 11 月中国石油天然气集团公司重组过程中，按照《公司法》和《国务院关于股份有限公司境外募集股份及上市的特别规定》成立的股份有限公司，在海外公开上市。2002 年国家电力监管委员会成立，电力行业按照厂网分开、竞价上网的思路从国家电力公司分拆出国家电网、南方电网和五大发电集团。在民航业，93 个机场归地方管理,重组了国家民航总局的九大航空公司和服务保障企业,形成了国航、南航和东航三大运输公司和三大服务公司,2007年,空管职能与行业监督职能分离。在电信业,这个时期将中国电信集团公司分拆为中国电信、中国网通,与中国移动、中国联通、中国卫通、中国铁通一起形成了两大两中和两小的格局。在2005年和2007年,国家邮政局所属的经营性资产和部分企事业单位被剥离,组成了中国邮政集团公司。与此同时,还逐步在垄断行业放宽市场准入、引入竞争机制方面推出了一些改革举措。

11.3.3 股份制改革与股权分置改革

国资委成立后,在宏观上推进国有经济布局调整的同时,也在微观层面围绕着国企产权继续深化股份制改革。随着对所有制理论、产权理论、企业理论等理论探索的深入,大力发展混合所有制经济、使股份制成为公有制的主要实现形式成为基本共识,混合所有制经济不断发展壮大。到2012年,我国工业企业中股份有限公司已经达到9 012家,各类有限责任公司已经达到65 511家,混合所有制工业企业数量占规模以上工业企业单位数的26.3%,资产占44.0%,主营业务收入占38.8%,利润总额占41.8%。截止到2012年年底,中央企业及其子企业引入非公资本形成混合所有制企业,已经占到总企业数的52%。中央企业及其子企业控股的上市公司共有378家,上市公司中非国有股权的比例已经超过53%。地方国有企业控股的上市公司681家,上市公司非国有股权的比例已经超过60%(中国社会科学院工业经济研究所,2013,第462页)。

在深化股份制改革中,这个时期遇到了两个重大问题,一是国有企业经理融资收购(MBO)问题。2002年MBO的股权改革方式开始试点,但试点存在着许多不规范的地方,容易引发国有资产流失,进而引发了是否是私有化的大争论，这导致 2004 年 MBO 被叫停。2005 年 4 月，国资委和财政部联合发文《企业国有产权向管理层转让暂行规定》，对 MBO 进行了规范。实际上，相关争论客观上延迟了产权改革的推进，但进一步规范了国有企业产权改革，完善了相关的法律法规。

另外一个重大问题是股权分置改革。所谓"股权分置"是指上市公司的国家股和法人股不能和公众股一样在资本市场流通，形成了同股不同权的两类股权分别搁置的现象。1992 年在《股份有限公司规范意见》中将公司股份分为了国家股、法人股、个人股和外资股，其中只有个人股可以上市流通，形成了流通股和非流通股分割或分置的状态。当时主要考虑国家股和法人股保持控股地位，同时避免资本市场上太多资金去购买流通股。这种"股权分置"造成国有一股独大、资本市场信息失真等问题。1999 年十五届四中全会以后，国家开始推进国有股减持、实现股份全流通，减持所得到的资金用于社会保障。但由于减持价格得不到市场认可，全流通改革进展并不顺利。2005 年 4 月 29 日，证监会颁发了《关于上市公司股权分置改革的试点有关问题的通知》，进一步提高了流通股股东对股权分置改革方案的表决权力，5 月 9 日公布三一重工、紫江企业、金牛能源、清华同方为股权分置改革试点企业，6 月 19 日试点企业扩大到 46 家，8 月 23 日中国证监会等部委发布了《关于上市公司股权分置改革的指导意见》，9 月 4 日证监会又发布了分置改革的具体管理办法，股权分置改革全面展开。2006 年中国 A 股市场迎来了普涨的契机，股权分置改革也顺利推进，到 2006 年年底几乎 95% 的企业都顺利完成了解决股权分置、实现全流通的改革。

股权分置改革在我国经济改革史上具有十分特别的意义，是"渐进式"改革哲学的典型体现。其改革历程，不仅体现出中国国有企业自身改革的渐进性，也体现出国有企业改革作为经济体制改革中心环节的地位，资本市场等要素市场是在国企改革深化中不断发展完善的。

11.4 "分类改革"时期：2013—2020年

2013年11月中共十八届三中全会通过了《中共中央关于全面深化改革若干重大问题的决定》，旗帜鲜明地提出以公有制为主体、多种所有制经济共同发展是我国的基本经济制度，是中国特色社会主义制度的重要之处，也是社会主义市场经济体制的根基。以此思想为指导，国企国资改革在分类改革的框架下，积极推进混合所有制改革、国有资本管理体制和国有经济战略性调整，而非公经济随着营商环境的不断完善、垄断行业改革的深入以及混合所有制改革的步伐加快，也取得了快速发展。

2014年7月，根据十八届三中全会精神，国资委在竞争性领域启动了中央企业"四项改革"试点，发展混合所有制经济试点，改组国有资本投资公司试点，董事会行使高级管理人员选聘、业绩考核和薪酬管理职权试点，派驻纪检组试点。2015年9月13日，中共中央、国务院发布《关于深化国有企业改革的指导意见》，以这个文件为指导，2016年2月国资委开始推行中央企业"十项改革"试点，具体包括在部分重要领域进行混合所有制改革试点、混合所有制企业员工持股试点、中央企业兼并重组试点、国有资本投资公司和运营公司试点、推行职业经理人制度试点、企业薪酬分配差异化试点、落实董事会职权试点、市场化选派经营管理者试点、国有企业信息公开工作试点、剥离企业办社会职能和解决历史遗留问题试点。2018年8月国务院国有企业改革领导小组统一部署并组织开展的综合性国企改革示范行动——"双百行动"，有超过400家央企所属企业和地方国有骨干企业作为综合改革试点入围"双百企业"名单。

自 2015 年中共中央、国务院发布《关于深化国有企业改革的指导意见》以来，国家出台了一系列关于深化国有企业改革的政策文件，内容涉及国有企业功能定位与分类、混合所有制改革、国有资产管理体制和国有企业治理结构的规范等，围绕着这个指导意义逐步形成"1+N"的全面深化国有企业改革的政策体系。而且，这些改革文件内容随着时间推移而逐步具体化，操作性不断增强，2019 年以后出台的文件多属于操作指引性质。在这些文件政策指导下，全面深化改革的各项任务"蹄疾而步稳"地推进。

表 11-1　十八届三中全会以来全面深化国有企业改革相关政策文件

时间	政策出台机构	政策文件
2015 年 9 月	中共中央、国务院	《关于深化国有企业改革的指导意见》
2015 年 9 月	国务院	《关于国有企业发展混合所有制经济的意见》
2015 年 10 月	国家发改委	《关于鼓励和规范国有企业投资项目引入非国有资本的指导意见》
2015 年 11 月	国务院	《关于改革和完善国有资产管理体制的若干意见》
2015 年 12 月	国资委、财政部、国家发改委	《关于国有企业功能界定与分类的指导意见》
2016 年 7 月	国务院国资委、财政部	《企业国有资产交易监督管理办法》
2016 年 8 月	国资委	《关于国有控股混合所有制企业开展员工持股试点的意见》
2017 年 5 月	国务院办公厅	《关于进一步完善国有企业法人治理结构的指导意见》
2017 年 7 月	国务院办公厅	《中央企业公司制改制工作实施方案》
2017 年 11 月	国家发改委、财政部、国资委等	《关于深化混合所有制改革试点若干政策的意见》
2018 年 7 月	国务院	《关于推进国有资本投资、运营公司改革试点的意见》

(续表)

时间	政策出台机构	政策文件
2019年8月	国务院	《关于支持鼓励"双百企业"进一步加大改革创新力度有关事项的通知》
2019年10月	国资委	《中央企业混合所有制改革操作指引》（2019.10.31）
2020年2月	国资委	《"双百企业"推行经理层成员任期制和契约化管理操作指引》《"双百企业"推行职业经理人制度操作指引》
2020年6月	国资委	《国有企业改革三年行动方案（2020—2022年）》

数据来源：作者根据公开报道整理。

11.4.1 国有企业分类改革

2015年12月7日国资委等部门颁布《关于国有企业功能界定与分类的指导意见》，与之相配套的《中央企业功能界定与分类实施方案》于2016年8月正式颁布。国企国资改革进入到分类改革时代。将国有企业界定为商业类和公益类，商业类国有企业以增强国有经济活力、放大国有资本功能、实现国有资产保值增值为主要目标，按照市场化要求实行商业化运作，商业类又划分为主业处于一般竞争性行业的商业一类，以及主业处于关系国家安全、国民经济命脉的重要行业和关键领域的商业二类。公益类国有企业以保障民生、服务社会、提供公共产品和服务为主要目标。不同类型的国有企业，应该有不同的国资监管机制、混合所有制改革方案、公司治理机制以及国有经济战略性调整方向等。

在具体操作层面，采取了谁出资谁分类的原则，由履行出资人职责的机构负责制定所出资企业的功能界定和分类方案。从2014年开始，各地方政府普遍开展了对国有企业的功能界定工作，并积极研究制定和出台国有企业分类监管办法。有些地方采用了"两分法",没有公益类企业,或者没有商业二类企业。从中央和地方整体国有企业数量上看,对国企分类的结果大致是:商业一类占比最大,大体在60%—70%;商业二类其次,大体在10%—30%;最少属于公益类,大体低于10%。

从"抓大放小"到"分类改革",基于功能定位对国有企业进行分类改革和分类治理,这是在新时代全面深化国企改革的一个重大进展,是探索国有企业与市场经济有机结合的不断创新。但是,无论是理论层面还是实践层面,"分类改革"有待进一步深化。一方面从理论上看,如何将三类企业对应到相应的功能定位和国家使命,如能否将公益性企业、竞争一类、竞争二类企业分别对应到市场经济国家弥补市场缺陷、转轨经济国家培育市场主体和社会主义公有制经济的主体地位等功能,还有待进一步论证(黄群慧、戚聿东,2019,第36—39页);另一方面从实践上看,分类改革的透明度、分类改革后进行分类治理等有待进一步推进。而且分类改革是一个前提框架,未来需要在深化分类改革框架下,系统协调推进分类改革、国有经济战略性调整、混合所有制改革深化、以管资本为主的资产监管体制构建、公司治理结构规范和中国特色现代国有企业制度建设。

11.4.2 混合所有制改革深化

1984年北京天桥百货股份有限公司进行股份制改造,就已经揭开了我国混合所有制改革的大幕。之后随着思想不断解放,混合所有制改革不断深化,党的十四大指出,以公有制包括全民所有制和集体所有制经济为主体,个体经济、私营经济、外资经济为补充,明确了公有制经济与非公有制经济的主体和补充混合共存的关系。党的十五大提出以公有制为主体的条件下发展多种所有制经济,首次明确了混合所有制概念。之后党的十六大、十七大,都不断强调发展混合所有制经济的重要性，也不断要求深化国有企业混合所有制改革。

党的十八届三中全会更是将"积极发展混合所有制经济"放在前所未有的重要地位。2015年9月，发改委牵头起草的《关于国有企业发展混合所有制经济的意见》和《关于鼓励和规范国有企业投资项目引入非国有资本的指导意见》正式颁布。2016年，先后出台了《国有科技型企业股权和分红激励暂行办法》和《关于国有控股混合所有制企业开展员工持股试点的意见》。从2016年开始相继在石油、电力、电信、军工等重点行业和领域开展了三批50家试点，涵盖中央企业和部分地方国企。其中，2016年和2017年分别甄选的第一、二批试点企业改革工作推进良好，包括19家企业，涉及资产9 400亿元，第三批试点企业涉及31家，包括10家央企集团下属子企业和21家地方国企。2017年9月，中国联通混合所有制改革方案正式实施。2017年党的十九大报告进一步强调："深化国有企业改革，发展混合所有制经济，培育具有全球竞争力的世界一流企业，"将发展混合所有制改革与培育世界一流企业的国企改革发展目标联系起来。2019年，在前三批试点的基础上，国家发改委等相关部门推出了第四批100家以上混改试点，进一步扩大了产业领域覆盖面。2018年国务院国资委监管的各级企业中，混合所有制企业的占比已接近70%，各省级国资委监管的混合所有制企业的占比也达到了46%。混合所有制改革覆盖领域日益广泛，不仅实现了电力、石油、天然气、铁路、民航、电信、军工等七大重要领域全覆盖，还在重要领域取得了有序推进，延伸到国有经济较为集中的一些重要行业。例如，中航工业、中国黄金、中粮集团所属试点企业分别完成引入战略投资者、股份制改制、重组上市工作；国家电网首次在特高压直流工程等核心业务领域推行混改，引入保险、大型产业基金以及送受端地方政府所属投资平台等社会资本参股，以合资组建项目公司方式投资运营新建特高压直流工程。

虽然混合所有制改革已经有了日趋完善的政策体系，实践推进也有了积极进展，但是，无论是在理论认知层面，还是在实践操作层面，都存在这样那样的"误区"（黄群慧，2017），"混而未改"现象也被认为比较多见。例如将混合所有制改革等同于股权多元化改革，只强调多个法人持股，没有认识到混合所有制改革一定是不同性质的持股方的多元持股。又如，将混合所有制改革等同于国有资产流失，甚至等同于私有化，从而反对混合所有制改革，实际上国企混合所有制改革并不必然带来国有资产流失，关键是程序公正、交易公平、信息公开、法律严明。如果操作流程和审批程序规范、国有资产定价机制健全、第三方机构作用得到很好发挥、审计纪检及内部员工等各个方面监管到位，完全可以做到守住国有资产不流失的"红线"和"底线"。另外，从企业产权上看已经是混合所有制的企业，有的并未深入推进公司治理结构的改革，混改前后治理机制并无太大变化，使得混改失去了意义。针对这些"误区"，2019年9月国务院国资委颁布了《中央企业混合所有制企业改革操作指引》，从操作层面提出了具体深化混合所有制改革的指导性文件，为国有企业进一步深化混合所有制改革提供了很好的指引。

11.4.3 监管体制改革与国有企业重组

党的十八大以来，积极推进了国有资产监管体制改革，从管人管事管资产相结合转向了以管资本为主。国务院于2015年11月印发了《关于改革和完善国有资产管理体制的若干意见》，对在管资本为主的要求下如何推进国有资产监管机构职能转变、改革国有资本授权经营体制、提高国有资本配置和运营效率、协同推进相关配套改革提出原则性的要求。时隔一年半，又发布了《国务院国资委以管资本为主推进职能转变方案》，明确了国资监管事项，迈出了从以管企业为主的国资监管体制向以管资本为主的国资监管体制转变的重要一步。党的十九大报告进一步要求：要完善各类国有资产管理体制，改革国有资本授权经营体制，加快国有经济布局优化、结构调整、战略性重组，促进国有资产保值增值，推动国有资本做强做优做大，有效防止国有资产流失。党的十九届四中全会又明确要求形成以管资本为主的国有资产监管体制，有效发挥国有资本投资、运营公司的功能作用。2019年11月国资委又出台了《关于以管资本为主加快国有资产监管职能转变的实施意见》，要求转变监管理念，从对企业的直接管理转向更加强调基于出资关系的监管；调整监管重点，从关注企业个体发展转向更加注重国有资本整体功能；改进监管方式，从习惯于行政化管理转向更多运用市场化法治化手段；优化监管导向，从关注规模速度转向更加注重提升质量效益。

为了实现国资监管体制向以管资本为主转变，十八届三中全会以来推进了一批国有资本投资、资本运营公司试点，这些试点公司在战略、集团管控与业务板块授权等方面作了有益的探索。2014年7月国资委选择中粮集团、国家开发投资集团作为国有资本投资公司试点，2016年又明确了诚通集团、国新集团作为国有资本运营公司试点，神华集团、中国五矿、宝武集团等6家公司作为国有资本投资公司试点。各地方企业也在加大组建和改建国有资本投资和运营公司。由于有了国有资本投资、运营公司的存在，未来国有资产监管体制将演变为"国资委，国有资本投资、运营公司，公益类和商业类企业"的三层结构，国资委将和第三层企业直接经营隔离开来，从而实现从管人管事管资产相结合转向管资本为主的转变。在构建管资本为主的国资监管体制的同时，中共十八大以来，国资委通过强强联合、优势互补、吸收合并、共建共享，推动了中央企业重组整合，加快进行国有经济战略性调整和国有经济布局优化，实现国有资本的做强做优做大。从2012年12月彩虹集团并入中国电子信息产业集团开始，截止到2019年11月，国资委先后完成了21组39家中央企业的重组整合，中央企业数量从

113家调整至96家。国有资本向关系国家安全、国民经济命脉和国计民生的重要行业和关键领域不断集中，在军工、电网电力、石油石化、交通运输、电信、煤炭等行业占比达80.1%。① 由于国有资本的战略性重组，国有企业规模不断增大，进入《财富》世界500强企业的数量不断增加，2018年有83家国有企业进入，国务院国资委所属中央企业上榜48家。

11.4.4 建设中国特色现代国企制度

中共十八大以后，国有企业继续深化公司制改革。2017年国务院办公厅先后发布《关于进一步完善国有企业法人治理结构的指导意见》《中央企业公司制改制工作实施方案》等文件，要求在2017年年底前，国有企业公司制改革基本完成，按照《中华人民共和国全民所有制工业企业法》登记的中央企业（不包括金融、文化企业）全部改为按照《中华人民共和国公司法》登记的有限责任公司或者股份有限公司，加快形成有效制衡的公司法人治理结构和灵活高效的市场化经营机制，到2020年，国有独资、全资公司全面建立外部董事占多数的董事会。2017年12月8日到2018年1月1日，中国航天科技集团公司、中国核工业集团公司、中国铁路通信信号集团公司、中国铁路物资（集团）总公司、中国石化天然气集团公司、中国华电集团公司、中国化学工程集团公司、北京有色金属研究总院、中国东方航空集团公司、中国航空燃料集团公司等先后集中完成公司改制，全部转为国有独资的有限责任公司。到2019年3月，中央企业的公司制改革已全面完成，有83家央企建立了外部董事占多数的规范的董事会，中央企业所属二三级企

---

① 数字来自于刘丽靓、康书伟:"《中央企业高质量发展报告》:十八大以来中央企业户数从113家调整至96家",《中国证券报》2019年11月2日，http://www.cs.com.cn/sylm/jsbd/201911/t20191102_5995158.html。

业建立董事会的占比达到了76%,各省级国资委所出资的一级企业中建立董事会的占比达到了90%,有46家央企对3 300多名经理实现了契约化管理,在控股的81家上市公司实行了股权激励。

在坚持现代企业制度这个国有企业改革方向的同时,十八大以来深化国有企业改革一以贯之地坚持党对国有企业的领导这个重大政治原则,努力把加强党的领导与完善公司治理统一起来,建设中国特色现代国有企业制度。2016年10月,习近平总书记在全国国有企业党的建设工作会议上指出,中国特色现代国有企业制度,"特"就特在把党的领导融入公司治理各环节,把企业党组织内嵌到公司治理结构之中,明确和落实党组织在公司法人治理结构中的法定地位,做到组织落实、干部到位、职责明确、监督严格。中央企业集团全部实现了"党建进章程",党组(党委)书记、董事长"一肩挑",全部落实党组织研究讨论作为公司决策重大事项前置程序。党组(党委)的领导作用在国有企业切实得到落实和体现,党的领导制度上有规定、程序上有保障、实践中有落实。①

11.4.5　国有企业改革三年行动方案②

中国特色社会主义建设进入新时代,习近平总书记指出:胸怀两个大局,一个是中华民族伟大复兴的战略全局,一个是世界百年未有之大变局,是我们谋划工作的基本出发点。国有企业改革发展经历了40多年,在新时代背景下,全面深化国有企业改革也必须从"两个大局"的基本出发点来谋划。站在2020年全面建成小康社会收官之年的节点上,《国有企业改革三年行动方案(2020—2022年)》(简称"三年行动

---

① 陈奥:"国资委:中国特色现代国有企业制度建设取得突破性进展",新华网2019年9月19日, http://www.xinhuanet.com/fortune/2019-09/19/c_1210286128.htm。

② 这部分主要内容笔者以"新时代深化国有企业改革向何处发力"为题发表在《经济日报》上(2021年1月15日)。

方案"）出台，这是从"两个大局"出发、满足新时代新要求的国有企业改革系统深化的行动计划，对整体、系统和协同地实质推进国有企业改革深化、进一步完善社会主义基本经济制度具有重要意义。实施"三年行动方案"也是贯彻党的十九届五中全会、落实"十四五"规划的基本要求。

第一，中国特色社会主义建设新时代、全球经济新形势对国有企业使命与改革发展提出新要求。

中国正处于中国特色社会主义建设新时代，这是中国发展的新的历史方位。进入"十四五"时期，中国将开启全面建设社会主义现代化强国新征程，经济从高速增长转向高质量发展，世界步入百年未有之大变局的深度变革期，新一轮科技和产业革命正在加速拓展，新冠肺炎疫情在对全球经济社会短期冲击后还将带来深远的影响。当前我国深化国有企业改革必须认清这个历史方位、时代背景、国内国际"两个大局"与经济发展新形势。而十八大以来，习近平总书记就国有企业改革发展发表了一系列重要论述，给我国国有企业改革发展指明了方向，全面贯彻党的十九大和十九届二中、三中、四中全会及中央经济工作会议精神对国有企业改革发展提出了全方位的新要求，国企改革"1+N"政策体系还有待进一步落实落地。尤其是十九届四中全会从坚持和完善社会主义基本经济制度、推进经济高质量发展的高度对国有企业改革发展提出了具体要求：探索公有制多种实现形式，推进国有经济布局优化和结构调整，发展混合所有制经济，增强国有经济竞争力、创新力、控制力、影响力和抗风险能力，做强做优做大国有资本。深化国有企业改革，完善中国特色现代企业制度。形成以管资本为主的国有资产监管体制，有效发挥国有资本投资公司、运营公司的功能作用。

面对新时代、新形势与新要求，一方面，从国有企业使命与定位来看，国有企业必须以中华民族的伟大复兴为己任，服务于中华民族伟大复兴的战略全局,坚持党的全面领导,在全面建设社会主义现代化强国中发挥关键作用,成为现代化经济体系的重要市场主体,积极推动和适应经济的高质量发展;另一方面,从国有企业改革与发展看,国有企业要把握百年未有之大变局的变革方向,抓住新工业革命的战略机遇,顺应和引领经济全球化的趋势,统筹后疫情时期疫情防控和经济社会发展,切实增强竞争力、创新力、控制力、影响力和抗风险能力,提高企业活力和效率。这一切都需要通过全面深化国有企业改革的行动方案来积极践行和实现,新时代、新形势与新要求下需要国企改革的新行动。在这种背景下,《国有企业改革三年行动方案(2020—2022年)》出台正逢其时。"三年行动方案"提出着力完善中国特色现代企业制度、着力推进国有资本布局优化和结构调整、着力积极稳妥深化混合所有制改革、着力健全市场化经营机制、着力形成以管资本为主的国有资产监管体制、着力推动国有企业公平参与市场竞争、着力抓好国企改革专项工程和着力加强国有企业党的领导党的建设的"八个着力"和50条意见,是一个全面务实的改革计划。虽然"三年行动方案"是一个为期三年的中期改革方案,但具有长期深远的制度建设和经济发展战略意义,将促进更加成熟更加定型的中国特色现代企业制度和以管资本为主的国资监管体制的形成,进而有利于坚持和完善社会主义基本经济制度,将更好地发挥国有经济在优化经济结构和畅通经济循环中的战略作用,进而有利于促进经济高质量发展。

第二,着力形成更加成熟更加定型的中国特色现代企业制度和以管资本为主的国资监管体制是新时代实现制度创新突破、提高国有企业活力和效率的关键任务。

中国的国有企业改革从1978年"放权让利"起步,试图通过下放企业自主权来提高企业活力和效率。1993年,中央提出建立现代企业制度是国有企业改革的方向,认识到只有从企业制度上进行创新才能真正让国有企业成为市场主体、焕发市场活力,国有企业改革开始从单纯"放权让利"深入推进到"制度创新"时期。2003年,认识到仅有企业微观层面的制度创新还无法保证企业成为市场主体,开始进一步从宏观层面进行制度创新,推进国资监管体制改革,构建管人管事管资产相统一的国资监管体制。进入新时代后,国有企业改革深化要求进一步推进"制度创新",在微观企业制度层面,逐步探索形成中国特色现代企业制度,这个要求一以贯之地坚持党对国有企业的领导、坚持建立现代企业制度的国有企业改革方向,将二者在企业治理层面统一起来;在宏观监管体制方面,推进监管职能从管人管事管资产向以管资本为主转变,这种更加注重基于出资关系对国有企业的监管,涉及监管理念、监管方式和监管对象等多方位的变化,国资监管机构要在防止国有资产流失、提高监管效率的前提下,保证国有企业作为一个独立市场主体而自主运行。制度是运行的基础,这两方面制度创新决定了国有企业运行的活力和效率,是新时代国有企业改革深化的关键任务。

应该说,形成中国特色现代企业制度和以管资本为主的国资监管体制是复杂的高难度的制度创新,需要在理论和实践层面进行不断探索。党的十八大以来通过国有企业改革"1+N"政策体系,已经在这方面形成了一系列的政策文件,但还很难说取得了决定性的成就。要想在这两方面形成突破性的进展,的确需要通过行动方案进行攻关。"三年行动方案"提出一系列具体的行动要求和实现目标。例如,在完善中国特色现代企业制度方面,提出了2020年要研究制定中央企业党委(党组)落实党的领导融入公司治理的制度文件,到2022年,国有企业重要子公司在董事会规范运作的基础上全面依法落实董事会各项权利,国有企业全面建立董事会向经理层授权的管理制度;在形成以管资本为主的国有资产管理监管体制方面,提出了2022年基本形成科学系统、精简高效的以管资本为主的国资监管制度体系,基本形成国有资本投资、运营公司以及产业集团公司的功能鲜明、分工明确、协调发展的国家出资企业格局,实现国有企业信息公开全覆盖。通过这一系列改革行动,在形成更加成熟更加定型的中国特色现代企业制度和以管资本为主的国资监管体制上应能够取得明显成效,这将对新时代国企改革的深化具有标志性意义。

第三,围绕服务国家重大战略着力推进国有经济布局优化与结构调整是新时代增强国有经济整体功能、促进国有企业高质量发展的核心要求。

自20世纪90年代以来,我国国有企业改革一直沿着相互关联的两条线路不断深化,一是上面所述的微观层面的企业制度创新,二是宏观层面的国有经济的战略性重组。国有经济战略性重组基本出发点是使国有资本向重要的行业和关键领域集中,以更符合其功能定位。进入新时代,更加强调围绕国家重大战略推进国有经济布局优化和结构调整,深化供给侧结构性改革,增强国有经济竞争力、创新力、控制力、影响力、抗风险能力。我国经济已经从高速增长转向高质量发展阶段,"十四五"时期乃至更长远的未来,国有经济功能定位于服务国家经济高质量发展。按照经济高质量发展要求,国有企业要以创新、绿色、协调、开放和共享五大发展理念为指导,在创新型国家建设、"一带一路"、制造强国建设、民生改善等国家重大战略中发挥关键作用,国有资本绝大部分集中于提供公共服务、发展重要前瞻性战略性产业、保护生态环境、支持科技进步、保障国家安全等真正关系到国家安全、国民经济命脉的关键领域以及公益性行业的优势企业中。新冠肺炎疫情冲击下,国有企业更是应在畅通国内国际两个经济循环中发挥战略作用。

总体而言,20世纪90年代以来国有经济布局优化和结构调整已经取得了巨大成绩,尤其是党的十八大以来,国有经济布局优化和结构调整工作得到有效推进,国有资本向重要行业和关键领域集中的程度不断提升，国有企业数量不断减少、规模不断扩大，中央企业进行了多次的战略性重组，中央企业数量从117家减少到96家，中国国有企业在世界500强中所占数量已经超过80家。如果把国有资本做强做优做大作为国有企业改革发展的目标，这意味着总体上看通过国有经济战略性重组已经较好地实现了国有资本"做大"的目标，但是，国有资本服务于国家重大战略的功能定位还没有更好地体现，还没有很好地实现"做优"国有资本的目标，我国国有经济呈现出"大而欠优"的基本格局。尤其是近些年为促进经济高质量发展，国家出台了一系列从区域到产业的重大发展战略，国有企业如何服务于国家这些高质量发展战略，这其中还有许多问题有待破解。"三年行动方案"提出着力推进国有经济布局优化和结构调整，具体行动包括有效发挥国有经济在优化结构、畅通循环、稳增长方面的作用，推进国有资本向重要行业和关键领域集中，提升国有企业自主创新能力，清退不具备优势的非主营业务和低能无效资产，完成剥离国有企业办社会职能并解决历史遗留问题等；提出2021年编制发布"十四五"全国国有资本布局与结构战略性调整规划和"十四五"中央企业总体规划（纲要），2022年中央工业企业研发投入强度不低于3%，剥离国有企业办社会职能和解决历史遗留问题全面收官等具体目标。这些基本行动和目标要求将极大地推进国有经济布局优化和结构调整，进而增强国有经济的整体功能，更好地服务于国家战略。

第四，着力深化国企混合所有制改革、健全国企市场化经营机制和推动国企公平参与市场竞争是新时代坚持社会主义市场经济方向、协同推进市场化改革的重大举措。

在我国经济体制从计划经济体制向市场经济体制转型过程中，国有企业改革一直是我国经济体制改革的中心环节，国有企业改革的深化对建立和完善社会主义市场经济体制、坚持和完善社会主义基本经济制度具有关键意义。从计划经济体制转向社会主义市场经济体制，国有企业改革深化要从三个层面解决成为真正公平竞争的市场主体的问题：一是企业产权改革，从国有独资转向股权多元化和混合所有制企业，形成现代公司制企业，这不仅仅是现代企业效率的制度基础，也是坚持"两个毫不动摇"、探索公有制多种实现形式、发展混合所有制经济的基本途径，还是坚持和完善社会主义基本经济制度的根本要求；二是经营机制转变，推进国有企业运行机制从行政管理机制转向市场化经营机制，切实深化劳动、人事、分配三项制度改革，使企业按照市场经济规律运行；三是完善公平竞争，实现国有企业与非公企业公平地参与市场竞争，各所有制主体依法公平进入市场、使用要素，这要求深化政企分开、政资分开和自然垄断行业的改革。

一直以来，关于国有企业混合所有制改革、转变国企经营机制、推进政企分开以及政资分开、自然垄断性行业改革等方面的改革在不断深化，进入新时代，在把国有企业划分商业一类、商业二类和公益类的基础上，更加强调系统、协同地推进这些方面的改革。但是，从坚持完善社会主义基本经济制度的高度看，无论是混合所有制改革，还是市场化经营机制完善以及公平竞争市场体系完善，都还有很多问题需要"攻坚"，国有企业分类改革还需进一步深化，分类改革后的分类治理还需进一步落实，混合所有制改革后治理机制还需进一步完善，国有企业自身改革与公平竞争制度完善之间的协同性还需增加。针对这些问题，"三年行动方案"提出了切实可行的改革目标、路线图和具体措施。例如，在混合所有制改革方面，"三年行动方案"要求：支持商业一类企业引入非国有资本持股比例超过三分之一，推动混合所有制企业深度转换经营机制，支持混合所有制企业全面建立灵活高效的市场化经营机制，国资监管机构对持有股权的混合所有制企业、股权多元化的国有全资公司探索实施有别于国有独资公司的治理和监管机制；又如在建立市场化经营机制方面,"三年行动方案"提出到2022年在国有企业子企业全面推行经理层成员任期制和契约化管理,实施以劳动合同管理为基础、以岗位管理为核心的市场化用工制度;再如,在推动国有企业公平参与市场竞争方面,"三年行动方案"要求在电网、电信、铁路、石油、天然气等重点行业和领域,放开竞争性业务,进一步引入市场竞争机制,其中2020年要剥离电网企业装备制造业等竞争性业务;还提出对不同类别业务分类核算,建立健全符合国际惯例的补贴体系,形成科学合理、稳定可靠、公开透明的补偿机制。这些重大措施对协同推进市场化改革进而坚持和完善社会主义基本经济制度具有重要意义。

11.5 新发展阶段国有企业的使命[①]

"十四五"时期是我国全面建成小康社会、实现第一个百年奋斗目标之后,乘势而上开启全面建设社会主义现代化国家新征程、向第二个百年奋斗目标进军的第一个五年,我国将进入新发展阶段。习近平总书记在省部级主要领导干部学习贯彻党的十九届五中全会精神专题研讨班开班式上指出:新发展阶段是社会主义初级阶段中的一个阶段,同时是其中经过几十年积累、站到了新的起点上的一个阶段。新发展阶段是我们党带领人民迎来从站起来、富起来到强起来历史性跨越的新阶段。进入新发展阶段明确了我国发展的历史方位,贯彻新发展理念明确了我国现代化建设的指导原则,构建新发展格局明确了我国经济现代化的路径选择。在这个新的发展阶段,国有企业作为推进国家现代化、保障人民共同利益的重要力量,中国特色社会主义的重

---

① 本节内容是笔者主编的《中国国有经济报告(2021)》(社会科学文献出版社)总报告的一部分。

要物质基础和政治基础,要在贯彻新发展理念、构建新发展格局方面作出新的更大贡献,这要求对国有企业使命和国有资本功能定位进行一些新的思考。

第一,新发展阶段中央企业要强化以中华民族伟大复兴为己任、服务于中华民族伟大复兴战略全局、在全面建设社会主义现代化国家新征程中发挥支柱作用的使命感。

在中华民族从站起来、富起来到强起来的伟大复兴历程中,国有企业作为壮大国家综合实力、推进国家现代化建设和保障人民共同利益的重要力量,在党执政兴国和中国社会主义国家政权的经济基础中起到了支柱作用,为我国经济社会发展、科技进步、国防建设、民生改善作出了历史性贡献,功勋卓著,功不可没。现在,我国进入了从站起来、富起来到强起来的历史性跨越的新阶段,未来30年更要强化国有企业尤其是中央企业的完成建设社会主义现代化国家这个历史宏愿的使命。

新中国成立以后,计划体制下国有企业承担了社会主义经济建设的绝大部分任务,为中国人民"站起来"作出了巨大贡献,但受体制机制约束,企业活力没有得到有效发挥,这也制约了中国经济整体实力的提升。改革开放以来,国有企业通过深化改革逐步成为市场经济主体,一方面为建设社会主义市场经济体制、探索社会主义与市场经济体制的有机结合发展作出了贡献,另一方面也促进了中国人民"富起来"和中国经济实力的巨大提升,为社会主义发展奠定了雄厚的物质基础。在新阶段,社会主义市场经济体制日益成熟,国有企业日益适应市场经济体制,国有企业改革发展已经取得了巨大成就,国有企业具备了为中国人民"强起来"作出巨大贡献的更为充分的条件,国有企业自身需要有更加强烈的使命感。

现代企业管理学认为,使命是企业组织存在的理由,使命决定战略，企业组织基于战略进行有效运作，在市场中计划运筹、组织协调各种资源，最终实现自己的使命，这是企业组织运行的基本逻辑。在市场经济条件下，如果仅仅把企业作为一个具有"经济人"特性、追求经济利益最大化的组织，企业就很难做大做强做久。卓越的企业从来不是把盈利作为自己组织的使命或者目标，盈利只是企业发展的手段，企业必须有为社会进步做出自己贡献的崇高使命。对于中国国有企业而言，更是应该把实现中华民族伟大复兴作为自己组织的根本使命，这是国家出资设立国有企业的最基本要求，也是国有企业存在的理由。

在使命上将国有企业与社会主义现代化国家建设紧密联系起来，是对国有企业更高层面的要求，需要企业在价值观和企业文化方面认同，这不仅有利于企业在制定和实施发展战略时能够与国家战略同频共振，还有利于企业在激烈的市场竞争中避免短期化行为和缺少全局意识，从而有利于企业的长远发展。改革开放以来，经过深化国有企业改革与国有经济战略性调整，在关系国家安全、国民经济命脉的重要行业和关键领域，在前瞻性战略性领域、公共服务领域和竞争性领域，国有企业占据重要的地位，对国民经济发展发挥了主要的支撑和稳定作用。在新发展阶段，围绕"强起来"的使命要求，国有企业应该坚持贯彻新发展理念、走高质量发展之路，在发展实体经济、实施科技创新、推动绿色发展、提供公共服务与民生保障、实现区域协调发展、打造国际国内"双循环"新发展格局等重大战略中发挥引领和支撑作用。

第二，新发展阶段国有资本应该更加聚焦到高水平的科技自立自强、实体经济创新发展与产业链供应链治理能力提升的功能定位上。

在新发展阶段，基于国有企业的中华民族伟大复兴的使命，围绕贯彻新发展理念、构建新发展格局的目标，国有资本功能定位需要在以下几方面聚焦。

一是高水平的科技自立自强。构建新发展格局最本质的特征是实现高水平的自立自强，而自强自立的关键在于科技的自主创新。在新发展阶段，创新在我国现代化建设全局中处于核心地位，科技自立自强是"十四五"规划的首要任务目标。中央企业有研发人员近100万人，两院院士超过200人，拥有一半以上的国家重点实验室。但是国有企业总体上在研发投入方面还严重不足，尤其是在基础研究方面投入更少，面对众多"卡脖子"的关键核心技术薄弱环节，中央企业还没有很好地发挥重要的战略科技力量的作用实现迅速突破。国有企业必须围绕着原创性技术创新进行大量资本布局，强化基础研究投入，提高高级技能工人占比，完善科技服务体系，在积极探索市场经济条件下的新型举国体制和推进创新攻关的"揭榜挂帅"体制机制的过程中发挥重要作用，中央企业要成为新型举国体制下的科技自立自强的核心平台，组织协调攻关重大的、战略性、基础性技术问题，提升重大项目的组织实施效率，对国家重大科技和产业化项目进行科学战略部署。

二是实体经济创新发展。近些年中国经济总体上呈现"脱实向虚"的趋势，一定程度上出现了过快和过早"去工业化"问题，这十分不利于我国经济高质量发展，不利于我国经济安全。一定要坚持把发展经济的着力点放在实体经济上，"十四五"时期要保持制造业比重基本稳定，巩固壮大实体经济根基，这是我国构建新发展格局、经济高质量发展的基本政策导向和要求。中央企业是我国实体经济的顶梁柱和制造强国建设的主力军，必须在推进实体经济创新发展上大有作为。但总体上国有资本也存在一定程度"脱实向虚"的问题。从2020年1月到11月的数据看，中央企业中工业企业资产总额占比51.4%，虽然保持超过了一半的比例，但近些年占比也是呈现明显下降趋势，2019年工业企业资产总额占全部中央企业资产总额较 2015 年下降 5.5 个百分点；而同期地方国资委监管的国有企业工业企业资产总额占比更是只有12.9%，比金融业低 9.5 个百分点，比房地产和建筑业还低 2 个百分点，2019 年比 2015 年下降了 7.5 个百分点。新发展阶段，国有资本必须在实体经济尤其是制造业上积极布局，国资委要强化主业管理，有效地推动实体经济创新发展。

三是产业链供应链治理能力提升。从供给侧看，产业基础能力薄弱和产业链供应链现代化水平低是制约我国经济高质量发展的突出短板，提高我国产业基础能力和产业链水平是构建新发展格局的关键着力点。在当今全球价值链分工的背景下，提升国家产业链供应链现代化水平，就是一个国家推进其产业链供应链向高附加值延伸、强化其产业在全球价值链各环节的增值能力、实现在全球价值链的地位升级、企业在全球价值链治理能力提升的过程。从国际经济循环角度看，中国企业在全球价值链中的分工地位还处于中低环节，对全球价值链治理还缺少话语权；从国内经济循环角度看，总体上国有企业尤其是中央企业在产业链供应链中处于中上游地位，对产业链供应链具有一定的控制能力，但这种能力主要是基于资源导向的，不是基于创新导向的。新发展阶段要构建新发展格局，提升中国产业基础能力和产业链水平，国有企业要在现有的基础上，采用流程或者工序升级、产品升级、价值链环节攀升，或者企业功能升级、价值链跃迁，或者跨产业升级及其组合等方式来提高我国产业基础能力和产业链水平，实现从基于资源优势控制产业链向基于创新能力控制产业链的转化。这要求中央企业高度重视基础研究、共性技术、前瞻技术和战略性技术的研究，积极引导完善试验验证、计量、标准、检验检测、认证、信息服务等基础服务体系，在准确把握我国产业链、供应链、价值链分布和关键技术的现状的基础上在产业基础再造工程中发挥核心作用。中央工业企业应该借鉴日本

"母工厂"制度建设一大批核心工厂,在生产制造层面形成实现要素集成、技术创新、流程优化、人才培育的专业平台,从而专业集成、久久为功,提高中国的工业基础能力和产业附加值,成为真正意义的基于创新能力的产业链供应链的"链长"。

第三,新发展阶段国有资产监管体制改革要强调围绕资本的"技术属性"完善管资本为主的监管体制,避免单纯围绕资本的"金融属性"来理解管资本为主的监管体制。

国有企业使命定位和国有资本功能布局的实现,不仅仅是国有企业自身的问题,同时和国有资产监管体制直接相关。党的十八大提出了要建立以管资本为主的国有资产监管体制,党的十九大和十九届四中、五中全会也在不断地强调要健全管资本为主的国有资产监管体制。建立健全以管资本为主的国有资产监管体制,是我国完善社会主义市场经济体制、深化国有企业改革的一项重要制度,是我国国资国企改革的重大进步,对避免政企不分、使国有企业成为真正的市场主体具有重要的意义。但是,近些年在建立和完善"管资本为主"监管体制的过程中,出现了一些错误的理解,把"管资本为主"理解为"单纯管资本"、不能"管企业",把"管资本"单纯理解为监管企业的资本收益。在分类改革的背景下,对商业一类企业国资委的确是主要考核其国有资产保值增值和企业利润。但这并不意味着国资委就不能对其企业使命、发展战略等重大经营方向进行监管,实际上应该把管企业的资本和管企业的使命、战略等统一起来。对于商业二类和公益类企业更应该注重对其企业使命、经营战略等重大发展问题进行监管。正是由于这些错误的片面的理解,在宏观经济"脱实向虚"的背景下,一些国有企业也以"管资本为主"为挡箭牌,开始"脱实向虚",只关注资本运作,成立大量基金投入非主业项目,放弃自己的做强主业实业的企业使命。这在一定程度上加速了整个经济"脱实向虚"、过早过快"去工业化"

的趋势，另外从长期看随着企业核心能力弱化，也加大了企业未来的经营风险。

从经济学理论上看，即使是"管资本"，其内涵也绝不是单纯地只关注资本收益。"资本"在现实中存在两种内涵，或者说属性，一种是：资本可以表述为作为一种资源的可自由流动的资金，能够很容易地从一种用途转换到另外一种用途，这实质上是资本的"金融"概念或者"金融属性"。资本这种属性更多地对应于利率概念来度量其价值，其运营主体更多是金融类机构。另外一种是：资本可以表述为在某特定生产组织或者机构内进行的生产过程中包含的一组生产要素，这实质上是资本的"技术"概念或者"技术属性"，资本这种属性更多地对应于利润率来度量其价值，其运营主体多是从事生产服务的实体经济类机构。由于资本的这两种现实属性或者概念还不能够在逻辑上、理论上有机地结合起来，经济学家还一直深陷于资本理论中关于利润率、资本密度（人均资本或者单位产出资本）、利率和技术进步之间的相互关系的研究论证中（帕西内蒂和斯卡其里，2016，第605—613页）。

从国资委监管的对象看，其监管资本的含义更多地是具有"技术属性"，而非"金融属性"。这意味着国资委"管资本"需要监管对象基于"技术属性"投入资本获得产出的利润率，而不是基于"金融属性"投入资本在资本市场上的资源流动中获得"利率"收益。也就是说，国资委"管资本"不仅要考核其资本回报，还要关注其资本回报是通过什么途径获得的，要监管企业是否已经脱离主业、违背使命要求和偏离资本功能定位。

当然，这并不意味着国有资产监管体制要回到十八大之前。在"管资本为主"的管理体制下，国资委除了监管国有资本保值增值，对国有企业的监管更多地是对国有企业使命、重大战略层面的监管。在新发展阶段，中央企业要强化以中华民族伟大复兴为己任、服务于中华民族伟大复兴战略全局、在全面建设社会主义现代化国家新征程中发挥支柱作用的使命感，国有资本应该更加聚焦到高水平的科技自立自强、实体经济创新发展与产业链供应链治理能力提升的功能定位上，那么"管资本为主"的国有资产监管体制，不仅要考核其资产回报，更要重视上述国有企业的使命实现和国有资本的功能定位。

第 12 章　国有企业分类改革研究

中国国有企业是一个庞大群体,在传统计划体制下几乎所有企业都是国有企业。面对如此庞大的国有企业,一方面,由于实行渐进式改革战略,所以,全国国有企业改革的进程和成效因地区、行业和规模等具体情况的不同而差异性很大,呈现出十分复杂的态势,在改革过程中,既存在传统的国有企业,也有实行了公司制的国有企业,还有股票公开上市的股份公司。既有按照现代公司制新成立的国有企业,也有市场化程度较高的国有独资企业,还有同外商合资合作的国有企业。国有企业从传统计划体制下整齐划一的形态,逐步演化为千姿百态,形成了不同类型的国有企业。另一方面,面对如此繁杂的国有企业群体,随着改革的深入,逐步认识到国有企业改革要在分类的基础上才能科学推进。早在20世纪90年代中期,就有学者提出了分类改革的建议。本书第7章(成稿时间1998年)也明确提出了目标定位与分类改革问题。进入2013年以后,党的十八届三中全会明确了新时代国有企业分类改革的思路。如上章所划分的,这个时期被认为是"分类改革"时期。本章主要围绕国有企业分类改革问题进行论述。[①]

[①] 本章主要内容是基于笔者执笔的两篇论文整合而成,一是"'新型国有企业'现象初步研究",载《中国工业经济》2005年第6期(与金碚合作)。二是"新时期的新思路:国有企业分类改革与治理",载《中国工业经济》2013年第11期(与余菁合作)。有关国有企业分类改革最新更为全面的论述,可参阅笔者发表在《经济研究》2022年第4期的"国有企业分类改革论"。

12.1 国有企业分类改革的提出

关于分类改革的思路,最早可以追溯到 1995 年国有企业改革开始实施"抓大放小"战略。如第 11 章所回顾的,在那个时期,理论界逐步认识到仅仅针对单个企业建立现代企业制度的"单个搞活",是无法解决庞大国有经济问题的,于是提出基于"整体搞活"思路从整个国有经济视角实施国有经济战略性改组。1995 年 9 月中共十四届五中全会通过的关于"九五"规划的建议中,提出了着眼于搞好整个国有经济,对国有企业实施战略性重组,搞好大的、放活小的。"抓大放小"战略的提出,可以理解为最早的分类改革,但是"抓大放小"更多是强调从战略上调整国有经济布局和改组国有企业,推进国有资产的合理流动和重组。当时还没有明确提出分类进行不同的企业制度设计。

学术理论界关于企业分类的最早文献是两类,一类是基于企业的规模大小、经营状态进行的分类改革设计思路,另一类是基于企业功能分类改革国有企业。随后还有基于企业所处领域的竞争性进行分类(岳清唐,2018,第 162 页)。但是这些早期提出分类改革建议的文献,与 2013 年党的十八届三中全会通过的《中共中央关于全面深化改革若干重大问题的决定》和 2015 年 8 月中共中央、国务院印发的《关于深化国有企业改革的指导意见》关于分类改革的思想还有较大差距。在中共中央、国务院《关于深化国有企业改革的指导意见》中明确了分类改革的思路,提出分类推进国有企业改革的具体要求:[①]

一是要划分国有企业不同类别。根据国有资本的战略定位和发展目标,结合不同国有企业在经济社会发展中的作用、现状和发展需要,

---

① 具体内容参见中共中央、国务院《关于深化国有企业改革的指导意见》(2015 年 8 月 2 日),http://www.gov.cn/zhengce/2015-09/13/content_2930440.htm。

将国有企业分为商业类和公益类。通过界定功能、划分类别,实行分类改革、分类发展、分类监管、分类定责、分类考核,提高改革的针对性、监管的有效性、考核评价的科学性,推动国有企业同市场经济深入融合,促进国有企业经济效益和社会效益有机统一。按照谁出资谁分类的原则,由履行出资人职责的机构负责制定所出资企业的功能界定和分类方案,报本级政府批准。各地区可结合实际,划分并动态调整本地区国有企业功能类别。

二是推进商业类国有企业改革。商业类国有企业按照市场化要求实行商业化运作,以增强国有经济活力、放大国有资本功能、实现国有资产保值增值为主要目标,依法独立自主开展生产经营活动,实现优胜劣汰、有序进退。商业类国有企业又分类为商业一类和商业二类,商业一类主业处于充分竞争行业和领域的商业类国有企业,原则上都要实行公司制股份制改革,积极引入其他国有资本或各类非国有资本实现股权多元化,国有资本可以绝对控股、相对控股,也可以参股,并着力推进整体上市。对这些国有企业,重点考核经营业绩指标、国有资产保值增值和市场竞争能力。商业二类主业处于关系国家安全及国民经济命脉的重要行业和关键领域、主要承担重大专项任务的商业类国有企业,要保持国有资本控股地位,支持非国有资本参股。对自然垄断行业,实行以政企分开、政资分开、特许经营、政府监管为主要内容的改革,根据不同行业特点实行网运分开、放开竞争性业务,促进公共资源配置市场化;对需要实行国有全资的企业,也要积极引入其他国有资本实行股权多元化;对特殊业务和竞争性业务实行业务板块有效分离,独立运作、独立核算。对这些国有企业,在考核经营业绩指标和国有资产保值增值情况的同时,加强对服务国家战略、保障国家安全和国民经济运行、发展前瞻性战略性产业以及完成特殊任务的考核。

三是推进公益类国有企业改革。公益类国有企业以保障民生、服务社会、提供公共产品和服务为主要目标,应引入市场机制,提高公共服务效率和能力。这类企业可以采取国有独资形式,具备条件的也可以推行投资主体多元化,还可以通过购买服务、特许经营、委托代理等方式,鼓励非国有企业参与经营。对公益类国有企业,重点考核成本控制、产品服务质量、营运效率和保障能力,根据企业不同特点有区别地考核经营业绩指标和国有资产保值增值情况,考核中要引入社会评价。

与学术界关于分类改革的上述文献相比,我们在《中国工业经济》2013年第11期发表的"新时期的新思路:国有企业分类改革与治理",最早表述了与《意见》中分类内容十分接近的思想,而且针对当时115家中央企业进行了具体分类(参见本章第3节)。岳清唐(2018,第162页)在其《中国国有企业改革发展史》一书中,专门指出了这个贡献:"2013年11月,黄群慧和余菁在'新时期的新思路:国有企业分类改革与治理'一文中最早表达了接近《决定》中的思想。文章提出:'在新时期,国有企业改革的主要目标,绝不是通过国有企业私有化、民营化最终消灭国有企业,也不是仅仅围绕国有资产保值增值建立激励机制以追求国有资产自身发展壮大,而是如何建立有效的制度基础保证国有经济追求"国家使命导向"的发展。围绕这个目标,解决国有经济现在面临的"盈利性使命"和"公共性使命"冲突则成为新时期国有企业改革的重要任务。这要求突破那种将国有经济看作"铁板一块"的认知观念,引入分类治理的工作思路。本文提出,应将国有经济部门区分出公共政策性、特定功能性和一般商业性三类,为它们分别构造不同的治理机制。'"

实际上,我们的这些研究较早地递交了国资委,并应国资委要求对国资委进行了专门报告讨论。当时的理论界是有"两分法"和"三分法"两个主流分类思路之争的。① 所谓"两分法",即以保障普遍服务、实现公共政策目标为使命的公益保障类企业(也有公益类、公共政策类等各种表述)和以追求商业利润、实现国有资产保值增值为使命的商业竞争类企业(也有营利类、竞争类、一般商业类等各种表述);所谓"三分法",是在公益保障类和商业竞争类之间增加一个以服务国家经济发展某方面具体功能目标为使命的特定功能类。

"两分法"思路的思想基础,来自于西方发达市场经济国家的理论与实践,是对西方发达市场经济国家国有企业实践的简单效仿,从理论上具有简单直接、明确区分、可以彻底避免国有企业"营利性使命"和"公益性使命"冲突的特点,但其前提是国有企业数量非常有限。"三分法"思路基础是考虑中国现阶段是一个发展中、渐进式的经济转轨国家,拥有世界上最庞大和最复杂的国有经济部门。中国国有企业在相当长的历史时期既要有一般的市场体制国家在市场经济运行中国企应承担的"弥补市场失灵"使命,又要有发展中国家在经济赶超中国企应承担的"实现经济赶超"使命,还要有转轨经济国家在渐进式转轨过程中国企应承担的"培育市场主体"使命,这三类使命要求必然存在三类国有企业,即公益保障类、特定功能类和商业竞争类。尤其是作为后发大国,我国的确需要在事关国计民生的基础产业、支柱产业、战略产业上与国外企业竞争抗衡,需要支持科技进步、保障国家经济安全的特定功能类企业。

从最后的政策看,基本采用了"三分法",基本与我们在《中国工业经济》的论文一致,只是名称有所改变,其中,"公共政策类"对应了"公益类企业","一般商业类"对应了"商业一类",而"特定功能类"

---

① 笔者认为应该采用"三分法",具体参见黄群慧(2015)。该篇论文是所有国有企业分类改革文献中引证率最高的。截止到2021年12月20日,在中国知网上以"国有企业分类改革"为主题查询,共有文献431篇,该文以被引证353次列引证率第1位。

对应了"商业二类"。之所以没有用我们提出的"冠名",主要是不太接受"一般商业类"的"一般"这个词,对于大型央企而言,"一般"容易引起"不重要"的误解。当然,我们这里"一般"实际上是与"特定"对应的,并没有不重要的含义。

12.2 "新型国有企业"现象研究

"新型国有企业"是在国有企业改革进程中逐步产生的具有显著"中国特色"的体制现象,是渐进式改革推进到一定阶段的必然产物。因为,渐进式改革的基本逻辑是:边破边立,先易后难,双轨推进,此消彼长,不恤人言,但求可行。

1978年到1992年是我国国有企业改革的第一阶段,通过扩大企业的经营自主权和增加企业留利来提高国有企业的活力是该阶段改革思路的主线。由于这一阶段的企业改革并没有涉及产权制度,所以,总体上说国有企业并没有发生质的变化,谈不上从"老"到"新"的转变。但在1985年,为了克服国有企业的预算软约束现象,增强企业的经济核算意识,国家将原来国家财政给企业的预算拨款资金改为由银行向企业贷款,即实行"拨改贷"的投资制度。这就产生了一大批无资本金而依靠银行贷款建立起来的国有企业。这些企业逐步演化为两类,一类是企业通过自主经营归还了贷款,积累起自有资金,在市场竞争中逐步发展起来,企业的经营利润就成为资本金;另一类企业是由于种种原因没有能力归还贷款,利息负担很重,经营十分困难,从而为1997年"债转股"埋下了伏笔。由于前者的资本金是企业自己的留利,与传统的国家直接出资形成的老国有企业不同,因此,这类企业就是这一阶段产生的后来被称为"新型国有企业"的企业。

1993年到2001年,是国有企业改革的第二阶段,这一阶段改革的核心内容是明确国有企业改革的目标。1992年党的十四大确立了建立社会主义市场经济体制的目标,1993年,十四届三中全会提出了国有企业改革的方向是建立适应社会主义市场经济要求的现代企业制度,而公司制是现代企业制度的基本形式。在这一个阶段,建立现代企业制度的试点、进行股份制改造、实行"抓大放小"政策、促进国有经济战略性重组等一系列改革措施催生了许多与传统国有企业有很大差别的"新型国有企业"。这些"新型国有企业"按照《公司法》注册,以股份公司和有限责任公司为主要法律形式,虽然保持了国有控股,但股权结构是多元化的。其中,有些企业是新建的,也有一些是从老国有企业改制而来的。20世纪90年代中后期,这些新型国有企业中的相当一部分在市场竞争中表现出色,脱颖而出,所以,当时"新国企"就作为一个特殊的企业群体而开始受到经济学界的关注(刘世锦,1997)。

从2001年开始到现在,是国有企业改革的第三阶段,这一阶段改革的核心内容是深化国有资产管理新体制改革,建立健全现代产权制度,并认识到股份制是公有制的主要实现形式之一。在这一阶段,大量的国有企业继续进行改制,或者新组建为国有控股的股份制企业。同时,由于进入21世纪,重化工业高速发展,石化、钢铁、电子、汽车和电力等行业的大型国有独资公司及国有控股企业取得了显著的经济效益。虽然这些大型企业本身是国有独资的老国有企业,有的仍然是按《全民所有制工业企业法》设立,但也被有些人称为"新型国有企业"。这样,大型国有独资企业的优良业绩使得"新国企"的称谓被泛化使用。因此,泛泛而论的"新国企"不仅包括了在市场竞争中自我积累发展起来的国有企业,新成立或者改制成以股份有限公司或者有限责任公司形式而存在的国有企业,还包括一些效益良好的大型国有独资公司、国有控股公司等。于是,"新型国有企业"现象引起了更为广泛的关注,"新国企"中的企业家也成为经济界耀眼的明星。

还有一个特别值得注意的现象是:由于改革的推进,国有企业获得了很大的自主权。过去,国有企业领导的自主权被限制到几乎没有任何经营和投资决策权的地步,而现在,中国国有企业领导几乎是全世界国有企业管理者中权利最大的。他们可以自主投资建立新的子企业,这些子企业又可以再投资建立孙企业。从资产的法律归属上看,这些子企业和孙企业仍然是国有企业,但其性质和运行机制已经发生了很大的变化。这些由国有企业自主投资建立的子企业孙企业显然是显著区别于老国企的一类新国企。

这样一来,虽然"新国企"一词被广泛地使用,但其确切含义则变得十分模糊了。人们不免要问,究竟什么是"新型国有企业"?"新型国有企业"具有哪些显著特征?现实中哪些企业是新国企,哪些企业仍然是老国企?区别新国企和老国企的根本标准是什么?很显然,从理论上澄清"新型国有企业"这个被广泛使用的概念具有十分重要的意义。进一步深入地思考,关于"新型国有企业"的认识还涉及以下一系列重要问题,因此把"新型国有企业"作为一种现象进行深入研究具有特别重大的理论和实践意义。其一,许多"新型国有企业"在市场上表现出良好的业绩,这是否就表明国有企业改革取得了成功?进一步说,经济效益的好坏就是区分新老国有企业的标准吗?其二,"新型国有企业"是一种过渡型的企业现象,还是一种长期存在的企业形态?或者说"新型国有企业"是国有企业改革的目标形态,还是仅仅是改革阶段性的产物?如果"新型国有企业"就是国有企业改革的目标形态,那么,是否意味着这些"新型国有企业"已经完成了改革任务?而如果"新型国有企业"只是国有企业渐进改革的阶段性现象,那么,这些"新型国有企业"未来的改革方向和目标形态是什么?其三,虽然改革开放以来,我国国有企业的比重有所下降,但由于"新型国有企业"的快速成长,国有企业的绝对规模并没有因为国有经济的战略性重组而缩小,相反保持了快速增长,这是否意味着,只要经济效益不错,国有企业就可以继续扩大规模?如果是这样的话,如何认识国有经济的战略调整和国有企业的战略定位?国有经济逐步退出竞争性领域不再是国有企业的改革战略了吗?其四,从根本含义上说,所谓新国企,是相对于我国过去的国有企业制度而言,还是相对于世界各国的国有企业而言?如果是前者,那么,只要是计划经济条件下的国有企业,转变为在市场经济条件下运行的国有企业,就算是新国企了。那么,世界上其他市场经济国家的国有企业是不是也都是新国企呢?而如果是后者,那么,中国的新国企是不是区别于其他国家的国有企业的独特国有企业呢?这是否意味着我们发现了新的改革模式——所谓"中国模式"或者"中国道路"呢?

12.2.1 "新型国有企业":语义辨析与特征描述

从语义上直接理解,"新型国有企业"可以是相对于原来国有企业或者说老国有企业而言。那么,由于企业的属性是多方面的,任何表现出与原来国有企业不同属性(即使仅仅是一方面的属性)的国有企业,都可以叫"新型国有企业"。这就会使得人们对"新型国有企业"的认识发生很大的差别。从现有的文献看,被称为"新型国有企业"的企业至少有这样一些:(1)由"拨改贷"方式投资形成并在市场竞争中自我积累、自我发展起来的注册为"全民所有制企业"的企业。(2)非国有资金投资建立的注册为"全民所有制企业"或者"国有企业"的企业。通常被称为戴"红帽子"的非国有企业。采取这样的企业形式,通常是为了获得某些政策优惠或者绕过某些政策限制,特别是为了变通进入非国有资金禁止进入的行业或领域。这类企业在研究新国企时不具有典型意义。(3) 改制为股份公司、有限责任公司的国有企业。该类企业由传统的国有独资企业通过吸引其他国有股东、非国有股东,按照《公司法》重新注册而成,这类企业是股权多元化的,但国有股东是最大股东。(4) 国有控股的上市公司。这类企业是第(3) 类中的一部分,但股票公开上市。上市方式包括整个国有企业整体上市和拿出一部分新设立上市,原国有企业为新设立公司的控股公司。(5) 各级国有资产管理公司。随着国有资产管理体制改革的深入,很多地方(深圳、广州、武汉、上海、北京等) 政府先后组建了国有资产管理公司,虽然这些管理公司是国有独资公司,但与以往的国有企业不同,主要从事国有资本经营运作。(6) 大型国有独资公司,这些公司按照《公司法》中国有独资公司的要求设立,其经营领域通常有一定的政策性进入障碍,但也存在一定程度的竞争性,因而这类企业的基本运作方式也是市场化的。(7) 在竞争性行业中,完全是通过参与激烈的市场竞争发展壮大起来的知名国有企业。如海信、TCL、长虹、联想等,这类企业一般被认为是最典型、最具代表性的"新型国有企业"。(8) 经过改革卸掉了历史包袱而获得新生的国有企业。主要是通过新建、改制、主辅分离、下岗分流等方式,摆脱掉老国有企业承担的债务、人员、企业办社会等负担,成为新型国有企业。(9) 由国有企业自主投资或与其他企业合资建立的国有或国有控股企业,并获得了很大的独立性和自主权,成为受政府行政约束最小的国有企业。值得注意的是,中国在海外的国有企业基本上都属于这一类。

上述各种类型"新型国有企业"涉及范围很广,"新"在哪里,内容各具特色。这使得准确定义"新型国有企业"的概念和描述其特征变得十分困难。其现实根源在于20多年的渐进式改革使原来形态相对单一的国有企业演化为形态千差万别的企业群体,其生存状态变得十分复杂。例如,单从法律形式看,目前我国国有企业的主要法律形式就有按照《全民所有制工业企业法》规范的国有企业,按《公司法》以及特别公司法(如《商业银行法》《保险法》等)规范的国有独资公司、国有有限责任公司、国有控股公司和国有资产在企业资产中比例占相对优势的公司,按照外商投资企业的法律规范的国有资本占控制地位的合资、合作企业或者公司、股票公开上市(包括在国内证券交易所和海外证券交易所上市)的国有控股股份公司,等等(黄建文,2003,第16页)。仅按照企业登记注册类型看,现在的国有企业就包括按照《中华人民共和国企业法人登记管理条例》规定登记注册的"国有企业"和部分"集体企业";按照《中华人民共和国公司登记管理条例》规定登记注册的"国有独资公司"、国有控股的"其他有限责任公司"和"股份有限公司";依据《中华人民共和国中外合资经营企业法》设立的国有控股的"中外合资企业"等。

面对复杂的国有企业形态,研究者对"新国企"特征的概括显然就会各不相同。(1)一种概括是"新国企"的企业产权结构多元化、兼具现代公司治理和老国企领导体制特征的独特企业治理结构、具有适合自己情况的独特的管理模式、高度重视企业经营战略、鲜明的企业文化等(剧锦文,2003)。(2)另一种概括则是"新国企"有好的初始产权关系,有灵活的企业运行机制,有新的技术装备和产品,有市场化的管理制度,没有一般老国企所承担的历史包袱和负担(林凌,2000)。(3)第三种概括是:"新国企"必须有一个灵魂性的人物——不带"官员色彩"的企业家——来主导企业的变革和发展;"新国企"必须有一个善于学习、善于创新、善于沟通的学习型的团队;"新国企"必须有能够保证自己在某个或某几个行业领域中占有主导地位的市场化的核心竞争力;"新国企"必须有清晰的发展战略和长远战略,并依靠资本的杠杆来实现产业化经营;"新国企"必须在产权制度方面形成突破,改变落后的管理体制和运行机制(韦三水,2003)。(4)除此之外,还存在一种相对宽泛的概括,认为"新国企"是相对于"改革滞后型"国有企业而言的在改革进程上有较大突破的国有企业(剧锦文,2004),是具有自主经营、自负盈亏、自我约束、自我发展功能的国有企业。应该说,前三种归纳概括比较全面具体,但缺乏系统性,尤其是基本上将"新国企"等同于"成功或者优秀的国企",这在第(2)、(3)种概括上表现更为明确。而最后一种特征概括只是一种基本的区分原则,缺乏具体内容。

我们认为,"新型国有企业"是随着我国计划经济体制向市场经济体制转变而产生的市场化导向的国有企业,"新型国有企业"与老国有企业的本质区别在于前者是市场经济条件下的独立的市场竞争主体,也就是说市场化导向的独立竞争主体是"新型国有企业"的本质特征或者属性。因市场化导向程度和表现的差异而存在不同种类的"新型国有企业",前面所罗列的9种不同类型的"新型国有企业"的区别就在于市场化导向程度和表现的不同。那么,如何衡量或者描述国有企业的市场化程度呢?我们认为可以将各种复杂现象归纳简化为"企业产权制度"和"企业管理体系"两个维度上的具体表现。如表12-1所示,"企业产权制度"这个描述维度又可以具体分为"股权结构与法律形式""公司治理结构的规范程度""经营管理者选择的市场化程度""政府与企业的关系"等4个具体描述指标来具体分析国有企业作为市场竞争主体的独立性程度;"企业管理体系"维度则被细分为"是否以追逐利润为主要目标""战略管理意识""人力资源制度""组织文化导向"等4个具体描述指标来衡量国有企业经营管理行为的市场化程度。表12-1中对典型"新型国有企业"的特征从上述8个方面进行了大致描述。简而言之,典型的"新型国有企业"就是位于竞争性市场环境中,具有现代企业产权制度和市场化企业管理体系的国有企业。

表 12-1 典型"新型国有企业"特征描述

描述维度	描述指标	典型"新型国有企业"特征或者属性
企业产权制度	1. 股权结构与法律形式	股权是以国有控股（包括绝对控股或者相对控股）为前提的多元化结构，采用股份公司或者有限责任公司的法律形式，按照《公司法》注册建立，可以是新成立，也可以是改制而成。如果经营不善，可以依法破产。
	2. 公司治理结构的规范程度	决策核心是董事会，"新三会"能够真正运行并有效发挥作用。
	3. 经营管理者选择的市场化程度	经营管理者团队是由董事会从市场上选择，并可以自主聘任和解聘。
	4. 政府与企业的关系	既不存在或者很少存在政府对"新国企"的直接干预，而且也不存在政府对其的特殊保护，其中包括不存在政府对非国有企业设置行业准入障碍和对国企进行各种形式的补贴。典型"新国企"所处的行业应该是竞争性的，不存在由政府保护而形成的垄断现象。
企业管理体系	1. 是否以追逐利润为主要目标	可以有多元化的目标，但当目标冲突的时候，一般从长期看要服从利润目标。
	2. 战略管理意识	有强烈的战略管理意识，有明确的使命和战略定位。
	3. 人力资源管理制度	人力资源制度是市场化、绩效导向的，包括自主全员社会招聘、根据市场水平制定的激励性的薪酬制度、建立竞争淘汰制度等。
	4. 组织文化导向	彻底抛弃了"官办企业"的政府组织文化特征，建立了盈利组织的市场竞争导向文化。

资料来源：作者自撰。

12.2.2 "新型国有企业"的类型分析

面对复杂的国有企业现状，不应把"新型国有企业"概念界定得过于狭窄，新型国有企业不仅是多样化的，而且也是变化着的。在现实中，只具备上述 8 个特征的某些方面，或者仅仅在一定程度上表现为这 8 个特征的企业，也有可能被纳入"新型国有企业"的范围，只是其"新"的程度和类型存在差别。

实际上，表12-1的作用不仅仅在于描述典型"新型国有企业"的基本特征，还为我们提供了一个根据国有企业市场导向改革进展程度动态分析国有企业生存状态的分析框架。如图12-1所示，如果我们分别以企业产权制度、企业管理体系作为两个坐标轴，从原点沿坐标轴向外延伸分别表示国有企业的产权制度现代化程度（建立现代公司治理结构的规范程度）和企业管理体系的市场导向程度，直至真正具备现代企业产权制度和完全市场导向的企业管理体系。这样，就可以把国有企业划分4类。

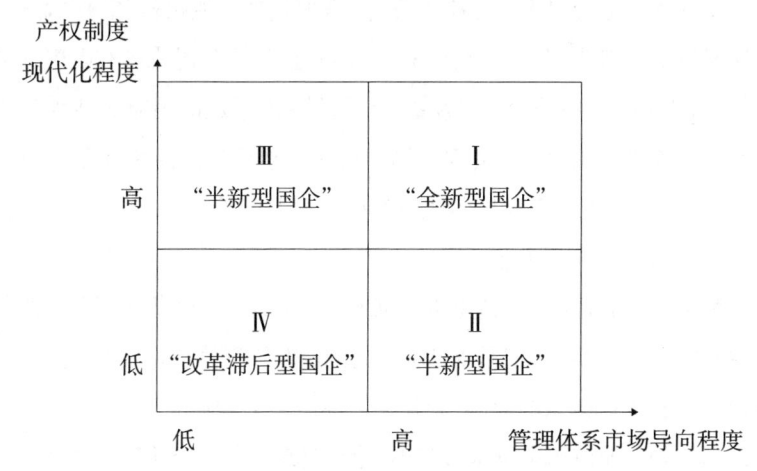

```
产权制度
现代化程度
   ↑
   │     Ⅲ          Ⅰ
高  │  "半新型国企"   "全新型国企"
   │
   │     Ⅳ          Ⅱ
低  │  "改革滞后型国企"  "半新型国企"
   └─────────────────────→
      低      高    管理体系市场导向程度
```

图 12-1　根据市场导向改革进展程度对国有企业的分类

第Ⅰ类企业大致对应典型"新型国有企业"，属于"全面改革先进型"国有企业，具有股权多元化的产权结构，以股份制为主，公司治理结构相对规范，所处行业为竞争性行业，这类企业面对激烈的市场竞争，逐步建立起完善的市场导向管理体系。在现实经济中，这种类型的国有企业大多是处于一般竞争性行业的国有企业，也包括部分处于战略性竞争行业（这些行业的国有企业数量往往要大于10家）的国有企业，这类企业在公司注册形式上一般体现为股权多元化的国有控股（包括直接控股和间接控股、绝对控股和相对控股）的股份有限公司、有限责任公司(含中外合资)和上市公司。①

　　第Ⅱ类企业是产权改革相对滞后,但已经建立起市场导向的企业管理体系的国有企业,这体现在其下属的具体经营单位的经营管理行为完全是以市场导向的,这类企业产权改革滞后的原因可能是多种多样的(如规模巨大、国家战略利益考虑等),而能够建立起市场导向的管理体系主要有两方面原因,一方面是由于市场竞争的压力,另一方面是由于有一个有创新精神的企业家和管理团队的推动。现实经济中,这类企业大多是企业集团、控股公司,很多是处于战略性竞争产业中,其注册形式一般为国有企业、国有独资公司、集团公司或者有限责任公司等,那些由于"拨改贷"以及戴"红帽子"而形成的国有企业大致也属于这类企业。现在,国资委直属的许多大型国有企业集团都可以归为这一类,这些大型企业集团往往都控股有上市子公司,而这些子公司可以划为第Ⅰ类国有企业。

　　第Ⅲ类企业是产权改革推进力度较大,形式上已经形成了公司制的产权制度,但还没有真正形成市场导向的经营管理体系。没有建成市场导向的经营管理体系的原因,也许是改制或者公司成立时间较短,也许是公司所处行业市场竞争压力较小,也许是缺少创新企业管理体系的企业家和合格的管理团队。现实经济中,这类企业也可以包括竞争性行业中新成立,但经营管理体系建设滞后的股份有限公司、有限责任公司。而主要是处于自然垄断性产业或者部分战略性竞争产业(这些产业的国

---

　　① 在竞争性产业中有必要区分一般性竞争产业和战略性竞争产业。所谓一般性竞争产业包括纺织、服装、家电、一般机械、日用化工、食品加工制造、家具制造、医药制造、造纸、皮革、橡胶、塑料、化学纤维等,位于这些产业的企业以盈利为目标,几乎没有国家产业政策的进入壁垒,各类所有制企业共同竞争;所谓战略性竞争产业是指产业本身具有竞争性特性,但涉及国家的战略性资源、国家整体经济发展战略和国家安全,在我国如石油、石化、有色金属、煤炭、钢铁、汽车、电信、核工业、基础电子、生物技术、电力、造船、金融、航空航天、新闻、出版等都是这种战略性产业,这些产业进入政策壁垒高,规模经济明显,这些产业的竞争也比较激烈,但基本上是国有企业之间的竞争。具体参阅金碚(2002,第86—94页)。

有企业数量往往只有几家),常常是整体上市的大型国有上市公司,由于占有资源的垄断性,没有竞争压力和动力来推进建立市场导向的经营管理体系,例如我国通信、石化行业的上市公司,可以属于这类企业。

第Ⅳ类企业是"改革滞后型"国有企业,这类企业无论是在产权制度方面,还是企业管理方面,市场导向的改革进展都不明显,也就是说,这是一些没有随着市场经济逐步建立而进行市场化改革或者市场化改革进展缓慢的国有企业。现实经济中,这类企业大致分为两种,一种是由于种种原因改革进展缓慢的国有企业;另一种是特殊产品和行业中的国有企业,如造币、具有军事用途的核心产品和关键部件以及涉及国家安全的行业、自然垄断的行业、提供重要公共产品和服务的行业等。后一种国有企业并不进入市场竞争,完全是一类特殊企业。

以市场化导向改革的程度作为标准,除第Ⅳ类"改革滞后型"国有企业不能称为"新型国有企业"外,第Ⅰ、Ⅱ、Ⅲ类国有企业都可以是"新型国有企业",也就是说存在三类"新型国有企业"。第Ⅰ类"新国企"是"全新"国有企业,第Ⅱ、Ⅲ类"新国企"是"半新"国有企业(韦三水,2004)。也就是说,第Ⅰ类"新国企"是彻底变革的国有企业,无论从企业产权制度上,还是企业经营管理行为上,都体现出突出的市场导向;而第Ⅱ、Ⅲ类"新国企"则是部分变革的国有企业[①]。

[①] 在20世纪90年代,围绕我国企业改革的核心问题理论界形成了"产权论"和"外部环境论"两派观点。"产权论"认为产权对企业效率是重要的,国有企业改革应通过产权改革来改善激励机制,进而提高国有企业效率。"外部环境论"则认为国有企业的首要问题是不公平竞争条件下的软预算约束,国有企业改革的核心是创造公平的竞争环境,通过市场竞争压力来提高国有企业效率。在这两派观点基础上,一个综合性的观点是"超产权论"。"超产权论"进一步阐明由产权改革产生的激励效应只有在竞争条件下才能发挥作用,因此国有企业仅仅进行产权改革是不够的,还需要推进企业目标利润化、激励机制市场化、经理选聘竞争化与资产管理商业化等方面的改革(有关这三种观点的综述可参阅黄群慧[2000])。从某种意义上可以认为,第Ⅱ类"新国企"就是"外部环境论"指导下改革后的国有企业,第Ⅲ类"新国企"则是"产权论"指导下改革后的国有企业,而第Ⅰ类"新国企"就是"超产权论"指导下改革后的"新国企"。

特别需要强调的是,第一,"新国企"并不一定是成功的国企,企业的经营业绩和成败不是判断"新国企"的标准。由于"新国企"进行了改革,克服了许多老国企的弊端,更能够适应市场竞争,因而具有更大的成功概率。而在性质上,新国企恰恰是可能失败甚至破产,并且必须自己承担其后果的国有企业,正因为这样才具有很强的竞争动力;而老国企则是通常不会破产,即使破产也不承担后果(只是关、停、并、转后由政府负责善后)的国有企业。第二,对"新国企"的分类是相对的和高度简化的。① 现实中各类企业之间存在互相渗透的关系,尤其是第Ⅱ类"新国企"多数都下设控股子公司,而这些子公司又多属于第Ⅰ类"新国企"。但是,这种分类具有重要意义,它给出了一个清晰地描述国有企业市场化改革进展和"新国企"现状的理论框架,也为分析国有企业改革态势和探索进一步改革的方向和空间奠定了基础。

12.2.3 "新型国有企业"的基本生存状态

基于上述关于国有企业的分类,可以认为国有企业改革的进程是一个从单一老国有企业形态向各种类型的国有企业"分化"的过程,这也正是"新型国有企业"的产生与发展过程。这个过程以中国的快速工业化进程、20余年经济高速增长为背景。国有企业"分化"并没有使整个国有经济停滞发展,相反,"新型国有企业"、民营企业和外资企业

---

① 例如,我们大致认为上市公司是符合典型现代公司制度要求的公司形式,但是对于我国国有上市公司现实而言,显然这并不成立。又如,我国国有上市公司,既包括政府机构直接作为控股股东的上市公司,也包括政府通过控制实业公司和投资管理公司来间接控制的上市公司,而其中实业公司又分为专业化经营公司和多元化经营公司,而实行专业化经营的公司又进一步划分为整体上市和部分上市。这些不同控制类型的国有上市公司,其公司治理结构的差异性非常大。显然,在我们的分类中,无法将这些差异性考虑在内。具体参见刘芍佳等(2003)。

"三驾马车"的共同快速发展成就了中国经济的奇迹和"中国模式"。从总体上看,虽然在国有企业以往的改革过程中国有企业曾遇到重重困难(如曾有所谓"三年脱困"阶段),但经过"分化"后的各类国有企业,尤其是三类"新型国有企业"现有的基本生存状态,是比较乐观的。这可以表现在"新型国有企业"的效益、规模、行业分布等方面。

从效益上看,国有企业在经过 1997—1999 年的"三年脱困"以后,实现利润逐年大幅度提高,"新型国有企业"表现出较强的盈利能力。到 2004 年,国资委所属国有企业(这些企业总体上看大多数是第Ⅱ、Ⅲ类"新型国有企业")全年实现销售收入 55 497.7 亿元,比上年增长 25.8%;实现利润 4 784.6 亿元,比上年增长 57.6%,绝大多数企业利润实现了大幅增长;净资产收益率 8.9%,比上年增长 2.9 个百分点;成本费用利润率达到 9.5%,比上年上升 2.1 个百分点。[1]对于第Ⅰ类"新国企"而言,由于都处于激烈的竞争行业和企业完全市场化的导向,能够在激烈的市场竞争中生存下来的"新国企"的市场竞争力是比较强的,一般也具有很好的效益状况。以上市公司为例,在 2003 年上市公司竞争力监测中,无论是按照综合竞争力排名,还是按照基础竞争力(主要以财务指标进行计算分析)排名,酿酒食品、轻工制造、医药、重工制造、电子通信等竞争程度较强行业的上市公司的整体竞争力较都高,而这些行业中的国有上市公司(也就是第Ⅰ类"新国企")占有相当大的比重,如著名的青岛海尔、宜宾五粮液、四川长虹、贵州茅台、TCL 集团、青岛啤酒、北京同仁堂、上海光明乳业、康佳集团、华北制药、北京燕京、云南白药、南京熊猫电子等第Ⅰ类"新国企"都进入了竞争力"百强"(金碚,2004,第 59—61 页)。

从企业规模上看,由于在"抓大放小"改革战略以及努力培育具有

---

[1] 本书有关中央所属国有企业 2004 年运行情况的数字都来自于"央企 2004 年经济运行创造六大历史水平",BUSINESS.SOHU.COM,2005 年 2 月 2 日。

国际竞争力的大型企业集团的思想指导下,"新型国有企业"的规模优势十分突出。根据大型工业企业的划分标准(销售额3亿元及以上、资产总额4亿元及以上、从业人员2 000人及以上),2003年国家统计局划定属于大型工业企业的共1 984家,其中大型国有及国有控股企业有1 270家,占总数的64%,占销售额的69.7%。按照销售额排名的前10家大型工业企业分别是上海宝钢、中国一汽、上海汽车工业(集团)总公司、东风汽车公司、大庆油田有限责任公司、海尔集团公司、江苏省电力公司、东北电网有限公司、首钢集团、达丰(上海)有限公司(中国国家统计局工业交通统计司,2004,第51页),前9名都是国有企业,除油田和电力外都是"新国企"。2004年年末,中央所属国有企业总资产达到91 948.1亿元,比上年末增长12.3%;总负债52 485.3亿元,比上年末增长12.6%;净资产39 462.8亿元,比上年末增长11.8%。在《财富》杂志评选的2004年世界500强企业中,国家电力、中国石油、中国石化、中国移动、中国电信、中国中化集团、上海宝钢和中国粮油集团8家中央企业入选。从按照营业收入排名的前500家大型企业集团的情况看,如下表(表12-2)所示,2001年国有企业和国有独资企业(这类企业多属于第Ⅱ类"新国企")在前500家大型企业集团中占有绝对地位,分别占据了前500家企业集团的企业数、年末总资产、营业收入、年末股东权益、从业人员、利税总额的69.80%、89.52%、84.04%、89.84%、89.83%、85.20%(中国企业评价协会等,2002,第23页)。表12-2还表明,由于以有限责任公司和股份有限公司登记注册的企业集团仅125家,占前500家企业数的25%,远远低于按照国有企业和国有独资公司登记注册的企业集团数量(349家)和比例(69.8%),所以可以看出,到2001年总体上第Ⅰ类"新国企"的规模和第Ⅱ类"新国企"相比还相差甚远。总而言之,上述数字表明"新型国有企业"对国民经济具有很强的控制力、影响力和带动力。

表 12-2 按照母公司登记注册的前 500 家企业集团的主要指标（2001 年）
（营业收入排名）

	单位数（个）		年末资产总计（亿元）		营业收入（亿元）		从业人员（万人）		利税总额（亿元）	
	绝对数	占百分比	绝对数	占百分比	绝对数	占百分比	绝对数	占百分比	绝对数	占百分比
国有企业	150	30	57 424.8	57.4	27 944.8	52.8	974.6	55.5	3 041.6	56.6
国有独资公司	199	39.8	32 090.4	32.1	16 506.4	31.2	603.8	34.4	1 539.4	28.6
其他有限责任公司	85	17	7 316.2	7.3	5 008.8	9.5	119.3	6.8	586.8	10.9
股份有限公司	40	8	1 764.2	1.8	1 573.3	3.0	36.7	2.1	78.1	1.5
中外合资企业	3	0.6	179.9	0.2	175.5	0.3	2.9	0.2	20.3	0.4
港澳合资企业	0	0.0	0.0	0.0	0.0	0.0	0.0	0.0	0.0	0.0
其他	23	4.6	1 220.8	1.2	1 692.1	3.2	19.9	1.1	110.7	2.1
总计	500	100	99 996.2	100	52 895.9	100	1 757.2	100	5 376.9	100

资料来源：中国企业评价协会等：《中国大型企业（集团）发展报告（2002—2003年）》，中国财政经济出版社 2002 年版，第 24 页。

从行业分布看，与国有企业应该逐步从一般竞争性行业退出、主要集中在关系国计民生的战略性行业的指导思想相吻合，总体上国有企业主要集中在烟草加工业，各种能源的开采与加工业，电力、热力、燃气和水的生产与供应，重工制造，金融，航空航天等既具有规模优势、又具有战略意义的垄断性相对较强的产业中。其中，"新型国有企业"主要集中在电子（家电）、制药、饮料制造、汽车、钢铁等竞争性相对较强的行业中。这一点可以通过表12-3的计算看出。如表12-3所示，从企业数量看，国有企业主要集中在水的生产和供应业（该行业国有及国有控股企业占全部企业89%），烟草制品业（82%），电力、热力的生产和供应业（79%），石油和天然气开采业（72%），燃气生产和供应业（66%）；超过全国平均比例17%的行业还有其他采矿业（38%），印刷业和记录媒介的复制（35%），煤炭开采和洗选业（32%），有色金属矿采选业（30%），饮料制造业（26%），医药制造业（25%），交通运输设备制造业（24%），专用设备制造业（24%），食品制造业（22%），农副食品加工业（21%），非金属采矿业（21%），仪器仪表及文化、办公用机械制造业（20%），石油加工、炼焦及核燃料加工业（18%）。从资产规模看，全部国有及国有控股企业资产占全国全部规模以上企业资产比例达到56%，该比例超过80%的行业包括烟草制品业（99%），石油和天然气开采业（97%），其他采矿（97%），煤炭开采和洗选业（91%），电力、热力的生产和供应业（89%），燃气生产和供应业（88%），水的生产和供应业（88%），石油加工、炼焦及核燃料加工业（80%）；其他资源开采、冶炼和交通运输设备制造业的该项比例也都超过了平均值。从销售收入看，全部国有及国有控股企业销售收入占全国全部规模以上企业销售收入比例为41%，该比例很高的行业包括烟草制品业（99%），石油和天然气开采业（96%），其他采矿业（91%），电力、热力的生产和供应业（90%），石油加工、炼焦及核燃料加工业（86%），

表 12-3 各工业行业国有及国有控股企业与全部国有及规模以上企业的比较（2003年）

行业	全部国有及规模以上企业单位数（个）	国有及国有控股企业单位数（个）	国有企业数占全部企业数的比例（%）	全部国有及规模以上企业资产合计（亿元）	国有及国有控股企业资产合计（亿元）	国有占全部资产的比例（%）	全部国有及规模以上企业产品销售收入（亿元）	国有及国有控股企业产品销售收入（亿元）	国有占全部销售收入的比例（%）
全国总计	196 222	34 280	0.17	168 807.7	94 519.79	0.56	143 171.53	58 027.15	0.41
煤炭开采和洗选业	3 139	1 008	0.32	5 433.01	4 929.5	0.91	2 474.7	1 930.92	0.78
石油和天然气开采业	112	81	0.72	4 944.97	4 802.28	0.97	3 372.07	3 225.37	0.96
黑色金属矿采选业	913	126	0.14	472.65	279.03	0.59	353.93	119.69	0.34
有色金属矿采选业	1 276	389	0.30	614.19	388.89	0.63	550.33	229.1	0.42
非金属矿采选业	1 827	390	0.21	712.43	491.28	0.69	458.87	144.25	0.31
其他采矿业	13	5	0.38	44.76	43.59	0.97	12.97	11.85	0.91
农副食品加工业	11 192	2 346	0.21	4 141.82	1 080.78	0.26	5 851.13	1 061.86	0.18
食品制造业	4 636	1 012	0.22	2 307.29	671.56	0.29	2 168.36	388.58	0.18
饮料制造业	3 194	841	0.26	3 192.52	1 526.13	0.48	2 117.23	836.18	0.39
烟草制品业	255	210	0.82	2 799.51	2 764.07	0.99	2 217.5	2 190.77	0.99
纺织业	14 863	1 449	0.10	7 801.29	2 042.1	0.26	7 495.51	1 246.22	0.17

(续表)

行业	全部国有及规模以上企业单位数（个）	国有及国有控股企业单位数（个）	国有企业数占全部企业数的比例（%）	全部国有及规模以上企业资产合计（亿元）	国有及国有控股企业资产合计（亿元）	国有占全部资产的比例（%）	全部国有及规模以上企业产品销售收入（亿元）	国有及国有控股企业产品销售收入（亿元）	国有占全部销售收入的比例（%）
纺织服装、鞋、帽制造业	9 717	370	0.04	2 377.25	148	0.06	3 239.42	110.31	0.03
皮革、毛皮、羽毛（绒）及其制品业	4 518	138	0.03	1 334.26	58.73	0.04	2 139.19	37.4	0.02
木材加工及木、竹、藤、棕、草制品业	3 501	358	0.10	906.91	262.44	0.29	945.28	113.68	0.12
家具制造业	2 046	149	0.07	616.18	51.39	0.08	693.83	26.01	0.04
造纸及纸制品业	5 570	571	0.10	3 293.45	1 182.37	0.36	2 432.38	509.36	0.21
印刷业和记录媒介的复制	4 084	1 448	0.35	1 370.88	523.72	0.38	980.31	262.99	0.27
文教体育用品制造业	2 516	128	0.05	711.59	70.58	0.10	917.27	35.9	0.04
石油加工、炼焦及核燃料加工业	1 323	235	0.18	3 978.98	3 174.45	0.80	6 341.81	5 436.5	0.86
化学原料及化学制品制造业	13 803	2 271	0.16	10 704.09	5 936.3	0.55	9 016.97	3 628.39	0.40

（续表）

行业	全部国有及规模以上企业单位数（个）	国有及国有控股企业单位数（个）	国有企业数占全部企业数的比例（%）	全部国有及规模以上企业资产合计（亿元）	国有及国有控股企业资产合计（亿元）	国有占全部资产的比例（%）	全部国有及规模以上企业销售收入（亿元）	国有及国有控股企业产品销售收入（亿元）	国有占全部销售收入的比例（%）
医药制造业	4 063	1 001	0.25	4 316.45	2 019.37	0.47	2 750.68	1 117.26	0.41
化学纤维制造业	937	113	0.12	1 595.13	702.59	0.44	1 413.09	389.38	0.28
橡胶制品业	2 016	234	0.12	1 423.82	488.13	0.34	1 214.21	309.76	0.26
塑料制品业	8 382	543	0.06	2 959.67	447.37	0.15	2 954.96	225.58	0.08
非金属矿物制品业	16 245	2 556	0.16	7 583.31	2 624.38	0.35	5 314.38	1 038.91	0.20
黑色金属冶炼及压延加工业	4 119	485	0.12	12 021.24	8 827.52	0.73	10 234.93	6 227.6	0.61
有色金属冶炼及压延加工业	3 367	481	0.14	4 042.55	2 491.13	0.62	3 534.93	1 502.64	0.43
金属制品业	9 746	730	0.07	3 256.63	569.38	0.17	3 703.88	362.76	0.10
通用设备制造业	12 546	1 921	0.15	6 604.64	3 104.9	0.47	5 418.43	1 700.94	0.31
专用设备制造业	7 129	1 687	0.24	4 816.05	2 664.17	0.55	3 665.64	1 443.48	0.39
交通运输设备制造业	8 281	1 977	0.24	11 916.41	8 391.05	0.70	11 028.57	6 987.84	0.63

（续表）

行业	全部国有及规模以上企业单位数（个）	国有及国有控股企业单位数（个）	国有企业数占全部企业数的比例（%）	全部国有及规模以上企业资产合计（亿元）	国有及国有控股企业资产合计（亿元）	国有占全部资产的比例（%）	全部国有及规模以上企业产品销售收入（亿元）	国有及国有控股企业产品销售收入（亿元）	国有占全部销售收入的比例（%）
电气机械及器材制造业	10 400	1 062	0.10	7 373.5	1 845.74	0.25	7 487.04	958.77	0.13
通信设备、计算机及其他电子设备制造业	5 856	932	0.16	12 086.97	3 940.55	0.33	15 876.27	3 296.19	0.21
仪器仪表及文化、办公用机械制造业	2 515	505	0.20	1 524.04	453.44	0.30	1 607.26	188.24	0.12
工艺品及其他制造业	4 259	207	0.05	884.52	79.13	0.09	1 223.55	65.36	0.05
废弃资源和废旧材料回收加工业	107	7	0.07	26.03	0.51	0.02	50.89	0.82	0.02
电力、热力的生产和供应业	4 998	3 933	0.79	25 651.02	22 828.34	0.89	11 113.24	10 038.06	0.90
燃气生产和供应业	352	231	0.66	818.72	720.39	0.88	391.99	289.32	0.74
水的生产和供应业	2 406	2 150	0.89	2 149.02	1 894.53	0.88	408.51	338.91	0.83

资料来源：根据《中国工业经济统计年鉴（2004）》第65—81页数据计算，中国统计出版社2004年版。

水的生产和供应业（83%），煤炭开采和洗选业（78%），燃气生产和供应业（74%）；在交通运输设备制造、医药制造、冶金、饮料制造等竞争性行业中，该比例也相对较高。

12.3 国有企业分类改革与治理的新思路

十一届三中全会以后，搞活国有企业、推进国有企业改革成为我国经济体制改革的中心环节。20世纪90年代中后期，各种针对国有企业有关问题的争论达到白热化状态，在这个过程中，社会渐渐地就国有企业改革方向和任务——建立现代企业制度和推进国有经济战略性重组——达成了基本的共识。进入2000年以后，针对国有企业及其改革问题的研究，在总体上呈现出日渐式微的态势。这从图12-2列示的1994年至2012年间基于期刊网收入文献的统计数据中，可以得到证实。在图12-2中，我们看到：以"国有企业"为关键词的文献数量在2000年达到峰值，以"国有企业改革"为关键词的文献数量则在1998年至2000年这三年间达到峰值水平。而到2011年和2012年间，无论是以"国有企业"为关键词的文献数量，还是以"国有企业改革"为关键词的文献数量，都回落到低于十八九年前，也就是1994年时的水平。

2000年以来，国有企业改革问题的研究热度，呈现出明显的下降态势。有些人认为，在国有企业改革这个主题上，可研究的内容，已经非常有限了。"断崖式"的下降，出现在2001年，从这一年到2003年，这段时期的研究具有很强的"惯性"特征，主要在于进一步巩固90年代中后期达成的研究共识。2003年，国务院国有资产监督管理委员会（以下简称"国资委"）的成立，标志着新的国有资产管理体制的建立。从2003年到2012年，国有企业改革的有关研究工作明显趋于弱化，

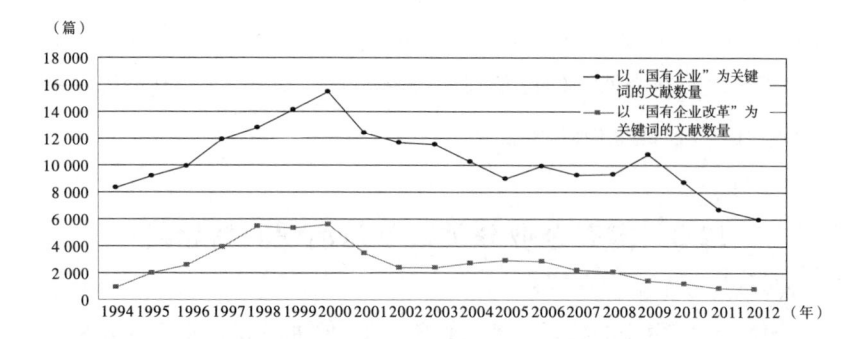

图 12-2　1994 年以来历年间"国有企业"及"国有企业改革"文献数量

注：图中数据采集自期刊网（www.cnki.net.cn），2012 年 12 月 31 日。

但这期间，仍然涌现出两个阶段性的小的研究浪潮。第一个小浪潮出现在 2004 年到 2006 年，这段时期围绕国有企业改制以及相关的国有资产流失和加强国资监管的问题出现了激烈的讨论；第二个小浪潮是 2008 年年底到 2010 年，这段时期"国进民退"之争以及相关的国有经济和国有企业功能与作用的问题成为阶段性的研究热点，这在图 12-2 中由圆点线展示得十分清晰。

近些年国有企业改革研究文献数量的回落，有其客观原因，一方面，国有企业改革在我国经济体制改革中的重要性相对下降。一个典型的说明是，在党的文件中提及国有企业及国有经济改革的次数在不断下降，其中，党的十五大报告提到 26 次、党的十六大报告提到 21 次、党的十七大报告提到 9 次、党的十八大报告仅提到 6 次。另一方面，总体上看，这些年国有企业发展取得了巨大的成就，以中央企业为例，2002 年到 2011 年，中央企业的资产总额从 7.13 万亿元增加到 28 万亿元，营业收入从 3.36 万亿元增加到 20.2 万亿元（方栓喜，2012）。国有企业比较令人乐观的发展形势，在一定程度上淡化和降低了国有经济改革研究的必要性和紧迫性。

然而，无论是国有企业改革与发展的巨大成就，还是国有企业改革研究文献数量的递减，并不能说明国有经济运行良好、高枕无忧，或者说是国有企业改革的任务已接近尾声。尤其是近年来国有企业改革与发展的环境日趋复杂，给国有企业改革与发展提出了新的挑战。从国际环境看，受国际金融危机影响世界经济形势低迷，一些西方国家还提出"竞争中立性"原则，遏制我国国有企业发展；从国内环境看，宏观经济形势下行压力加大，科学发展观要求国有企业转变增长方式，社会上针对国有企业的地位、作用和发展方向出现了巨大争议。甚至出现了无论国有企业发展与否社会上都会有指责声音，发展被指责损害了社会福利，不发展则被指责国有资产流失。这意味着，深化国有企业改革的任务仍然艰巨，国有企业改革面临着新的形势，既存在未解决的深层次问题，又面临着新的问题，国有企业改革与发展进入一个新的时期，需要有新的改革思路。

12.3.1 新时期国有企业面临的形势与问题

回顾30多年来的中国国有企业改革，先后经历了三个阶段。这三个阶段分别对应了不同形势下的改革任务，各自侧重于解决不同层面的困扰改革的主要矛盾和问题。

第一个阶段是改革开放之初到十四届三中全会的"放权让利"阶段，该阶段大体上用了15年的时间，贯穿20世纪80年代和90年代初。当时，改革的重心落在国有企业层面。这一阶段，改革主要任务是引导国营单位走出计划经济体制的旧观念与行为的束缚，使它们能够逐步适应商品化的经营环境，完成自身的企业化改造，解决一个个国有企业进入市场的问题。

第二个阶段是20世纪90年代初至21世纪初的"制度创新"阶段，

大体上有 10 年左右的时间。当时，改革的重心落在建立现代企业制度和推动国有经济结构调整上。这一阶段，改革的主要任务是引导国有企业确立与市场经济要求相适应的资本和产权的观念，建立现代企业制度，通过国有经济布局与结构战略性调整，初步解决整个国有经济部门如何适应市场竞争优胜劣汰的问题，改变国有经济量大面广、经营质量良莠不齐和国家财政负担过重的局面。

第三个阶段是十六大以后、以 2003 年国资委成立为标志的"国资发展"阶段，国有企业改革进入到以国有资产管理体制改革推动国有企业改革时期。这一阶段，改革的主要任务是由国资委负责监督管理国有企业实现国有资产保值增值目标，解决以往国有经济管理部门林立、机构臃肿、监管效率低下的问题，使国有资产利用市场机制发展壮大成为可能。

上述三个阶段的改革进程，取得了巨大的成效，一是国有企业经营机制发生了重大变化，大部分已经进行了公司制、股份制改革，初步建立起现代企业制度，公司治理结构逐步规范。全国 90% 以上的国有企业完成了公司制股份制改革，中央企业的公司制股份制改革面由 2003 年的 30.4% 提高到 2011 年 72%（温源，2013）。二是国有经济的布局和结构有了很大的改善，在市场经济体制逐步建立的大背景下，国有资本逐步从一般生产加工行业退出，据国资委统计，在 39 个工业行业中，有 18 个行业国有企业总产值占比低于 10%（罗志荣，2013a），国有资本更多地集中于关系国民经济命脉的重要行业和关键领域，在国民经济中发挥着主导作用。三是政府和国有企业关系发生了变化，初步建立起有效的国有资产管理体制，改变了过去"五龙治水"、普遍"内部人控制"的现象，国有资产最主要的部分（主要是经营性的资产）得到了比较规范的管理。财政预算不再安排用于补充国有企业资本金性质的支出和经营性亏损，政府的公共管理职能和出资人职能初步分离。

四是国有企业发展质量和运行效率得到了提升,竞争力有了很大增强,国有经济已经摆脱困境,对经济社会发展的贡献进一步显现。以下统计数据清楚表明了这一点:2003年到2011年,全国国有及国有控股企业(不含金融类企业)营业收入从10.73万亿元增长到39.25万亿元,年均增长17.6%;净利润从3 202.3亿元增长到1.94万亿元,年均增长25.2%;资产总额85.37万亿元,所有者权益29.17万亿元,分别是2003年的4.3倍和3.5倍;2011年年底,全国国有企业拥有自主知识产权专利21.4万项;截至2011年年底,中央企业境外资产总额3.1万亿元,营业收入3.5万亿元,实现净利润1 034.5亿元,分别占全部中央企业资产总额、营业收入和利润的11%、16.9%和11.3%(罗志荣,2013b)。

概括地说,可以将国有企业改革与发展的成就归结为经济改革与经济发展两大方面。在经济改革方面,通过国有经济战略性重组和建立现代企业制度,在计划经济体制下形成的以国有经济为主体的单一的微观经济结构已经得到显著改观,适应建立社会主义市场经济要求的公有制为主体、多种所有制共同发展的混合经济结构已经确立;在经济发展方面,国有企业改革与发展,在保持我国经济稳定增长、推进我国工业化进程、提高我国经济国际竞争力方面发挥了重要的作用。总体而言,国有企业改革已经基本达到它在20世纪90年代预设的目标。

但是,我们也必须清楚地认识到,经历三个阶段、取得很大成效后的国有企业改革,步入了一个新的时期,国有企业面临着更加复杂的形势和问题。

第一,从国际环境看,在经济全球化的大趋势下,中国开放水平进一步提高,国有经济面临国家使命提升与国际环境严峻的双重压力。加入WTO后,中国经济的全球化程度和中国国有经济部门的开放度都大大提高了。而在这之前,我们对上一轮国有经济体制改革以及国有资产管理体制的考虑,主要是针对一个相对封闭的国内经济体系进行的。在新的国际环境下，国有企业不仅仅面临着国内市场的国际化竞争，更为重要的是国有企业还被赋予"走出去"使命，必须在国际市场上与世界级公司进行竞争。但是，在国际竞争中，国有企业的身份往往处于不利的地位。一些国家提出"竞争性中立"政策，并试图上升为国际规则，有些国家则以国家安全为名对我国国有企业海外投资并购实施严格的个案审查。

第二，从国内经济环境看，进入"十二五"以后，中国已经步入工业化后期（陈佳贵、黄群慧等，2012），我国经济发展方式亟待转变，国有经济所熟悉的要素驱动型的发展环境正在改变。长期以来，国有企业形成了依靠扩大规模、增加投入的外延式发展方式以及与这种方式相适应的制度基础。这种适应快速工业化中期阶段的扩张方式和制度基础无法适应新的经济发展时期，如果未来国有经济要在整个国民经济中继续发挥主导作用，国有企业必须推进产业转型升级、创新能力提升、发展方式转变，而要实现发展方式的重大转变，还必须深化国有经济改革，建立适应新的发展方式的制度基础。这不仅仅是国有企业可持续发展的需要，也是我国社会主义市场经济整体发展的需要。考虑到经济发展方式转变的艰巨性，国有企业改革面临的问题也将十分复杂。

第三，从市场化进程看，这些年，我国市场化水平不断提升，但还没有建立成熟的社会主义市场经济体制，目前的国有企业行为模式离成熟社会主义市场经济体制的要求还有很大差距。作为我国市场化进程的成效，国有企业作为独立的市场主体的特性日益凸显，这构成了国有企业效率改善的基础。但是，由于社会主义市场经济体制还不完善，国有企业在追求自身发展壮大的过程中也出现了一些不当的经济行为，诸如国有企业为了谋求自身经济利益而谋求行政垄断等问题，它们不仅有可能造成社会经济效率损失，更有可能在不同程度上，触犯到社会公平信念，激发各方面的不满情绪。这些问题根本不在20世纪末的国有企业改革的议事范围中。这些问题十分复杂，迄今为止，在理论界争议很大，在政策方针层面，尚无有效的对策安排。在实践中，一些国有企业在该坚持市场化原则的时候，想方设法诉诸非市场的力量；另一些国有企业一味讲求市场化，使其他利益相关者受到其经营行为过度市场化的伤害。

第四，从企业改革进程看，虽然一大批具有股权多元化、经营管理市场化导向的"新型国有企业"在市场竞争中日益成长起来（金碚，黄群慧，2005），但国有企业改革总体还不到位，还处于进程之中。这具体可以表现在以下几个方面：一是国有企业的公司制、股份制的改革没有到位。为数众多的国有大企业，其母公司及二级以上公司层面的股权多元化改革，大多是止步不前的。这样的结果是，一方面企业的治理结构不够规范，市场化经营权利无法得到充分保障，另一方面，企业有行政级别，可以从政府那里得到稀缺资源，影响市场公平性。二是垄断行业的国有企业改革还不到位。社会各界对垄断行业改革，还缺乏相对统一的认识，没有探索出一条明确、可信又可行的改革路径。垄断行业的国有企业追求行政垄断地位的行为，影响到构建公平有效的市场经济格局，造成一定的社会福利损失。三是国有经济战略性调整还没有到位。除关系国家安全和国民经济命脉的重要行业和关键领域外，国有企业还在不少一般竞争性的行业领域拥有相当数量的资产。据统计，到目前为止，仍然有一半左右的国有企业资产分布在非基础性行业和非支柱产业中。四是国有资产管理体制改革还不到位。国有资本流动性仍然较差，还满足不了有进有退、合理流动和实现国有资本动态优化配置的要求。这一方面导致在传统制造业中过量的国有资本滞留，激化了产能过剩问题，形成对非公资本的挤出。例如，一些国有大企业借力于有利的信贷政策，迅速发展壮大，其投资规模扩张速度与企业实际的管控能力不相称,挤压了民营企业的经营空间,给自己留下高资产负债率和低利润率的隐患。另一方面,在关系国民经济命脉、改善民生、国家长远发展的重要领域中,国有资本的作用没有充分发挥。五是国有企业监督约束机制改革还不到位,还没有形成完善的监督约束机制,存在国有企业经营管理者享受"行政官员"和"职业经理人"双重激励的现象,而相应的约束机制不健全,实际约束效能水平亟待提高,经济腐败案件时有发生。

第五,从改革动力机制看,虽然今日国有企业的发展成就得力于过去的改革,但当一些国有企业和国资部门成为以前改革的既得利益集团时,就缺乏了进一步改革的动力。在过去 10 年间,不同所有制的企业都在发展,国有企业也充分享受了 20 世纪末的改革红利和 21 世纪前几年的重化工业景气(张文魁,2013),基本解决了温饱问题,同 20 世纪 90 年代相比,当下的国有企业所面临的改革压力,大大减轻了。从体制机制上看,也存在削弱改革动力的制度方面因素。2003 年年底,国资委成立,国有企业改革的重心转向国有资产管理体制改革,核心任务是国有资产保值增值。经过 10 年实践,现在看来,整个国有经济部门,包括国资监管部门和国有企业在内,按照自己的意愿追逐利润发展壮大的动力很足,但改革动力不足。现行体制设计是由国有资产管理部门来负责推动改革,但改革涉及权力安排的调整,这样一种"自己改自己"的体制,权力安排即使实际发生调整,它也比较难向着不符合改革主体自利理性的方面变化。

12.3.2 新时期国有企业改革的目标与任务

面对复杂的国有企业改革形势和问题,亟待相关的理论研究进行分析和指导。近些年,围绕对国有经济的地位作用、现状评价、未来改革方向等重大问题,出现了一个研究小浪潮,但是看似喧嚣和激烈的争论，没有"生产出"能够有实质性影响力、推进国有企业改革与发展实践的研究共识。这种局面，和20世纪末的国有企业改革研究局面，形成了鲜明对照。当时，研究者众，最后共识颇多；而21世纪以来，研究者相对少，却始终众说纷纭，莫衷一是。

第一，关于国有经济的使命、地位和功能作用，存在一般功能论和特殊功能论两种相对观点（黄群慧、白景坤，2013）。金碚（2001）和黄速建、余菁（2006）等曾探讨过，作为特殊企业的国有企业，应该有与一般企业相区别的特殊使命和企业社会责任。一般功能论认为，国有经济更适合在"市场失灵"的领域发挥作用，应该从竞争性领域中退出；而特殊功能论认为国有经济应该承担特殊功能，是社会主义制度的经济基础，是社会主义市场经济的骨干力量，是实行宏观调控、参与国际竞争，以及保证党的执政地位、国家的长治久安、人民的共同富裕的重要力量，应该不断发展壮大，不能从竞争性领域退出。

第二，关于国有企业的现状评价，争议主要集中在国有企业效率问题和是否存在"国进民退"现象两方面。从国有企业效率看，一种极端观点认为，国有企业注定低效，如果企业业绩好靠的也不是公平竞争和效率提升，而是靠垄断。与之相反的观点则认为，改革开放以来，国有企业取得了巨大的成就，尤其是进入21世纪以后，国有企业资产、营业收入和利润等指标稳步增长；代表我国国有企业较高水平的中央企业发展更为迅猛，"十一五"期间的资产总额、营业收入、上缴税金和税后净利润等主要经营指标均实现了翻番。有学者据此认为，国有企业是有效率的，效率不仅不是垄断造成的，还在促进社会整体效率方面发挥着关键性的作用（张宇等，2012）。而"国进民退"争论的重大分歧主要集中在"国进民退"的真伪与规模问题，以及"国进民退"与基本经济制度稳固和改革开放取向关系的问题（冷兆松，2013）。一种观点认为，"国进民退"浪潮大规模呈现，2009年以后这种趋势更加明显，这是市场化改革的倒退,而另一种观点认为,无论从经济事实上还是经济理论上看,"国进民退"都是一个伪命题,所谓"国进民退"的言论,可能影响基本经济制度的稳固。

第三,关于国有企业改革的未来方向,存在通过"私有化"的"改革"来消灭国有企业和通过"发展"替代"改革"来壮大国有企业的两种极端对立观点。从理论层面看,这些年,"改革"这个词,和国有企业结合在一起,有被标签化的迹象。改革,常常被狭义地理解为"私有化",也常常被理解为"发展"的反义词。在舆论方面,最坚定的改革派,常常是主张消灭国有企业的,认为没有了国有企业,改革也就成功了。对立的观点却认为,国有企业也能搞好,只要国有企业"发展"好了,业绩好了,国有企业改革任务自然就完成了。现在国有经济发展已经取得了很好的业绩,未来改革的关键是如何创造更好的环境保证国有经济进一步发展壮大。

上述对国有企业改革现状评价不一、国有经济地位和深化改革的前景和方向不明的状况,给国有企业改革与发展的实践带来了极大的不利影响。由于没有公认的业绩评价标准,也没有取得共识的改革主张,现实中国有企业无论业绩好坏,都会有来自舆论方面的批评:业绩不好的企业,既有人批评它们,说改革不彻底,需要加快改革,也有人批评它们发展方法不得当,需要加快发展;而业绩好的企业,则被批评为损失了社会公平和效率。这些批评的存在,使得在实践层面,无论是国有资产监管部门,还是国有企业本身,都无所适从,不知道努力的方向是否正确,最终造成国有企业使命混乱,企业持续发展的正常机制被腐蚀。因此,近些年理论界和舆论界的巨大争议,和国有经济部门自身改革动力不足的现实情况捆绑在一起,形成了奥尔森(Mancur Olson, 2011)笔下的"喧闹的疯人院"。这种几乎没有什么秩序可言的集体选择的局面,无疑不利于改革的深入推进,不利于国有经济的健康持续发展,不利于社会主义市场经济体制的完善。

我们认为,走出上述争论困局,需要建立对国有经济的未来走向的正确认识。在新时期,国内外环境发生了变化,国有企业不仅仅是要承担国有资产保值增值、自身不断发展壮大的使命,同时还承担推进经济发展方式转变、"走出去"和未来较好地适应建设成熟的市场经济体制等新使命,这需要继续推进国有企业改革。而经过前面三个阶段后,国有企业改革仍存在诸多不到位的问题,使得进一步深化国有经济改革更有必要。但是,面对理论界国有经济改革主张的矛盾和混乱、现实中国有经济部门的改革动力不足的局面,新时期国有企业改革的继续推进必然十分困难。对此,我们必须首先认识到,对于我国未来经济改革发展而言,新时期推进国有企业改革是一项意义重大的任务,同时也是一项困难巨大的挑战。

新时期推进国有企业改革,尽管存在很大的困难,但也有重要的有利条件。那就是,中国特色的社会主义理论体系已经确立,与过去"摸着石头过河"的改革逻辑相比,新时期国有企业改革目标是明确的。我国经济体制改革的目标是建立社会主义市场经济体制,现在正在逐步完善的过程中,我国经济发展任务是转变经济发展方式,促进经济又好又快发展,因此,新时期国有企业改革必须有利于完善社会主义市场经济体制,必须有利于促进国有经济更好地服务于我国经济发展方式转变、经济健康持续发展。应该说,上述被标签化的"改革"主张,无论是通过"私有化"消灭国有企业,还是否认市场化改革方向,从理论上说是与中国特色社会主义理论要求不符的,从实践上说和中国经济改革与发展的现实相脱节,违背了社会主义初级阶段经济制度的基本要求,因此是不正确的,必然会导致实践混乱。我们需要的是符合社会主义市场经济体制要求、与中国经济改革发展实践紧密结合的改革主张。在我们看来,国有企业改革的根本目的,在于服务国家社会经济发展的大局，在于巩固社会主义初级阶段的基本经济制度。深化改革的核心问题不在于国有经济是"国进民退"还是"国退民进"，而在于国有经济怎样才能有利于社会主义市场经济体制完善和我国社会经济可持续发展，有利于公有制主体、多种所有制共同发展的社会主义初级阶段基本经济制度的完善。深化改革，不能将视野局限在国有经济部门内部，仅仅着眼于如何运营管理好现有的存量国有资产的问题，而应放眼社会、放眼世界、放眼未来，从社会性、国际化和可持续性的视角入手，更好地配置国有资本，更好地发挥出国有经济部门与非国有经济部门的互补功能，为整个国民经济向更健康、更有竞争力、更具可持续性的方向发展，为实现中华民族伟大复兴的"中国梦"而贡献积极力量。我们认为，新时期国有企业改革的目标，绝不是通过国有企业私有化、民营化最终消灭国有企业，也不是仅仅围绕国有资产保值增值建立激励机制以实现国有企业自身发展壮大，而是在新的形势下建立有效的制度基础保证国有企业追求"国家使命导向"的发展。

企业运行的基本逻辑是，"使命决定战略定位、战略定位决定战略内容、战略内容决定组织结构、组织结构决定企业运行效率、企业运行效率决定企业使命的实现"。使命就是企业存在的理由，是企业的价值取向和事业定位，使命不明确或者使命冲突会导致企业行为逻辑混乱。对于国有企业而言，实现国家赋予的使命——"国家使命"——是企业生存发展的理由。纵观国有企业改革的历程，无论是"放权让利"阶段，还是"制度创新"阶段以及"国资发展"阶段，国有企业的"国家使命"主要体现在自身的生存发展上，即搞活国有经济、提高国有企业效率、国有资产保值增值等方面，即使提出国有经济战略性重组，也是因为有限的国有资本无法支撑过长的国有经济战线，为了提高效率而必须收缩国有经济战线、调整国有经济布局。正因为如此，国资委成立以来,考核国有企业的主要指标是国有资产保值增值率。

但是,经过多年改革开放和快速的工业化进程,近些年中国的国际地位和国家社会经济结构发生重要变化,社会主义市场经济体制逐步完善,社会上期望国有企业承担的"国家使命"内涵也发生变化。一个重要的变化是,以前我们强调国有企业巩固社会主义基本经济制度,发挥在国民经济中的主导作用,要求国有企业要控制的行业和领域主要包括涉及国家安全行业、自然垄断行业、重要公共产品和服务行业以及支柱产业和高新技术产业,而这些年社会期望国有企业应该承担更多的社会公共目标。一般市场经济国家中的国有企业,其使命一般是一个,即弥补市场缺陷的社会公共目标。随着我国市场经济体制的不断完善,国有企业也必须承担弥补市场缺陷这样的公共性的功能。也就是说,我国的国有企业的"国家使命"不仅包括巩固社会主义基本经济制度、国有资产保值增值、保证国家经济安全,还包括弥补市场缺陷等公共性功能。这是社会主义市场经济体制包括社会主义特性和市场经济特性两方面要求所决定的。应该说,一方面赋予我国国有企业巩固社会主义基本经济制度、发挥在国民经济中的主导作用的经济利益使命,另一方面赋予其弥补市场缺陷的社会公共使命,这样对国有经济整体定位的"国家使命",是符合社会主义市场经济体制要求的,也是与我国经济改革发展现实紧密结合的,整体上是科学合理的。但是,近些年的实践表明,对于具体的国有企业而言,如果每个国有企业都担当上述两方面"国家使命",国有企业个体会面临"盈利性企业使命"与"公共性政策使命"诉求的冲突。一方面,国有企业要发挥巩固社会主义基本经济制度和国民经济主导作用,作为企业要通过追求盈利性来保证自己的不断发展壮大,从而实现上述使命,这需要考核国有资产保值增值。为此,国有企业就有动机寻求一切机会盈利,包括利用行政资源获取垄断地位、限制其他企业的进入,或者快速扩张、进入利润率高而非关国计民生的行业,等等。同时,国有企业人员还有理由追求市场化高水平的薪酬待遇。另一方面,国有企业要弥补市场缺陷,定位为政策工具,要求牺牲盈利,服务公共目标。为此,国有企业要具有行政级别,这在某种程度上成为国有企业股权多元化改革的障碍。这两方面的定位要求,使得当前国有企业陷入赚钱和不赚钱两难的尴尬境界——不赚钱无法完成国有资产保值增值、壮大国有经济的目标,赚了钱又被指责损害了市场公平和效率。

上述分析表明,国有企业存在"国家使命冲突",是导致现阶段国有企业众多问题的深层次原因。如果说,新时期国有企业改革的目标是在新的形势下建立有效的制度基础保证国有企业追求"国家使命导向"的发展,那么,解决国有企业"国家使命冲突"就成为新时期国有企业改革的重要任务。

12.3.3 国有企业分类改革与治理的基本思路

上述整体上国有经济使命和定位合理,而具体到个体国有企业使命存在冲突的现象表明,我国国有企业改革现在只停留在对国有经济的功能定位的整体认识阶段,还没有细化到基于国有经济功能定位而对每家国有企业使命进行界定,进而推进国有经济战略性重组的具体操作阶段,这难以实现不断增强国有经济活力、控制力和影响力的目标。

为破解上述国有企业使命"整体与个体"的矛盾,应突破那种将国有企业看作"铁板一块"的认知观念,引入分类治理的工作思路,根据企业使命、定位和目标的不同,确定差异化的国有企业治理思路(黄群慧,2007;黄群慧,2008;余菁,2008),并据此思路,改革现行的国有资产管理体制,增强改革的动力。我们认为,新时期国有企业改革的基本思路应该是"精细化分类改革",我国国有企业改革与发展应该进入"分类改革与治理"的新时期。

关于国有企业分类改革，多年来，学者们不断在提出自己的分类改革建议（中国人民大学经济研究报告课题组，1998；黄群慧，2007；常修泽，2011；荣兆梓，2012），原国资委副主任邵宁（2011）也认为可以将国有大企业大体分为功能性和竞争性企业两种进行分类改革，但是，迄今为止，如何具体对现有国有企业进行分类改革，还没有形成共识，也缺少具体的分类方案。这里，我们认为，应该将国有企业区分出公共政策性、特定功能性和一般商业性三种类型。在这里，我们用"一般商业性"的提法替代常见的"竞争性"的提法，其意义在于运用基于企业使命差异的分类逻辑，来替代多年来人们常用的、基于行业性质差异的分类逻辑。一旦明确分类思路，不同类型的企业，应该实行差异化的治理机制（如表12-4所示）和改革政策。

表 12-4 国有企业的分类改革与治理

企业类型＼治理特征	企业使命	适用法律	股权结构	资产管理
公共政策性企业	弥补市场缺陷、以是否完成国家赋予的具体政策目标为核心考核指标的"公共政策"导向	针对企业的单独立法	国有独资	严格预算管理
特定功能性企业	巩固社会主义基本经济制度和发挥在国民经济中的主导作用	专门针对其具体功能的管制法规	国有绝对控股、股权有限多元化	一般预算管理，在履行特殊功能条件下适度追求股权投资收益
一般商业性企业	以国有资产保值增值为核心考核指标的"市场盈利"导向	公司法	股权相对多元化	不存在政府预算管理，股东享受股权投资收益

资料来源：作者自撰。

一是"公共政策性"国有企业。所谓"公共政策性"国有企业是国家保证实现社会公众利益的一种手段和工具，其"国家使命"是弥补市场缺陷、以是否完成国家赋予的具体政策目标为核心考核指标的"公共政策"导向，有学者也称其为"公共企业"。这类企业数量有限，却是未来国资管理的重中之重。它们改革的方向是"一企一法""一企一制"。这类企业一般是国有独资企业。每个企业都需要专门的法律法规来规范其行为，要用复杂的治理手段对这些企业各种重要经营活动细节予以明文规范，严格政府预算管理，确保企业活动高效率地追求社会公共利益。对公共政策性企业而言，其未来的治理体制，应该比我们现行的、面向所有国有企业的国资管理体制，要来得更为复杂、精细。公共政策性企业，在数量上，可能不过占全部国有企业的百分之十，但从长远看，对它们的监管成本，或将占到整个国资管理体制运行成本的一半。其治理成本高，但如此高昂的制度成本，对确保公共政策性企业正当履行服务社会公共利益的职责而言，又是非常必要的。

二是"一般商业性"国有企业。所谓"一般商业性"国有企业也就是人们常说的竞争性国有企业，其"国家使命"是以国有资产保值增值为核心考核指标的"市场盈利"导向。量多面广的国有中小企业和产业竞争度高的国有大中型企业，都属于这类企业。它们在全部国有企业数量上约占百分之六七十，其改革方向是市场化，使其商业活动全面和彻底地融入市场，其股权结构为多元化，完全按照《公司法》来运行。这些企业融入市场，并不等同于民营化、私有化。运营有效率的企业，其国有出资人还继续保留其所有权的主张权益。这类企业应只追求经济目标，不需要过多关注社会目标，其改革有效与否的衡量准绳，应是纯粹的市场化原则。凡适应市场竞争者，企业可以免于政府干预之苦，健康发展壮大，国资管理部门乐享其成。不适应市场竞争者，那也就是国资管理部门的包袱，这些企业对国家与社会，索取多，消耗多，贡献少，应通过市场竞争逐步被淘汰。这类国有企业的改革应加快，实实在在地落实政企分开，做到全面"去行政化"，做到与民营企业平等竞争。这既符合经济效率主义和公平市场竞争的要求，又有助于缓解国有资产管控压力，提升国有资本运营效率，大幅度地降低高昂的制度运行成本。

　　三是"特定功能性"国有企业。"特定功能性"国有企业是具有混合特征的国有企业，既非纯粹的一般商业性企业，也非典型的公共政策性企业。其"国家使命"是巩固社会主义基本经济制度和发挥在国民经济中的主导作用，包括"走出去"、促进经济发展方式转变、保证国家经济安全和主导经济命脉等具体功能，而这些功能的实现要求以企业自身发展和经营活动盈利为基础。这类企业有一定数量，且其具体情况千差万别。它们是近期及未来一段时期国有企业改革的重点与难点，其改革方向是坚持市场化主导。这类企业一般为国有控股的相对多元化公司。需要强调的是，这些企业的具体"国家使命"，应该是可以陈述清楚的，而且，是可以用明确的经济政策手段予以计量和补偿的，需要有相应的财政预算管理约束，其实现"国家使命"功能的行为需要有专门的行业性的法规来约束。从远期看，这类国有企业承担的具体"国家使命"功能是动态的，是随着国家的经济发展和国情变化而变化的。一方面，其相应的"国家使命"功能可能会完成或者因不必要而被取消掉，那么这些企业将陆续转化为竞争性的国有企业，国家为其履行"国家使命"功能提供的必要经济资源与政策支持也必须相应取消掉；另一方面，国家也可能赋予其新的"国家使命"功能，从而提供新的相应的经济资源或者政策支持。从现有的国有企业整体上看，伴随社会主义市场经济体制日益完善，这类企业中的大多数，在将来会转型、升级为真正具有国际竞争力的企业。

参照以上分类标准，来尝试推进分类改革，我们还必须认识到现实国有经济部门的复杂性和动态性，进而认识到上述三分法具有相对性。所谓复杂性指的是，我们所作的三分法中，被划归某一类型的企业，现实中它作为一个复杂的企业，其中可能含有其他属性的成分。比如，一些企业被划为公共政策性国有企业，虽然它的业务中含有比较突出的公共性业务，但现实中它的业务却又包含有不少商业性的成分。在我们看来，使每种类型的国有企业的角色定位趋于纯净化，这应该是国有经济战略性调整的重要任务，是国有企业改革的目标之一。所谓动态性指的是，上述三类企业随着环境变化不是一成不变的，一些目前看起来有非常重要的公共政策性或者特定功能性的国有企业，在未来，它们的重要性或影响力，可能会因为各种原因而下降，进而可能会演变为一般商业性国有企业。而一般商业性国有企业，也可能会因为国家需要赋予其新的"国家使命"功能，而转变为特定功能性国有企业。这意味着，在实践层面，上述理论上的分类方法不是绝对的，而是一个可供参考的理论分析工具，在将分类方法付诸运用时，实践者应具体根据"国家使命"要求、结合企业历史沿革、具体业务特征和企业自身的改革意愿进行分类调整。

基于上述分类改革思路，新时期国有企业改革要立足未来国际竞争的需要，适时地推动新的国有经济布局和结构战略性调整，引导国有经济部门各就各位。一方面，一般商业性国有企业，其行为应朝着与纯粹的市场竞争规则接轨的方向发展，尊重自主经营、优胜劣汰的市场规律；另一方面，重要的特定功能性国有企业和公共政策性国有企业，则应强化"为国争光"和"为民创利"的意识，积极主动退出那些竞争格局趋于成熟、战略重要性趋于下降的产业领域，积极拓展更加具有国家战略价值的产业机会。

12.3.4 中央企业分类改革的初步设想

针对在实践中如何推进国有经济分类改革、探索建立分类治理的管理体制，这里结合目前国资委管辖的115家中央企业的情况，尝试对这些企业进行分类，给出相应的改革建议。具体分类结果如图12-3所示。

```
公共政策性    ←——   特定功能性   ——→    一般商业性

（政策性）  C47、C106、C115
（垄断类）  C14—C15
           （军工板块）     C1—C10、C53
           （能源板块）     C11—C13、C16—C21、C52、C107
           （带商业功能     C23—C25、C37—C41、C56、C69
             板块）
                          （工业制造类） C22、C26—C35、C58、C65、C72—C74
                                        C54、C79—C80、C92、C99、C105
                          （综合贸易服务类） C36、C42—C45、C48—C51、C57、C62
                                           C89、C94—C95、C111—C112、C114
                          （建筑工程类） C46、C63、C82—C84、C103—C104
                          （科研事业类） C59—C61、C64、C75—C78、C86、C96—C98
                          （其他中小型类） C55、C66—C68、C70—C71、C81、C85、
                                         C87—C88
                                         C90—C91、C93、C100—C102、C108—C110、
                                         C113
```

图12-3　中央企业分类表

图12-3　附表　国资委监管的115家中央企业编码表

编码	公司名称	编码	公司名称
C1	中国核工业集团公司	C2	中国核工业建设集团公司
C3	中国航天科技集团公司	C4	中国航天科工集团
C5	中国航空工业集团公司	C6	中国船舶工业集团公司
C7	中国船舶重工集团公司	C8	中国兵器工业集团公司
C9	中国兵器装备集团公司	C10	中国电子科技集团公司
C11	中国石油天然气集团公司	C12	中国石油化工集团公司
C13	中国海洋石油总公司	C14	国家电网公司
C15	中国南方电网有限责任公司	C16	中国华能集团公司
C17	中国大唐集团公司	C18	中国华电集团公司

(续表)

编码	公司名称	编码	公司名称
C19	中国国电集团公司	C20	中国电力投资集团公司
C21	中国长江三峡集团公司	C22	神华集团有限责任公司
C23	中国电信集团公司	C24	中国联合网络通信集团有限公司
C25	中国移动通信集团公司	C26	中国电子信息产业集团有限公司
C27	中国第一汽车集团公司	C28	东风汽车公司
C29	中国第一重型机械集团公司	C30	中国第二重型机械集团公司
C31	哈尔滨电气集团公司	C32	中国东方电气集团有限公司
C33	鞍钢集团公司	C34	宝钢集团有限公司
C35	武汉钢铁(集团)公司	C36	中国铝业公司
C37	中国远洋运输(集团)总公司	C38	中国海运(集团)总公司
C39	中国航空集团公司	C40	中国东方航空集团公司
C41	中国南方航空集团公司	C42	中国中化集团公司
C43	中粮集团有限公司	C44	中国五矿集团公司
C45	中国通用技术(集团)控股有限责任公司	C46	中国建筑工程总公司
C47	中国储备粮管理总公司	C48	国家开发投资公司
C49	招商局集团有限公司	C50	华润(集团)有限公司
C51	中国港中旅集团公司	C52	国家核电技术有限公司
C53	中国商用飞机有限责任公司	C54	中国节能环保集团公司
C55	中国国际工程咨询公司	C56	中国华孚贸易发展集团公司
C57	中国诚通控股集团有限公司	C58	中国中煤能源集团有限公司
C59	中国煤炭科工集团有限公司	C60	中国机械工业集团有限公司
C61	机械科学研究总院	C62	中国中钢集团公司
C63	中国冶金科工集团有限公司	C64	中国钢研科技集团有限公司
C65	中国化工集团公司	C66	中国化学工程集团公司
C67	中国轻工集团公司	C68	中国工艺(集团)公司
C69	中国盐业总公司	C70	华诚投资管理有限公司
C71	中国恒天集团有限公司	C72	中国中材集团有限公司

（续表）

编码	公司名称	编码	公司名称
C73	中国建筑材料集团有限公司	C74	中国有色矿业集团有限公司
C75	北京有色金属研究总院	C76	北京矿冶研究总院
C77	中国国际技术智力合作公司	C78	中国建筑科学研究院
C79	中国北方机车车辆工业集团公司	C80	中国南车集团公司
C81	中国铁路通信信号集团公司	C82	中国铁路工程总公司
C83	中国铁道建筑总公司	C84	中国交通建设集团有限公司
C85	中国普天信息产业集团公司	C86	电信科学技术研究院
C87	中国农业发展集团有限公司	C88	中国中纺集团公司
C89	中国外运长航集团有限公司	C90	中国中丝集团公司
C91	中国林业集团公司	C92	中国医药集团总公司
C93	中国国旅集团有限公司	C94	中国保利集团公司
C95	珠海振戎公司	C96	中国建筑设计研究院
C97	中国冶金地质总局	C98	中国煤炭地质总局
C99	新兴际华集团有限公司	C100	中国民航信息集团公司
C101	中国航空油料集团公司	C102	中国航空器材集团公司
C103	中国电力建设集团有限公司	C104	中国能源建设集团有限公司
C105	中国黄金集团公司	C106	中国储备棉管理总公司
C107	中国广东核电集团有限公司	C108	中国华录集团有限公司
C109	上海贝尔股份有限公司	C110	武汉邮电科学研究院
C111	华侨城集团公司	C112	南光（集团）有限公司
C113	中国西电集团公司	C114	中国铁路物资总公司
C115	中国国新控股有限责任公司		

如图12-3所示，分类结果如下：首先，公共政策性企业有5家，其数量占全部中央企业数量的比重约为4%，包括中国国新、中储粮总公司和中储棉总公司3家政策性企业，以及国家电网和南方电网2家自然垄断企业。其次，特定功能性企业有32家，其数量占比约为28%，包括三大板块：一是国防军工板块，包括十大军工企业和中国商飞公司，共11家；二是能源板块，包括三大石油公司、国家核电、中广核集

团和六大电力公司,共 11 家;三是带商业功能板块,包括中盐公司、华孚集团、三大电信公司以及中远集团、中国海运和三大航空公司,共 10 家。最后,其余 78 家为一般商业性企业,其数量占比约为 68%,包括 22 家工业制造企业、17 家综合贸易服务企业、7 家建筑工程企业、12 家科研企业和 20 家资产规模在 500 亿元以下的其他中小企业。

对于上述分类结果,我们作两点说明:

第一,此分类主要基于我们对各企业自己描述自己企业使命和业务活动的有关公开资料的主观判断而进行的。目前,所有的中央企业,即使是被我们归为公共政策性和特定功能性的中央企业,在现实中,多少都有开展商业性业务的倾向,有的企业,其商业性业务活动所占比例还不低。这很大程度上是由于现行国资管理体制下考核国有资产保值增值造成的,而并非是国家赋予其"国家使命"所要求的。从理论上说,具体分析一家国有企业拥有多大比例的商业性业务或者功能性、公共政策性业务,进而确定其所属的企业类型,可能更有说服力。但在现实中,受限于数据采集因素,理论上的思路,相当难实现。所以,我们在分类时,尽量充分考虑所获得的企业资料,最终则依赖于研究者的经验性判断。

以政策性企业为例,我们认为,国新(C115)和中储粮(C47)、中储棉(C106)这三家企业的公共政策性特征,要比也拥有一定公共政策性业务活动的中国盐业(C69)和华孚集团(C56)更突出。从现实情况看,后两家企业在商业性业务活动方面表现相对活跃。因此,在实际分类时,我们将前三家公司列入公共政策性类别,而将后两家企业列入特定功能性类别。如果后两家企业在未来的改革实践中,进一步压缩其商业性活动,可以考虑将其重新纳入政策性企业的范畴。

再以垄断类企业为例,我们认为,两家电网公司(C14 和 C15)的自然垄断特性及公共性特征,要比另外三家石油公司(C11、C12 和 C13)

和三家电信公司（C23、C24和C25）更加突出，而后面六公司的主营业务活动的盈利性特征，要比两家电网公司更为显著。为此，我们将两家电网公司划归为公共政策性企业，而将另外六家公司划归为带商业活动特征的特定功能企业，如图12-3所示的"带商业功能板块"。

被划入公共政策性类型的中央企业，并非说它们就没有商业性的业务活动。近一段时期，有媒体披露，中储粮作为政策性企业，在享受国家给予政策性补贴的优惠和利益的同时，对不得让粮食储备机构参与经营的政策持有抵触意见，该公司有通过经营活动来牟利的意愿，同时，也存在政策性的粮食储备业务和经营性业务不分，以及将粮食储备业务分包出去收取利益的行为。而在几年前，有关该公司定位的讨论，已经见诸报端。我们从研究者的角度看，中储粮的经营业务在公司业务活动中所占比重不高，该公司属于典型的公共政策性企业的范畴。从未来的分类改革和治理的要求看，一旦明确了公司使命与定位，像中储粮这样的公共政策性企业必须主动限制自身的经营性活动。

第二，考虑到具体分类的复杂性和动态性原因，此处提供的针对具体某家企业的分类是相对的，可能存在一些企业归类不准确的情况。如果要将此处所强调的分类方法真正付诸实践，我们认为，更具可操作性的分类做法，应该是由国资管理部门基于"国家使命"要求和企业特性逐一与各中央企业进行谈判与协商。

以军工板块为例，我们认为，中国船舶（C6）、中船重工（C7）、兵器装备（C9）和中国电科（C10）这四家公司的主营业务活动的功能性特征，与其他六家军工企业（C1—C5和C8）相比，更显得弱化。在未来的企业发展与改革过程中，伴随各家军工企业业务活动发生变化，那么，这四家公司有转变为一般商业性公司的更大可能性。而另外六家公司或其中的某些部分的业务活动，如果进一步强化突出其经营活动的公共政策性特征且弱化盈利性特征，它们也有转变成为公共政策性企业的可能性。

再以能源板块为例，我们认为，石油公司（C11—C13）和核电公司（C52和C107），与普通电力公司（C16—C21）相比，前者的功能性特征更加突出。在未来发展与改革中，能源板块的公司，如果进一步突出其竞争性经营业务活动的发展，就有转化为一般商业性公司的可能。

不少被划入一般商业性类型的中央企业，尽管其主营业务活动的很大一部分，有很强的经营性和竞争性特征，但它们仍然多多少少有一些带有"国家使命"色彩的功能性业务活动。像工业制造领域和综合贸易服务类的一些国有特大企业集团，大都具有上述特点。在未来的改革实践中，如果这些公司希望将自己定位于特定功能性公司，那么，它们应该继续强化自身的特殊功能，向承担更多的国家使命和社会责任方向努力；如果这些公司希望将自己定位于一般商业性公司，它们则应该进一步强化自身经营活动的商业性和竞争性的一面。

在我们看来，按照上述央企初步分类，应该考虑从国有企业、国资管理和国有经济这三个方面同时深化改革，且要兼顾国有经济部门与非国有经济部门的良性共处关系。

在国有企业层面上，如上文所指出的，三种类型的国有企业应各就各位，一般商业性的国有企业加快市场化，公共政策性的国有企业逐步向"一企一制（法）"的管控精细化的方向发展，特定功能性的国有企业应转向更加适应其细分化特征的、有的放矢的管理体制。

在国资管理体制层面，首先，是收缩管理幅度的问题，用更简化的制度框架来管理为数众多的一般商业性国有企业，并且，这方面的精力和资源的投入，应该越来越少，以增进其管理的"投入—产出"效率；其次，是管控力应进一步向公共政策性国有企业聚焦；最后，对特定功能性国有企业的管理，应分步骤实现化繁为简，在短期里，更注意因企制宜，在长期里，则要不断强化一致性的制度要求。

在国有经济层面上，改革的路线图将表现为国有经济实现动态优化与平衡的过程，不仅涉及国有经济内部的结构趋于优化——公共政策性的国有企业的占比将进一步稳步提高，一般商业性和特定功能性的国有企业的数量和比重将有所下降；还涉及国有经济在国民经济中的地位和作用的不断完善，不一味通过求规模、求效益来维系国有经济的控制力和影响力，而是追求国有经济的高质量和可持续性的发展。从改革的时间进程角度考虑，应该引导人们对不同类型国有企业的发展走向形成相对稳定的预期。关于国有企业的未来发展，一般商业性国有企业，可能用10—15年的时间，完全走向市场；公共政策性国有企业，可能要用15—20年，甚至更长的时间，来探索和营造适合它们的管理制度环境；特定功能性国有企业，需要因企制宜，采用不同的时间表来深化改革。

最后需要提出的是，在新时期，沿着上述分类改革思路全面深化国有经济改革，需要改革和完善现行的以国资委为中心的国有资产管理体制机制。在现行体制下，国资委是一个集政策制定和部分国资监管职能于一身的机构，这一方面使得宏观上的改革政策制定职能被虚化了，另一方面，各种国有资本运营管理难以进一步集中化。改革后，建议形成三层组织，一是政策制定部门，负责全部国有经济改革、管理与发展的政策设计与制定工作；二是国资经营与管理部门，包括国资运营管理机构、国有资产控股公司和大型国有企业集团等；三是具体的国有企业。在这种组织架构下，除国资委监管之外的其他重要国有企业，也将逐步被纳入前文所说的"三分类"的范畴，实现有针对性的治理与管控。

第 13 章　全面深化国有经济改革重大任务[①]

党的十八大以来，中国进入中国特色社会主义建设新时代，党的十八届三中全会通过了具有里程碑意义的《中共中央关于全面深化改革若干重大问题的决定》，提出要紧紧围绕使市场在资源配置中起决定性作用和更好地发挥政府作用深化经济体制改革，对国有经济进一步深化改革提出了新要求，中国国有经济改革在经历 30 多年理论和实践探索后，进入了一个全面深化改革的新时期。

13.1　实现国有经济与成熟市场经济体制的融合

13.1.1　国有经济改革的根本问题

在中国确立社会主义市场经济体制改革的目标后，作为公有制代表的国有经济如何与市场经济体制融合，一直是国有经济改革需要破解的根本性问题。如何通过改革，解决国有经济与市场经济体制存在的管理体制、运行机制、定位布局、实现形式等方面的矛盾，使得国有

[①] 本章是由笔者主笔、以中国社会科学院工业经济研究所课题组名义发表的"论新时期全面深化国有经济改革重大任务"，原文载《中国工业经济》2014 年第 9 期，课题组成员包括黄速建、余菁、杜莹芬、刘戒骄、王钦、何俊、刘建丽、肖红军、王欣、张航燕。本章内容几乎涵盖笔者关于新时期国有企业改革的主要观点，而下面各章（14、15、16）则体现了对这章观点的展开论证。

经济能够适应市场机制,在市场竞争中不断提高效率、发展壮大,从而发挥在国民经济中的主导作用,构成了中国国有企业和国有资产管理体制改革的主线。

沿着这个改革主线,中国国有经济改革先后经历了三个阶段(黄群慧、余菁,2013)。第一个阶段是改革开放之初到党的十四届三中全会的"放权让利"阶段,该阶段大体上用了15年的时间,贯穿20世纪80年代和90年代初。当时,改革的重心落在国有企业层面。这一阶段,改革的主要任务是引导国营单位走出计划经济体制的旧观念与行为的束缚,使它们能够逐步适应商品化的经营环境,完成自身的企业化改造,解决一个个国有企业进入市场的问题。第二个阶段是20世纪90年代初至21世纪初的"制度创新"阶段,大体上有10年左右的时间。当时,改革的重心落在建立现代企业制度和推动国有经济结构调整上。这一阶段,改革的主要任务是引导国有企业确立与市场经济要求相适应的资本和产权的观念,建立现代企业制度,通过国有经济布局与结构战略性调整,初步解决整个国有经济部门如何适应市场竞争优胜劣汰的问题,改变国有经济量大面广、经营质量良莠不齐和国家财政负担过重的局面。第三个阶段是党的十六大以后、以2003年国资委成立为标志的"国资发展"阶段,国有企业改革进入到以国有资产管理体制改革推动国有企业改革时期。这一阶段,改革的主要任务是由国资委负责监督管理国有企业实现国有资产保值增值目标,解决以往国有经济管理部门林立,机构臃肿,监管效率低下的问题,使国有资产利用市场机制发展壮大成为可能。

30多年的国有经济改革进程表明,伴随着中国市场经济体制逐步建立,实现国有经济与市场经济体制的融合,在市场竞争中发挥国有经济主导作用,不断增强国有经济活力、控制力和影响力,一直是中国国有经济改革的根本问题。

13.1.2 新时期国有经济改革的基本目标

经过 30 多年上述三个阶段的改革,国有经济改革与发展取得了巨大成就。一是经济布局优化。国有资本逐步从一般生产加工行业退出,国有资本更多地集中于关系国民经济命脉的重要行业和关键领域,在国民经济中发挥着主导作用。二是政企关系优化。初步建立起相对有效的国有资产管理体制,改变了过去"五龙治水"、普遍"内部人控制"的现象,企业经营性国有资产得到了相对规范的管理。财政预算不再安排用于补充国有企业资本金性质的支出和经营性亏损,政府的公共管理职能和出资人职能初步分离。三是经营机制优化,从数量上看大部分国有企业已经进行了公司制股份制改革,初步建立起现代企业制度,公司治理结构逐步规范。四是经营绩效优化,国有企业发展质量和运行效率得到了提升,竞争力有了很大增强,国有经济已经摆脱困境,对经济社会发展的贡献进一步显现。

应该说,国有经济从总体上已经与市场经济体制逐步适应和融合。但是,中国国内外环境正发生巨大变化,从国际环境看,在经济全球化的大趋势下,中国开放水平进一步提高,国有经济面临国家使命提升与国际环境严峻的双重压力;从国内经济环境看,进入"十二五"以后,中国已经步入工业化后期(陈佳贵等,2012),中国经济发展方式亟待转变,国有经济所熟悉的要素驱动型的发展环境正在改变。这些新形势对中国经济发展提出了新要求。尤其是党的十八届三中全会以后,中国要建立市场在资源配置中起决定性作用和更好发挥政府作用的市场经济体制,这是一种更加成熟的社会主义市场经济体制,现有国有经济与这种成熟社会主义市场经济体制的要求还有很大差距,这主要表现在由于国有经济改革"不到位"而产生的不适应。一是国有经济战略性调整不到位,使得国有经济功能定位和布局不适应。国有经济的公共政策性功能和市场盈利性功能还没有区分，许多国有企业在经营中还面临着"公益性使命"和"盈利性使命"的冲突，处于赚钱和不赚钱两难的尴尬境界——不赚钱无法完成国有资产保值增值、壮大国有经济的目标，赚了钱又被指责损害了市场公平和效率。垄断行业的国有企业改革还不到位，还缺乏一条明确、可信又可行的改革路径。垄断行业的国有企业追求行政垄断地位的行为，影响到构建公平有效的市场经济格局。二是国有企业的公司制股份制改革没有到位，使得国有经济的产权实现形式还存在不适应。为数众多的国有大企业，其母公司及二级以上公司层面的股权多元化改革，大多是停滞不前。三是国有资产管理体制改革不到位，无法适应新形势的要求。一方面国有资本流动性仍然较差，还满足不了有进有退、合理流动和实现国有资本动态优化配置的要求，另一方面国有企业还常常面临相关政府部门不当干涉的困扰。四是现代企业制度建设还不到位，国有企业的微观治理机制还不适应成熟市场经济的要求。国有企业治理结构还不规范，企业具有行政级别，国有企业经理人的市场选聘、监督约束机制改革还有待形成和完善，存在国有企业经营管理者"党政干部"和"企业家"双重角色的冲突，这既使得企业市场化经营权利无法得到充分保障，又影响到市场公平性。

　　这些改革不到位问题，从本质上说还是国有经济没有与成熟市场经济体制有机融合，在管理体制、运行机制、定位布局、实现形式等方面还存在矛盾。党的十八届三中全会决定要建立市场在资源配置中起决定性作用的健全的社会主义市场经济体制，这就对国有经济与市场经济体制融合提出了更高的要求，国有经济一方面要提高国有企业活力和适应市场公平竞争的能力，另一方面要提高服务国家战略目标、提供公共服务的能力。新时期全面深化国有经济改革，就是要解决国有经济与成熟市场经济体制的这些矛盾，基本目标是实现市场在资源配置中起决定性作用的条件下国有经济与成熟市场经济体制的全面融合。

13.1.3 新时期国有经济改革的重大任务

基于中国国有经济改革理论和实践探索，参考国外成熟市场经济国家的经验，中国国有经济与成熟市场经济体制的融合，需要回答以下四方面重大问题，一是在社会主义市场经济体制中，国有经济应该有怎样的功能定位和布局？是否需要动态调整？二是与计划经济体制下单一国有制相比，市场经济体制下国有经济的主要实现形式是什么？尤其是国有企业主要以怎样的所有权结构形式存在？三是中国庞大的国有经济，在市场经济体制条件下应该建立怎样的国有经济管理体制？四是作为国有经济的主要微观主体的企业，在市场经济条件下为了保证自己的竞争力，应该具有怎样的治理结构和运营机制？

党的十八届三中全会通过的《决定》，在总结中国国有经济改革的历史经验、分析中国面临的新形势新任务情况下，回答了上述四方面问题。关于国有经济的功能定位和布局，在明确坚持公有制主体地位、发挥国有经济主导作用的前提下，提出准确界定不同国有企业的功能，国有资本运营要服务于国家战略目标，重点提供公共服务、发展重要前瞻性战略性产业、保护生态环境、支持科技进步、保障国家安全；关于国有经济的主要实现形式，提出要积极发展混合所有制经济；关于国有经济管理体制，提出完善国有资本管理体制，以管资本为主加强国有资产监管；关于国有经济微观制度基础，提出要推动国有企业完善现代企业制度，健全协调运作、有效制衡的公司法人治理结构。这实质上明确了新时期中国国有经济改革的重大任务。关于国有经济四项重大改革任务和具体措施的内容和关系如图 13-1 所示。

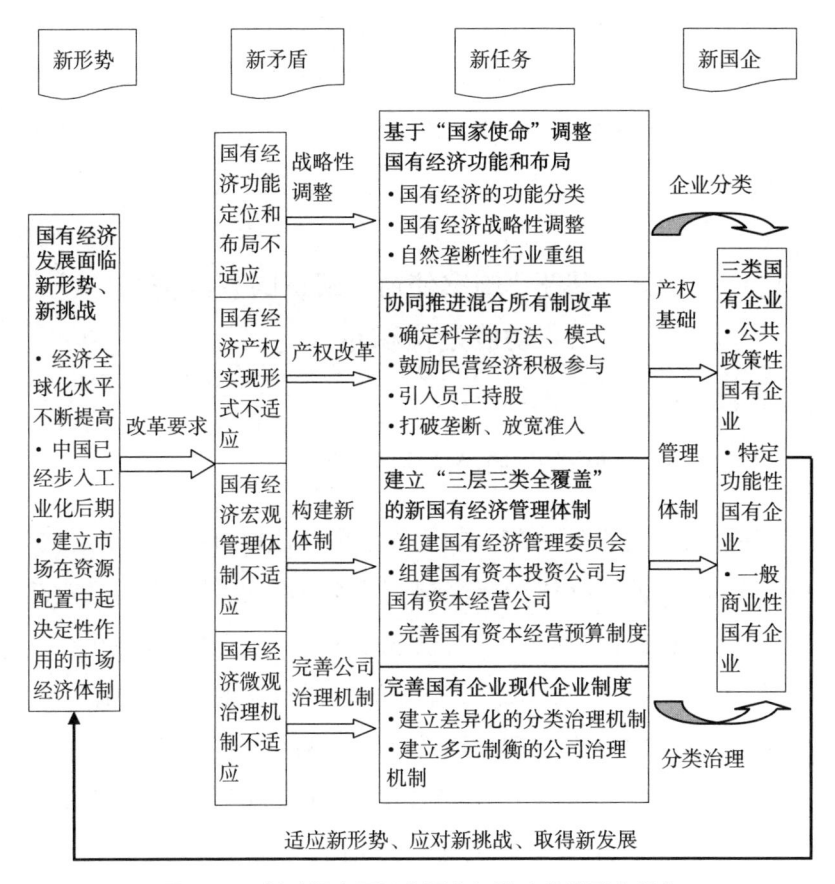

图 13-1 新时期全面深化国有经济改革的重大任务

资料来源：作者整理。

以党的十八届三中全会的精神为指导，本章认为，新时期国有经济面临新的形势和新挑战，要实现国有经济与成熟市场经济体制全面融合面临着一些矛盾，这要求完成与时俱进地根据国家使命调整国有经济功能和布局、推进混合所有制改革确立国有经济的主要实现形式、建立分类分层的新国有经济管理体制、推动国有企业完善现代企业制度以奠定国有经济高效运行的微观基础这四项重大任务，通过这四项改革重大任务和具体的改革措施的推进，最终形成以"新型国有企业"为主的国有经济，这些"新国企"将适应新形势的发展要求，日益与市场在资源配置中发挥决定性作用的条件下的成熟社会主义市场经济体制相融合。

13.2　基于"国家使命"调整国有经济功能定位和布局

13.2.1　基于使命的国有经济功能分类

使命就是企业存在的理由，是企业的价值取向和事业定位，使命不明确或者使命冲突会导致企业行为逻辑混乱。对于国有企业而言，实现国家赋予的使命——"国家使命"——是国有企业生存发展的理由。在社会主义市场经济体制下，国有经济的"国家使命"，不仅仅着眼于如何运营管理好现有的存量国有资产的问题，还应放眼社会、放眼世界、放眼未来，从社会性、国际化和可持续性的视角入手，更好地配置国有资本，更好地发挥出国有经济部门与非国有经济部门的互补功能，为整个国民经济向更健康、更有竞争力、更具可持续性的方向发展，为实现中华民族伟大复兴的"中国梦"而贡献积极力量。

具体而言，中国是一个发展中的渐进式的经济转轨国家，这就决定了中国的国有经济在相当长的历史时期既要有一般的市场体制国家在市场经济运行中国有经济应承担的使命，又要有发展中国家在经济赶超中国有经济应承担的使命，还要有转轨经济国家在渐进式转轨过程中国有经济应承担的使命，我们将其划分为国有经济的"市场经济国家使命""发展中国家使命"和"转轨经济国家使命"，针对这三类"国家使命"，国有经济相应的功能分别是"弥补市场失灵功能""实现经济赶超功能""培育市场主体功能"。

市场经济国家普遍面临市场失灵问题，所谓市场失灵是指市场机制在某些领域不能使社会资源的配置达到帕累托最优状态的表现，这些领域包括自然垄断、公共产品领域，存在外部性和信息不完全情况的领域等。由于市场经济无法达到最优的资源配置，就需要国家对市场经济进行干预，以达到优化资源配置的目的。也就是说，相对于市场而言，政府在纠正自然垄断、矫正外部效应、提供公共物品、实现区域协调发展、保证收入公平分配等方面具有更大的优势和作用，而国有经济则是政府承担这一职能的重要载体，国家或政府通过举办国有企业、发展国有经济的手段实现政府干预市场、弥补市场失灵目的（韩丽华、潘明星，2003）。这就是市场经济国家赋予国有经济的使命，也就是国有经济的"弥补市场失灵功能"。

实现经济赶超是发展中国家特有的目标，发展经济学表明，发展中国家在经济赶超阶段，在国际市场上往往遵循静态比较优势，发展中国家可以从国际贸易或国际分工中获益，但却不能从根本上解决核心技术的研发、产业结构提升、经济发展方式转变等重大问题，其后果就是陷入"比较优势陷阱"或"低端锁定陷阱"（朱春红，2005）。因此，在成为世界一流强国之前，发展中国家都必须保持相当数量的国有企业，去承担建立现代化经济强国、实现经济赶超的功能。在国家的支持下，国有企业在充分理解国际竞争秩序的条件下，在立足于自身现有的条件和资源状况的基础上，通过专业化学习、投资创新及经验积累等后天因素着力培育和强化其动态比较优势,从而在事关国计民生的基础产业、支柱产业、战略产业与国外企业竞争抗衡,承担支持科技进步、保障国家经济安全等功能,这就是国有经济基于发展中国家使命而承担的"实现经济赶超功能"。

对转轨经济国家,尤其是渐进式改革的转轨经济国家,其转轨过程是由大一统的国有经济结构向混合所有经济结构的演进。在传统的计划经济体制下,这类国家没有真正的市场经济主体——企业的改革过程是将国有企业转化为自主经营、自负盈亏、自我约束、自我发展的真正的市场主体,也就是培育市场主体的过程。同时,随着民营经济的兴起和外资企业的进入,市场经济主体逐步丰富,混合所有制的经济结构逐步形成。转轨经济国家需要国有经济承担逐步发展独立的市场经济主体的功能,作为独立市场主体的国有企业,要积极应对市场的激烈竞争,在竞争中通过追求盈利来实现国有资产保值增值,回报国家这个所有者代表。这就是国有经济要承担的"转轨经济国家使命"和"培育市场主体功能"。

多年改革发展留下的巨大的国有经济总体上承担着上述三大"国家使命",但这三大使命在具体国有企业中没有区分。由于"弥补市场缺陷"强调国有企业作为政府实现公共目标的工具或者资源,具有公共政策性,而"培育市场主体"则要求国有企业追求市场盈利性,保证国有资产的保值增值,这造成国有企业面临着"使命冲突",从而使得国有企业无法与市场经济体制彻底融合。新时期要深化国有经济改革,需要准确界定不同国有企业的功能,国有企业已经步入了一个"分类改革与分类监管"的新时期。我们认为,基于上述三类"国家使命"和国有经济功能性质,考虑到历史沿革和可行性,可将国有企业分成公共政策性、特定功能性和一般商业性三种类型(黄群慧、余菁，2013）。

公共政策性国有企业，是带有公共性或公益性的、特殊目的的国有企业。它们仅承担国家公益性或公共性政策目标而不承担商业功能。公共政策性国有企业，应该是国有独资企业。具体监管方法是"一企一制""一企一法"，确保企业活动始终以社会公共利益为目标。这类国有企业数量非常少。目前，有的公共政策性国有企业也在开展商业性业务活动，一旦明确企业功能定位，其商业性活动应该逐步分离出来。从长远看，公共政策性国有企业将是国有资本加强投资和监管的重点。

一般商业性国有企业，也就是人们常说的竞争性国有企业。它们属于高度市场化的国有企业，只承担商业功能和追求盈利性经营目标。一般商业性国有企业采用公司制或股份制，其股权结构应该由市场竞争规律决定，遵循优胜劣汰原则。在规范运作的前提下，这类企业的股权多元化程度和股东的异质性程度，不应该受到非市场性因素的困扰和扭曲。为数众多的中小型国有企业都属于这一类型。

特定功能性国有企业，具有混合特征。它们有一部分商业功能，也有一部分非商业性或政策性功能，其非商业性功能的实现又要求以企业自身发展和经营活动盈利为基础和前提。特定功能性国有企业的股权结构是国有绝对控股或相对控股的多元化结构。有特殊的政策性功能要求的，可以制定具体政策来规范企业的股权结构；没有特殊政策规定的，应该由市场来发挥资源配置的决定性作用。从长远看，特定功能性国有企业将进一步分化，这类企业中的大多数，将转变为一般商业性国有企业。

有关基于国家使命的对国有经济的功能定位和国有企业的分类之间的对应关系可参见下表（表13-1）。

表 13-1　国有经济"国家使命"、功能定位与国有企业分类的对应关系

国家使命	市场经济国家使命	发展中国家使命	转轨经济国家使命
功能定位	弥补市场失灵	实现经济赶超	培育市场主体
功能说明	作为国家政策的一种工具，弥补市场经济的不足，发挥纠正自然垄断、矫正外部效应、提供公共物品、实现区域协调发展、保证收入公平分配等方面作用，是建立市场经济条件下现代的国家治理机制的一部分。	在事关国计民生的基础产业、支柱产业、战略产业与国外企业竞争抗衡，承担支持科技进步、保障国家经济安全等功能，最终实现经济赶超。在成为世界一流经济强国之前，需要保持相当数量的此类国有企业。	国有经济承担在经济体制改革中逐步发展独立的市场经济主体的功能，作为独立市场主体的国有企业，要自主经营、自负盈亏、自我约束、自我发展，要积极应对市场的激烈竞争，在竞争中通过追求盈利来实现国有资产保值增值。
企业分类	公共政策性企业	特定功能性企业	一般商业性企业
价值导向	公共功能	功能+利润	市场利润

资料来源：作者自撰。

基于分类思路，本节认为，现在的113家中央企业中公共政策性企业有5家，即中储粮总公司、中储棉总公司、华孚集团、国家电网和南方电网；特定功能性企业32家，包括国防军工板块的十大军工企业和中国商飞公司，能源板块的三大石油公司、国家核电、中广核集团和六大电力公司，及其他功能板块的中盐公司、中国国新、三大电信公司、三大航空公司以及中远集团、中国海运；一般商业性企业76家，包括一般工业制造企业、综合贸易服务企业、建筑工程企业、科研企业和资产规模在500亿元以下的其他中小企业。由于国有企业构成的复杂性，具体的分类方法可以是动态的，会随着环境和情况变化而调整。

13.2.2　功能转换与国有经济战略性调整

国有经济的功能定位并不是一成不变的，如果说，以前国有经济保值增值被放到更加重要的位置，那么在新时期，国有资本将加大对公益

性方面的投入,在提供公共服务方面做出更大贡献。这种功能转换意味着新时期中国需要进行国有经济战略性重组。基于上述三类国有企业的功能定位,各类国有企业战略性调整的方向和重点都不同。

对于界定为一般商业性企业的国有企业,其战略性调整目标是完全剥离行政垄断业务,通过市场化手段增强企业活力和提高企业效率,同时建立国有资本灵活退出机制,逐步退出部分国有资本,投向更符合公共服务和国家战略目标的企业。为实现上述改革目标,一方面,要推进公共资源配置市场化,加快政府管制改革,破除各种形式的行政垄断;另一方面,这类国有企业应勇于突破所有制观念的束缚,大力引入其他所有制经济成分,充分发挥其企业制度中内生的国有资本放大功能。在改革实践中,应该按照市场公平竞争要求,鼓励非公有制企业参与一般商业性国有企业的改革,鼓励发展形成非公有资本控股的混合所有制企业;鼓励一般商业性国有企业在改革成为混合所有制企业的同时,实行员工持股,形成资本所有者和劳动者利益共同体。在改革过程中,从这类企业中陆续退出的部分国有资本,将通过国有资本运营公司这一运作平台,转而投向那些更加符合国家战略目标的重要行业和关键领域。

对于界定为公共政策性企业的国有企业,其战略性调整目标是退出盈利性市场业务领域、专注公共政策目标的实现,在此前提下,国有资本要加大对这类企业的投入。首先,已从事的盈利性市场业务,要逐步剥离;其次,要继续加大国有资本的投入力度,提高这类企业的公共服务能力和承担社会责任的能力;最后,要不断提高公司管理科学化水平,改善国有资本的使用效率。虽然公共政策性企业不以盈利为目标,但为了提高管理效率,在具体项目和环节上可探索引入竞争机制,允许非国有资本参股公共政策性企业负责的一些公共服务项目。公共政策性国有企业自身,既不适合改组为国有资本投资公司或运营公司,也不适合推行员工持股制度来发展混合所有制。

对于界定为特定功能性企业的国有企业，战略性调整的总体方向是主要依托国有资本投资运营公司这一运作平台，不断地主动退出那些竞争格局趋于成熟、战略重要性趋于下降的产业领域和环节，不断努力在提供公共服务、保障国家安全和符合国家战略要求的各种新兴产业领域发挥更大的功能作用。其中，那些功能定位与提供公共服务、保障国家安全紧密相关的国有企业，在推行混合所有制经济、实行企业员工持股方面，要慎之又慎；那些与保护生态环境、支持科技进步、开展国际化经营、战略性新兴产业领域相关的国有企业，可鼓励探索和发展混合所有制经济和员工持股制度。如果某些特定功能性国有企业的功能特征有日渐弱化的趋势，它们就应该及时转变为一般商业性国有企业，再遵照一般商业性国有企业的规律，来进行战略性调整和深化改革。

需要说明的是，随着国有经济管理体制改革深入，现有的113家中央企业数量会进一步减少，尤其是按照党的十八届三中全会精神，组建国有资本投资公司和运营公司，这些平台公司组建过程本身就是国有经济战略性调整的过程，甚至是未来几年内国有经济战略性调整的主要任务。

13.2.3 垄断性行业国有经济的战略性调整

电力、电信、民航、石油天然气、邮政、铁路、市政公共事业等垄断性行业国有企业是国有经济中非常特殊，但问题突出的部分，大部分属于上述特定功能性企业。垄断性行业国有经济战略性调整，应该通过产权重构带动业务重组和企业组织结构调整，实现产业组织效率和企业绩效的同步提升。产权重构旨在形成符合行业技术经济特征和经济发展阶段要求的产权结构和治理架构。业务重组旨在优化相关业务配置和遏制垄断，形成主业突出、网络开放、竞争有效的经营格局。企业组织结构调整旨在形成兼有规模经济和竞争效率的市场结构,使企业成为社会主义市场经济体制更具活力的市场主体,成为中国国民经济和国有经济中更具战略性的组成部分。

产权重构是国有企业产权多元化的重要途径,也是垄断性行业国有企业建立现代治理制度的基础。垄断性行业国有企业产权重构主要有三种目标模式,即国有独资模式、国有绝对控股模式和国有相对控股模式,重点推动垄断性行业中央企业从国有独资公司向国有绝对控股公司、国有相对控股公司转变,发展混合所有制经济,实现产权多元化。随着社会主义市场经济体制的成熟定型和民营经济成长,降低上述领域对国有经济的依赖,逐步从国有绝对控股转向国有相对控股。

业务重组要区分自然垄断的网络环节和可竞争的非网络环节性质,根据行业特点整体规划、分步实施。一般认为,电力产业的输配电网,铁路行业的路轨网络,石油产业的输油管线,天然气行业的输气管线,电信行业的电信、电话和宽带网络,属于自然垄断的网络环节,而电力行业的发电、售电业务,铁路的运输业务,石油和天然气的勘探、销售业务,电信行业的移动电话、互联网、电视网络和增值业务等属于可竞争的非自然垄断环节(冯飞等,2013)。积极研究将电信基础设施和长距离输油、输气管网从企业剥离出来,组建独立网络运营企业的方式。着眼于整个国民经济而不仅仅是某个行业或经济主体自身的视角,谋划和评估网络设施开放使用,通过网络设施平等开放推动可竞争性市场结构构建和公平竞争制度建设,使垄断性行业国有经济成为社会主义市场经济体制更具活力的组成部分,让改革和发展成果更好地惠及国民经济其他产业和广大人民群众。具体而言,石油行业主要是深化中石油和中石化内部重组,通过兼并重组、注入资本金等政策将中海油、中化集团整合成一家新的国家石油公司。电网行业主要是实现国家电网公司和南方电网公司的合并,在国家电网公司、区域电网公司与省电网公司之间建立规范的母子公司关系。输配分离后,国家电网公司和区域电网公司经营输电网,配电网划归省电网公司。民航业重点培育几家区域性航空运输企业,解决航空支线垄断程度过高的问题,把航油、航材、航信三家企业改造成由各航空运输企业参股的股权多元化的股份有限公司。

企业组织结构调整重点是在产权结构和业务结构重组的基础上,对一些行业内国有企业的数量及其关系进行选择和优化。由于垄断性行业国有企业均为大型企业或特大型企业,国有企业数量对行业垄断竞争状况和产业绩效具有重要影响。从有效竞争和便于管理的角度看,国有企业在特定行业内的企业数量既不是越少越好也不是越多越好,否则不是造成垄断就是造成国有企业过度竞争。企业组织结构调整应解决经营者数量少导致的竞争不足问题,适当增加经营者数量,形成兼有规模经济和竞争效率的市场结构。

13.3　协同推进混合所有制改革

13.3.1　推进混合所有制改革的方法论原则

为了既避免改革过程中的国有资产流失等问题,又能够达到混合所有制改革的目标,推进混合所有制改革必须坚持"上下结合、试点先行、协同推进"的改革路径和方法论原则,混合所有制改革一定要在上下结合、先行试点的基础上制定改革细则,然后才能全面协同推进,做到"蹄疾而步稳"。

中国改革经验表明,成功的改革推进路径是先"自下而上"——允许基层积极探索,具体包括基层创新、发现问题、积累经验、总结分析等操作步骤,得到基层探索的整体改革意义,进而"自上而下"——

进行顶层指导下的推进，具体包括明确方向、选择试点、制定规则、全面推进等程序，从而实现积极稳妥的全面改革。而且这个"自下而上"和"自上而下"的过程往往需要多次反复。这种"上下结合"的改革推进路径，既激发了基层改革创新的积极性、保护了经济的活力，又实现了改革的有序性、避免了改革一哄而上的混乱，是我们改革取得巨大成就的方法论保证（黄群慧，2014）。同样，今天我们推进混合所有制改革，也应该坚持这样的改革路径，或者说方法论原则。党的十八届三中全会明确了大力发展混合所有制的方向，这意味着经过多年"自下而上"的探索，我们已经明确了混合所有制改革方向，全国正处于"自上而下"地推进混合所有制改革阶段。

当前混合所有制改革工作的重点应该是积极推进试点，在试点的基础上分析问题、总结经验，进而制定具体规则和程序、探索混合所有制改革实施细则，以保证进一步全面推进混合所有制改革在制度和法律的框架下规范运作。根据实际情况，积极开展分类试点，寻找突破口，总结经验，形成操作规范。在试点中前行，在具体实践操作中，不断发现新问题，寻找解决问题的办法，并进行知识的积累，最终形成操作的规范。在"开展试点"的基础上，加强经验交流，全国各地相互促进，探索发展混合所有制经济的新规范。近期，国务院国资委选择国家开发投资公司、中粮集团有限公司开展改组国有资本投资公司试点，中国医药集团总公司、中国建筑材料集团公司开展发展混合所有制经济试点，新兴际华集团有限公司、中国节能环保公司、中国医药集团总公司、中国建筑材料集团公司开展董事会行使高级管理人员选聘、业绩考核和薪酬管理职权试点，还将在国资委管理主要负责人的中央企业中选择2到3家开展派驻纪检组试点（高江虹，2014）。这种试点的方法是具有重要意义的，但应注意很多改革在企业层面是有机联系的，注意改革制度的协同性，不要人为割裂。相对于国务院国资委试点先行的做法，一些地方政府将混合所有制企业比例、混合所有制企业中民营企业参股比例、国有资本证券化比例等作为混合所有制改革的量化考核指标，放在国有企业改革指导意见中，这是不妥的。在改革试点没有开展之前，制定这种改革方案，使改革方案成为彰显政绩目标和决心的"改革大跃进规划"，这种政府主导的急于求成的心态会加大国有资产流失的风险。

通过推进混合所有制改革试点，要探索和制定三方面细则。一是界定不同国有企业功能，将国有企业分为公共政策性、特定功能性和一般商业性，为不同类型国有企业建立不同法律法规，进而设计不同的混合所有制改革实施细则；二是完善公司治理结构，总结国有董事会试点经验，明确混合所有制下国有企业董事会的运行规则，建立有效的高层管理人员选拔和激励约束机制，从机制上保证国有董事和非国有董事的行为规范化和长期化，保证国有和非国有资产共同保值增值；三是着力营造公平竞争的市场环境，努力完善产权流动的市场机制和产权保护的法律体系，重新制定《非国有资本参与国有企业投资项目办法》《国有资本运营公司和国有资本投资公司试点办法》之类的新制度，完善和修订不适应混合所有制改革要求的法律法规、规范性文件。

发展混合所有制是一个系统性、整体性和协同性的改革。需要统筹好中央和地方的关系，试点和规范的关系，渐进和突破的关系。从中央和地方的关系看，在中央层面，主要解决垄断行业的国企混合所有制改革问题，地方层面则着重解决地方融投资平台、城市公共服务业等改革，一些影响大的问题也可由地方先行试验；从试点和规范的关系看，一方面要建立容错机制、允许试点创新，并以此为基础不断形成规范性的政策指导，另一方面也要通过规范，设定基本的试点创新"底线"；从渐进和突破的关系看，既要通过渐进开展积累相关经验，激发发展混合所有制经济的积极性和主动性，又要敢于面对难点攻坚突破，突破改制重组的瓶颈。在协同推进上，要处理好三个协同。一是行业协同，就是要把握发展混合所有制的节奏，既要加快竞争性领域改革步伐，又要攻坚克难，突破垄断行业的改革，相互借鉴经验；二是制度协同，要协同推进公司治理、产权和资产交易、资本管理、人事和分配制度等各方面的制度建设；三是进度协同，要把握好试点先行、细则制定和全面推进的时间协调。

13.3.2 发展混合所有制的模式选择

依据不同的标准，发展混合所有制的模式划分存在显著差异。从宏观推进层面来看，按照主导力量的不同，发展混合所有制可以分为政府主导型模式和市场主导型模式；按照推进路径的不同，发展混合所有制可以分为自上而下型模式、自下而上型模式和上下结合型模式；按照改革对象的不同，发展混合所有制可以分为存量改造型模式和增量发展型模式。从微观操作层面来看，按照混合途径的不同，发展混合所有制可以分为合资混合模式、合作混合模式和配股混合模式；按照资本属性的不同，发展混合所有制可以分为公有资本与私有资本混合模式、公有资本与外资混合模式、公私资本与外资共同混合模式；按照控股主体的不同，发展混合所有制可以分为公有资本控股型混合模式、私有资本控股型混合模式和外资控股型混合模式，或者分为公有资本控股型混合模式和公有资本参股型混合模式；按照混合程度的不同，发展混合所有制可以分为整体混合模式和部分混合模式。

由于发展混合所有制既要有宏观层面的顶层设计，又要有微观层面的操作方案，因此模式的划分应实现宏观与微观的结合。基于改革顶层设计的清晰性需要，在宏观推进层面可以以改革对象为划分依据，将发展混合所有制区分为存量改造型模式和增量发展型模式。存量改造型模式主要是鼓励非公有制经济参与国有企业和集体企业改革，实现国有企业和集体企业存量产权的多元化。存量改造型模式是当前发展混合所有制的重点，其微观实现方式主要包括公司制股份改革、开放性市场化双向联合重组、股权激励和员工持股。增量发展型模式主要是在新的投资中推动公有资本与非公有资本的共同参与，实现国有企业和集体企业增量产权的多元化。增量发展型模式也是发展混合所有制的重要形式，其微观实现方式主要包括新设混合所有制企业或在新投资项目中推动公有资本与非公有资本的共同参与。进一步，无论是存量改造型模式还是增量发展型模式，均可采取公有资本绝对控股、公有资本相对控股和公有资本参股三种形式。

发展混合所有制的不同模式各有优劣，并没有普适性的模式，实践中需要综合考虑产业性质、市场发育程度、企业组织特征、企业发展基础等多个方面的内外部因素。从产业性质来看，相对成熟的产业中因公有资本的布局已经相对明确，因此发展混合所有制可以更多地选择存量改造型模式；而新兴产业中所有属性的资本布局都仍然是不确定的，因此发展混合所有制可以更多地选择增量发展型模式。但无论是存量改造型模式还是增量发展型模式，对于涉及国民经济命脉的重要行业和关键领域，可以采取国有绝对控股的混合所有制形式；涉及支柱产业、高新技术产业等行业，可以采取国有相对控股的混合所有制形式；对于国有资本不需要控制可以由社会资本控股的领域，可以采取国有参股的混合所有制形式。从市场发育程度来看，当产权交易市场、资本市场较为发达时，发展混合所有制可以更多地采取存量改造型模式，反之则可以更多地采取增量发展型模式。从企业组织特征来看，当公有制企业规模较大时，发展混合所有制可以同时采用存量改造型模式和增量发展型模式，反之则可以更多地采取存量改造型模式。从企业发展基础来看，如果公有制企业盈利能力较强，可以同时采用存量改造型模式和增量发展型模式，而且，当公有制企业具有决定性的要素优势时,可以选择国有绝对或相对控股的混合所有制形式,否则则采取国有参股的混合所有制形式;如果公有制企业盈利能力较弱,可以更多地采用存量改造型模式,并主要采取国有参股的混合所有制形式。

13.3.3 推进国有企业混合所有制改革具体要求

由于每家国有企业功能定位、历史沿革、行业特性、规模大小、生存状态都千差万别,在具体推进混合所有制改革中,"一企一策"是一个必然的选择。但这并不意味着国家没有统一的约束。国家统一的约束应该至少体现在改革程序公正规范、改革方案依法依规、股权转让公开公允、内部分配公正透明四个方面。一是改革程序要公正规范。整个改革先后程序必须有严格的规定,不要担心繁文缛节,公正规范是企业改革的第一要义,在规范和效率的选择上,规范始终应该摆在首位。二是改革方案要依法依规。企业改革方案要严格遵照各项法律、规范和流程制定,最终必须要经过相应政府主管部门的批准,一些重大的企业改革方案建议由同级人大讨论批准。三是股权转让公开公允。在混合所有制改革过程中,涉及国有股权转让,信息必须公开透明,转让价格要保证公允。信息公开透明,发挥社会的监督作用,往往是避免国有资产流失的最好办法。四是内部分配公正透明。混合所有制改革中,会涉及员工持股和管理者持股。这个过程中,要保证分配公正透明,这不仅是为了避免国资流失、利益输送等问题出现,还是为了更好地发挥员工持股的激励作用。为了保证公正透明,一定要做到充分的民主,要注意充分发挥职代会的作用。通过多轮投票选举产生职代会代表,职工代表充分发挥沟通桥梁作用,在改革总体方案的形成、职工持股认购额度分配等关键环节,每一项改革决策的酝酿与形成都要交职代会表决通过。

发展混合所有制之所以受到很大的争议和阻力,很大程度上是由于发展混合所有制过程中可能出现国有资产流失等"混合失当"问题，这使得防止国有资产流失成为发展混合所有制的关键问题。发展混合所有制过程中的国有资产流失最可能发生的地方是优良企业、优良资产、优良业务线，并可能通过潜在利益、资产评估、同业竞争和关联交易等渠道发生。基于此，发展混合所有制过程中防止国有资产流失，应重点采取两个方面的关键举措：一是统一政策标准，分企审批，即制定统一政策标准，使国有企业混合所有制改革的一些重要事项有政策标准作为依据，同时每个国有企业混合所有制改革的具体方案，必须上报国资监管部门审批。二是统一产权管理，建立统一、开放、规范、高效的产权交易市场，严格执行产权交易进入市场制度，加强产权交易的监管以及混合所有制企业的国有资产监管，确保做到混合前公平评估、混合中阳光操作、混合后规范运营。

13.3.4 鼓励非公有制企业参与国有企业改革

鼓励非公企业参与国有企业改革，就是要从有利于企业竞争力和总体经济效率的基本要求出发，清除当前制约非公企业参与国企改革的障碍，创造继续深化改革的条件，形成继续深化改革的强大动力。

经过过去30多年的国有企业改革探索，中国的国有全资企业相当一部分已经演变为同时含有国有股和非国有股的混合所有制企业，并且已经涌现出一批以联想集团、TCL、万科股份等为代表的优秀混合所有制企业，形成了进一步推进混合所有制改革的示范效应。但是总体上看，目前进一步推进非公企业参与国企改革还存在许多障碍，这有政策性障碍，也有市场性障碍，具体表现为：一是对于民营资本进入意愿比较高的领域，包括能源、交通、医疗、教育、通信等，政府尚未给出放松进入的时间表，更未给出非禁即入的"负面清单"，民营资本通过参与混合所有制企业改革进入这些领域的难度大、成本高；二是民营企业面临"玻璃门""弹簧门""旋转门"等各种隐性壁垒,国有企业在项目审批、土地、税收和户口指标等方面具有"政策红利";三是具有垄断势力、财务绩效良好的国有企业缺乏引入民营资本的内在动力,政府和企业内部管理层缺乏推进混合所有制改革的积极性;四是一些地方政府出于发展地方经济的考虑,在引入非公企业资本时,常常对于混合所有制企业的经营范围和区位布局制定了"特别条款",影响了混合所有制企业的商业化程度和独立性(张文魁,2013),造成实际上的非公企业资本的股权与控制权的不对称,也造成事后股东间公司权力斗争的隐患;五是人员身份转换和安置障碍是非公企业参与国有企业改革的后顾之忧。

针对以上发展混合所有制的现实障碍,鼓励非公有制企业参与国有企业改革、发展非公有制控股的混合所有制企业来进一步深化国有企业改革,需要满足多方面的条件,从而形成既满足现实需求又符合理论规律的改革思路:一是要产权改革与治理改革协同推进。产权改革是前提,但在产权多元化的基础上优化公司治理结构才是发挥混合所有制企业制度优势的关键(谢贞发、陈玲,2012)。在坚持在统一的《公司法》和国有企业改革总体安排的制度框架下,促进各利益相关方根据各自的利益诉求进行平等对话和谈判、形成公司治理差别化和动态化的前提下,当前中国的混合所有制企业的公司治理安排中尤其重视积极引入战略性投资者。研究和经验表明,当改制形成的混合所有制企业引入的非公企业投资者不属于具有长期性投资愿景和具备相关行业技术管理经验的战略性投资者时,股东之间的冲突和摩擦,进而公司权力斗争将导致高额的治理成本。因此,混合所有制改革不能流于形式,必须着眼于提升企业效率、降低治理成本,把引入真正能够提升公司长期价值和竞争力的战略性投资者作为推进混合所有制改革的要点。二是产权改革与市场结构调整要协同推进,弱化垄断性租金驱动的混合所有制企业改革。市场化的企业主体和有效竞争的市场结构是提升产业效率的两个重要条件（Hay and Liu, 1997），缺一不可。无论是对于行政性管制导致的自然垄断还是市场竞争过程中国有企业形成的经济性垄断，在垄断企业自身投资主体和股权多元化的同时，要配合放松行业进入管制，通过鼓励形成新的市场竞争主体、形成有效竞争来全面促进经济效率的提升，避免在混合所有制改革后形成新的民营资本垄断或"合伙垄断"；与此同时，也通过形成竞争预期，避免非公企业参与国有企业改革的激励扭曲，有利于真正的战略性投资者进入。三是混合所有制和政府功能完善要协同推进，弱化行政性租金驱动的混合所有制企业改革。消除政府在资金、税收、融资、土地、项目审批等方面对国有企业和混合所有制企业（特别是国有资本控股的混合所有制企业）的各类显性和隐性补贴和优惠，避免行政权力对股权结构、董事会结构和高层管理人员选聘的干预。四是保证非公企业参与国有企业改革过程的透明性和竞争性，通过社会性治理保证交易的公正公平，避免国有资产流失。由国资委牵头制定非公企业参与国有企业改革的信息披露制度，对于资产评估、股权定价、股权结构、管理层持股等重要交易信息按照标准化的文本格式及时对外公布，形成媒体、学术界和社会各界对非公企业参与国有企业改革的监督、约束机制。

13.3.5 推进混合所有制改革中引入员工持股制度

国有企业在推进混合所有制的过程中引入员工持股制度，一方面有利于国有企业混合所有制改革，完善公司治理，另一方面有利于建立员工长期激励机制，使员工与企业形成利益共同体。但是，员工持股制度能否有效发挥增加经济激励与改善社会治理的双重效应，关键取决于员工持股的具体方案设计。方案设计不当，不仅无法发挥激励作用，还有可能造成国有资产流失、寻租和利益输送等问题。国有企业推进混合所有制改革引入员工持股制度,应该坚持激励相容、增量分享和长期导向三个原则(黄群慧等,2014)。

(1)激励相容原则。这要求员工持股方案在保证员工追求自身利益的过程中,也实现了公司整体价值的最大化。只有在股票价格、持有比例、持有期限、退出机制等方面设计得当,才有可能产生这种"激励相容"的效果,使员工的个人利益与企业长远发展的利益捆绑在一起。否则,会造成激励过度或激励扭曲的问题,从长远看造成国有资产流失。例如,在持股比例上,管理层持股过高,普通员工持股过低,造成收入差距过分拉大,企业内部产生矛盾,影响企业长期发展;再如,持股期限和退出机制设计不当,员工在公司上市前持有大量股份,待公司上市后立刻大量抛售股票以获取股票溢价收入,从而无法激励长期化行为;又如,"人人都持股"的平均主义,或普通员工持股比例过低,会造成新"大锅饭"和"搭便车"的激励不足现象。

(2)增量分享原则。实行员工持股制度,不能够将现有的国有资产存量作为员工持股的来源,要着眼于"分享增量利益"。也就是说,设计员工持股制度,不允许将原有的国有资产存量去和员工分享,而允许将企业增量效益,尤其是那些明确是由于员工努力而新创造出来的企业超额收益用作员工分享。这样,可以有效避免国有资产流失,而且,这将更加有利于激励员工努力工作,提升企业的未来发展空间,进一步做大做强国有资产总量,实现国有资产和员工利益的"双赢"。

(3)长期导向原则。大力发展混合所有制背景下的员工持股制度,应该仔细考虑如何将长期导向原则植入职工持股制度之中。在制度设计中,不仅要对持股员工的工作年限提出要求,还要规定员工持股时间,尽可能延长员工持股时间。证监会最新颁布的《试点指导意见》提出了"要使员工获得本公司股票并长期持有",但是,该文件在持股期限上所作的具体规定——"每期员工持股计划的持股期限不得低于12

个月",并没有贯彻落实长期持有的政策思想,未来政策应进一步朝着延长持股期限的方向变化。只有坚持长期导向的激励原则,才有可能充分发挥这一制度的激励效用,保证国有资产的保值增值。

13.3.6 打破垄断推进混合所有制改革

垄断性行业国有企业改革应该立足于发展环境和功能定位,以放宽准入、多元投资、有效竞争、合理分配、独立监管为主攻方向,提高市场开放与竞争程度,推动垄断性行业向可竞争性市场结构转变,为国有企业推进混合所有制创造条件,实现竞争效率和规模经济的同步提升。

(1)解决垄断性行业国有企业经营活动和招投标系统内封闭运行,向社会开放不够的问题。推动电信、电力、油气、公用事业等领域招投标向社会开放,鼓励民营企业申请勘察设计、施工、监理、咨询、信息网络系统集成、网络建设、项目招标代理机构等企业资质。凡具有相应资质的民营企业,平等参与建设项目招标,不得设立其他附加条件。鼓励民间资本参与上述行业基础设施的投资、建设和运营维护。引导大型国有企业积极顺应专业化分工经营的趋势,将基础设施投资、建设和运营维护外包给第三方民营企业,加强基础设施的共建共享。

(2)加强和改善垄断业务监管,防止相关企业凭借网络设施排挤竞争者。根据行业特点对于在技术经济上要求保持物理上和经营管理上的整体性的垄断性业务,可以授权一家或少数几家国有企业垄断经营,非国有资本可以股权投资形式进入,但要防止相关企业凭借网络设施排挤竞争者,滥用市场优势地位。随着社会主义市场经济体制的成熟定型和民营经济成长,逐步降低上述领域对国有经济的依赖,实现从一股独大向股权分散的社会化企业的转变。对于资源类产品和服务的进出口,应放宽市场准入,允许更多的经营者经营,以便对国内垄断企业形成一定的竞争压力。

（3）构建可竞争性市场结构，更好发挥竞争机制的作用。油气产业上游领域重点解决石油天然气探矿权和采矿权过度集中和一家独大的问题，引进一批具有资质和能力的企业从事页岩气、页岩油、煤层气、致密气等非常规油气资源开发。下游领域，重点加强符合条件企业的炼油业务，改变原油和成品油进口管制，增加从事原油和成品油进口业务的主体，取消非国营贸易进口的原油必须交给两大石油公司加工的"隐性政策"，放宽进口原油在国内自由贸易，允许非国有企业根据市场需求组织进口。电信领域应完善关于码号资源、市场竞争行为管理的相关规定，维护好消费者权益，对企业退出机制、个人隐私保护、服务质量保证等方面做出更为细致的规定。解决中国移动"一家独大"、掌握绝对市场控制力，中国电信和中国联通难以对中国移动构成实质性竞争的问题。电力领域重点解决发电侧缺乏竞争和购电、售电过度垄断问题，赋予电厂卖电、用户买电的选择权和议价权。放宽发电企业向用户直接售电的限制，允许全部分布式发电自用或直接向终端用户售电，允许全部规模以上工业企业和其他行业大中型电力用户直接、自主选择供电单位，大幅度增加直购电用户的数量，改变电网企业独家购买电力的格局。解决调度与交易、发电厂与用户接入电网审批等权力不透明、电费结算不公平和电网接入审批困难等问题。

13.4 构建分层分类全覆盖的新国有经济管理体制

13.4.1 构建"三层三类全覆盖"的国有经济管理新体制

目前，关于如何改革国有资产管理体制，有两种观点。一种观点强调要肯定和坚持 2003 年以来国有资产管理体制改革的成果，而党的十八届三中全会提出的以"管资本"为主的管理体制，应该是对现行

"管人、管事、管资产"管理体制的完善,以淡马锡模式和汇金模式为代表的金融资本管理模式存在政企不分、政资不分的弊端,不能够将金融资本管理模式照搬到实业资本管理模式上,尤其是面对中国庞大的国有实体经济,这种照搬更不可行。另一种观点认为,现行国有资产管理体制在过去10年的运行中,暴露出加剧政企不分、政资不分,过度干预以及国有资产规模扩张快但运行效益水平不高这些新矛盾和新问题,深化改革需要转换国资委的角色,以"管资本"为主的管理形式来替代国资委现行"管人、管事、管资产"的管理形式,推动国有资产的资本化和证券化,学习汇金模式和淡马锡模式,建立以财务约束为主线的国有产权委托代理关系。

本章认为,中国应该构建一种分层分类的国有经济管理体制。从分层看,(1)在最高层次上,是政府的国有经济管理部门(这里没有将最高层次人民代表大会考虑进去,而未来国有资本经营预算是应该向人民代表大会定期汇报的),可以命名为"国有经济管理委员会"(简称"国经委"),区别于现有的"国有资产监督管理委员会"(简称"国资委")。"国经委"负责整体国有经济(包括隶属不同部门的国有企业、国有资产和国有资本)监管政策的制定和监督政策的执行,解决整个国有经济部门和不同类型的国有企业的功能定位问题,建立国有资产负债总表、编制和执行国有资本经营预算,负责中间层次的国有资本运营公司、国有资本投资公司的组建,对其章程、使命和预算进行管理,负责国有经济的统计、稽核、监控等。这意味着,与现有的"国资委"相比,"国经委"管理职能要减少和虚化很多。(2)在中间层次上,组建和发展若干数量的国有资本投资公司和国有资本运营公司。作为世界上最大规模的经济体之一,在中央政府层面,需要至少十数家或者是数十家的中间层次的这类平台公司。从现实出发,这类平台公司有三类:一是类似于汇金模式的国有资本运营公司;二是投资实业方向相对单一、主业突出的国有资本投资公司,如中石油;三是投资实业方向多元、主业不突出的国有资本投资公司,如中粮、国投等。这三类平台公司共同存在,实际上就折衷了上述国有资产管理体制改革的两派观点。作为政府与市场之间的连通器,这些平台公司,将在确保国家政策方针贯彻落实的前提下,尽最大可能地运用和调动各种市场手段,为下辖的国有企业提供与其企业使命、功能定位相称的和相适宜的运营体制机制。(3)在第三层次上,指一般意义的经营性国有企业。从分类上看,本章已经讨论过上述三类基于使命的国有企业功能定位,由于类型不同,相应的管理方式也将有很大的差别。这里新体制的结果是,只有极少数量的、定位于履行公共政策功能的国有企业,会继续运行在政府部门直接管理的体制中。为数众多的国有企业,将运行在以"管资本"为主的日趋市场化的管理体制中。总之,本章设想的国有经济管理体制是由"国有经济管理委员会——国有资本经营公司或者国有资本投资公司——一般经营性企业"三个层次构成,管理"公共政策性、特定功能性和一般商业性"三个类型国有企业的"三层三类"体制。①

需要进一步说明的是,这种"三层三类"国有经济管理体制,也使得"全覆盖"的国有资产和国有企业的统一监管成为可能。因为"国经委"管理职能的"虚化",使得能够将工业、金融、文化、铁路等各个领域的国有经济全部纳入"国资委"的管理范围中,只是要根据行业特征在其下组建不同的国有资本运营公司和国有资本投资公司而已。建立"全覆盖"的统一监管体制,确立"国经委"的政策权威地位,由"国经委"出台统一的国有经济监管政策,有助于消除现行监管体制中的"盲

---

① 早在1991年,蒋一苇先生就提出要建立国有资产管理部门、投资公司、被投资企业的三层国有资产管理体制,并深入论述国有资产的价值化管理问题,也就是当前提出的从"管资产"到"管资本"的转变问题,具体参阅蒋一苇和唐丰义(1991)。

区"，有利于打破"条块分割"的局面，促进全国国有资本的统一优化配置。现有的"条块分割"国有资产管理体制，容易导致部门利益和行业壁垒，导致国有资产政策缺乏整体性和系统性，不利于国有资产保值增值（赵昌文等，2013）。"国经委"要着重通过对不同国有部门的准确功能定位，对国有资本投资公司或者国有资本运营公司进行充分授权，避免随意参与和干预相对低层次的国有资本投资运营公司及下辖国有企业和国有资产的日常运营活动。当然，由于"全覆盖"改革力度很大，建议现在在厦门、大连等地方国资委试点的基础上，进一步扩大地方国资委层面进行试点，然后逐步提高到中央层面。也就是说，这里提出未来构建的是"三层三类全覆盖"国有经济管理体制。

在上述"三层三类全覆盖"国有经济管理体制下，如何实现以"管资本为主"加强国有资产监管呢？这要求具体明确"管资本"的核心职责是什么。我们认为，"管资本"的核心管理职责包括：(1)公司章程审批；(2)国有股东代表管理；(3)国有资本经营预决算；(4)经营业绩与绩效考核评价；(5)国有资本经营收益上交；(6)审计；(7)信息披露管理。对于一般商业性国有企业，一般只需管理这七项职能即可，而对于特定功能性国有企业，可以在此七项核心管理职责基础上，结合具体企业所承担的特定功能，进一步添加或减少适用于该企业的特定功能的基础管理职能。例如，有的企业，在投资方向上承担了国有经济布局与结构调整特殊使命，此时，就需要添加针对其投资方向或投资力度的相关监管职能；而有的企业，在应急管理、维护稳定和技术创新等方面，承担了特殊任务，此时，也需要针对这些非经营活动，增加相应的监管职能。对于公共政策性国有企业，应该按照"一企一法""一事一议"的管理方针，来不断调整和优化相应的管理职能。从分层角度看，要保证第二层次的平台公司起到对第一层次的"行政性"政策要求的过滤器作用，从而为第三层次的经营性国有企业营造一个真正贴近市场运作规则的公平竞争的制度环境。

过去 10 余年的改革实践表明,国有经济管理体制改革,是一项综合性的体制机制改革,不仅涉及国有经济、国有资产和国有企业的功能定位问题,还涉及干部管理体制,劳动人事制度以及调整政府与企业之间、中央政府与地方政府之间的关系等更为深层次的社会经济运行的体制机制问题。要使上述分层分类的新国有经济管理体制真正建立并发挥理想作用,还要注意以下几点。一是政府及国资监管部门要按照国家治理体系和治理能力现代化的要求,转变治理理念和转换职能,对国有企业进行减政放权,新时期的改革,需要借鉴"负面清单"的思想,确保权力和责任相统一,管关键事项,落实问责机制。二是需要解决国有企业领导人的行政级别问题,推行国有企业高管人员的市场化选聘、考核与薪酬制度以及彻底实施企业的三项劳动人事制度改革。三是中央政府与地方政府需要更为清晰地界定各自的国资管理权限。在实践中,地方政府层面的国有资产管理体制,和中央政府层面的国有资产管理体制,有很大的不同。中央政府与国有资产运营主体的关系相对超脱,而地方政府与国有资产运营主体的关系更加紧密。这意味着,越在地方层面,改革国有资产管理体制,实现政企分开、政资分开和对国有企业进行充分授权的难度越大。[①] 四是研究破解长期经营不善和严重亏损企业的改革难题。目前,国有企业和国有资产可持续增长与发展的基础尚不稳固,有一些长期经营不善和严重亏损的困难国有企业的改革任务仍然非常艰巨。要研究如何推动国有资本从低效企业、困难

[①] 关于国有经济管理的中央和地方的关系,在理论界早就有大量的讨论,有的学者提出中央和地方"分级所有"的建议,认为这样有利于推进股份制改革,形成多元股东相互制衡的规范公司治理机制(陈佳贵,2000)。现在并没有实施"分级所有"体制,实际管理上是中央和地方的分级代表行使所有权。本章提出的"三层三类全覆盖"的国有经济管理体制更多地是集中讨论中央层面,如果考虑到地方分级代表行使国有经济所有权,那么更为全面准确的表述应该是"分级分层分类全覆盖"的国有经济管理体制。

企业的退出和盘活。切实解决好这些困难企业的改革难题,需要国家在员工安置、企业依法破产等方面给予配套政策支持。

13.4.2 组建国有资本投资公司与国有资本运营公司

建立"三层三类全覆盖"国有经济新管理体制,当前的关键任务是要逐步试点组建国有资本运营公司和国有资本投资公司。国有资本投资公司和国有资本运营公司居于中间层次,承担了特定的功能。它们是新时期完善国有资产管理体制、构建以管资本为主的新国资监管体制的主要抓手,是真正实现政企分开、政资分开和分类监管的枢纽、界面和平台,是落实国有资本投资运营服务于国家战略目标这一责任的市场主体。虽然党的十八届三中全会提出组建国有资本运营公司和国有资本投资公司,并将二者做了投资实业和不投资实业的区分,但在现实经济中,资本流动性很大,金融资本和实业资本是可以循环的,可能并没有非常明确的界线,与人们通常所说的国有控股公司的含义相接近。这实际上也就是说,在组建国有资本投资公司和运营公司过程中,要有更为包容、更为务实的态度,不要主观规划组建资本投资公司和资本运营公司的数量比例,要根据现有的集团公司的具体业务、资金状况、功能定位等情况,"一企一策"地推进资本投资公司或者运营公司的组建,实际上这是一个复杂的国有经济战略性调整过程,需要耐心地、有序地推进。

组建国有资本投资公司或者国有资本运营公司,原则上应在现有的大型或特大型国有企业集团的基础上组建或改组,尽可能不新设国有资本投资公司或者国有资本运营公司。这个组建过程,正是集团公司股权多元化的过程。长期以来,中国集团公司层面的股权多元化进程停滞不前,而组建国有资本投资公司或者运营公司,会极大地加快中国集团公司层面的股权改革进程。预计用三年左右时间,在中央政府层面和地方政府层面,分别组建一定数量的国有资本投资公司和国有资本运营公司。国有资本投资公司和国有资本运营公司应有一定的资产规模优势。资产规模不突出的企业,可以联合其他国有企业改组设立国有资本投资运营公司。在中央政府层面,国有资本投资运营公司的数量可以为几十家,每家公司平均资产规模应在千亿级以上的水平。在地方政府层面,需要视当地国有资本规模而因地制宜。到2017年,各级政府百分之八十的国有资本,应实现向国有资本投资公司或者国有资本运营公司的集中。

推进集团公司改制为国有资本运营公司或国有资本投资公司,需要选择试点稳步推进。要成为国有资本投资运营公司的试点企业,应该具备一定的前提条件。首先,试点企业,应该具备一定的资产规模优势。规模太小的企业或企业集团,其试点意义不突出,很难对其他企业产生示范和带动效应。其次,试点企业,应该有相对较强的国有资产的资本化能力和保障国有资本投资公司或国有资本盈利水平的能力。最后,试点企业,需要有配套的体制机制来确立自身的、相对规范的市场主体地位。只有这样的企业,才能运用企业化和市场化的手段,通过有效开展国有资本的投资运营活动,在实现企业自身发展的同时,实现国家与区域社会经济发展的战略性目标。在实践中,实行试点的企业或企业集团,可以各具其业务特点。首先,业务领域专业化特征突出的企业,可以选择成为国有资本投资公司的试点企业。例如,国资委近期选择了国家开发投资公司和中粮集团有限公司开展改组国有资本投资公司试点。这两家公司既有一定的资产规模优势,又有相对较强的资本投资运营能力,还有相对突出的专业化领域,因而是较理想的试点对象。其次,业务领域多元化特征突出的企业和一些已经形成较为显著的产融结合业务结构的企业,可以选择成为国有资本运营公司的试点企业。在实践中,有的企业将发展金融控股公司作为自身的发展定位,这类公司相对宜于开展国有资本运营公司试点。最后,既有专业化的业务领域,又有多元化的业务架构的企业,可以选择成为国有资本运营公司的试点企业。成为国有资本投资公司或国有资本运营公司试点,要将国有资本更多地在国家战略目标所需要的提供公共服务、发展重要前瞻性战略性产业、保护生态环境、支持科技进步、保障国家安全和国际化经营这六个方面开展投资运营活动。

组建国有资本投资公司或国有资本运营公司,需要做好体制机制上的制度保障工作。具体而言,一方面,需要改革国有资本授权经营体制,理顺国资监管部门与国有资本投资公司或国有资本运营公司之间的关系;另一方面,需要改革国有资本投资公司或国有资本运营公司内部的集团化管控体制,理顺国有资本投资公司或国有资本运营公司与出资企业之间的关系。同时,国资监管部门还应该为国有资本投资公司或国有资本运营公司提供健康高效运作的政策环境。例如,国有资本投资运营公司在开展国有资本运营、促进存量资产的资本化和有序流动时,会需要有关部门提供各种政策手段的配合与支持。再如,国有资本投资运营公司在解决困难企业问题时,如何应对企业的历史遗留问题,帮助解决企业资产处置和人员安置、医疗和养老保险接续、依法破产等问题,这些都是政策性非常强的改革难题,单纯靠国有资本投资公司或者国有资本运营公司的主观努力是不够的。国资监管部门应该努力为这些活动创造规范且有利的政策环境。

13.4.3 完善国有资本经营预算制度

国有资本经营预算从 2007 年开始试点,经过 3 年试运行,基本建立了国有资本经营预算政策法规、组织保障和预算指标、报表体系,制定了基本的业务流程,实现了国有资本经营预算编制和收益收缴两方面的突破,结束了国有企业连续 13 年"不向政府分红"的历史(周绍朋、郭凯,2010)。但是在一些重大问题上,如国有资本经营预算目标、编制主体、利润收缴(范围、比例)、分配、使用和监督,国有资本经营预算与其他预算的关系等方面仍然有较多分歧。按照党的十八届三中全会公报《决定》精神,未来完善国有资本预算制度的方向有以下几个方面:一是构建完整的国有资本预算体系,建立覆盖全部国有企业、分级分类管理的国有资本经营预算和收益分享制度。逐步扩大试点,将金融、铁路、交通、教育、文化、科技、农业等部门所属中央企业纳入中央国有资本经营预算试行范围。推动地方国有资本经营预算试点工作,做好汇总编制全国国有资本经营预算准备工作。二是合理确定国有资本收益上缴的对象,同时要根据中国国情和国有企业的类型分别确定国有资本收益上缴的比例。三是合理界定国有资本经营预算支出功能与方向,要向社会保障、医疗卫生、教育就业等民生领域倾斜。四是逐步加大中央国有资本经营预算调入公共财政预算的规模,逐步提高国有资本收益上缴公共财政比例,至2020年提高到30%,国有资本收益更多用于保障和改善民生。同时,提高中央国有资本经营预算资金调入公共财政预算的比例,至2020年提高到50%。五是加强国有产权转让的监管,加快推进国有资本变现收益预算管理。强化国有产权交易的全过程控制和监督,增强产权交易的公开性和透明度,加强受让企业资信调查,维护国有资产的安全。尽快将国有资本变现收益纳入国有资本经营预算中(陈林,2014)。

完善国有资本经营预算制度,需要加快国有资本经营预算制度化和法制化建设,保证国有资本经营预算支出具有约束力,保证国有资本经营预算编制和执行的顺利进行。一是强调人大作为国家权力机关在国有资本经营预算中的地位和作用。建议全国人大适时启动对现行《企业国有资产法》的修订,在法理上明确全国人大和国务院在国有资产所有权上的委托代理关系,保障全国人大依法对国资治理履行监督职能。建议各级人民代表大会常务委员会下设国有资本经营专门委员会，作为国有资本经营预算的审议与监督机构。二是明确国有资本收益支出范围，提高中央企业国有资本收益上缴公共财政比例，提高中央国有资本经营预算资金调入公共财政预算的比例，建议在《国有资本经营预算条例》中对利润上缴和留存比例做出规定。对国有企业的资本经营预算支出，应按照"统筹兼顾，留有余地"的原则，重点推动国有经济布局的战略性调整和国有经济产业结构的进一步优化，促进国有资本向关系国家安全和国民经济命脉的重要行业和关键领域集中，促进国有企业提高自主创新能力和开展节能减排工作。建议安排专门预算资金解决长期经营不善和亏损国有企业的退出和破产工作（陈艳利，2012）。三是根据国有资本分类监管的总体设计，逐步探索科学合理的国有企业资本收益分配制度，应从公司未来发展战略的实际需要考虑，对利润上缴和留存比例做出弹性规定，保障国有企业持续健康发展。四是由于各类国有企业存在较大差异，应当在大原则一致的前提下，制定适合各类、各地区实际的国有资本收益收缴制度。本着既要确保国有资本收益的足额及时收缴，又要考虑国有企业的实际运营情况和承受能力的原则，国有资本收益的收缴标准既可以是净利润，也可以是可供投资者分配的利润。同时，要充分重视国有公司未来发展战略的实际需要，对利润上缴和留存比例做出弹性规划，以保障国有企业持续健康的发展。五是采用跨年期调整预算年度。建议采用从每年的8月1日起至次年的7月31日止的跨年期编制预算。按《公司法》的规定，企业在年中结束后的两个月内报出年中报表，可以为预算编制提供更多的参考数据，是国有资本经营预算得以高质高效编制的有力保障，同时还可以解决年度中间预算执行空档的问题。此外，在年度预算的基础上，还应当编制三年期的多年预算，以全面反映国有资本经营的发展趋势。六是建立与国有资本经营预算目标相一致的国有资本经营预算编制的计量基础；建立以修正的收付实现制为基础的国有资本经营预算编制指标体系；使用增量预算的编制方法反映国有资本在经营过程中的保值及增值状况。七是加快配套的制度建设，加快《公司法》《预算法》的修订，出台《国有资本经营预算条例》，改革和完善《政府预算收支科目》。

13.5 推动国有企业完善现代企业制度

13.5.1 建立差异化的分类治理机制

在"三层三类"国有经济管理体制下，国有企业的治理也必须采用差异化的分类治理体制。所谓差异化分类治理体制，指的是不同功能定位的国有企业，分别适于采用不同的企业治理体制。具体表现为六个方面的差异化制度安排：一是法律适用；二是考核办法；三是企业领导人员选任制度；四是高管薪酬制度；五是国有资本收益上缴制度；六是监督与信息公开制度（黄群慧、余菁，2014）。

（1）关于法律适用。这需要完善现有的法律体系，一是将现有的《公司法》中国有独资公司特别规定部分独立出来，形成专门的"国有独资公司法"，这个法律主要适用于一般政策性国有企业和一些特定功能性国有企业的集团公司。如果必要，还可以针对每家政策性国有企业进行单独立法。二是针对现有的处于自然垄断性行业的国有企业，可以单独制定专门的行业法规，这些法规对相应行业的特定功能性国有企业进行保护和约束。三是对于一般商业性国有企业，不需要有任何特殊的法律，与非国有企业完全一样，完全适用修改后的《公司法》。

（2）关于分类考核。一般商业性国有企业的考核，应趋同于一般企业的考核，重在考核国有资本的投资收益水平；公共政策性国有企业，应显著区别于一般企业的考核，主要考核政策性目标的履行情况；特定功能性国有企业的考核，应区隔商业性业务活动和政策性业务活动，再分别从盈利性和政策使命角度予以考核。

（3）关于企业领导人员选任制度。现行的国有企业领导人管理制度中，所有国有企业领导人同时承担"企业家"角色和"党政干部"角色。这种既"当官"又"挣钱"，或者可以"当官"也可以"挣钱"的双重角色，不仅在社会上造成极大不公平，而且也不利于规范的现代企业制度和公司治理结构的建立，进而影响国有企业向混合所有制方向改革。在分类监管的框架下，国有企业领导人的管理体制也需要从"集中统一"转为"分层分类"管理。一般商业性国有企业领导人员的角色应是职业经理人，除董事长、党委书记等个别主要领导人员外，其他应该全部实行市场化选聘，由董事会任命；公共政策性国有企业领导人员的角色应是党政干部，在选用方面，采用上级组织部门选拔任命的方式，他们有相应行政级别，选用、晋升和交流都可按照行政方法和渠道；特定功能性国有企业领导人员中，集团公司的少数领导人员和子公司的个别主要领导人员可以是党政干部角色，采用组织部门选拔任命方式，其他大部分企业领导人员要实施市场化选聘制度，由董事会选拔任命。在实践中，应尽可能明确企业领导人员的具体角色，再执行相应的选任制度。推进国有企业领导人员管理体制从"集中统一"向"分层分类"转变，一方面，坚持了党管干部原则，缩小了党组织部门直接管理国有企业领导人员的幅度，提高了党管干部的科学化水平；另一方面，有利于推进大型国有企业治理结构的完善、促进董事会作用的有效发挥，有利于国有企业职业经理市场培育，进而有利于国有企业实现向混合所有制方向的改革。

（4）关于高管薪酬制度。一般商业性国有企业，参照市场标准制定高管的薪酬待遇标准，而且，可以实施股权激励制度；公共政策性国有企业的高管薪酬,应大体上向同级别的党政官员看齐,可以稍高于同级别官员,但不能采用市场化的激励机制,不能享受过高的年薪和股权激励,这类企业的激励主要以行政级别晋升为主;特定功能性国有企业的高管薪酬的制定依据,应该与该企业高管角色性质保持一致——该企业高管的市场化选聘比例越高,高管薪酬与企业业绩的相关度越高;反之,高管薪酬中的市场化激励色彩越弱。

(5)关于国有资本收益上缴制度。一般商业性国有企业,应该按照市场规范运作的方式、参照市场标准来确定国有资本收益上缴标准;公共政策性国有企业,可不要求有资本收益,例如,中国储备粮总公司、中国储备棉总公司这类公司是可以免交国有资本收益的;特定功能性国有企业,可以基于其专营和垄断程度来确定其国有资本金收益上缴比例,垄断程度越高,国有资本收益上缴比例越高,反之,则国有资本收益上缴比例越低。

(6)关于监督和信息公开制度。一般商业性国有企业,应以市场竞争的硬约束为最重要的监督制度,在市场约束机制真正生效后,其他各种行政化的监督制度可以逐步从量大面广的一般商业性国有企业中退出,这将大幅度减少政府对国有企业的不当干预,同时,也大大降低国有企业的高昂监督成本;公共政策性国有企业,应该是强化行政监督的主要对象,应该与政府信息公开同步;特定功能性国有企业,宜采用市场化监督和行政化监督相结合、自愿性信息公开与强制性信息公开相结合的制度,同时,应按照市场起资源配置决定性作用的要求,加快向以市场化监督为主的方向改革。

13.5.2 建立多元制衡的公司治理机制

无论是处于第二层次的国有资本投资公司或者国有资本运营公司,还是处于第三层次的一般性经营企业,建立多元制衡的公司治理机制，都是建立现代企业制度的关键。只是对于前者而言，多数企业是国有控股，多元制衡方是不同国有法人。

在积极推进国有企业混合所有制改革的背景下，国有企业已经具备了建立多元制衡的产权基础。混合所有制是当前国有企业存在的主要形态。在混合所有制企业中，不同性质的资本发挥了不同的作用。外资和社会资本具有灵活且独立的天性，是混合所有制中最具活力的因素；国有资本以其稳健和负有"国家使命"为特征，在企业运营中扮演了"定海神针"的角色；管理层和员工的股权激励，将企业管理者的个人价值放到市场进行评判和裁定，具有激发经营管理团队和员工的经营活力和积极性的功能。

在董事会制度构建上，要让董事会真正成为资本意志表达和决策的平台，保障同股同权。国有股东、财务投资者、管理层和员工持股、外资股等不同成分的资本，以董事会为平台，严格遵行法律法规，按股权比例表决。要完善独立董事和外部董事制度，加大独立董事和外部董事数量，让独立董事和外部董事得到真正的独立和尊重。切实加强董事会薪酬委员会、审计委员会与提名委员会等专业委员会的作用，建立市场化的选人、用人机制和薪酬制度，强化全面风险管理，建立风险预警体系，加强对经理层的监督和指导。

对于国有企业公司治理而言，信息公开制度发挥着关键的制衡作用。无论是否是上市公司，国有企业都应该建立事前报告制度、事后报告制度和总体报告制度。依据国有企业是否涉及敏感行业，修订不同类型企业的信息披露内容、方式、对象和频次。对于多数涉及市场竞争的国有企业，尤其是非上市公司，要改善信息披露的质量和及时性。事前报告的内容应主要集中于经营目标和战略规划；事后报告的主要内容应包括财务报告、公司治理的报告以及社会责任报告等；总体报告主要由企业、审计或监管部门向人代会、社会公众通报有关情况。

对于未上市的混合所有制企业，要参照上市公司，建立与完善能够保障中小股东合法权益、话语权的公司治理制度。比如，关联交易中关联股东的决策回避，控股股东与上市公司实行"五独立"（人员、资产、财务分开，机构、业务独立），控股股东不得占用和支配上市公司资产或干预上市公司对该资产的经营管理、不得干预公司的财务与会计活动，控股股东及其职能部门与上市公司及其职能部门之间没有上下级关系，控股股东要避免同业竞争，独立董事制度，专门委员会制度，绩效评价与激励约束制度，信息披露制度，等等。还有国务院《关于进一步加强资本市场中小投资者合法权益保护工作的意见》，在非上市的混合所有制企业中都可根据实际情况参照运用。这种治理制度要保障的不仅是在国有控股的混合所有制企业中非国有中小股东的合法权益与话语权，也要保障在非国有资本控股的混合所有制企业中国有中小股东的合法权益与话语权（黄速建，2014）。

第 14 章　经济新常态下国有经济战略性调整①

当前我国经济正在步入速度趋缓、结构趋优的"新常态",这意味着经济发展阶段发生了重大变化,从工业化中期步入到后期(黄群慧,2014),在这个新阶段我国经济呈现出一系列趋势性变化,同时也面临着相应的风险。接下来一个直接的问题是,经过战略性改组、适应工业化中期阶段的国有经济布局和结构应该进行怎样的再次战略性调整,才能够适应步入工业化后期的环境变化,从而适应和引领"新常态"。这个问题无疑是重大的,不仅事关未来国有经济的发展,而且事关我国未来经济新常态下工业化的实现。但迄今为止,有关新阶段的国有经济战略性调整的研究,除了一些观点和思考类的文献外,真正学术意义的研究文献还很少。与研究文献对国有经济战略性调整关注度不高相反,中国南车和中国北车合并案例燃起资本市场对国有企业并购重组的高度热情,资本市场对未来国企重组抱有极大的预期。然而,在操作层面国企重组推进之前,应该先对经济新常态下国有经济战略调整的指导原则、基本方向和整体筹划进行深入系统的研究。这也是本研究的重要现实意义所在。

---

① 本章主要内容来自于笔者的两篇文献,一是"'十三五'时期新一轮国有经济战略性调整研究"一文,原文载《北京交通大学学报》(社会科学版) 2016 年第 2 期;二是"国有经济布局优化和结构调整的三个原则",原文载《经济研究》2020 年第 1 期。第一篇是针对"十三五"时期的论述,第二篇是针对"十四五"时期,这里统称为经济新常态下的国有经济战略性调整。

14.1 经济新常态对国有经济提出新要求

习近平主席在 2014 年 11 月 9 日于亚太经合组织工商领导人峰会上指出我国经济新常态基本表现为经济增速从高速转为中高速、经济结构优化、经济增长动力转化三大基本特征。2014 年 12 月 9 日的中央经济工作会议进一步归纳了经济新常态在消费需求、投资需求、出口和国际收支、生产能力和产业组织方式、生产要素、市场竞争、资源环境约束、经济风险、资源配置模式和宏观调控方式等九个方面的基本特征。这些特征表明经济新常态是我国一个新的经济发展阶段。从我国的工业化进程看，我们的研究表明，这个新阶段意味着我国进入了工业化后期，也就是说工业化后期正是步入经济增长新常态的过程。在这个过程中，出现了一些大的趋势性变化，包括经济增长速度方面的经济增速放缓趋势，经济结构方面的经济服务化趋势和产业内部的结构高级化趋势，而在经济增长动力方面，供给方面的要素集约化趋势和去产能化趋势，以及由于这个过程还与国际上"再工业化"和第三次工业革命重合，出现了工业化与信息化、制造业与服务业深度融合的趋势（黄群慧，2015a），也就是说以前所熟悉的经济环境发生了巨大的变化。与此同时，我国国家层面也推出了"丝绸之路经济带"和"21 世纪海上丝绸之路"、"中国制造 2025"等大的国家发展新战略，需要国有企业承担新的使命。面对经济新常态的这些趋势性变化和国家发展新战略，对于国有经济而言，一方面环境变化对国有企业提出了新挑战，国有企业要生存和发展必须迎接挑战、适应新的环境变化——"适应新常态"；另一方面，新的经济发展阶段国家将赋予国有企业新使命，进而也给国有企业提出了新要求——"引领新常态"。

14.1.1 适应经济增速放缓的新常态,积极转变国有经济发展方式

2001年到2011年,中国经济增长率年均为10.4%,而2012年、2013年和2014年的经济全年增速分别为7.7%、7.7%和7.4%,2015年第一季度和第二季度的经济增速都为7%。中国经济增长前沿课题组(2014)预测2016—2020年增长率为6.4%—7.8%;国务院发展研究中心"中长期增长"课题组预测2015—2025年平均增速为6.5%(刘世锦,2014);中国社会科学院宏观经济运行与政策模拟实验室预测2016—2020年我国潜在经济增长率为5.7%—6.6%,2021—2030年潜在经济增长率为5.4%—6.3%(李扬、张晓晶,2015)。这意味着2012年以来的经济增速放缓是一个趋势性的变化,而不是一个周期性的短期下降、将来会"V"型反弹。对于这个趋势性变化,理论界分别给出了人口红利消失(蔡昉,2013)、结构性减速(中国经济增长前沿课题组,2013)等理论解释。在我们看来,这个趋势性变化是因为我国从2011年以后已经从工业化中期步入工业化后期,各国历史经验表明,工业化后期与工业化中期相比,一个重要的经济发展特征变化是在工业化中期由于依靠高投资、重化工业主导发展而支撑的经济高速增长将难以为继,工业化后期由于主导产业的转换、潜在经济增长率下降,经济增速将会自然回落(黄群慧,2014)。

与我国快速工业化进程、投资驱动高速增长、粗放的经济增长方式相适应,一直以来我国国有经济发展方式以投资驱动的规模扩张为主导。在经济高速增长的大环境下,企业面临着众多的发展机会,模仿型排浪式消费需求和大规模的基础设施投资需求使得"跨越式发展"成为多数企业追求而且可以实现的发展战略目标。与民营企业的企业家机会导向驱动的"跨越式"发展方式不同,主客观条件使得国有企业更

多地倾向选择投资驱动的"跨越式"发展方式。一是国家赋予国有企业承担国家安全、经济赶超等方面的国家使命,需要涉及国家安全行业、自然垄断行业、重要公共产品和服务行业、经济支柱和高新技术产业的国有企业在规模上迅速扩张与国外大型跨国公司抗衡。二是地方政府出于税收和地方经济发展业绩的需要,对地方国有企业迅速规模扩张有很大的需求。三是由于政府官员的任期制和国有企业企业家的组织任命制,国有企业决策者有更强的依靠投资快速扩张的动机。长期实践下来,国有企业也就更习惯于这种投资驱动的"跨越式"发展方式。四是经过国有经济战略性重组,与我国快速工业化进程相适应,国有企业大多处于需要高投资的重化工业。五是在融资体制机制上,国有企业具有得到大规模投资的更多的便利性。

随着我国经济阶段逐步步入经济新常态,经济增速从高速转为中高速,模仿型排浪式消费阶段基本结束,低成本比较优势不可持续,市场竞争从低成本转向差异化,要素规模驱动力减弱,经济增长将更多依靠人力资本质量和技术进步,国有企业所熟悉的投资驱动的"跨越式"发展方式已经无法适应环境新变化。在新的经济发展阶段,国有企业要在明确自己的国家使命和功能定位的前提下,通过不断创新,实现有盈利的而非"高利的"、可持续的而非跨越式的发展。为此,需要积极推进对国有经济基于使命进行企业分类和功能定位、基于定位进行国有经济战略性重组、基于企业分类构造有利于创新的现代企业制度和治理机制等一系列重大改革任务和措施,进而促进国有经济从"投资驱动的跨越式发展方式"向"创新驱动的可持续发展方式"转变。

14.1.2 适应经济结构优化升级的新要求,积极推进国有经济布局结构战略性调整

对于经济新常态而言,更为关键的特征是经济结构的优化升级。

从三次产业间结构看,到 2013 年,服务业增加值占 GDP 比例达到了 46.1%,而工业增加值占比为 43.9%,服务业占比首次超过了工业,成为最大占比产业。无论是从中国的工业化进程看,还是从产业结构高级化趋势看,2013 年服务业产值比例首次超越工业产值比例,在一定程度上都是一个具有象征意义的转折点。而 2014 年服务业占比达到 48.2%,高出工业占比 5.6 个百分点。2015 年上半年服务业占比进一步提升到 49.5%,经济服务化趋势明显。从工业内部结构看,高加工度化和技术密集化趋势明显,技术密集型产业和战略性新兴产业发展迅速。在整体工业增速下滑的背景下,工业中的原材料行业、装备制造业和消费品行业中,装备制造业增长迅速,居三大行业之首。从具体行业看,高技术产业增速一直高于工业平均增速,节能环保、新一代信息技术产业、生物制药、新能源汽车等行业发展尤为迅速。以生物医药、人工智能等为代表的高技术产业的增加值过去两年持续保持 10%—12% 的高速增长,比规模以上工业平均增速高将近 5 个百分点。与此同时,钢铁、电解铝、水泥、平板玻璃、造船等产业的产能过剩问题突出,传统经济与新兴经济呈现"冰火两重天"的增长格局,这更是彰显我国经济结构优化升级的必要性。

进入 21 世纪,与我国工业化中期阶段的工业化进程相适应,我国国有资本大多分布在重化工业。到 2012 年,我国工业和建筑业的国有资产占全国国有资产比重为 43.06%,而工业中煤炭、石油和石化、冶金、建材、电力、机械等重化工行业国有资产占全部国有资产比重为 78.44%(国务院发展研究中心企业研究所,2015,第 62—63 页)。应该说,对于工业化中期的中国发展而言,这些行业总体上关系到国计民生,具有重要的战略意义。但是也必须看到,这些行业中,诸如煤炭、冶金、建材,都属于产能过剩问题比较突出的行业。实际上,伴随着我国进入工业化后期和新技术革命的推进,一方面这些行业中一些产业的国家战略意义已经减弱,另一方面这些产业年度需求峰值已经达到,未来需求逐步减少,这些行业的产能过剩已经是绝对过剩。如果国有资本继续主要分布在这些行业,一方面国有资本的国家使命和战略意义将越来越不突出,另一方面国有企业效益也将受到影响,国有资产保值增值、国有企业做强做优做大的目标也将越来越难以实现。因此,在工业化后期的经济发展新常态下,国有经济要适应经济结构优化转型升级的新要求,积极推进国有经济布局的战略性调整。

14.1.3 适应经济增长动力转换的新要求,以全面深化国有企业改革推进创新驱动战略

进入工业化后期,决定经济增长的供给要素条件都发生了明显的变化。从劳动力要素看,到 2010 年以后,由人口年龄结构产生的"人口红利"逐步消失,2012 年和 2013 年,中国 15 岁到 59 岁劳动年龄人口分别比上年减少了 345 万和 244 万,劳动参与率也在不断下降,已经从 2005 年的 76% 下降到 2011 年 70.8%;从资本要素看,工业资本边际产出率不断下降,2002 年中国工业边际资本产出率为 0.61,2012 年则下降至 0.28(江飞涛等,2014)。这意味着在工业化后期劳动力、资本等要素驱动乏力,更为根本的动力来自创新,这正是所谓"创新驱动战略"的本意。这种创新既包括一般意义的技术创新,还包括深化改革开放意义的制度创新。从技术创新意义上看,需要通过技术创新适应工业化和信息化融合发展的新趋势,促进传统产业不断升级和新兴产业的培育和发展,深化工业化进程,实现产业结构高级化,提高全要素生产率;从制度创新意义看,一方面通过制度创新可以破除阻碍我国现有生产要素充分供给的体制机制障碍,推进要素市场化进程,促进供给要素数量和供给要素效率的提升,另一方面制

度创新可以破除我国技术创新的体制机制约束，提升我国技术创新效率，从而又促进工业化进程的深化，发挥深化工业化进程的推动力。这意味着经济新常态下我国经济发展的新的"源"动力更大程度上表现为制度创新。

全面深化国有企业改革构成了经济新常态下制度创新的重要内涵，成为经济新常态下经济发展的重要动力。一方面，按照十八届三中全会的要求，国有资本投资经营要服务于国家战略目标，具体包括提供公共服务、发展重要前瞻性战略性产业、保护生态环境、支持科技进步、保障国家安全，这要求国有企业必须相应地调整自己的经营战略方向，基于这些国家使命要求来确定未来的战略方向。通过经营战略调整和实施来实现支持科技进步、发展前瞻性战略性产业等使命，这样国有企业作为一种重要动力推动新常态下经济发展。另一方面，全面深化国有企业改革不仅有利于增加国有企业自身的活力，推动国有企业技术创新和市场竞争力，从而更好地实现做强做优做大国有经济进而推动整体经济增长的发展，而且还有利于创造公平竞争环境、建立有效的竞争秩序，从而有利于非公经济和整体经济的发展。例如，混合所有制改革不仅有利于国有企业成为真正的市场主体，激发市场活力，还有利于避免"竞争性中立"约束、促进"走出去"战略的有效实施，同时还能拓展民营企业的成长空间。又如，自然垄断性行业的国有企业改革要进行业务战略调整，将国有资本更多地集中于自然垄断性的业务环节，而非整个行业链条，从而有利于提高整个行业的竞争程度和效率。再如，在过度竞争或者产能过剩的行业，国有企业要积极推进兼并重组战略，有利于一些行业建立合理的产业组织结构，形成有效率的产业集中度，提升整个行业的效益。

总之，面对经济发展新常态这样经济环境的重大变化，以及国家推出"一带一路""中国制造2025"等新的重大国家战略，国有经济发展战略必然要做出重大变革,这不仅要求企业内部业务发展战略与组织结构做出相应的变化,更为关键的是要在国有经济宏观层面进行战略性调整,这既包括整体布局结构的调整,也包括产业组织结构的调整。如果说,从1996年以来以收缩国有经济战线为核心的国有经济战略性调整是第一次,这次在新常态下国有经济的战略性调整则是第二次,或者是再调整。新常态下国有经济战略性调整与第一次国有经济战略性调整的最为本质的区别是,国有经济结构调整是以更好地服务于新常态下国家经济发展战略为目标,而不是以收缩国有经济战线为目标。这意味着国有经济结构再调整,不仅仅是做好国有资本的"减法",还要做好国有资本的"加法",围绕新常态下国家使命和国家经济发展目标实现国有资本的有效流动。

14.2 国有经济布局现状及其问题

虽然广义的国有经济是指以经济资源归国家所有为基础的一切经济活动和过程,可以理解为国家所有的全部行政事业性和经营性资产及在此基础上衍生出来的经济活动,但一般论述国有经济战略性调整的"国有经济",是在狭义层面上使用,主要是指经营性国有企业资产及其活动。

14.2.1 国有经济总量不断扩大,但国有经济功能定位不明确

经过2003年以后的"国资发展"阶段,从总体上看我国国有经济取得了长足的发展,如果按照中国国家资产负债表的估算数据,2011年我国的国有经营性资产,也就是非金融企业国有总资产(含负债)为70.3万亿元(李扬等,2013,第29页);根据《中国企业发展报告2015》(国务院发展研究中心企业研究所,2015,第57页)引自财政部和国资

委的数据，2011年、2012年和2013年我国国有企业的合并报表总资产分别为85.38万亿元、100.23万亿元和104.1万亿元，其中国有资本总量（国有实收资本及其享有的权益额）分别为21.99万亿元、25.18万亿元和29.60万亿元。同样根据财政部的数据，2003年全国经营性国有资本7.0万亿元，而到2014年全国经营性国有资本达到33.7万亿元，年均增长超过30%。同期国有企业数量从146 446家上升到160 515家，增加了14 069家。如果以2013年国有企业合并报表资产104.1万亿元计算，我国国有企业资产和GDP的比例约为1.8:1，而2007年经合组织国家的该比值为0.25:1，这意味着我国国有经济在国民经济中的作用远比经合组织国家突出。国有经济的快速发展，与国资委成立以后，建立国有资产保值增值的激励约束机制相关，也和国有经济大多处于快速增长的行业布局相关。但是，国有资本的快速扩张，引起了"国进民退"、国有资本利用行政资源获取垄断地位、损害了市场公平和效率等一系列的非议。这反映出实际上，考核国有资产保值增值率并不是适合所有国有企业的，关键是要明确国有资本的功能定位是什么，进而考核国有资本是否实现了其定位要求，对于一些定位于公益性或者政策性目标的国有企业，并不需要考核其盈利或者国有资本保值增值率。现实的情况是，由于我国并未对国有企业实施分类治理，没有对每家国有企业具体赋予其使命，许多国有企业的经营范围既包括市场化的业务，又包括政策性的业务，横跨竞争性领域和自然垄断性领域，结果造成国有企业会面临"盈利性企业使命"与"公共性政策使命"诉求的冲突。一方面，国有企业作为企业要通过追求盈利性来保证自己的不断发展壮大，这需要考核国有资产保值增值。另一方面，国有企业要弥补市场缺陷，定位为公共政策工具，服务公共目标，这要求牺牲盈利。这两方面定位要求，使得当前国有企业陷入赚钱和不赚钱两难的尴尬境地——不赚钱无法完成国有资产保值增值、壮大国有经济的目标,赚了钱又被指责损害了市场公平和效率、牺牲了公共服务目标(黄群慧、余菁,2013)。由于国有经济布局总体覆盖了竞争性、自然垄断性和公共政策性等各类领域,而不同领域的国有企业的经营目标又没有明确区分,甚至一家国有企业的经营业务就覆盖了各类不同性质的领域,再加之国有企业领导人具有行政官员和职业企业家的双重角色,也就是说无论是国有企业,还是国有企业领导人,都存在混合定位或者定位不清的问题,这使得国有企业不能够成为一个真正的企业。因此,未来需要基于功能定位和使命要求调整现有的国有经济布局,对国有企业进行分类治理。

14.2.2 国有经济主要分布于第二产业,但已经呈现向第三次产业调整的明显趋势

单从中央企业看,2013 年中央企业分布在第一产业的资产总额占全部中央企业资产总额的 0.2%,第二产业占 64.5%,第三产业占 35.3%(宋群,2014)。如果从全国国有企业看,在农林牧渔、工业、建筑业、地质勘探、交通运输、邮电通信、批发零售、房地产、信息技术服务、社会服务、卫生体育服务、教育文化、科研技术、机关社会及其他等 14 个大行业中,2014 年全国国有工业企业数量占比最大,为 26.6%,2014 年全国国有工业企业资本数量也是最大,占比达到 33.32%。如果简单将工业、建筑业和地质勘探对等为第二产业,2014 年国有企业资本约 40%分布于第二产业。应该说,我国国有经济的产业结构与整体国民经济产业结构基本吻合。而且,总体上与我国的经济服务化的结构性变化趋势相适应,我国国有工业企业资本在全部国有企业资本占比自 2007 年以来逐年下降,在 2007 年国有工业资本占全部国有资本的比例还高达 50.67%,7 年间该比例下降了 17.35 个百分点,而同期在社会服务业的国有资本从 9.05% 上升到 24.07%,上升了 15.02 个百分点。如图

14-1所示,将上述14个行业简单划分为第一产业(农林牧渔)、第二产业(含工业、建筑)、第三产业(含地质勘探、交通运输、邮电通信、批发零售、房地产、信息技术服务、社会服务、卫生体育服务、教育文化、科研技术、机关社会及其他),可以看出,2005年到2014年10年间国有资本在产业间占比变化,总体上呈现第一产业占比一直保持在1%左右,而第二产业占比下降、第三产业占比上升的趋势。

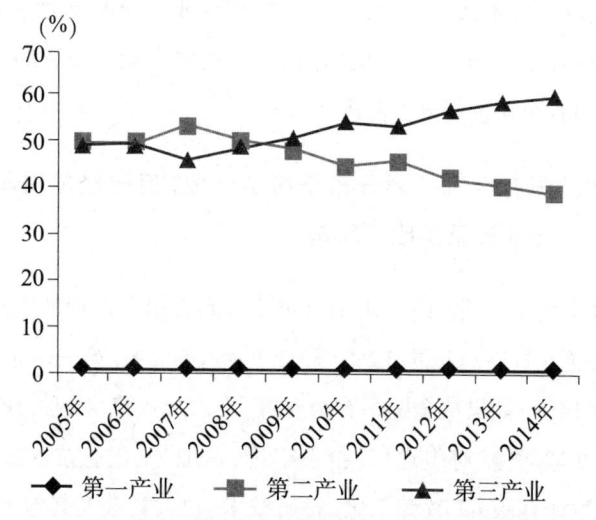

图14-1 国有企业的国有资本三次产业分布变化(2005—2014)

资料来源:根据财政部国有企业财务决算报告有关数据计算。

14.2.3 工业国有资本主要集中在重化工行业,战略性新兴产业分布不足

如果按照财政部的工业行业划分,将工业划分为石油和石化工业、电力工业、机械工业(含汽车工业)、冶金工业、煤炭工业、烟草工业、化学工业、军工工业、电子工业、建材工业、医药工业、纺织工业、食品工业、森林工业、市政公用工业、其他工业等16个大行业,那么2003

年以来工业国有资本主要集中在石油和石化、电力、机械、冶金、煤炭等行业,这5个行业国有资本之和占整个工业行业国有资本的比例在2003年、2008年、2013年、2014年分别为66.03%、76.54%、73.31%、71.55%(如图14-2)。其中石油和石化和电力一直是占比最大的两个行业,基本占比在45%到50%之间,已有半壁江山;冶金行业的国有资本占比一直居第三位,2014年让位于机械工业;煤炭工业国有资本占比在2008年曾居第四位,但在2014年已经居第六位,低于机械工业和市政公用工业。机械工业和市政公用工业国有资本占比近些年显著提高,已分别从2008年的7.08%和3.05%提高到2014年的9.98%和7.54%,体现了产业结构高级化趋势和国有经济服务民生的功能定位。但是,总体而言,国有资本大多分布在传统产业,不少处于价值链的中低端环节,产能过剩与战略性新兴产业布局不足并存。一方面,中央企业有2亿吨过剩粗钢、约20%的氧化铝和约25%左右的水泥产能过剩,另一方面,有关节能环保、新兴信息产业、生物产业、新能源、新能源汽车、高端装备制造和新材料等战略性新兴产业国有资本比重低,中央企业中这类企业仅占10.62%(宋群,2014)。根据中国工程科技发展战略研究院发表的《2015年中国战略性新兴产业发展报告》,截止到2014年上半年,战略性新兴产业的上市公司中63.5%属于民营企业,13.6%为中央国有企业,13.2%为地方国有企业。这意味着从工业行业分布看,国有经济在体现国家经济发展战略方向方面还缺乏足够的引导作用。在过去的10多年中,由于中国正处于工业化中期阶段,重化工业处于大发展的时期,工业国有资本这种战略性布局是合理的,正是过去10余年的重化工业的景气周期以及主要靠重大投资项目拉动的经济增长模式,使得国有经济部门资产与收入的规模增长相当可观。但是,中国正步入经济新常态,过去10几年中形成的国有经济倚重重化工布局和规模扩张的发展方式,已经无法适应工业化后期经济新常态的要求,产能过剩、经济效益差的问题日益突出，工业国有资本亟须从产能过剩领域退出转向战略性新兴产业，形成适合经济新常态的工业国有资本行业布局结构。

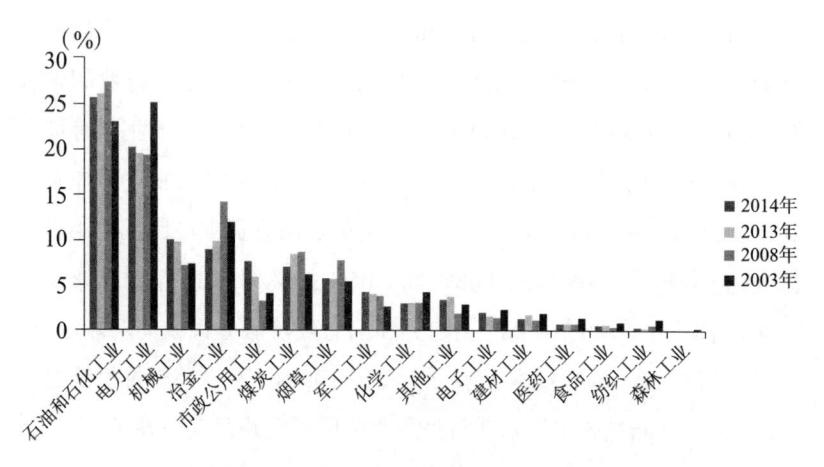

图 14-2　工业行业国有资本分布结构
（从左至右分别为 2014 年、2013 年、2008 年和 2003 年）

资料来源：根据财政部国有企业财务决算报告有关数据计算。

14.2.4　地方国有企业资产总量不断增大，但效益低于中央企业

从隶属关系和区域分布看，地方企业国有资本占比近年来不断上升，大于中央企业国有资本占比，其中东部地区国有资本总量占比超过地方国有资本一半，但中西部地区国有资本占比呈不断上升趋势。根据财政部数据，截止到 2014 年，我国地方国有企业 106 373 家，远远高于中央企业数量，占全部国有企业总数的 67.1%；地方国有企业的国有资本总量为 198 911.8 亿元，也高于中央企业的国有资本总量，占全部国有企业的国有资本总量的 54.8%。自 2008 年以来，地方国有企业的国有资本占比不断上升，从 2008 年的 41.3% 上升到 2013 年的 57.7%，2014 年有所下降。从具体各省情况看，各省国资国企规模差异巨大，

各省国资国企规模和经济发展水平相关,2012年资产排在前面的分别是江苏、上海、广东、北京、重庆、浙江、天津、山东等,其国有资产总量都超过两万亿元(马淑萍、袁东明,2015)。2014年东部地区的国有企业数量和国有资本的总量都占全部的56%,中部和西部的国有企业数量占比分别为20.1%和23.4%、国有资本比重分别为18.0%和25.7%。从趋势上看,近些年中部和西部国有资本的占比呈现上升趋势,在2005年中部和西部国有资本占比只有11.6%和11.4%,这意味着中部和西部国有资本占比近几年提高了一倍左右。总体上看,地方国资国企的功能主要体现在三个方面。一是承担供水、供气、公共交通等公共服务功能。二是承担城市发展和基础设施建设的建设开发功能以及土地、资金等要素供给功能,如重庆市市属国有企业30%的资产集中在公共基础设施领域,湖北省仅交通投资集团一家企业的资产就占省属国有企业经营性资产总量的50%以上。三是承担培育支柱产业、促进地方经济发展的功能。例如,上海市市属国有企业经营性企业资产80%以上集中在战略性新兴产业、先进制造业、现代服务业等关键领域和地方优势产业,湖南省省属国有企业资产的71%集中在机械制造和冶金产业,陕西、河南省省属国有企业资产主要集中在能源化工、装备制造、有色金属等行业(黄群慧,2015b)。相对于中央企业,地方国资的另外一个特征是总体回报较低,根据财政部《2013年国有企业财务决算报告》统计数据,虽然地方国有资产总额比中央国有资产总额多出6.9万亿元,但2013年中央国企创造的净利润为1.2万亿元,约为地方净利润的2倍。这说明地方国企在收益水平和盈利能力方面不如中央国企(项安波、石宁,2015)。另外,各地国有企业在收益水平、盈利能力上存在明显差异。根据2014年中国统计年鉴,2013年全国国有及国有控股企业利润总额和总资产贡献率分别为15 194.1亿元和11.9%,

而各地区国有及国有控股企业的这两个指标差异最大,前三位利润总额分别为陕西1 371.1亿元、上海1 313.9亿元、山东1 214.0亿元,后三位利润总额分别为西藏0.91亿元、海南16.2亿元、青海37.6亿元;前三位总资产贡献率为黑龙江20.4%、上海18.2%、广东17.3%,后三位总资产贡献率为西藏1.1%、北京6.2%、山西7.3%。从隶属分布体现出地方国有资本迅速扩张和盈利能力差并存的特征,从区域分布上看这个特征在中西部表现更为突出,正面的可能原因是近年来地方尤其是中西部地区城市基础设施发展和公共服务功能的改善,但也折射出近年来地方政府过度负债问题的风险在扩大,以及一些后发地区也开始在重化工行业布局,加剧了产能过剩问题。从中央和地方国有资本功能定位看,地方国有资本更加合理的定位是地区的公共服务功能,中央国有资本更加适合发挥国家经济发展战略的引导作用,要针对这个定位来对现有的国有资本隶属和区域布局进行战略性调整。

14.2.5 中央企业海外资产不断扩张,但面临"竞争性中立"的挑战

从国际化布局看,国有企业中中央企业发挥了关键作用,但未来面临"一带一路"战略下的使命要求和国际"竞争性中立"的严峻挑战。根据商务部、国家统计局、国家外汇管理局2014年9月联合发布的《2013年度中国对外直接投资统计公报》,2012年年底和2013年年底,在非金融类对外直接投资存量中,国有企业分别占59.8%和55.2%。2013年非金融类对外直接投资存量已达5 434亿美元。2013年,非金融类对外直接投资流量为927.4亿美元,其中国有企业占43.9%;有限责任公司占42.2%,股份有限公司占6.2%,股份合作企业占2.2%,私营企业占2%,外商投资企业占1.3%,其他占2.2%,从中可以看出国有

企业是我国企业走出去的主力军。在国有企业中，中央企业发挥了更为关键的作用。例如，2005年到2010年中央企业海外并购金额在全部企业海外并购金额中占比分别为83%、86%、80%、91%、76%和74%（易纲，2012）。截止到2014年年底，共有107家中央企业在境外设立8 515家分支机构，分布在全球150多个国家和地区，"十二五"以来中央企业境外资产从2.7万亿元增加到4.9万亿元（如果按照2013年中央企业总资产48.6万亿，中央企业的境外资产占比约为10%左右），年均增长16.4%；营业收入从2.9万亿增加到4.6万亿元，年均增长12.2%；中央企业境外投资额约占我国非金融类对外直接投资总额的70%，对外承包工程营业额约占我国对外承包工程营业额的60%（张毅，2015）。尽管中央企业通过海外并购已开始了国际化进程，并开始参与国际产业分工与经营，但整体尚属于"走出去"的初级阶段，还缺乏对国际分工的深度参与，尤其是积极利用国际产业转移、加快产业全球布局的格局还没有真正形成。从未来国有资本海外布局的战略调整看，需要注意两方面的问题，一是要积极响应"一带一路"国家战略，积极拓展区域布局。迄今为止，我国国有企业走出去战略的区域布局主要还是中国香港、美国、澳大利亚、新加坡、英国等（不包括开曼群岛、英属维尔京群岛），按照2014年中国统计年鉴数据计算，2013年对外直接投资存量中国香港占比57%、美国占比3.3%、澳大利亚占比2.6%、新加坡占比2.3%、英国占比1.8%。从贸易方面看，2013年"一带一路"国家的进出口贸易总量占我国进出口总量的25%，中国进出口总量占"一带一路"国家进出口贸易总量的11.5%（程军，2015）。作为贯彻执行"一带一路"战略的主力军，国有企业任重而道远。二是国有企业在走出去的过程中，越来越受到美国倡导的"竞争性中立"规制的约束。美国在推动以跨太平洋伙伴协定（TPP）为核心的新的贸易与投资秩序过程中，试图将国有企业界定为"深受政府影响""20%及以上的股权",并试图对这些企业以"竞争性中立"规制对其国际化行为进行制约,包括通过"边境内措施"来规范政府对国企行为影响、通过严格报告和强制执行制度保证信息的全面及时披露、通过审查质询及制裁制度强化竞争性中立规制的执行力等。我国国有企业未来需要未雨绸缪,既要通过各种手段影响TPP谈判过程利于我国国有企业走出去,又要积极推进混合所有制改革、避开走出去的障碍(冯雷、汤婧,2015)。

14.2.6 国有企业创新资源和成果不断增加,但还不能满足创新型国家战略要求

从创新资产分布看,国有企业,尤其是中央企业集中了大量的优质创新资源,也取得了大量高水平研发成果,但创新方向和效率还不能够完全满足创新型国家建设、创新驱动发展战略的使命要求。从创新资源看,截至2011年年底,中央企业拥有科技活动人员和研发人员125万人,其中两院院士226人;中央企业研发经费支出总额快速增长,从2007年不足1 000亿元增长到2011年的2 747.21亿元,年均增长29.4%;《国家中长期科学和技术发展规划纲要》确定的我国需要突破的11个重点领域,中央企业都有涉及;16个国家科技重大专项,中央企业参与了15个;863计划的参与率达到29.5%,科技支撑计划参与率达到23.3%,即使在基础研究领域973计划中,参与率也达到13.5%。从创新产出看,全国国有企业拥有自主知识产权专利21.4万项,其中中央企业13.7万项;2005年到2011年,中央企业共获得国家科技奖励467项,占国家科技奖励总数的24.6%,其中获得国家科技进步特等奖3项,占特等奖100%,一等奖44项,占57.9%,国家技术发明一等奖3项,占37.5%;在载人航天、绕月探测、特高压电网、支线客机、4G标准、时速350公里高速动车、3 000米深水钻井平台、12 000米钻

机、实验快堆、高牌号取向硅钢、百万吨级煤直接液化等领域和重大工程项目中,中央企业已经取得了一批具有自主知识产权和国际先进水平的创新成果(李政,2013,第10—12页)。但是,一项实证测度研究表明,到2009年中国工业行业中58.8%的行业已经达到或者接近经合组织主要国家的水平,但有11.8%的工业行业还大幅度落后于经合组织主要国家的水平,这些行业主要是两类,一类是世界领域创新活动频繁、以医药和光电设备制造业为代表的新型工业,包括医药制造业,电气机械及器材制造业,通信设备、计算机及其他电子设备制造业,仪器仪表及文化、办公机械制造业;另一类是垄断性强的工业,包括石油加工、炼焦及核燃料加工业,煤炭采选业,石油天然气开采业,烟草制品业,电力、热力的生产和供应业,燃气生产和供应业,水的生产和供应业(陆铭、柳剑平、程时雄,2014)。这意味着,一方面要考虑加大创新资产在科技及高新技术研发方面的布局,加强在重要战略性新兴产业发展方面的技术投入,加强在相关业务上科技力量的配套布局;另一方面要深化国有企业改革,尤其是垄断行业的国有企业的改革,激发国有企业的创新活力,从而提高国有企业的创新效率,尽快缩小我国技术差距,为我国建设创新型国家、转变经济发展方式贡献力量。

14.2.7 国有企业规模不断扩大,但产业组织结构还有待进一步优化

从产业组织视角看,国有企业户均国有资本规模不断扩大,但存在自然垄断性行业有效竞争不够与竞争性行业产业集中度不高的问题。自国资委成立以来,国有企业的规模扩张迅速,基于财政部国有企业财务决算报告数据计算,2003年国有企业户均国有资本只有0.48亿元,到2014年,国有企业户均国有资本上升到2.1亿元。根据2014年中国统计年鉴计算,国有及国有控股工业企业户均总资产2003年为

2.76亿元,到2013年上升到18.8亿元,而同期私营工业企业的户均总资产从0.22亿元上升到0.9亿元,无论是规模,还是规模的增速,国有企业都远远大于私营企业。2014年,国有大型企业、中型企业和小型企业的国有资本占比分别是44.5%、22.5%和33%,国有资本主要集中在大型企业中。虽然国有企业规模不断扩大,但是我国的竞争性行业与国际上相比总体上行业集中度仍不高,影响了企业的效益水平。以钢铁行业为例,美国、日本、韩国钢铁产业代表了世界的最高水平,这三个国家钢铁产业的集中度都很高,2007年美、日、韩前四家钢铁企业市场占有率分别为68.7%、73.9%、88.87%,而我国前四家钢铁企业市场占有率只有35%;再如煤炭行业,目前我国前四大企业市场集中度仅占20%,前八家市场集中度也仅为28%,比较合理的比例应分别达到40%和60%(李荣融,2013)。又如,中国制造业市场结构与美国相比,2007年的数据显示还是呈现高度分散型特点,在中国480个制造业四位数行业中,寡占型产业($H \geqslant 1\,000$)仅有60个,占全部行业数的12.50%,而在美国435个制造业行业中,寡占型产业有134个,占全部行业数的30.8%。与之相反,在中国制造业市场结构中,极端分散型产业($H < 100$)有116个,占全部行业数的24.17%,高度分散型产业($100 \leqslant H < 200$)有106个,占全部行业总数的22.08%,而美国这两种市场结构类型比重分别只占全部行业总数的7.58%和6.67%(郭树龙、李启航,2014)。另外,从世界500强视角看,中国世界500强企业的市场集中度水平与美欧日的世界500强企业相比仍存在较大的差距,按2010年各国世界500强企业营业收入占全球行业总产值的比重计算,美国和欧盟在炼油化工、制药、汽车等行业的全球垄断地位十分明显,其世界500强企业占全球行业总产值的比重高达四分之一至三分之一,中国目前只有炼油化工一个行业在2010年超过了世界行业总产值比重的10%,与欧美国家相比仍有较大差距(胡鞍钢等,2013)。经

过多年国有经济战略性调整，在电力、电信、民航、石油天然气、邮政、铁路、市政公共事业等具有自然垄断性的行业中，国有企业占据了绝大多数。应该说，这总体上符合国有经济的功能定位，但是，并不是这些行业的所有环节都具有自然垄断性。一般认为，电力产业的输配电网，铁路行业的路轨网络，石油产业的输油管线，天然气行业的输气管线，电信行业的电信、电话和宽带网络，属于自然垄断的网络环节，而电力行业的发电、售电业务，铁路的运输业务，石油和天然气的勘探、销售业务，电信行业的移动电话、互联网、电视网络和增值业务等属于可竞争的非自然垄断环节。现在由于国有企业的经营业务涵盖整个行业的网络环节和非网络环节，从而在一定程度上遏制了有效竞争，影响了社会服务效率，社会上对这些行业的国企意见比较集中，而且也正是这些行业，腐败问题往往也比较集中。实际上，这些行业的国有企业改革已经成为我国国企国资改革的焦点行业。

14.3 "十三五"时期国有经济战略性调整的方向与措施

中共中央关于制定国民经济和社会发展第十三个五年规划的建议提出："健全国有资本合理流动机制，推进国有资本布局战略性调整，引导国有资本更多投向关系国家安全、国民经济命脉的重要行业和关键领域，坚定不移把国有企业做强做优做大，更好服务于国家战略目标。"这意味着，继"九五"末期围绕国有企业脱困目标推进国有资本战略性调整后，"十三五"时期将围绕更好服务于国家战略目标实施新一轮的国有资本布局战略性调整。

"十三五"时期，国有经济的布局结构战略性调整的目标，应该重"质"轻"量"，不再纠结于国有经济占整个国民经济的具体比例高低的"数量目标",①而应更加看重优化国有经济布局、促进国有经济更好地实现其功能定位和使命要求的"质量目标"。通过国有经济战略性调整,新常态下的国有经济功能定位可以更加明确,更好地服务于国家战略、服务于民生目标,在创新型国家建设、"一带一路"、"中国制造2025"等国家战略中发挥关键作用;行业布局更为合理,国有资本绝大部分集中于提供公共服务、发展重要前瞻性战略性产业、保护生态环境、支持科技进步、保障国家安全等真正关系到国家安全、国民经济命脉的关键领域以及公益性行业的优势企业中,进一步增强国有企业在这些领域的控制力和影响力;明确不同类型国有企业之间、中央和地方国企之间的功能定位,使企业之间的层级布局结构关系更为科学;国有企业的规模和数量分布更加合理,形成兼有规模经济和竞争效率的市场结构;国有经济股权布局趋于优化,混合所有制经济蓬勃发展,国有经济活力更为凸显,形成国有经济与民营经济优势互补、融合发展的局面。

14.3.1 基于国有企业功能定位分类积极推进国有经济战略性调整

十八届三中全会提出了深化国有经济改革的四方面重大任务,包括推进国有经济功能定位与战略性重组、深化混合所有制改革、建立以管资本为主的新国有资本管理体制以及完善现代企业制度,我们认为这些改革任务的前提是国有企业的分类改革(中国社会科学院工业经济研究所课题组,2013)。面对庞大的国有经济,需要明确其功能定位和使命要求,在此基础上将国有企业分为三种类型,即公共政策性、特

---

① 例如,有文献在研究国有经济战略性调整时,曾具体规划国有经济活动占 GDP 的比例从 2012 年的小于等于 40% 逐步降低到 2020 年小于等于 30%、2030 年小于等于 20%(陈东琪等,2015)。

定功能性和一般商业性。① 由于现有的国有企业大多是三类混合，或者说没有明确其具体定位，因此在界定其功能定位的基础上，短期需要通过推进战略性调整来实现其企业分类，长期则通过建立以"管资本"为主的管理体制，利用国有资本投资公司和国有资本运营公司这两类平台实现符合其相应功能定位要求的国有资本合理、有效的流动。这三类企业的具体划分和相应的国有经济战略性调整的方向可参见表14-1。

表14-1　基于功能定位和企业使命推进国有经济战略性调整

类型	功能定位与企业使命	治理特征	国有经济战略性调整的方向
公共政策性（公益类）	作为国家政策的一种工具，弥补市场经济的不足，是我国作为市场经济国家而要求国有企业承担的使命。	产权形态一般为国有独资公司，在"管资本"为主的新管理体制中，其国有资本持股代表一般是国有资本投资公司。监管时强调其公益性目标的实现程度，而非营利多少。	短期调整方向是剥离这类企业已有的营利性业务，退出营利性市场领域，将经营活动专注公共政策目标的实现；长期调整方向是根据国家政策需要新增国有资本或者新设这类企业，也不排除根据政策执行情况退出国有资本或者撤销相应企业。
一般商业性（商业一类）	作为市场经济的竞争主体，积极应对市场的激烈竞争，在竞争中通过追求营利来实现国有资产保值增值，是转轨市场经济国家的"培育市场主体"的使命要求。	产权形态为国有资本参股的混合所有制企业，其国有资本持股代表一般是国有资本运营公司。运营完全按照《公司法》要求，监管时强调其营利性目标的实现程度，考核其国有资本保值增值。	短期调整的方向是完全剥离具有垄断特性的业务，将退出的国有资本投向更符合公共服务和国家战略目标的企业；长期调整的方向是依托国有资本运营公司这一平台建立国有资本灵活流动机制，通过市场化手段增强企业活力和提高企业效率，完全依靠市场竞争实现国有资本的保值增值。

---

① 按照2015年8月24日发布的《中共中央国务院关于深化国有企业改革的指导意见》，公共政策性、特定功能性和一般商业性这三类企业可以分别对应公益类、商业二类和商业一类。

(续表)

类型	功能定位与企业使命	治理特征	国有经济战略性调整的方向
特定功能性（商业二类）	事关国计民生、基础设施、国家经济发展战略实施、保障国家经济安全等功能，承担了赶超型国家追求经济赶超的使命。	产权形态为国有资本控股的混合所有制企业，其国有资本持股代表一般是国有资本投资公司。总体运营按照《公司法》要求，但要有单独的行业法规约束，监管时强调营利性目标和成长性目标结合。	短期调整方向是分拆十分明显的公共政策性业务和一般非战略性的竞争性业务，将其业务集中于特定功能领域；长期调整方向是主动退出那些竞争格局趋于成熟、战略重要性趋于下降的产业领域和环节，不断努力在提供公共服务、保障国家安全和符合国家战略要求的各种新兴产业领域发挥更大的功能作用。

资料来源：作者自撰。

14.3.2 基于国家战略性和公共服务性标准科学调整国有经济产业布局

基于国有经济的基本功能定位服务于国家战略和公共民生的共识，经济新常态下我国国有经济产业布局结构的战略性调整的方向是重点发展国家战略性强和公共民生服务性强的产业。新常态下我国推出"一带一路""中国制造2025"等国家战略，同时随着现代化进程的推进，我国公共民生服务水平有了更高的要求，这要求将以前分布于产能过剩的重化工领域的国有资本，调整到与"中国制造2025"相关的高端与新兴制造业、与国家"一带一路"战略相关的产业、与完善中心城市服务功能相关的产业等领域中。这构成了未来我国国有经济战略性调整的重要内涵。表14-2按照国家战略意义和公共服务意义的两方面标准，具体分析了各个产业在新常态下的地位变化，相应给出了国有资本在这些领域的布局变化，表明了国有经济产业布局战略性调整的方向。

表 14-2　新常态下国有经济产业布局战略性调整方向

产业		国家战略意义变化	民生服务意义变化	国有资本调整方向
农林牧渔业		→	→	↓
工业		→	→	↓
工业	以重化工业为主导的传统工业（煤炭、石油开采和石化、冶金、建材、电力、化学、机械、森林、食品、纺织、医药、电子、烟草等）	↓	→	↓
	战略性新兴产业（节能环保、新一代信息技术、生物、高端装备制造、新能源、新材料和新能源汽车等）	↑	→	↑
	"中国制造2025"的十大领域（新一代信息产业、高档数控机床与机器人、海洋工程装备及高技术船舶、先进轨道交通、节能与新能源汽车、电力装备、农机装备、新材料、生物医药及高性能医疗器械等）	↑	→	↑
	军工工业	↑	→	↑
	市政公用工业	→	↑	↑
建筑业		↓	→	↓
地质勘探及水利业		↑	→	↑
交通运输业		→	→	↓
仓储业		→	→	↓
邮电通信业		→	→	↓
批发和零售、餐饮业		→	→	↓
房地产业		↓	→	↓
信息技术服务		↑	→	↑
社会服务		→	↑	↑
卫生体育福利		→	↑	↑
教育文化广播		↑	↑	↑

(续表)

产业	国家战略意义变化	民生服务意义变化	国有资本调整方向
科学研究和技术	↑	↑	↑
其他	→	→	↓

注:"↓"表示该行业的国家战略意义下降,或者民生服务意义下降,或者国有资本可逐步减少;"→"表示该行业国家战略意义未发生变化,或民生服务意义未发生变化,或国有资本大致不变;"↑"表示该行业的国家战略意义上升,或者民生服务意义上升,或者国有资本可逐步增加。

这里还应该强调说明四点。第一,随着经济服务化的趋势,未来工业在国民经济中的占比逐步下降,国有资本总体的调整方向是占比将会减少,但是工业的国家战略意义并不会降低,主要体现在创新型国家建设方面。同样我们期望国有资本发挥前瞻性、战略性的引导作用也主要体现在创新方面。无论是战略性新兴产业,还是"中国制造2025"的十大领域,国有资本进入都是期望能够发挥创新带动作用。虽然国有企业的创新作用一直存在争议,但是从我国创新资源分布看,也只有国有企业,尤其是大型央企才能真正担负起国家创新体系中重大自主创新生态系统的核心企业的角色。问题的关键是要形成科学的国企创新战略。国有企业要将更多的创新资源集中于重大自主创新生态系统的构建,通过整合创新资源、引导创新方向,形成创新辐射源,培育具有前瞻性的重大共性技术平台,寻求突破重大核心技术、前端技术以及战略性新兴产业的先导技术,从而有效发挥国有企业在调整经济结构和产业转型中的带头和引领作用。从国家创新战略角度看,国有企业应当在三类重大共性技术平台建设中发挥主导作用,一是战略共性技术,这类共性技术是处于竞争前阶段的、具有广泛应用领域和前景的技术,这类共性技术有可能在一个或多个行业中得以广泛应用,如信息、生物、新材料等领域的基础研究及应用基础研究所形成的技术。二是关键共性技术,这是指关系到某一行业技术发展和技术升级的关键技术。三是基础共性技术，这是指能够为某一领域技术发展或竞争技术开发作支撑的，例如测量、测试和标准等技术（黄群慧，2013）。第二，同样是国有资本布局，中央企业和地方企业的国有资本布局的重点是不同的，中央企业国有资本布局重点体现为实现国家战略意图和全国性公共服务网络，而地方企业的国有资本布局重点应该主要体现为地方城市公共服务、城市基础设施建设等领域。由于地方国资总量要大于中央国资总量，因此未来地方国资的改革具有十分重要的战略意义，尤其是地方国资平台公司的改革，对防范我国经济风险、促进我国经济健康发展具有重要意义。第三，在那些国家战略意义和公共民生服务意义不突出的产业领域，国有资本原则上应该沿着逐步收缩的方向进行调整。即使是国有资本有所增加的产业领域，国有资本也主要应该以混合所有制方式进入，例如公用事业工程也应该大力推进政府与社会资本合作（PPP）方式，要尽量避免以国有独资方式进入。第四，与表14-2中所列国有资本布局领域不同，"一带一路"战略所要求的是国有企业海外业务区域布局的调整。因为"一带一路"沿线国家众多，国有企业需要针对各国情况差异寻求技术合作、产能合作、资源合作等，这些合作就不限于表14-2中所列的国有资本增加的产业领域。在"一带一路"战略下，国有经济战略性布局的重大调整表现为海外区域布局战略调整，要求国有企业"走出去"战略的重点更多地向"一带一路"沿线国家转移。

14.3.3 基于全面深化改革和优化市场结构双重目标协同推进国有企业并购重组

并购重组，是实施国有经济战略性调整的重要手段。2014年年底，依托"一带一路"的国家战略，两大铁路设备制造巨头中国南车集团公司与中国北方机车车辆工业集团公司正式合并为中国中车集团公司；2015年5月，中国电力投资集团公司与国家核电技术公司正式合并为国家电力投资集团公司，十八届三中全会以后新时期中央企业的大规模并购重组拉开帷幕。虽然这两次并购重组在资本市场引起极大的关注，但是，自国资委2003年成立以来，央企这类并购重组并不鲜见，通过并购重组，已经将196家中央企业减少到现在的111家，而且从国资委成立以后，就有报道说国资委也曾提出将中央企业数量缩小到30家至50家的改革目标，只是迄今为止并没有实现。我们认为，这个目标是符合未来新常态下中央企业高效运营监管的实际的，应该积极推进中央企业的并购重组。但是，我们认为，通过国有企业并购重组调整国有经济布局，需要考虑到全面深化改革的需要，也要考虑到建立有效的市场结构的需要，应基于这两方面需要协调推进国有企业并购重组。从新时期全面深化国有经济改革需要看，一方面要通过重组解决自然垄断性行业的垄断问题，旨在优化相关业务配置和遏制垄断，形成自然垄断性行业的主业突出、网络开放、竞争有效的经营格局；另一方面要有利于建立以"管资本"为主的国有经济管理体制，通过并购重组能够实现十八届三中全会要求的组建国有资本投资公司和新建国有资本运营公司。从优化市场结构需要看，国有企业在特定行业内的企业数量既不是越少越好也不是越多越好，否则不是造成垄断就是造成国有企业过度竞争，国有企业兼并重组要有利于形成兼有规模经济和竞争效率的市场结构，有利于化解产能过剩问题。基于这样的考虑，我们认为应该从以下几个方面推进国有企业并购重组。

首先，选择市场竞争程度相对高、产业集中度较低、产能过剩问题突出的行业，包括资源类行业、钢铁、汽车、装备制造、对外工程承包等领域，在这类领域通过并购重组，减少企业数量，扩大企业规模，突破地方或部门势力造成的市场割据局面，促进形成全国统一市场，有效提高产业集中度，优化产能配置，促进过剩产能消化。需要强调的是，由于这类领域产能过剩突出、经济效益比较差，所以推进这类产业的并购重组应该是当前国有经济战略性调整的重点和当务之急。

其次,在具有自然垄断性的领域,区分自然垄断的网络环节和可竞争的非网络环节性质,根据行业特点整体规划、分步实施,通过企业重组、可竞争性业务的分拆和强化产业管制等"多管齐下"的政策手段,推动可竞争性市场结构构建和公平竞争制度建设,使垄断性行业国有经济成为社会主义市场经济体制更具活力的组成部分,改革和发展成果更好地惠及国民经济其他产业和广大人民群众。如果说,第一次国有经济战略性调整将国企业务集中到具有自然垄断性的行业上,那么,新常态下的再调整则要将国企业务集中到自然垄断性环节上。具体而言,要研究将电信基础设施、长距离输油输气管网、电网从企业剥离出来,组建独立网络运营企业的方式的可行性。在可行性通过的基础上,可以考虑:(1)石油行业一方面要通过兼并重组、注入资本金等政策将中海油、中化集团整合成一家新的国家石油公司,另一方面要深化中石油和中石化内部重组,按开采及管道输油、炼油、设备安装制造、销售等环节组建若干专业化公司,开采及管道输油环节由这三家公司独资或者控股,其他环节引入民营企业组建混合所有制公司。(2)电网行业要在分离网络环节和非网络环节业务的基础上,实现国家电网公司和南方电网公司网络环节的合并,输配分离后,国家电网公司和区域电网公司经营输电网,配电网划归省电网公司,售电及设备制造等业务放开,发展混合所有制经济。(3)运输业中的民航业重点培育几家区域性航空运输企业,解决航空支线垄断程度过高的问题,把航油、航材、航信三家企业改造成由各航空运输企业参股的股权多元化的股份有限公司。同时,铁路也要按区域组建若干家铁路运营公司。(4)电信行业按照基础电信业务(基站、固化网)和增值服务业务分别组建专业化公司,基础电信业务由中国移动、中国电信和中国联通三大公司控股,增值服务业务放开,发展混合所有制企业。

再次，积极推进"管资本"为主的国有资本管理体制的建设，应通过行政性重组和依托资本市场的并购重组相结合的手段，改建或者新建国有资本投资运营公司，将分散于众多行业、各个企业的国有资产的产权归为这些国有资本投资运营公司持有。我们认为，无论是竞争性行业，还是垄断性行业，其国有企业并购重组都应该与建立国有资本投资运营公司相结合。对于竞争行业的国有企业的重组，应该通过组建国有资本运营公司的方式推进，重组后的国有企业产权由国有资本运营公司持有；对于垄断性行业的重组，应该通过改建国有资本投资公司的方式推进，重组后的国有企业产权由国有资本投资公司持有。当前推进的中央企业重组，没有与十八届三中全会提出的建立国有资本投资运营公司的要求相结合，属于单方面推进，将来还会面临再次重组的可能性。这里需要指出的是，在地方层面组建国有资本投资运营公司，要特别注意应同时切断原地方的融资型平台公司与政府的融资功能的联系，使这里的平台公司向市场化和实体化转型。

最后，对国资委监管系统之外的中央企业的重组，也应该有所考虑。除国资委监管的百余家企业和财政部、汇金公司监管的20余家企业外，近百个中央部门仍拥有近万家国有企业，它们将来也应被纳入国资统一监管的范畴，成为参与改革重组的重要主体，从而建立起"三层三类全覆盖"的国有资本管理新体制（黄群慧等，2015）。

经济新常态下推进国有经济战略性调整，是一项重大的改革系统工程，需要科学规划、稳妥推进、协同配套。本研究给出了有关经济新常态下国有经济战略性调整的方向和措施的一些建议，但在具体推进过程中还要制定具体的战略调整规划以及相应的政策法规，提出具体配套措施。尤其是推进国有经济战略性调整，可能会出现各种风险，包括国有资产流失、职工权益受损、社会冲突和群体事件等，需要提前防范。

14.4 "十四五"时期国有经济布局优化和结构调整的原则

党的十九届四中全会通过的《中共中央关于坚持和完善中国特色社会主义制度、推进国家治理体系和治理能力现代化若干重大问题的决定》指出,"探索公有制多种实现形式,推进国有经济布局优化和结构调整,发展混合所有制经济,增强国有经济竞争力、创新力、控制力、影响力、抗风险能力,做强做优做大国有资本。"推进国有经济布局优化和结构调整成为坚持和完善中国特色社会主义基本经济制度的一项重要任务。我国经济已经从高速增长转向高质量发展阶段,"十四五"时期乃至未来更长远,国有经济布局优化和结构调整既要服务于自身的高质量发展,更为重要的是一定要服务于整个经济的高质量发展,更加看重促进国有资本更好地实现其功能定位和使命要求的"做优目标"。具体而言,国有经济布局优化的结构调整应该遵循以下三方面原则。

第一,国有资本布局优化和结构调整要更好地服务于经济高质量发展。

自20世纪90年代以来,我国一直在推进国有经济布局优化、结构调整、战略性重组,国有经济布局和结构处于不断的变化中,总体而言呈现出以下几个典型化的事实特征。一是2000年以来我国独立核算的国有法人企业数量呈现"先降后升"的发展趋势,国有经济部门资产规模稳步提高,国有资本总量上扩张明显。国有工业企业自身规模不断扩大,相对于私营工业企业而言,以不到私营企业十分之一的数量,资产规模则接近于私营企业资产规模的2倍。总体而言,国有经济调整较好地实现了"做大"目标。二是虽然从20世纪90年代以来国有经济布局优化调整目标一直是将国有资本逐渐集中到关系国家安全、国民经济命脉的重要行业和关键领域，但是国有资本的行业布局结构演变并未很好地实现这种"做优"国有资本的目标，国有资本在重要行业、关键领域和高新产业的净资产比重大多呈现下降态势，而诸如房地产和建筑业等高盈利的产业占比则大幅提升。如果说，国有企业一方面要服务于国有资本保值增值的"逐利"要求，另一方面要服务于国有资本需承担的国家战略、国计民生的"公益"功能定位要求，则多年国有资本布局结构变化表明，国有经济布局调整的方向更多地受到"逐利"导向的驱使，而非政府理性布局的"公益"定位驱使。三是国有资本总体上处于产业链的上游，在资源型产业、重化工产业国有资本占据主要地位，这种产业链条位置在一定程度上保证了国有企业具有一定的资源要素垄断利润，也表明国有企业发展更多地是依靠资源要素驱动。

归结上述国有经济布局优化调整的典型化事实特征可以看出，多年的国有经济发展基本实现了国有资本"做大"的目标，但还没有很好地实现"做优"国有资本、实现国有资本的"国家使命"功能定位，呈现出"大而不优"的国有经济格局。这个格局远远不能适应我国经济从高速增长转向高质量发展的需要，未来国有经济布局优化与结构调整应该更好地服务于经济高质量发展的要求。一方面，国有经济布局"大而不优"是与我国高速增长阶段和粗放的经济增长方式相适应的。与我国快速工业化进程、投资驱动高速增长、粗放的经济增长方式相适应，一直以来我国国有经济发展方式以投资驱动的规模扩张为主导。在经济高速增长的大环境下，企业面临着众多的发展机会，模仿型排浪式消费需求和大规模的基础设施投资需求使得"跨越式发展"成为多数企业追求而且可以实现的发展战略目标。与民营企业的企业家机会导向驱动的"跨越式"发展方式不同，由于主客观条件使得国有企业更多地倾向选择投资驱动的"跨越式"发展方式。另外,国有经济布局"大而不优"是我国国有经济布局战略目标与其微观基础激励不相容的结果。国有资产多级管理体制下,增长型(地方)政府缺乏使国有企业从竞争性行业退出的激励,同时,分类改革之前全体国有企业的商业化导向也与国有经济战略性布局目标不完全一致。另一方面,高速增长阶段国有经济布局"大而不优"带来了经济高负债的巨大风险。高速增长阶段国有经济扩张也带来了一系列问题,集中表现在国有经济部门的债务问题上。关于我国债务问题的一个共识是,风险主要集中在企业部门和地方政府。其中,企业部门债务主要集中在国有企业,地方政府债务和各种融资平台公司关系密切。可以说,当前我国的债务问题主要集中在国有企业和国有经济部门。国有经济部门债务问题及其引发的经济风险,也是高速增长阶段不可持续、必须转向高质量发展阶段的重要原因。

第二,国有经济布局优化和结构调整要更好地服务于国家整体重大战略。

按照经济高质量发展要求,国有经济功能定位可以更加明确,更好地服务于国家战略、服务于民生目标,在创新型国家建设、"一带一路"、制造强国战略等国家重大战略中发挥关键作用;国有经济布局可以更为合理,使国有资本绝大部分集中于提供公共服务、发展重要前瞻性战略性产业、保护生态环境、支持科技进步、保障国家安全等真正关系到国家安全、国民经济命脉的关键领域以及公益性行业的优势企业中。这要求将以前分布于产能过剩的重化工领域的国有资本,调整到高端和战略性新兴产业、与国家"一带一路"建设相关的产业、与完善中心城市服务功能相关的产业等领域中。

具体而言,国有经济布局和结构调整应该注意几点。第一,更好地发挥国有资本服务于创新型国家战略功能。国有资本要在技术创新方面发挥前瞻性、战略性的引导作用。无论是战略性新兴产业,还是高技术制造业,国有资本进入都是期望能够发挥创新带动作用。国有企业要将更多的创新资源集中于重大自主创新生态系统的构建,通过整合创新资源引导创新方向,形成创新辐射源,培育具有前瞻性的重大共性技术平台,寻求突破重大核心技术、前端技术以及战略性新兴产业的先导技术,从而有效发挥国有资本在制造业高质量发展和产业转型升级中的引领作用。第二,更好地发挥国有资本服务于公共民生的功能。在那些国家战略意义和公共民生服务意义不突出的产业领域,国有资本原则上应该沿着逐步收缩的方向进行调整。同样是国有资本布局,中央企业和地方企业的国有资本布局的重点是不同的,中央企业国有资本布局重点体现为实现国家战略意图和全国性公共服务网络,而地方企业的国有资本布局重点应该主要体现为地方城市公共服务、城市基础设施建设等领域。由于地方国资总量要大于中央国资总量,因此未来地方国资的改革具有十分重要的战略意义,尤其是地方国资平台公司的改革,对防范我国经济风险、促进我国经济健康发展具有重要意义。第三,国有资本要更好地服务于"一带一路"。"一带一路"所要求的是国有资本海外布局的调整。这意味着国有企业"走出去"战略的重点更多地向"一带一路"沿线国家转移,针对"一带一路"沿线国家情况差异寻求技术合作、产能合作、资源合作等。

第三,国有经济布局优化和结构调整要更好地服务于改革的系统性、整体性、协同性。

党的十八大以来,国有经济布局优化和结构调整工作得到有效推进,国有企业进行了大量的战略性重组,截至 2019 年 11 月,中央企业进行了 21 组 39 家企业的重组,中央企业数量从 117 家减少到 95 家。通过重组,央企布局结构进一步优化,有利于中央企业做强做优做大国有资本、培育具有全球竞争力的世界一流企业。但是,国有企业战略性重组，并不是简单地进行同行业公司的合并，需要更加注重改革的系统性、整体性和协同性，需要协同考虑有利于建设市场公平竞争环境，需要协同考虑有利于解决自然垄断性行业的垄断问题，需要协同考虑有利于建立以"管资本"为主的国有资本管理体制，需要协同考虑有利于形成兼有规模经济和竞争效率的市场结构，需要协同考虑有利于化解产能过剩问题等各方面要求。

基于这样的考虑，在"十四五"时期推进国有经济布局优化和结构调整时应该注意以下几方面问题。首先，与供给侧结构性改革协同。选择市场竞争程度相对高、产业集中度较低、产能过剩问题突出的行业，包括资源类行业、钢铁、汽车、装备制造、对外工程承包等领域，进行企业并购重组，从而减少企业数量，扩大企业规模，突破地方或部门势力造成的市场割据局面，促进形成全国统一市场，有效提高产业集中度、优化产能配置、促进过剩产能消化。需要强调的是，由于这类领域产能过剩突出、经济效益比较差，所以推进这类产业的并购重组应该是国有资本布局战略性调整的重点和当务之急。其次，与深化垄断性改革协同。在具有自然垄断性的领域，区分自然垄断的网络环节和可竞争的非网络环节性质，根据行业特点整体规划、分步实施，通过企业重组、可竞争性业务的分拆和强化产业管制等"多管齐下"的政策手段，推动可竞争性市场结构构建和公平竞争制度建设，使垄断性行业国有经济成为社会主义市场经济体制更具活力的组成部分。如果说以前国有经济战略性调整将国有资本集中到具有自然垄断性的行业上，那么"十四五"时期国有经济战略性调整则要将国有资本集中到自然垄断性环节上。第三，与建立以"管资本"为主的管理体制相协同。积极推进"管资本"为主的国有资本管理体制的建设，应通过行政性重组和依托资本市场的并购重组相结合的手段，改建或者新建国有资本投资运营公司，将分散于众多行业、各个企业的国有资产产权归为国有资本投资运营公司持有。无论是竞争性行业,还是垄断性行业,其国有企业并购重组都应该与建立国有资本投资运营公司相结合。对于竞争行业的国有企业的重组,应该通过组建国有资本运营公司的方式推进,重组后的国有企业产权由国有资本运营公司持有;对于垄断性行业的重组,应该通过改建国有资本投资公司方式推进,重组后的国有企业产权由国有资本投资公司持有。第四,与建立公平竞争的市场环境相协同。国有资本布局的战略性调整,一定要从全国经济改革一盘棋出发,从整体经济高质量发展视角考虑,不仅仅是国有资本的自身做强做优做大,一定要考虑到创造公平的竞争环境,给民营经济提供更好的发展空间。从产业组织结构调整看,在基于行业特性推进中央企业的并购重组时,不仅要考虑规模经济和市场集中度,还要考虑产业组织的形态,最终有利于形成兼有规模经济和竞争效率的市场结构。

第 15 章　国有经济管理体制改革①

改革开放三十多年来,我国的国有经济管理体制经历了从以"管企业"为主向以"管资产"为主的转变,十八届三中全会提出,"完善国有资产管理体制,以管资本为主加强国有资产监管"。而今,正在经历一个进一步向以"管资本"为主的新管理体制的变化过程。但是,以"管资本"为主的管理体制是怎样的体制,无论是在理论界还是在实际部门,都争议巨大,本章提出了构建分层分类全覆盖的国有经济管理新体制的初步设想。

15.1　改革开放以来我国国有经济管理体制的演进

改革开放以前,我国的国有经济部门是作为计划经济体制下的国营工业企业来管理的。② 实际上,当时我国国营工业企业只是政府的

---

① 本章原文为笔者与余菁、贺俊合作的"新时期国有经济管理新体制初探"一文,载《天津社会科学》2015 年第 1 期。而这篇文章的思想最早形成于 2003 年,具体可参考黄群慧:"论建立国有资产管理新模式",《经济管理》2003 年第 17 期。

② 严格地说,国有资本、国有资产、国有企业和国有经济是不同的,具体区分十分复杂,这涉及不同的学科界定、习惯用语等方面的差别。从最一般意义上看,与"资产"相比"资本"更强调价值形态和流动性,"企业"则强调"资本""资产"存在的组织形态,而"经济"则可以指"资本""资产"和"企业"等各方面的整体集合。与以前几轮国企改革不同,新时期更强调国有资本改革,因此,新一轮改革经常被称为"国资国企改革",但这种称谓更口语化,我们认为用"国有经济改革"更为全面,所以本章在不具体指国有资本、国有资产和国有企业的时候,统一用国有经济,而且,除非特别说明,讨论对象是经营性的。

一个部门,并不是一个真正意义的企业。在小宫隆太郎教授看来,当时"中国不存在有企业,或者说,几乎不存在有企业"(朱绍文,1991)。随着改革的深入和企业自主权的不断下放,亟待建立一个管理国有企业的管理体制,20世纪80年代中后期,以"管企业"为主的国有经济管理体制逐步建立。

15.1.1 以"管企业"为主的管理体制

1984年,《国务院关于进一步扩大国营工业企业自主权的暂行规定》颁布,将生产经营计划、产品销售、产品价格、物资选购、资金使用、资产处置、机构设置、人事劳动管理、工资奖金和联合经营这十个方面的自主权进一步授予企业。在1988年颁布的《全民所有制工业企业法》之中,新的企业管理体制,得到了比较系统的体现。可以说,到20世纪80年代末、90年代初,与计划经济体制相适应的国营单位管理体制,基本上实现了向与社会主义商品经济相适应的国有企业管理体制的转变。

根据当时的制度文件,政府主管部门对企业的管理权限,主要体现在四个基本方面及两个重要方面。其中,四个基本方面分别是指:(1)管企业设立。设立企业,必须依照法律和国务院规定,报请政府或者政府主管部门审批核准。(2)管企业合并或者分立。这类事项,依照法律、行政法规的规定,由政府或者政府主管部门批准。(3)决定解散、终止企业。(4)管企业的遵纪守法。企业必须遵守国家关于财务、劳动工资和物价管理等方面的规定,接受财政、审计、劳动工资和物价等机关的监督。

除上述四个基本方面外,政府主管部门对企业的管理,还体现在两个重要方面:(1)对企业领导人员的管理。政府或者政府主管部门任免、奖惩厂长,厂长成绩显著的,由政府主管部门给予奖励。同时,根据厂长的提议，任免、奖惩副厂级行政领导干部，考核、培训厂级行政领导干部。根据当时的规定，厂长的产生，可以由政府主管部门根据企业情况而决定从两种方式中择其一：一是政府主管部门委任或者招聘，二是由企业职工代表大会选举。在实际操作中，政府主管部门委任或者招聘的厂长人选，须征求职工代表的意见；企业职工代表大会选举的厂长，须报政府主管部门批准。(2)政府有关部门还可以根据各自的职责，依照法律法规的规定，对企业实行管理和监督，具体表现为：一是制定、调整产业政策，指导企业制定发展规划；二是为企业的经营决策提供咨询、信息；三是协调企业与其他单位之间的关系；四是维护企业正常的生产秩序，保护企业经营管理的国家财产不受侵犯；五是逐步完善与企业有关的公共设施。从管理内容看，这些与企业日常经营管理活动密切相关的管理事项，较侧重于从为企业提供管理服务的角度出发。

结合对企业领导人员的管理这一点来看，这一时期，国有企业管理体制的基本特点是，企业与政府部门之间存在千丝万缕的联系，企业受各方面政府部门的干预与影响较多，针对当时的体制弊端，相关的法律法规的政策导向是尽可能保障企业经营自主权，授予企业领导人员较充分的管理权限。

《全民所有制工业企业法》第七条规定：企业实行厂长（经理）负责制。厂长依法行使职权，受法律保护。《全民所有制工业企业法》对企业领导人员的职权做出了具体的规定。厂长领导企业的生产经营管理工作，行使以下职权：(1)依照法律和国务院规定，决定或者报请审查批准企业的各项计划；(2)决定企业行政机构的设置；(3)提请政府主管部门任免或者聘任、解聘副厂级行政领导干部；(4)任免或者聘任、解聘企业中层行政领导干部；(5)提出工资调整方案、资金分配方案和重要的规章制度，提请职工代表大会审查同意；(6)依法奖惩职工,提请政府主管部门奖惩副厂级行政领导干部。《全民所有制工业企业法》还规定,厂长决定企业重大问题:(1)经营方针、长远规划和年度计划、基本建设方案和重大技术改造方案、职工培训计划、工资调整方案、留用资金分配和使用方案等;(2)工资列入企业成本开支的企业人员编制和行政机构的设置和调整;(3)制订、修改和废除重要规章制度的方案。《全民所有制工业企业法》在约束企业和政府的关系时,还专门规定:任何机关和单位不得侵犯企业依法享有的经营管理自主权,不得向企业摊派人力、物力、财力;不得要求企业设置机构或者规定机构的编制人数。①

从以上制度文本可以看出,在向社会主义市场经济体制转轨的过程中,国有企业厂长或经理,被赋予了较充分的管理职权。总体看来,当时的管理体制具有两方面的特点:一方面,各种正式与非正式制度对国有企业构成了较强的外部制度约束;另一方面,为突破计划经济体制下行政化管理体制对国营单位的束缚,新体制主张给予企业尽可能多的经营自主权,而这种授权体制又是通过将较大的管理职权授予企业内部的最高领导人员来实现的。也就是说,在当时的历史条件下,"管企业"的管理体制意味着,各个政府部门分别从不同的经济社会公共管理职能的角度来监管企业(所谓"多龙治水"),再加上企业厂长或经理全权负责管理企业内部事务(所谓"内部人控制")的管理体制。

15.1.2 以"管资产"为主的管理体制

20世纪80年代末,我国开始出现了"国有资产管理"的概念。20世纪90年代中期,我国开始实行《公司法》。伴随国有企业的公司制

---

① 该法还规定:政府和政府有关部门的决定违反此条规定的,企业有权向作出决定的机关申请撤销;不予撤销的,企业有权向作出决定的机关的上一级机关或者政府监察部门申诉。接受申诉的机关应于接到申诉之日起三十日内作出裁决并通知企业。

股份制的推进，对国有企业的管理体制，又开始酝酿新的变化，与"国有资产管理"这一概念相配套的经济政策和手段开始得到发展。到20世纪90年代中后期，有关政府部门出台了关于加强国有股权管理以及要求国有资产保值增值的制度文件。同一时期，国有企业改革的重要任务是实施国有经济布局和结构的战略性调整，改革方针是着眼于搞好整个国有经济，而不是每一个国有企业。进入21世纪，党的十六届三中全会确立了新的国有资产管理体制，这标志着我国国有经济部门的管理体制正式步入了以"管资产"为主的管理体制这一新的发展阶段。在过去十年间，我国国有资产管理体制不断得到巩固与发展，在全国范围内，形成了一个相对独立和比较完备的管理系统。

以"管资产"为主的管理体制的确立，与两个制度文件紧密相关：一是2003年的《企业国有资产监督管理暂行条例》；二是2008年的《企业国有资产法》。

2003年5月发布的《企业国有资产监督管理暂行条例》，从制度层面解决了两个问题：第一，确立了国有资产监督管理机构的地位与职能。根据各级政府部门按照社会公共管理职能与国有资产出资人职能分开的原则，国有资产监督管理机构专门行使企业国有资产出资人职责，但不行使政府的社会公共管理职能，后者由政府其他机构、部门履行。第二，确立了以管资产为主的管理体制为管资产和管人、管事相结合的管理体制。《企业国有资产监督管理暂行条例》界定了国有资产监督管理机构的主要职责[①]，赋予了国有资产监督管理机构在企业负责人

---

① 国有资产监督管理机构的主要职责是：(1)依照《中华人民共和国公司法》等法律、法规，对所出资企业履行出资人职责，维护所有者权益；(2)指导推进国有及国有控股企业的改革和重组；(3)依照规定向所出资企业派出监事会；(4)依照法定程序对所出资企业的企业负责人进行任免、考核，并根据考核结果对其进行奖惩；(5)通过统计、稽核等方式对企业国有资产的保值增值情况进行监管；(6)履行出资人的其他职责和承办本级政府交办的其他事项。

管理、企业重大事项管理、企业国有资产管理与监督方面的较广泛的管理权限。

2008年颁布的《企业国有资产法》突出地使用了"履行出资人职责的机构"和"国家出资企业"的概念。该法将代表本级人民政府对国家出资企业履行出资人职责的机构、部门，统称履行出资人职责的机构；国家出资企业，是指国家出资的国有独资企业、国有独资公司，以及国有资本控股公司、国有资本参股公司。履行出资人职责的机构法定的基础管理权限为：(1)制定或者参与制定国家出资企业的章程；(2)委派股东代表；(3)向国有公司委派监事组成监事会；(4)其他旨在保障出资人权益和防止国有资产损失的管理事项。据该法所界定的履行出资人职责的机构的具体管理事项为：对国家出资企业依法享有资产收益、参与重大决策和选择管理者的权利，也就是所谓"管资产与管事、管人相结合"的管理体制。(1)在管人方面，主要管理权限是负责考察、任免或者建议任免国家出资企业的董事、监事、高级管理人员，并对其任命的企业管理者进行年度和任期考核，并依据考核结果决定对企业管理者的奖惩。(2)在管资产与管事方面，该法统称为"关系国有资产出资人权益的重大事项"，具体包括两个方面的事项：一是决定国家独资企业的改制、合并、分立，增加或者减少注册资本，发行债券，分配利润，以及解散、申请破产；委派股东代表，通过参与公司股东会、股东大会或者董事会，决定国家控股与参股公司的上述事项。二是决定国家独资企业的改制、与关联方的交易以及资产评估、国有资产转让。除上述管理事项外，履行出资人职责的机构还负责实施国有资本经营预算管理与国有资产监督。

以"管资产"为主的管理体制，基本上解决了以前"多龙治水"的行政化干预企业正常经营活动的问题，初步实现了政府对国有企业从行政管理角色向出资人代表角色的转移。在新的国有资产管理体制下，国有企业取得了很大的发展。但是，尽管《企业国有资产监督管理暂行条例》规定，国有资产监督管理机构应当支持企业依法自主经营，除履行出资人职责以外，不得干预企业的生产经营活动，《企业国有资产法》规定"应当维护企业作为市场主体依法享有的权利，除依法履行出资人职责外，不得干预企业经营活动"，但从具体实践情况看，由于从出资人职责出发的监管事项与企业经营活动的交叉范围非常广泛，履行出资人职责的机构在履行自身职责方面越积极、越有所作为，其对企业日常经营活动的介入、影响与干预程度就可能越深。随着国资监管机构的监管事项越来越多、越来越细，企业经营自主权在事实上逐渐受到了一定程度的挤压。在地方政府层面，履行出资人职责的机构对国家出资企业的实际管理事项，在"依法履行出资人职责"的名义下，出现突破《企业国有资产法》所约定的管理内容的情况。例如，《企业国有资产法》规定，"国家出资企业对其所出资企业依法享有资产收益、参与重大决策和选择管理者等出资人权利。"然而，一些地方履行出资人职责的机构直接介入各层级的国家出资企业，直接管理国家出资企业所出资的重要投资企业、直接行使参与重大决策和选择管理者等权利的情况，仍然比较普遍。

15.2 "三层三类全覆盖"的国有经济管理新体制

十八届三中全会提出："完善国有资产管理体制，以管资本为主加强国有资产监管，改革国有资本授权经营体制，组建若干国有资本运营公司，支持有条件的国有企业改组为国有资本投资公司。"这意味着要逐步建立以"管资本"为主的管理体制，使国有企业从一系列的政府监管活动中独立出来，成为更加适应市场经济的经济主体。目前，关于如何构建以"管资本"为主的国有资产管理体制，有两种观点。

一种观点认为,现行国有资产管理体制在过去十年的运行中,暴露出加剧政企不分、政资不分,过度干预以及国有资产规模扩张快但运行效益水平不高这些新矛盾和新问题。深化改革,必须转换国资委的角色和职能,以"管资本"为主的管理形式来替代国资委现行的"管资产与管人、管事相结合"的管理体制,推动国有资产资本化和证券化,学习汇金模式和淡马锡模式,建立以财务约束为主线的国有产权委托代理关系(陈清泰,2014)。一种观点强调要肯定和坚持2003年以来国有资产管理体制改革的成果,主张以"管资本"为主的管理体制,是对现行"管资产与管人、管事相结合"管理体制的完善和补充,面对我国庞大的国有实体经济,不能够将以淡马锡模式和汇金模式为代表的金融资本管理模式完全照搬到实业资本管理模式上,构建"管资本"为主的管理体制的关键是如何将庞大的国有资产转为国有资本(邵宁,2014)。

我们认为,以"管资本"为主的管理新体制应该是一个三层三类全覆盖的国有经济管理体制,其大体框架如下图(图15-1)所示。

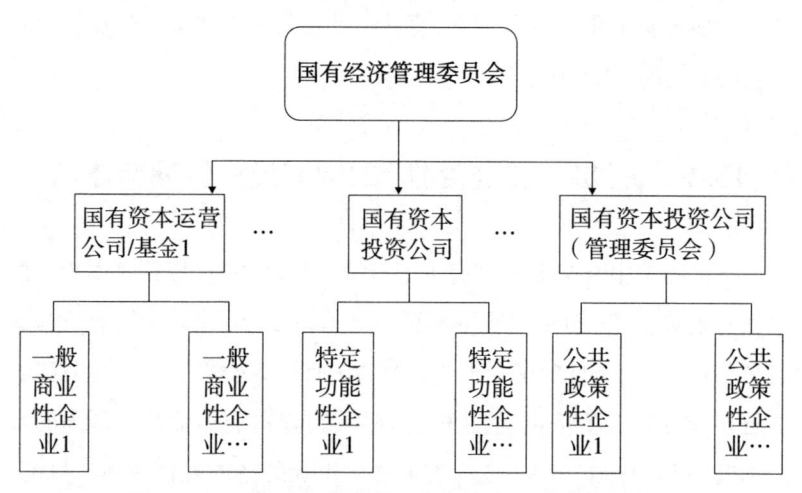

图15-1 三层三类全覆盖国有经济管理新体制示意图

15.2.1 第一层次——国有经济管理委员会

第一层次是政府的国有经济管理部门（这里没有将最高层次人民代表大会考虑进去，而未来国有资本经营预算是应该向人民代表大会定期汇报的），可以命名为"国有经济管理委员会"（简称"国经委"），区别于现有的"国有资产监督管理委员会"（简称"国资委"），国经委将负责全国国有经济（包括隶属不同部门的国有企业、国有资产和国有资本）监管政策的制订和监督政策的执行，筹划整体国有经济改革与发展，解决整个国有经济部门和不同类型的国有企业的功能定位问题，筹划中间层次的国有资本运营公司、国有资本投资公司的组建，对其章程、使命进行管理，负责国有经济的统计、稽核等。与现有的国资委相比，国经委管理职能要减少和虚化很多，现有国资委履行的"出资人"职能已经剥离出来，只承担纯粹的国有经济行政监督职能，"出资人"职能完全归国有资本运营公司和国有资本投资公司。[①] 根据目前我国的行政管理组织架构和职能分工特点，在对于国有资本管理主体——国有资本投资运营公司的行政监督管理上，国经委要配合同级组织部门履行对国有资本投资运营公司主要领导人的考核、选拔任用等管理职能。但是，在新体制下，组织部门要减少管理幅度，扩大市场化选聘比例，只对极少数关键领导人（如董事长、党委书记等）进行管理；国经委还要配合财政部对国有资本投资运营公司的国有资本经营预算编制、执行和收益分配进行监督管理，并向同级政府和人民代

---

① 基于十八届三中全会文件界定，"国有资本运营公司"和"国有资本投资公司"都是国家授权经营国有资本的公司制企业，其中"国有资本运营公司"通过划拨现有国有企业股权组建，以资本营运为主，不投资实业，通过股权产权买卖来追求资本在运动中增值；"国有资本投资公司"通过投资实业拥有股权，并通过资产运营和管理实现国有资本保值增值。虽然理论界对这两类公司的划分还有争议，在实际操作上这两类公司有时也难以区分，但本章严格按此涵义使用这两个名词，当同时指两类公司时，本章使用"国有资本投资运营公司"的称谓。

表大会报告，接受监督，并获得批准；国经委在筹划国有经济改革与发展过程中，还要注意与国家发改委的整体经济发展与改革政策制定相协调。

在新体制下，"全覆盖"各行各类国有资产和国有企业的统一监管成为可能。由于国经委的角色定位聚焦于监管职能而不是运营职能，因此，能够将工业、金融、文化、铁路等各个领域的国有经济全部纳入到国资委的监管范围中，只是要根据行业特征在其下组建不同的国有资本运营公司和国有资本投资公司而已。建立"全覆盖"的统一监管体制，确立国经委的政策权威地位，由国经委出台统一的国有经济监管政策，有助于消除现行监管体制中的"盲区"，有利于打破"条块分割"的局面，促进全国国有资本的统一优化配置。现有的"条块分割"国有资产管理体制，容易导致部门利益和行业壁垒，导致国有资产政策缺乏整体性和系统性，不利于国有资产保值增值（赵昌文等，2013）。国经委要着重通过对不同国有部门的准确功能定位，对国有资本投资公司或者国有资本运营公司进行充分授权，避免随意参与和干预相对低层次的国有资本投资运营公司及下辖国有企业和国有资产的日常运营活动。当然，由于"全覆盖"改革力度很大，建议在各地国资委试点的基础上，进一步扩大地方试点范围，再上升到中央层面。

15.2.2 第二层次——国有资本投资运营公司

在中间层次上，组建和发展若干数量的国有资本运营公司和国有资本投资公司。国有资本投资运营公司的组建均应由财政部门注资设立或重组设立，是独立于政府部门的运营国有资本的机构，实行所有权与经营权分离，受托按照市场化要求运作国有资本，原有的国资委的出资者职能已经落到国有资本投资运营公司身上。所谓"管资本为主"就主要体现在由国有资本投资运营公司对处于第三层次的具体国有企业履行出资者职能。国有资本投资运营公司是新时期完善国有资产管理体制、构建以管资本为主的新国资监管体制的主要抓手，是真正实现政企分开、政资分开和分类监管的枢纽、界面和平台，是落实国有资本投资运营服务于国家战略目标这一责任的市场主体。

对于国有资本运营公司而言，原则上只对下面第三层企业参股，并不控股，也不谋求合并会计报表，主要通过资本市场进行股权产权买卖，一方面改善国有资本的分布结构和质量，另一方面实现国有资本保值增值。由于这类公司并不追求控股，其参股企业的主要目标就是在流动中实现国有资本价值最大化，因此其所参股的企业都属于一般商业性企业，一般不具有公共政策性或者特定功能性的使命和定位。实际上，这类企业类似于基金的运作方式，也就是所谓的"汇金模式"或者"淡马锡模式"。就现有的中央企业而言，除了中国国新控股有限责任公司本身就属于国有资本运营公司外，那些投资实业方向多元、主业不突出的集团公司，如国家投资开发公司，也可以逐步向国有资本运营公司发展，其余就要新组建一些这类公司，将一般商业性企业的国有股权划拨到这些新组建的国有资本运营公司中，由国有资本运营公司行使国有资本出资者的职权。对于国有资本投资公司而言，需要投资实业、控股下面的第三层企业。国有投资公司控股的第三层企业，一般具有公共政策性（如城市公共服务企业、粮棉储备企业等）和特定功能性（如保障国家安全、前瞻性战略性产业的企业等）使命和定位，原则上应在现有的大型或特大型国有企业集团的基础上改组或者组建，尽可能不新设。国有资本经营投资公司的组建过程，正是集团公司股权多元化的过程。长期以来，我国集团公司层面的股权多元化进程停滞不前，而组建国有资本投资公司或者运营公司，会极大地加快我国集团公司层面的股权改革进程。初步设想，作为世界最大规模的经济体之一，面对庞大的国有经济，在中央政府层面，至少需要十数家中间层次的这类平台公司。这两类平台公司共同存在,实际上就折中了前文所述关于国有资产管理体制改革的两派观点。作为政府与市场之间的连通器,这些平台公司,将在确保国家政策方针贯彻落实的前提下,尽最大可能地运用和调动各种市场手段,为下辖的国有企业提供与其企业使命、功能定位相称的和相适宜的运营体制机制。

15.2.3 第三层次——三类具体国有企业

在第三层次上,是一般意义的经营性国有企业。多年改革发展留下的巨大的国有经济,从其承担的"国家使命"和国有经济功能性质出发,考虑到历史沿革和可行性,可以将国有企业分成公共政策性、特定功能性和一般商业性三种类型(黄群慧、余菁,2013)。公共政策性国有企业,是带有公共性或公益性的、特殊目的的国有企业。这类企业作为国家政策的一种工具,弥补市场经济的不足,发挥纠正自然垄断、矫正外部效应、提供公共物品、实现区域协调发展、保证收入公平分配等方面作用,是建立市场经济条件下现代的国家治理机制的一部分。这类国有企业数量非常少。目前,有的公共政策性国有企业也在开展商业性业务活动,一旦明确企业功能定位,其商业性活动应该逐步分离出来。一般商业性国有企业,也就是人们常说的竞争性国有企业,它们属于高度市场化的国有企业,只承担商业功能,追求盈利性经营目标。国有经济承担在经济体制改革中逐步发展独立的市场经济主体的功能,作为独立市场主体的国有企业,要自主经营、自负盈亏、自我约束、自我发展,要积极应对市场的激烈竞争,在竞争中通过追求盈利来实现国有资产保值增值。特定功能性国有企业,具有混合特征。它们有一部分商业功能,也有一部分非商业性或政策性功能,其非商业性功能的实现又要求以企业自身发展和经营活动盈利为基础和前提。这类企业在事关国计民生的基础产业、支柱产业、战略产业与国外企业竞争抗衡,承担支持科技进步、保障国家经济安全等功能,承担实现我国经济赶超的使命。特定功能性国有企业的股权结构是国有绝对控股或相对控股的多元化结构。从长远看,特定功能性国有企业将进一步分化,这类企业中的大多数,将转变为一般商业性国有企业。

基于分类思路,我们认为,现在的 115 家中央企业中公共政策性企业有 5 家,即中储粮总公司、中储棉总公司、华孚集团、国家电网和南方电网;特定功能性企业 32 家,包括国防军工板块的十大军工企业和中国商飞公司,能源板块的三大石油公司、国家核电、中广核集团和六大电力公司,及其他功能板块的中盐公司、中国国新、三大电信公司、三大航空公司以及中远集团、中国海运;一般商业性企业 78 家,包括一般工业制造企业、综合贸易服务企业、建筑工程企业、科研企业和资产规模在 500 亿元以下的其他中小企业。由于国有企业构成的复杂性,具体的分类方法可以是动态的,会随着环境和情况变化而调整。

15.3 构建国有经济管理新体制应注意的问题

构建"三层三类全覆盖"的国有经济管理体制,是一项综合性的体制机制改革,不仅涉及国有经济、国有资产和国有企业的功能定位问题,还涉及干部管理体制、劳动人事制度以及调整政府与企业之间、中央政府与地方政府之间的关系等更为深层次的社会经济运行的体制机制问题。这意味着这是一项意义重大但又十分艰巨的改革任务,为此,至少应该注意以下几个方面问题。

第一,深化政府管理体制改革,积极稳妥地推进国资委向国经委转变。国资委转变为国经委,不仅仅是名称的改变,更为关键的是按照国家治理体系和治理能力现代化的要求,转变治理理念,转换职能,这需要有"正面清单"的思想,对国有企业进行减政放权,只履行清单授权的核心管理职能。国资委要对国有资本投资运营公司进行充分的授权,使后者成为国有资本管理的重要主体,更好地发挥出国有资本的运营管理职能,而国经委与有关政府部门自身职权将更集中和突出于重大政策制订和关键性的监督管理职能,这涉及七项核心管理职责:(1)公司章程审批;(2)国有股东代表管理;(3)国有资本经营预决算;(4)经营业绩与绩效考核评价;(5)国有资本经营收益上交;(6)审计;(7)信息披露管理。对一般商业性国有企业,一般只需管理这七项职能即可;对特定功能性国有企业,可以在此七项核心管理职责基础上,结合具体企业所承担的特定功能,进一步添加或减少适用于该企业的特定功能的基础管理职能。例如,有的企业,在投资方向上承担了国有经济布局与结构调整的特殊使命,此时,就需要添加针对其投资方向或投资力度的相关监管职能;而有的企业,在应急管理、维护稳定和技术创新等方面,承担了特殊任务,此时,也需要针对这些非经营活动,增加相应的监管职能。对于公共政策性国有企业,应该按照"一企一法""一事一议"的管理方针,来不断调整和优化相应的管理职能。

第二,以组建国有资本投资运营公司为抓手推进管理体制改革。国有资本运营公司与国有资本投资公司具有不同的功能和组织治理特征:(1)主导投资领域不同。国有资本运营公司主要针对竞争性行业,以财务回报为目标。国有资本投资公司主要针对公益类、垄断类,以战略性持有为主,在涉及竞争性业务时,原则上应当是与战略性业务具有显著协同效应的竞争性业务。因此,同一国有资本运营公司的业务组合应当较国有资本投资公司更加多元化,国有资本投资公司的业务应当围绕战略性业务具有高度的相关多元性。(2)投资方式不同,国有资本运营公司将更多运用参股和相对控股的投资方式,而国有资本投资公司的投资方式更多采取全资、绝对控股和相对控股的投资方式。(3)考核目标不同。国有资本运营公司将更多以市场价值指标和财务性指标作为 KPI,而国有资本投资公司将以战略性指标与市场价值指标和财务性指标相结合,且理论上应当以战略性指标为主。(4)资本运作方式不同。国有资本运营公司以财务回报为目标,更加强调资本的流动性,而国有资本投资公司的资本整合和运营,更加强调要有利于资本所有权所体现资产的战略性的提升。(5)运营方式不同。短期内,为减少改革的难度,国有资本运营公司和投资公司都宜依托既有的企业集团母公司组建,但长期看,国有资本运营公司还可以采取基金的组织形式,以更好地体现国有资本的流动性和收益性。需要强调的是,虽然战略性新兴产业属于特定功能性领域范畴,但我们认为,部分战略性新兴产业的投资也应当以基金的形式组建,在完成对新兴技术的研发支持和商业化初期的投资支持后,在大规模产业化阶段逐步通过资本市场退出并兑现投资收益。(6)产权结构不同。短期内,国有资本投资公司宜采取国有独资的形式,而国有资本运营公司应当鼓励采取混合所有制形式,通过国有资本投资带动社会投资,引入具有先进投资理念和管理经验的投资者,优化国有资本运营公司或基金自身的治理结构。预计用三年左右的时间,在中央政府层面和地方政府层面,分别组建一定数量的国有资本投资公司和国有资本运营公司。国有资本投资公司和国有资本运营公司应有一定的资产规模优势。资产规模不突出的企业,可以联合其他国有企业改组设立国有资本投资运营公司。

第三,把握"管资本"的核心内涵,让国有企业运行回归到企业本质。从理想状态讲,管资本,有两个根本性要求,一是资产的收益性,收益水平要大大提高。管理资本的核心是硬化资本预算约束,这是第一位的。二是资产的流动性,一旦资产的收益水平出现不高或不稳定的情况,此时,就需要进行必要的资源配置的调整,确保必要的资产流动性,就是要避免国有资本固守于既定的国有企业组织形态或实物资产形态中，难以改变其低效运营的状态。在管理职能的实现上，"管资本"的管理体制，必将派生出来三个管理特征：一是管理对象聚焦于国有资本，而不是实物形态的国有资产或具体的国有企业。二是管理手段，不是依靠上级对下级的行政化管理手段来实现，而是依靠国有资本所有者对出资企业的市场化管理手段而实现。三是管理目标是要取得与市场水平相当的资本投资运营回报。总之，"管资本"的管理体制，要求国有资本能够遵循市场竞争中优胜劣汰的经济规律，有进有退，在市场上自由流动，确保国有资本的配置效率和效益——国有资本投资运营公司正是实现上述管理体制和管理目标的主要组织载体。当然，改革进程应该是渐进的，在改革的早期试点阶段，只有较少数的国有资本投资运营公司条件相对成熟，它们管理的企业数量相对有限。为数更多的国家出资企业仍由国资委基本按照现行的管理体制实施监管。伴随改革试点的稳步推进，越来越多的国家出资企业将交由国有资本投资运营公司来管理，国资委的职能也将逐步转变为国经委的职能。

第四，正确处理中央和地方的关系，允许各地政府积极探索自己的新体制。关于国有经济管理的中央和地方的关系，在理论界早就有大量的讨论，有的学者提出中央和地方"分级所有"的建议，认为这样有利于推进股份制改革，形成多元股东相互制衡的规范公司治理机制（陈佳贵，2000）。现在并没有实施"分级所有"体制，实际管理上是中央和地方的分级代表行使所有权。这里提出的"三层三类全覆盖"的国有经济管理体制更多地是集中讨论中央层面，如果考虑到地方分级代表行使国有经济所有权，那么更为全面准确的表述应该是"分级分层分类全覆盖"的国有经济管理体制。地方政府层面的国有资产管理体制，和中央政府层面的国有资产管理体制，有很大的不同。中央政府与国有资产运营主体的关系相对超脱，而地方政府与国有资产运营主体的关系更加紧密。这意味着,越是在地方层面,改革国有资产管理体制,实现政企分开、政资分开和对国有企业进行充分授权的难度越大。一方面,中央要在一些重大和关键问题上出台统一的要求,例如在总体构架、党组织和政府部门职能等方面,另外,在一些具体问题上要允许各地基于自己的实际情况进行探索,例如具体如何划分企业类型,所有制改革方案等。

第 16 章　混合所有制改革①

混合所有制改革是我国国有企业改革的重要突破口，是建立现代企业制度的一个前提基础，有利于促进公司治理结构的规范。如果从股份制改革国有企业引入非公资本算起，混合所有制改革一直是国有企业改革的重要内容。从十四届三中全会开始，党的历届重要会议都强调推进混合所有制改革。党的十八大、十九大一直到党的十九届五中全会通过的《中共中央关于制定国民经济和社会发展第十四个五年规划和二〇三五年远景目标的建议》，仍强调要求加快完善中国特色现代企业制度，深化国有企业混合所有制改革。深化混合所有制改革，是坚持和完善社会主义市场经济制度的一项基本内容。

16.1　积极发展混合所有制经济

党的十八届三中全会《决定》指出，要积极发展混合所有制经济："允许更多国有经济和其他所有制经济发展成为混合所有制经济。国有资本投资项目允许非国有资本参股。允许混合所有制经济实行企业员工持股，形成资本所有者和劳动者利益共同体。"虽然自十四届三

---

① 本章内容是在三篇文献基础上整合而成的，一是黄群慧："新时期如何积极发展混合所有制经济"，《行政管理改革》2013 年第 12 期；二是黄群慧："破除混合所有制改革的'八个误区'"，《学习时报》2017 年 5 月 12 日；三是黄群慧、余菁、王欣、邵婧婷："新时期我国员工持股制度研究"，《中国工业经济》2014 年第 7 期。

中全会《决定》中首次提出混合所有经济概念迄今已有 20 年的历史，十五大、十六大报告也都提出促进混合所有制经济的发展，这些年我国混合所有制经济也已经取得了巨大发展，但在我国进入全面深化改革的新时期，发展混合所有制经济作为重大的改革方针再次被提出，这表明发展混合所有制经济的意义十分重大。

16.1.1 新时期混合所有制经济的地位和作用

从最直观理解，混合所有制经济（diverse ownership economy）是指财产权分属于不同性质所有者的经济形式。这既可以用于描述宏观上的一个国家或地区，也可以用于描述微观上的一个企业组织。从宏观层次来讲，混合所有制经济是指一个国家或地区经济所有制结构的多元性，包括国有、集体、个体、私营、外资、合资、合作等各类公有制经济和非公有制经济；微观层次的混合所有制经济，是指不同所有制性质的产权主体多元投资、交叉渗透、互相融合而形成的多元产权结构的企业。这意味着混合所有制经济从本质上说是一种股份制经济或以股份制为基础的经济，但一定是不同性质的资本间的参股或联合的股份制经济。在西方经济学者那里，也曾提出混合经济（mixed economy）的概念。他们认为混合经济是私人资本主义经济与社会化经济的混合，是资本主义和社会主义的某些特征并存的一种经济，既有市场调节的决策结构分散特征，又有政府干预的决策集中的特征，实质上就是国家干预的、以私人经济为基础的市场经济。显然西方学者的混合经济与我国提出的混合所有制经济不同，我国的混合所有制经济是针对传统单一国有制结构的弊端和转轨中存在的问题、适应建立完善的社会主义市场经济体制而提出来的。在实践中，我国的混合所有制企业大体可以划分为三大类，一是公有制和私有制联合组成的混合所有制企业，包括国有股份或集体股份与外资联合而成的企业，如中外合作经营、合资经营等,以及国有企业或集体企业同国内民营企业联合组成的企业;二是公有制与个人所有制联合组成的混合所有制企业,如国有企业股份制改造中吸收本企业职工持有部分股权的企业,以及股份合作制企业中集体股份与个人股份相结合的企业;三是公有制内部国有企业与集体企业联合组成的混合所有制企业(常修泽,2003)。

如果梳理改革开放以来我党重要改革文献中关于混合所有制经济的论述,可以看出我党对混合所有制经济的认识是逐步深化的。党的十四届三中全会最早认识到混合所有经济单位的存在以及将会日益发展的趋势,《中共中央关于建立社会主义市场经济体制若干问题的决定》指出:随着产权的流动和重组,财产混合所有经济单位越来越多,将会形成新的财产所有结构。党的十五大报告则进一步阐明了公有制与混合所有制的关系:公有制经济不仅包括国有经济和集体经济,还包括混合所有制经济中的国有成分和集体成分。党的十五届四中全会则进一步提出发展混合所有制经济的途径:要通过规范上市、中外合资和企业互相参股等形式,将宜于实行股份制的国有大中型企业尤其是优势企业改为股份制企业,发展混合所有制经济。党的十六大报告则强调:除极少数必须由国家独资经营的企业外,积极推行股份制,发展混合所有制经济。十六届三中全会《中共中央关于完善社会主义市场经济体制若干问题的决定》中则更为明确地提出:适应经济市场化不断发展的趋势,进一步增强公有制经济的活力,要大力发展国有资本、集体资本和非公有资本等参股的混合所有制经济,实现投资主体多元化,使股份制成为公有制的主要实现形式。党的十八届三中全会《中共中央关于全面深化改革若干重大问题的决定》则赋予了混合所有制经济前所未有的重要地位,首次提出混合所有制经济是基本经济制度的重要实现形式:"国有资本、集体资本、非公有资本等交叉持股、相互融合的混合所有制经济,是基本经济制度的重要实现形式,有利于国有资本放大功能、保值增值、提高竞争力,有利于各种所有制资本取长补短、相互促进、共同发展。"

十四届三中全会确立我国经济体制改革的目标是建立社会主义市场经济体制,自此以后,我国一直在探索如何使公有制特别是国有制与市场经济兼容,寻求公有制和市场经济相结合的有效形式。经过多年探索,我党认识到,作为我国所有制结构调整和完善过程中出现的新的所有制形式——混合所有制,是一种能够成功实现公有制特别是国有制与市场经济兼容、公有制与市场经济相结合的有效形式。在实践中,混合所有制经济在深化国有企业改革、提高资源配置效率、促进经济发展等方面发挥了不可替代的作用。

十八届三中全会《决定》提出,混合所有制经济是我国基本经济制度的重要实现形式,这是一项十分重要的理论创新。党的十五大确立了公有制为主体、多种所有制经济共同发展是我国社会主义初级阶段的基本经济制度,十八届三中全会则首次明确公有制主体、多种所有制共同发展的重要实现形式是混合所有制经济,这为社会主义初级阶段的基本经济制度寻找到了经济形式基础,增加了我国坚持和完善基本经济制度、走中国特色的社会主义道路的自信。同时,既然混合所有制经济是我国基本经济制度的重要实现形式,那么积极发展混合所有制经济,也就是坚持和完善社会主义初级阶段基本经济制度的要求和需要,这意味着这一创新理论表述不仅明确了混合所有制经济的重要地位,为我国旗帜鲜明地发展混合所有制经济找到了合法性基础,还为快速发展的混合所有制经济指明了发展方向。

混合所有制经济是我国基本经济制度的重要实现形式,这一重要论断是科学的。首先,如上所述,混合所有制经济可以体现在一个国家或者地区宏观层面公有经济和非公有经济的多元所有制结构,这意味着我国以公有制为主体、多种所有制经济并存和共同发展的经济格局，本身就是一种宏观意义的混合所有制经济格局，上述论断正是混合所有制经济应有之意。其次，在微观企业层面，混合所有制企业具有国有资本、集体资本和非公有资本等交叉持股、相互融合的多元产权结构，混合所有制企业的发展自然实现了多种所有制经济共同发展的要求（范恒山，2003）。混合所有制企业有利于国有企业建立规范的公司治理结构，有利于国有企业依托多元产权架构和市场化、民营型的运营机制不断发展壮大，减少非公有资本对公有资本的直接侵害，增强国有资本或公有资本对其他资本的辐射功能，提升整个公有经济的竞争力，从而提高国有经济的控制力、影响力和带动力，进而实现公有制的主体地位的要求。第三，从实践上看，随着以公有制为主体、多种所有制经济共同发展的基本经济制度不断完善，我国混合所有制经济也同步取得巨大的发展。截至 2011 年年底，在中央企业登记总数 20 624 家中，公司制企业 14 912 家，改制面 72.3%，较 2002 年的 30.4% 提高 40 多个百分点（李志豹，2011）。中央企业在改制中积极引入民营资本、外国资本，促进投资主体和产权多元化，大力发展混合所有制经济。如中海油 34 个二级企业、三级企业中，国有股权平均在 40%—65% 之间，基本都为混合所有制企业（罗志荣，2013a）。从上市公司看，截至 2011 年年底，中央企业控股上市公司共有 368 家，其中纯境内上市公司 260 家，纯境外上市公司 78 家，境内外多地上市公司 30 家（罗志荣，2013b）。在上市公司中，有超过 40 家中央企业实现主营业务整体上市，其中石油石化、航空、航运、通信、冶金、建筑等行业的中央企业基本实现主营业务整体上市。随着混合所有制企业的不断发展，公有制主体地位得到不断巩固，仅从上市公司看，2007 年至 2012 年三季度，中央企业通过改制上市，共从境内外资本市场募集资金约 9 157.5 亿元。从国有企业整体发展看，2003 年到 2011 年，全国国有及国有控股企业（不含金融类企业）营业收入从 10.73 万亿元增长到 39.25 万亿元，年均增长 17.6%；资产总额 85.37 万亿元，所有者权益 29.17 万亿元，分别是 2003 年的 4.3 倍和 3.5 倍（温源，2013）。这体现了混合所有制作为基本经济制度的重要实现形式的优越性。

16.1.2 新时期发展混合所有制经济存在的主要障碍

虽然经过 30 多年的改革，我国混合所有制经济发展取得了很大的成就，但是，未来进一步推进混合所有制经济发展还面临很多障碍和问题，具体而言，至少表现在以下几个方面。

第一，我国在大型企业集团公司层面的股权多元化改革，大多是止步不前，其中一个重要原因是大企业集团公司都被认为承担着重要的国家政策使命，不适合民资介入的股权多元化。

企业运行的基本逻辑是"使命决定战略定位、战略定位决定战略内容、战略内容决定组织结构、组织结构决定企业运行效率、企业运行效率决定企业使命的实现"。使命就是企业存在的理由，是企业的价值取向和事业定位。国有企业存在的理由是其要承担"国家使命"。党的十八届三中全会指出："国有资本投资运营要服务于国家战略目标，更多投向关系国家安全、国民经济命脉的重要行业和关键领域，重点提供公共服务、发展重要前瞻性战略性产业、保护生态环境、支持科技进步、保障国家安全"，这实质上界定了我国国有企业的"国家使命"。十五届四中全会《决定》也指出："国有经济要控制的行业和领域主要包括：涉及国家安全行业、自然垄断行业、重要公共产品和服务行业以及支柱产业和高新技术产业中的重要骨干企业。"但是，由于这里界定的国有企业的使命比较泛泛，具体到现有的每家国有大型企业集团公司，都会找到理由以承担国家使命为名保持国有独资并进而寻求政策支持或者垄断保护，这构成在国有大企业集团层面推进混合所有制改革的一个重要障碍。

第二，国有企业领导人的行政级别成为阻碍国有企业推进混合所有制改革的另外一个重要因素。

在国有大型企业集团层面无法推进引入民营企业的股份制改革，另外一个关键原因是国有企业领导人的身份问题。按照现行的国有企业领导人管理制度，所有国有企业领导人都有一定的行政级别，保留国有企业领导人员与国家党政干部可以交流任职的通道，同时又享受到市场化的工资水平，一身同时承担"企业家"角色和"党政官员"角色。这种既"当官"又"挣钱"或者可以"当官"也可以"挣钱"的双重角色，在社会上造成极大不公平，这不仅引起一般公众非议，即使是党政干部，也会对国有企业领导人市场化高收入有很大抱怨。不仅如此，这种具有行政级别的国有企业领导人管理制度还使得国有企业领导人无法成为职业经理人，从而也难以建立规范的现代企业制度和公司治理结构，进而影响国有企业向混合所有制方向改革。

第三，民营企业自身发展总体上还存在许多问题，这制约了我国混合所有制企业的进一步发展。

我国民营企业经过30多年的发展，已经出现了一大批大型现代企业，一些民营企业已成为上市公司，实现了由私人资本向资本社会化的方向转型。但是，总体上看我国民营企业发展还存在三方面问题，一是资本规模还较小，大型民营企业集团数量还较少，绝大多数民营企业还不具备参与国有企业股权多元化改革的实力，更难以与国外大型跨国公司抗衡；二是民营企业治理结构还不规范，即使是一些上市公司，企业家行为仍随意性很大，公司治理的规范水平也有待提升，这不利于混合所有制企业的形成，即使组建了混合所有制企业，也难以形成规范的公司治理结构；三是民营企业家族式管理问题严重，企业管理现代化水平低，企业管理科学化现代化受到家族人员素质的严重制约，这使得民营企业难以在公司管理方面与国有企业融合,可能导致管理冲突和文化冲突。

第四,我国市场环境和法律体系还不完善,还存在制约混合所有制经济发展的众多问题。

统一开放、竞争有序的市场体系,是各类所有制经济公平竞争、共同发展的基础,也是混合所有制经济发展的重要保障条件。总体而言,我国公平开放透明的市场规则还没有完全形成,在一些重要行业还存在国有经济的垄断行为,还存在民营企业进入的"玻璃门"问题。从法律体系看,现有的法律还不能完全保证各种所有制经济受到同等法律保护,不能完全保证各种所有制依法平等使用生产要素、公开公平公正参与市场竞争,发展混合所有制经济的法律环境还有待完善。尤其是产权保护和产权流动的法律保障制度还有待进一步完善。产权是所有制的核心,产权清晰、权责明确、保护严格、流转顺畅的现代产权制度是混合所有制企业组建和健康持续发展的最基本的保障,我国在现代产权制度建设方面还有许多工作要做。

16.1.3 积极发展混合所有制经济的建议

第一,在分类改革与治理的基础上,积极推进国有经济战略性重组,除了极少数"公共政策性企业"外,都可以发展成为混合所有制经济。

新时期应该重新梳理每家央企的存在对国家的意义,具体明确每家央企的使命,将央企分为三个大类,"公共政策性企业"、"特定功能性企业"和"一般商业性企业",为它们分别构造不同的管理制度。"公共政策性企业"是带有公共性或公益性的、特殊的国有企业,这类企业数量少,改革方向是一企一制、一企一法,确保企业活动始终以社会公共利益为目标。"一般商业性企业",也就是常说的竞争性国有企业,它们在数量上占全部央企的百分之七八十，其改革方向就是全面市场化。"特定功能性企业"具有混合特征，这类企业有一定数量，其改革方向是坚持市场化主导，同时适度兼顾特定的社会服务功能。它们是近期及未来一段时期改革的重点与难点。除了"公共政策性企业"可以采用国有独资公司的形式外，其他两类企业都可以推进集团层面的股权多元化改革，鼓励民营企业的介入。

我们初步研究认为（黄群慧、余菁，2013），现有中央企业中"公共政策性企业"有5家，包括中国国新、中储粮总公司和中储棉总公司3家政策性企业，以及国家电网和南方电网2家自然垄断企业。"特定功能性企业"有32家，包括三大板块：一是国防军工板块，包括十大军工企业和中国商飞公司，共11家；二是能源板块，包括三大石油公司、国家核电、中广核集团和六大电力公司，共11家；三是其他功能板块，包括中盐公司、华孚集团、三大电信公司以及中远集团、中国海运和三大航空公司，共10家。其余78家为"一般商业性企业"，包括22家工业制造企业、17家综合贸易服务企业、7家建筑工程企业、12家科研企业和20家资产规模在500亿元以下的其他中小企业。这意味着通过推进国有经济战略性重组，首先推进78家"一般商业性企业"的混合所有制改革，在未来进一步逐步推进32家"特定功能性企业"的混合所有制改革。这对国有产权集中，增加国有经济的控制力、影响力具有重要意义。

第二，积极推进国有企业领导人管理体制由"集中统一管理"转向"分层分类管理"，扫除国有企业向混合所有制企业改革的"身份障碍"。

未来应该完善国有企业领导人管理体制，由"集中统一管理"逐步转向"分层分类管理"。具体而言，应该在逐步将国有资本集中于"公共政策性企业"和"特定功能性企业"的基础上，把中央国有企业领导人员划分为两类角色,一类是"党政官员"角色,中央企业集团公司的董事长及董事会主要成员、党组织领导班子成员,整体上市公司的党组织领导班子成员、派出董事和内设监事会主席等,应该界定为这类角色,这些人员由上级党组织和国有资产监管部门管理。在选用方面,采用上级组织部门选拔任命的方式,他们有相应行政级别,选用、晋升和交流都可以按照行政方法和渠道;在激励约束方面,应该和党政官员基本类似,但考核以企业整体经营发展和功能实现程度为标准,激励主要以行政级别晋升为主,报酬可以略高于同级别的党政官员,但不能够完全采用市场化的激励机制,不能享受过高年薪和股权激励。

另一类是"企业家"角色,中央国有企业中大量的经理人员,包括母公司层面的经理团队以及各个子公司层面的董事会成员和经理团队等都属于这类角色。这类人员是职业经理人员,由董事会进行管理,需要按照市场化的办法选用和激励约束。在选用上,这类人员需要在职业经理市场上通过竞争性的办法由董事会进行选聘;在激励约束方面,考核以市场化的经营业绩为标准,董事会按照市场标准给予其薪酬待遇,采用市场化的薪酬结构和水平,可以实施相应的股权激励制度,但是这些经理人员原则上不能够再享有相应级别的行政待遇,也没有机会交流到相应的党政机关任职,他们是真正的职业经理人。

推进国有企业领导人员管理体制从"集中统一"向"分层分类"转变,一方面坚持了党管干部原则,缩小了党组织部门直接管理国有企业领导人员的幅度,提高了党管干部的科学化水平;另一方面有利于推进大型国有企业治理结构的完善、促进董事会作用的有效发挥,有利于国有企业职业经理市场培育,进而有利于国有企业实现向混合所有制方向的改革。

第三,积极引导民营经济发展,促进民营企业资本社会化、治理结构规范化和企业管理现代化,从而提升与国有经济交叉融合的能力。

未来民营企业要实现与国有企业相互渗透和交融，必须实现三方面转变。一是从家族独资向资本社会化转变。这有利于解决单个私人资本不足的问题，促进民营企业做大做强，从而具备进入资源密集型产业和资本密集型产业的资本实力。二是从古典企业治理结构向现代公司治理结构转变。民营企业必须实行资本所有权与经营权相分离的现代公司治理结构，选拔和信任不具有血缘和裙带关系的职业企业家，彻底摆脱家族式管理，以解决人才不足的问题。三是从传统管理向现代管理转变。民营企业家要不断提高自身素质，努力学习和积极采用现代管理思想、方法和技术，尤其是要重视承担企业的社会责任。政府在民营企业管理培训方面应该有所作为，具体包括建立管理技术、文件、制度、人才等方面的交流平台，建立民营企业培训服务机制等措施，促使民营企业健康发展。我们的调研表明，一些地方政府在这些方面的一些尝试和实践都取得了较好的效果。

第四，着力营造公平竞争市场环境，努力完善产权流动的市场机制和产权保护的法律体系，积极创造有利于混合所有制经济发展的外部条件。

在营造市场公平竞争环境方面，政策的着力点要进一步从行业和领域准入细化放宽到环节准入，解决民营企业进入的"玻璃门"问题。经过多年改革，石油天然气、电力、民航等领域通过改革形成了可竞争性市场结构，但由于不少环节限制竞争、保护垄断的政策没有改变，有效竞争的格局没有形成。为了推进混合所有制经济发展，迫切需要配套调整相关政策和管理措施，重点清理和改革生产要素配置、市场准入、进口管制中片面保护在位企业的政策。具体而言，对于垄断性环节，可以通过股权投资形式吸收非国有资本，逐步实现运营企业从一股独大向股权分散的社会化企业的转变；对于竞争性环节，优先引入资本多元化、社会化程度较高的经营者，形成国有企业和民营企业、在位企业和潜在进入者相互竞争的市场结构。

混合所有制经济的发展关键在于产权的流动和保护，必须健全相应的法律保障体系和市场机制。从法律保障体系看，一方面要实现国有产权和私有产权的一视同仁，无论是国有产权，还是私有产权，都要切实保障产权人依法享有与其出资相对应的权益；另一方面要实现区域内和区域外企业一视同仁，打破地方保护，保障跨地区投资形成的混合所有制企业与当地企业享有一样的待遇，企业所在地的政府及社区，必须保障外来投资者的合法权益。从市场机制看，要建立产权流转顺畅的市场运行机制，使投资者根据对未来投资收益的预期判断，及时顺畅地投入或者撤出资本，以最大化混合所有制企业出资人投资收益，降低其投资风险，从而促进产权的流动、重组，优化资本配置，提高运营效率。一个高效率的产权市场，既有利于民营企业的健康发展，也有利于增强国有资本或公有资本对其他资本的辐射功能，提高国有经济的控制力、影响力和带动力，这最终有利于完善社会主义初级阶段的基本经济制度，最大限度地解放和发展生产力。

16.2 破除混合所有制改革的"知行误区"

自党的十八届三中全会提出"积极发展混合所有制经济"以来，我国混合所有制改革一直在稳妥推进。2014年7月混合所有制改革试点被纳入国资委"四项改革试点"，2015年8月24日中共中央印发《关于深化国有企业改革的指导意见》，对深化混合所有制改革提出了具体部署和推进原则，2015年9月23日国务院印发《关于国有企业发展混合所有制经济的意见》，2016年2月26日和2016年8月2日相关部委分别印发《国有科技型企业股权和分红激励暂行办法》《关于国有控股混合所有制企业开展员工持股试点的意见》,政策体系日趋完善。截止到 2016 年年底,中央企业混合所有制企业数量占比已达到 67.7%,省级地方监管企业及各级子公司中混合所有制企业数量占比也超过 50%。虽然混合所有制改革已经有了日趋完善的政策体系,实践推进也有了积极进展,但是,无论是在理论认知层面,还是在实践操作层面,还存在这样那样的"误区",也正是如此,围绕混合所有制改革的争论一直就没有停止过。具体而言,至少有以下几方面的问题需要澄清或者避免。

第一,"混合所有制改革=股权多元化改革。"无论是理论界还是实践界,有相当一批人认为,将国有单一股权的企业改制为多个国有法人持股的企业,这也是混合所有制改革,这就将混合所有制改革等同于股权多元化改革。实际上,这是股权多元化改革而非混合所有制改革。混合所有制改革虽然与股权多元化改革一样是一种多元股权的股份制改革,但一定是指财产权分属于不同性质所有者的企业所有制改革,其具体形式可以是国有股份或集体股份与外资股份联合而成的企业,也可以是国有企业或集体企业与国内民营联合组成的企业,或者是国有股份与个人所有制联合组成的混合所有制企业。混合所有制改革与股权多元化改革的关键区别就在于,前者一定是改革为国有与非国有共同持股的企业,而后者只强调多个法人持股,但并不要求一定是不同性质的持股方的多元持股。

第二,"混合所有制改革=国有资产流失。"混合所有制改革过程中国有资产流失问题,一直是人们关注的焦点,是混合所有制改革必须克服的最大障碍。由于混合所有制改革涉及将国有股权出售给非国有方,如果这个过程中存在信息不公开透明、市场交易定价不合理、交易程序不公正等问题,那么很容易出现国有资产流失问题。一些反对推进混合所有制改革的人因此将国有企业混合所有制改革等同于国有资产流失,甚至等同于私有化,认为国企混合所有制改革必然出现国有资产流失,是一种私有化方式。但是,国企混合所有制改革并不必然带来国有资产流失,关键是程序公正、交易公平、信息公开、法律严明。如果操作流程和审批程序规范、国有资产定价机制健全、第三方机构作用得到很好发挥、审计纪检及内部员工等各个方面监管到位,完全可以做到守住国有资产不流失的"红线"和"底线"。企业的资产价值需要动态的衡量,国有企业股权也需要在交易中体现其价值。宁愿将国有股份在静态中"化掉",而不愿通过交易追求股权最优配置,进而实现更大的国有资产保值增值,这种"因噎废食"的错误观念一直制约着混合所有制改革乃至整个国有企业改革的进展,当前推进混合所有制改革中必须加以破除。混合所有制改革已经是我党经过多年从理论到实践的探索后明确的国有企业改革方向,尤其是党的十八届三中全会及各类党的文件反复强调,决不应再将混合所有制改革贴上"私有化"标签了。

第三,"混合所有制改革=全部国资国企改革。"有些人一谈及新时期国有企业改革,就认为国有企业改革一定是指国有企业混合所有制改革。在充分肯定混合所有制改革重要意义的同时,还必须认识到国企混合所有制改革并不是国有企业改革的全部,不能认为只有推进混合所有制改革才是深化国有企业改革,不能将国企混合所有制改革等同于全部国企国资改革,也不能因为混合所有制改革推进的"获得感"不明显,就否认整个国有企业改革的进展。党的十八届三中全会对新时期全面深化国有企业改革进行的战略部署,明确新时期全面深化国有企业改革的重大任务,包括国有企业功能定位和国有经济战略性重组、推进混合所有制改革、建立以管资本为主的国有资本管理体制以及进一步完善现代企业制度等方面内容。实际上国有企业混合所有制改革可以归结为完善国有企业的产权微观结构，而整个国有企业改革涉及国有经济结构调整、国有资产宏观管理体制构建以及国有企业公司治理结构完善等各个方面，这需要整体协同推进，任何单方面"冒进"，都不会取得令人满意的改革效果。

第四，忽视"分类分层"前提。当前有人对国有企业混合所有制改革"细心"不够，笼统地谈国有企业混合所有制改革，忽视新时期国有企业改革推进的"分类分层"前提。回顾 30 多年来的中国国有企业改革，先后经历了从改革开放之初到十四届三中全会的"放权让利"阶段，20 世纪 90 年代初至 21 世纪初的"制度创新"阶段，以及十六大以后以 2003 年国资委成立为标志的"国资管理"发展阶段。十八届三中全会则开始了新时期全面深化国有企业改革的新阶段。如果说这个新时期改革阶段与前三个阶段有什么重大区别的话，那应该是新时期国有企业改革是以国企功能分类为前提的，甚至可以概括为"分类改革"阶段。根据中央关于国有企业改革的指导意见，国有企业可以分为公益类，主业处于充分竞争行业和领域的商业类，以及主业处于关系国家安全、国民经济命脉的重要行业和关键领域，主要承担重大专项任务的商业类国有企业。不同类型的国有企业，将会有不同的国资监管机制，混合所有股权结构中的国有持股比例要求不同，企业治理机制也有差异。一个国有企业，是否进行混合所有制改革，混合所有制改革中的国有股份比例多少，混合所有制改革进程的快慢节奏，这些问题的回答必以其功能定位和类型确定、并向社会公开透明为前提。不仅如此，对于中央企业，对于地方企业，对于集团公司，对于不同层级的子公司，其是否进行混合所有制改革以及混合所有制改革的方案都不应该相同，所以混合所有制改革还要先行分层。"分类分层"是推进混合所有制改革的必要条件和前提。

第五，忽视法律法规前提。当前有些人对混合所有制改革"耐心"

不够,提出要加快推进、全面推开,这就忽视了混合所有制改革推进要以相关法律法规建设和完善为前提、需有一个从试点到法规制度建设的稳步推进的过程。混合所有制改革是一个非常复杂的系统工程,涉及股权结构设计、各方利益调整、激励机制重构、产权市场交易以及资产价值判断等企业内外的各种活动,要求确保各类产权得到平等保护,确保股权转让、增资扩股等市场信息公开透明,确保市场交易过程严格监管和第三方机构的作用有效发挥,这都需要以法律制度建设为前提。当前推进混合所有制改革的最大的障碍在于,从国有股东的角度看,国有企业推进混合所有制改革有造成国有资产流失的担忧;从非国有股东及混合所有制企业的其他利益相关者的角度看,也有在推进混合所有制改革过程中对非国有产权或其他类型的国有或公有制产权、与企业经营间接相关的各种权益受到侵犯的担忧。如果缺乏在产权、市场、公司治理等各方面的法律制度保障,这种担忧就难以消除,国企混合所有制改革也就无法实质推进。因此,混合所有制改革必须试点先行,在试点中不断探索完善法律制度,以法律制度建设为前提,只有法律体系相对完善后,国企混合所有制改革才能够全面实质推进。从这个角度看,国企混合所有制改革也就不能设时间表,不能急于求成。

第六,"重股权、轻治理。"当前推进混合所有制改革中,很多案例都是把工作重点仅放在公司股权重构上,而忽视进一步对公司治理结构的健全和完善。国企混合所有制改革的最终目标是提高国有企业经营效率和国有资本的运行效率,实现国有资本最大程度保值增值,更有效地实现各类国有企业的使命。而这个目标的实现最为直接的决定因素是企业治理结构的健全和完善。混合所有制改革是否完成,不能仅体现在是否引入了非国有股东上,还要体现在是否构建了有效的企业治理结构上,要根据刚颁布的《国务院办公厅关于进一步完善国有企业法人治理结构的指导意见》,具体化和制度化股东会、董事会、经理层、监事会和党组织的权责关系，构建高效的运行机制，保证商业类国有企业的市场主体地位和有效市场运转机制，保证加强党的领导与完善公司治理有效结合起来。

第七，"重约束、轻激励。"无论是从一些国有企业混合所有制改革方案设计看，还是从一些企业推进混合所有制改革过程看，存在仅仅强调约束国企管理人员的行为，而忽视国有企业混合所有制改革过程中的利益相关者的激励机制的建立、不能很好地实现激励与约束相结合的问题。国有企业混合所有制改革不仅要保证国有资产保值、不流失的"底线"，还要建立有效激励机制追求国有资产的最大限度增值。一方面，混合所有制改革方案要有利于调动各利益相关方参与和推进混改，保证各方获得公平利益分配和话语权；另一方面还要完善公司治理机制，要能够调动经营管理者、核心员工的积极性，要按照分类分层的原则对经营管理者进行选聘、考核和激励，对商业类企业要加大市场化选聘、差异化薪酬制度的力度。同时，还要从制度上设立针对个人的"改革容错机制"，改革过程中既有问责机制，也要有免责机制，要信任和鼓励企业家大胆创新。

第八，"重结果、轻过程。"一些地方政府因为急于推进国有企业改革，往往从政府熟悉的目标管理的管理方式出发，设立国有企业混合所有制改革的改革时间表，提出在什么时间完成多少家国有企业的混合所有制改革，并将这作为国资管理部门的考核指标，层层分解改革目标任务。国有企业混合所有制改革应该是一个企业的市场化演进的过程，而不应该是政府的行政目标管理过程。推进国有企业混合所有制改革，关键是把握推进过程的管理原则，一是要坚持与国有企业使命和战略要求相符、有协同效应的原则，二是坚持各股东方长期可持续合作目标导向原则和共赢、负责、尊重的行为原则，三是坚持组织机构企业内要健全、企业外要专业的原则，四是坚持产权交易价格符合资本市场公允价值原则,五是坚持改革过程中的合作方选择、尽职调查与评估、谈判、签署协议、资产交接、后评估等所有环节不可缺省的原则。

16.3 新时期我国员工持股制度的实施原则

美国员工持股协会(the ESOP Association)将员工持股计划(employee stock ownership plan, ESOP)界定为员工受益计划(benefit plan),一种使员工通过成为公司股权所有者而从中受益的制度安排(美国员工持股协会网站)。与其他的员工受益计划不同,员工持股计划的独特性在于,它允许劳动者和资本所有者这两种角色在员工身上实现合而为一,从而使资本与劳动这两种关键性要素能够得到有机结合,使员工能分享企业利润和共担企业风险,使员工与其所在公司能有相对一致的利益诉求。

与美国员工持股计划不同,改革开放以来,我国企业的员工持股是国有企业在公司制和股份制改造过程中逐步发展起来的一种股权制度安排。自20世纪80年代中期启动国有企业股份制改造试点以来,我国的员工持股实践一直在积极地"摸着石头过河"。其间有成功的经验,也有失败的教训;经历过大力推广的阶段性发展,也数度被紧急叫停,这恰恰反映了这一制度的先进性和复杂性并存。先进性体现为这一制度能保障社会主义劳动者分享企业收益的权利,有助于充分释放人的积极性、创造性和经济的活力;复杂性体现在如果操作方案设计不慎,这一制度有可能导致"内部人"控制、短期套利行为以及分配不公等问题。

十八届三中全会明确提出"允许混合所有制经济实行企业员工持股,形成资本所有者和劳动者利益共同体",员工持股制度再次走到了国有企业改革的前沿，从中央到地方，员工持股问题再次被高度关注，相关部门正在积极部署有关工作。员工持股制度，在我国已有将近三十年的发展历程，期间又经历过数次政策性调整，而今，重拾"朝花"，应该"拾"出新意。一方面，要明确在积极发展混合所有制的背景下实施员工持股制度的新意何在；另一方面，要克服以前出现过的弊端，规避以前走过的弯路，提出新的推进原则与策略。基于上述理解，这里将对员工持股制度进行理论梳理和实践总结，为在新时期大力发展混合所有制经济背景下如何推进我国员工持股制度实践提出建议。

16.3.1 相关理论基础

对于员工持股制度，国外理论界有多种解释。国内有学者梳理了相关理论（丁长发，2002；杨欢亮，2003）。这里认为，与员工持股制度相关的理论基础集中在三个方面。第一，是支撑美国员工持股计划实践的双因素理论；第二，是合作经济和员工民主自治理论；第三，是主流经济学针对劳动与资本共同分享企业成长收益现象的理论层面的解释。

首先，是美国政治经济学家、投资银行家、律师凯尔索（Louis O. Kelso）的双因素理论（two-factor theory）。凯尔索被誉为美国员工持股计划的发明人。年青的凯尔索经历了 20 世纪 30 年代的美国大萧条，其后，他一直在思考如何对资本主义进行改良的问题。1956 年，凯尔索帮助一个连锁报业企业的员工从其退休的老股东那里购得公司股权，这就是后来流行的美国员工持股计划的原型。1967 年，凯尔索在与帕特丽夏·海特（Patricia Hetter）合著的专著中，提出了双因素理论。这本书原名《如何通过借贷，将八千万工人转变为资本家》，后来更名为《双因素理论：现实的经济学》（Kelso and Kelso, 1967）。

凯尔索的基本理论主张是:财富是由资本与劳动这两种关键性生产要素创造的。工业化进程会使资本要素对生产的贡献越来越大于劳动。在这种情况下,如果劳动者只能靠自身的劳动来分享到收入,那么,资本所有者必然会处于越来越占优的分配地位。扭转这种社会不公平的局面,需要推行一种经济政策,使劳动者除劳动收入外,还可以有作为资本所有者的收入。凯尔索主张创设一种制度安排,使没有多少储蓄的劳动者,也可以购买他们为之工作的公司的股权,并运用公司未来的分红收益来兑现其支付义务。

凯尔索不仅有成熟的理论思想和实践经验,他更大的贡献体现为推动了相关政策法规的制定,如20世纪80年代的《税收改革法案》(*Tax Reform Act*),ESOP的思想全面植入了这些制度中。这就使得美国ESOP的整个政策体系具有凯尔索强调的特征:员工购买本公司股票,实现双因素的有效结合;允许员工通过贷款来完成股权认购的兑付义务,并享受税收优惠。

其次,是合作经济和员工民主自治理论。合作社经济组织的特点是,坚持共同所有权和成员民主管理,合作社每一位成员都是所有者,平等享有参与管理与决策的权利,分享企业收益。20世纪七八十年代,这类理论将资本主义和社会主义的企业实践联系在一起。早在19世纪,合作社这种经济组织形式,就在英国得到了发展。20世纪70年代,英国兴起了新一轮的合作运动,合作社从传统的农业领域扩展到工业领域。1976年,英国议会通过了《工业共同所有权法案》(*ICO Act*)。同一时期,社会主义国家的学者们也提出了"劳动集体自治"的概念(董晓阳,1988)。在苏联1983年通过的《劳动集体法》中,确立了员工的企业主人地位,企业自治思想得到强化。之前,企业自主权主要是指扩大企业行政权的问题,现在,员工可以参与企业自主权行使。这是一种旨在调动人的因素的机制,它使企业的决策、企业自主权的行使和企业活动的最终成果，与每位员工的切身利益联系起来。意大利学者圭伊·贝纳德托对西班牙的巴斯克模式和南斯拉夫的伊利里亚模式这两种劳动者自治企业模式进行了对比研究。他指出，如果制度设计不当，这类经济组织可能遇到两方面的问题：一是对新成员的排斥；二是投资不足（贝纳德托，2009）。

员工民主自治理论和合作经济理论有相近之处，但又不同。在经济组织的法律形式上，员工民主自治理论对应的是员工持股的公司制股份制企业，而合作经济对应的是合作制企业。20世纪80年代，美国学者艾勒曼（David Ellerman）提出了"民主公司制"理论，国内有学者引述他的思想观点（杨欢亮，2003；吴宇晖、张嘉昕，2009）。艾勒曼是现代劳动产权理论的代表人物，也是美国员工持股计划的推动者之一。艾勒曼对英国的共同所有权经济组织、西班牙的蒙德拉贡合作社（Mondragon）、美国的员工持股计划以及德日的员工参与模式进行了比较研究，他认为，所有权和人的权利（员工民主自治），分别是资本主义和社会主义企业的核心特征，民主公司作为一种新的经济组织形式，它既要有劳动者所有权，又要有员工的民主自治管理，二者不可偏废其一。[①]

在我国，最有代表性的是著名经济学家蒋一苇提出的"经济民主论"和"职工主体论"。他指出，企业经济民主，在企业内部的核心问题是企业与员工的关系问题（蒋一苇，1989）。他认为，员工在企业中是否居于主体地位，这是区分社会主义企业和资本主义企业的分界线。为此，他提出了"产权制度的民主化"的观点，主张在微观经济中，努

[①] 艾勒曼的现代劳动产权理论，也可以归类到本节中与员工持股制度相关的第三类理论中去。他的见解，还影响到了斯蒂格利茨。由于笔者在此更侧重于强调其"民主公司制"的论点，故将其列于第二类理论中。艾勒曼有个人网站，了解他的观点，可以访问www.ellerman.org。

力实现企业员工与生产资料的直接结合,使职工真正成为企业的主人,促进员工对企业财产和企业积累的关心(蒋一苇,1991)。蒋一苇先生既关注到了合作经济形式,也关注到了美国的职工持股计划,他写道:这一制度在美国推行达到了1 200万职工,占美国职工总数的10%,并已逐步扩展到几十个资本主义国家。这一现象值得我们反思,为什么我们作为社会主义国家,却对职工持股问题长期不加考虑呢?(蒋一苇,1991)

最后,是主流经济学针对劳动与资本共同分享企业成长收益现象的三种理论解释,包括分享经济理论、资产专用性理论和利益相关者理论。

其一是美国经济学家魏茨曼(Martin L. Weitzman)的分享经济理论(the share economy)。20世纪80年代,在研究滞胀与失业等宏观经济政策问题时,魏茨曼将分析视角放到了微观层面的企业员工报酬制度上。魏茨曼认为,解决现代资本主义的内在矛盾和修复其结构性缺陷的最终解决方案在于个体企业层面的工资制度上。他指出,只有实行与固定工资制度相区别的利润分享工资制度,使普通劳动者通过分享利润,来分享大企业、整个经济体系的增长收益,才有可能实现充分就业条件下的价格均衡。在1984年出版的专著中,魏茨曼系统论述了分享经济理论(魏茨曼,1988)。魏茨曼对分享经济理论的研究,发生在他任职于麻省理工学院期间;1989年,他转入哈佛大学,研究方向转向其他领域——90年代初,他曾经准确地预言了苏联"将在半年内"瓦解。后来的分享经济理论,不仅指公司所有权的分享,还包括员工对公司管理与治理的参与和分享。

其二是资产专用性理论。像马歇尔(Alfred Marshall)这样的古典经济学大师,早就意识到人力资本这一生产要素对经济增长的特殊贡献。新制度经济学学者将人力资本产权看作一种特殊的所有权安排。20世纪70年代中期,威廉姆森(Oliver E. Williamson)在探讨不完全契约问题时,建构了资产专用性理论——人力资产被威廉姆森视为多种资产专用性中的一种(Williamson, 1975)。根据该理论假说,作为人力资本产权的所有者,员工理所应当和股东一道,分享企业的剩余控制权和剩余索取权。

其三是利益相关者理论。威廉姆森的治理机制研究,将除股东之外的、广泛的其他利益相关者纳入了公司治理的研究视野,推动了利益相关者理论的兴起。20世纪八九十年代,是利益相关者理论的成形期。这一新兴理论,对以资本要素为中心的、传统的股东至上主义的公司治理体制构成了挑战。有学者将参与公司治理机制的各方利益相关者作为研究对象,对他们进行分类。员工通常被视作企业的直接利益相关者,他们与企业的利益相关程度,往往仅次于股东(债权人)和管理者。因此,利益相关者理论主张,员工作为重要的利益相关者,也应该参与企业治理和分享企业的剩余权益。

综合上述针对员工持股制度的理论解释,我们发现,它们包含了五个循序递进的立论点:第一,劳动,作为一种生产要素,其重要性在上升。第二,劳动要素,参与对企业成长收益或剩余权益的分享。资本要素和劳动要素的地位趋向于平等,前者对后者占优和支配的程度,有所缓解。第三,企业所有权主体泛化。企业所有权主体从原来的少数股东(资本所有者)扩展到相当一部分的员工(劳动所有者),甚至是全体员工。第四,员工角色双重化。员工不再仅仅是劳动者,他们同时还是企业的所有者。第五,劳动要素与资本要素不再绝对割裂,劳资融合在不同程度上得到实现。

我们还可以看到,这些理论有各自的侧重点和不同的视角,归结起来,这些理论分别从两个方面阐释员工持股的制度逻辑。一方面,双因素理论、分享经济理论、资产专用性理论和利益相关者理论，强调肯定员工作为劳动要素所有者的经济价值，将员工持股作为改革员工福利的激励性制度安排。这些理论支撑和主导了美国的员工持股计划。另一方面，合作经济和员工民主自治理论，强调了经济组织形态和社会政治关系的重构。这种制度逻辑，相对更流行于美国之外的其他地区的员工持股实践中。

与上述西方理论不同，中国学者也在针对中国国情和企业特定背景提出有关员工持股的相关理论解释。除蒋一苇先生的理论观点外，还有迟福林的"劳动力产权"（迟福林，1995）和周其仁的"人力资本产权"（周其仁，1996），这两种观点大体上可以归入现代劳动产权的范畴。总体而言，中国学者关于员工持股制度的理论解释，关注了这一制度对员工的激励作用，但更加侧重于强调员工持股制度的产权改革效应。究其原因，我国员工持股实践，在国有企业产权改革与经济社会转型的大背景下推行。这一背景，与西方资本主义国家实行员工持股的背景完全不同。而今，殊途同归，我国和西方国家同样面临着如何解决企业的持续发展动力的问题，大家都走到了员工持股这一制度路径上来。我们认为，应该从理论层面，进一步加强研究员工持股在经济激励方面的制度意义。

16.3.2 国际经验比较

员工持股制度本质上是一系列使企业员工既是本企业劳动者又是本企业所有者的激励性制度安排。由于员工持股制度涉及多方面的利益主体，因此，它是一组高度复杂的制度的集合。王晋斌指出，员工持股，会引起未来的财富转移，各方利益主体需要依据自己的利益要求，依据可遵循的法律或其他契约文件，不断地互动与分享信息，使整个制度体系朝着各利益主体认同的方向逼近（王晋斌，2001）。

员工持股制度在各国的实践情况具有较大差异,表 16-1 对美欧日和俄罗斯的员工持股实践进行了概要性的对比分析,具体涉及员工持股计划的制度动因、具体类型、覆盖范围、资金来源、行权机构和税收优惠等六个方面。从各国实践背后的理论基础看,美国和西欧的员工持股计划,主要体现出了经济激励的制度意义,肯定了员工拥有的劳动要素的经济价值;而日本和东欧国家的员工持股制度,不但有经济激励的制度意义,还有重构经济组织形态和社会政治关系的制度意义。

表 16-1 国外员工持股制度实践比较

国家	制度动因	具体类型	覆盖范围	资金来源	行权机构	税收优惠
美国	员工福利*	杠杆型 非杠杆型	全体员工,包括管理层	公司	信托机构	有
西欧	股权激励 职工参与管理	杠杆型 非杠杆型	全体员工,包括管理层	公司 个人工资储蓄	信托机构	有
日本	财富积累和利益分配 稳定股东与员工队伍 提高员工参与度	非杠杆型	一般员工,排斥管理层	个人工资储蓄 公司补贴	职工持股会	无
俄罗斯	企业私有化改革	—	以管理层为主	定额分配 个人购买	管理层	无

* 美国审计总署(GAO)1986 年的调查显示,美国公司实行员工持股计划排名前三的目的分别是员工福利、纳税优惠和提高生产效率。其中选择员工福利的比例高达 91%。

资料来源:作者根据有关材料整理。

在美国,员工持股计划大多与公司员工的退休金计划相挂钩,是一种长期的员工福利。美国政府制定了一系列和员工持股计划配套的税收与金融优惠政策,覆盖公司、股东、员工和中介机构等多方利益主体。美国员工持股计划分杠杆型和非杠杆型两种,杠杆型的员工持股更为普遍。无论是杠杆型，还是非杠杆型，员工持股的资金来源一般都不是个人直接出资。

西欧的员工持股与美国的做法相类似，一般是倚赖于信托基金对员工拥有的股票或股票期权进行管理，也是以杠杆型为主。资金来源，既有公司向员工持股计划的管理主体注资或担保借款，也有员工的个人储蓄投入。参与员工持股计划的人员通常包括公司的全体员工。为保证员工持股计划顺利开展，政府提供相关的法律法规和税收优惠。比如，1978年，英国的《财政法》规定对各种以股份形式分享利润的制度实行税收优惠，之后又不断从细节上对各种优惠政策进行了修订和完善。

日本的员工持股，不同于美国和西欧的实践。主要表现为：一是不鼓励公司高管参与员工持股计划。参与员工持股的普通员工，共同推举员工代表参与公司治理事务。二是日本的员工持股计划，通常是非杠杆型的。三是没有为员工持股计划提供的税收优惠政策。不过，公司可以为员工提供少量的奖励金或补贴支持。

俄罗斯的员工持股实践与其私有化改革结合在一起。其改革计划最初是将国有企业股份免费分配给全体人民。但在随后的改革中，管理层通过各种途径和手段，获得了大多数的股份。为数众多的普通员工获利甚少，即使拥有少量股权，也难以参与公司治理事务。

通过比较主要国家的员工持股实践，可以看出，员工持股制度涉及了几个关键问题。

首先是员工持股的资金来源。美欧日等国的员工持股制度模式，资金来源主要有三种：（1）员工通过奖金、红利等利润分享方式获得公司股票，如美国的非杠杆型员工持股；（2）以信贷杠杆购买股票，如美国的杠杆型员工持股；（3）员工以不高于市场价格的方式、以工资或储蓄购买公司股票，如欧洲一些国家和日本的员工持股。其中，前两种资金来源用的是员工的未来劳动收益,并不动用员工的过去劳动(储蓄),是一种福利性计划。第三种资金来源是员工的既得收入,员工在分享企业的剩余追索权的同时,也要共担剩余风险。

其次是员工股的权利和约束。欧美的员工持股计划中,员工对于所持股份享有收益权和投票权,还享有各种贷款和税收政策优惠,但其股权的转让和出售受到一定的限制,目的就在于避免员工短期内通过股票套现来逐利的行为,从而使长期性的激励效果打折扣。

再次是员工股的行权或管理机构。欧美公司的员工所持股份,由专门的信托基金或信托机构集中管理,不直接交予个人。日本采用职工持股会形式。

最后是有关法律规范的完备性。欧美国家有较为完备的针对员工持股的法律法规和政策体系,对员工参与持股的范围和数量、持有股票的年限、享有的贷款或税收优惠比例等方面都有明确的规定。在美国,由于有一个相对规范且鼓励推行员工持股的宽松环境,因此,在实践层面,涌现出来了丰富多样的职工持股的实现形式。

总体看来,无论什么样的员工持股制度,它追求的都是改善员工福利、形成股权激励和改变产权结构这三方面的效应。一般的员工持股制度往往具有三方面的叠加效应,但具体到一项特定的员工持股制度,随着员工持股数量多少、价格高低等变化,三种效应的实现程度会相应地发生变化。如果在持股方案中,员工持股价格低,或者员工股票主要来自企业直接奖励或赠与,将更多体现出改善员工福利的效应,美国的员工持股计划大都具有这方面效应。如果员工持股数量不多,则员工持股主要体现的是改善员工福利或股权长期激励的效应。如果员工持股数量大、占到控股地位,企业产权结构将发生变化,甚至可能会从根本上改变了企业的所有权性质。像俄罗斯私有化进程中的管理层收购(MBO),更多地体现出了改变产权结构的效应。

16.3.3 我国的实践与问题

从历史上看，中国的员工持股最早可以追溯到清朝山西票号的"身股制"（梁慧瑜，2012）。但是，真正意义上的现代员工持股制度在中国的发展始于 20 世纪 80 年代，是伴随国有企业改革以及计划经济向市场经济转轨过程中出现并逐步发展起来的。过去的 30 年间，我国企业员工持股制度经历了多次反复，相应的企业实践也出现了较大波动。概括来讲，主要经历了以下五个发展阶段。

一是以股份制改造启动的初步探索阶段（1984—1991 年）。20 世纪 80 年代初，为适应商品经济发展的需要，开始允许企业进行内部员工股份制试点，作为筹措资金和搞活企业的改革手段。当时，全国 3 200 家各类股份制试点企业，有 86% 的企业都实行了员工持股，员工个人持股金额近 3 亿元，占总股本的 20% 左右（国务院体制改革办公室，1992）。

二是以试点工作带动的推广应用阶段（1992—1994 年）。这一时期，我国国有企业股份制试点工作逐步深入进行，员工持股也随之在更广的范围里推行。但在这个过程中，内部职工持股的负面问题也逐渐呈现，如发行内部职工股超比例、超范围，出现一部分关系股和权力股等等。1993 年 4 月，国务院发文制止了发行内部职工股中的不规范做法。

三是以各地方政府推动的规范发展阶段（1995—1998 年）。1994 年 7 月实施的《公司法》，使股份制试点进入依法设立和规范发展的新阶段。这一时期，中央政府层面没有对内部职工持股的专门规定，各地方纷纷结合本地区经济社会发展和国有企业股份制改革实践，做出了相应的规定。深圳作为全国改革开放的"排头兵"和"试验场"，在 1994 年发布了《关于内部员工持股制度的若干规定（试行）》，随后用 3 年时间，完成了 57 家企业的内部员工持股试点，另有正在进行改制的企业 110 家，总体取得了较好的改革效果（深劳，1998）。其中，"金地模式"的成功,引起了社会上的普遍关注。1997年9月,又在前期试点工作基础上,发布了《深圳市国有企业内部员工持股试点暂行规定》,全面推行员工持股制度。1998年5月,国家工商管理局明确了职工持股会或工会代持职工股份的合法地位。但是,由于股份公司公开发行股票时职工股不经过摇号中签过程,职工股对股票二级市场造成一定的冲击,1998年11月,证监会颁布了《关于停止发行公司职工股的通知》(邹海峰,2011)。

四是以股权激励为核心的重点突破阶段(1999—2004年)。1999年9月,党的十五届四中全会提出,在企业改革中实行以按劳分配为主体的多种分配方式,允许进行股权分配方式的探索。2002年12月,《上市公司收购管理办法》开始实施,为上市公司管理层收购提供了法律依据,实施管理层收购的国有企业数量迅速增长。但是,由于缺少必要的制度约束和有效监管,很快,企业实践中出现了失控局面。2003年以后财政部、国资委、证监会纷纷出台文件,对管理层收购提出了更严格的政策约束。

五是以体系构建为重点的深化提升阶段(2005年至今)。针对国有企业管理层收购热潮中暴露出来的各种问题,2005年以来,我国出台了一系列政策文件,要求进一步优化员工持股制度,规范企业实践。这些制度的密集出台,造成了员工持股实践的迅速"降温"。2012年8月,证监会发布《上市公司员工持股计划管理暂行办法(征求意见稿)》,表明员工持股制度正步入深化提升的一个新阶段。

回顾长达30年的我国员工持股实践历程,期间曾经出现了各种问题,归结起来主要有两个方面:一方面是制度设计层面,包括制度设计的目标、理念、原则和规范等内容,以及员工持股制度与其他相关联制度的兼容性和一致性;另一方面,是制度执行层面,包括企业对制度的理解、企业操作与制度的差异、企业实践的外部监督机制等。

从制度设计层面看,我国员工持股实践存在的问题包括:第一,缺乏统一的制度顶层设计以及合法的员工股份管理机构。从全国来看,针对职工持股制度的长远规划和顶层设计迟迟未出,30年来,制度一直走在实践的后面,并且大多属于"问题补救型",缺乏对制度体系的整体思考。第二,制度设计未能明确不同类型、不同形式的员工持股的差异性和适用性。在实践中,我国的员工股呈现出多种不同的类型,包括集资型、福利型、股票期权型等。同时,由于发放目的、发放对象等的不同,在实际操作中,员工股又具有多样化的形式。这需要细化的制度设计,否则,会导致国有企业的股权激励陷入定位困境,无法发挥其应有激励效果(辛宇、吕长江,2012)。第三,忽视与其他制度的兼容性和一致性,由此导致制度冲突,令企业无所适从。员工持股制度涉及税收、金融等多个领域,制度之间的兼容性和一致性非常关键。例如,证监会规定上市前持股职工人数超过200人的,以及存在工会持股、持股会以及个人代持等现象的公司,一律不准上市,结果像华为公司这样优秀的公司也因有内部职工持股而被拦在股票市场之外。

从制度执行层面看,我国员工持股实践中出现的主要问题包括:第一,如果规范不到位,有国有资产流失的可能性。例如,一些公司以过大的折扣价格向管理层和员工发行股票,或者是大额度、大比例地以折扣价格向管理层或员工出售公司股权,导致了国有资产流失。由于我国员工持股的制度体系不够完善,还有企业"钻空子",绕开制度约束,通过"曲线MBO"的方式来实现上市。第二,一些企业员工持股违背了自愿性原则,演变成一种强迫性的集资行为。一些企业在定向募集股份时,将内部职工持股作为企业集资的一种手段,大搞"分派",甚至用"下岗"加以威胁。许多职工迫于压力认购股份,但心里带有抵触情绪,这使得职工持股的激励效应大打折扣。第三,员工持股范围和比例设定不当,加剧了贫富差距并引发了分配不公问题。企业在实践中普遍遇到以下难题:员工持股的比例如何确定?公司高管和普通员工是否享有平等的认购权?如何把握高管持股和普通员工持股之间数量上的差距?如何避免企业从"员工持股"变成了"管理层控股"?尹中立指出,洋河酒厂上市时,110亿元市值的股票被125位高管人员持有,人均市值接近亿元,而3 000多名普通职工一无所有。[①]也有观点指出,上述分配不公的现象,在上市公司中较为普遍,这在一定程度上是由不合理的制度造成的。监管部门对公司上市前的持股职工人数有明确的限制性制度要求,因此,一些公司在上市前突击清退员工分散持有的股份,将原本利益共沾的股权集中起来改由相对少数的管理层持有。无论上述现象的主客观原因如何,其最终结果是,管理者成为了改革的受益者,但一般员工从这一制度创新中获益不明显。第四,管理层或员工在公司上市后的短期内减持套现,损害了员工持股的长期激励效应,扰乱了资本市场的正常秩序。对此,需要研究如何通过员工持股制度,使冷冰冰的"股份所有权"能转变为有温度的"心理所有权",在企业与管理者、员工之间建立起信任关系,确保员工持股成为一项长期激励制度,而不是短期的"造富工具"。

16.3.4 新时期员工持股制度的适用性

十八届三中全会以后,我国改革进入一个新时期,新一轮国有企业改革正在推进。在新时期,国有企业改革的一项重要任务是要积极发展混合所有制。虽然混合所有制的提法可以追溯到十四届三中全会的决定,但是,十八届三中全会对混合所有制有了新的认识,还特别强调在混合所有制经济条件下实行企业员工持股。这意味着,新时期将

[①] 对洋河案例的另一种解释是,有些高管代持了其他员工的一些股份。参阅尹中立(2014)。

是员工持股快速发展的新机遇期。一方面,员工持股,将是国有企业混合所有制改革的一个重要的"混合方"。在积极推进混合所有制改革的大背景下,将有更多的国有企业开始引入员工持股制度。在经过30年的多次反复后,我国员工持股制度将在汲取过去经验教训的基础上,更规范、更迅速地发展。另一方面,实行员工持股,其意义不仅仅在于对国有企业引入非公资本的混合所有制改革的意义,还在于员工持股具有长期激励效应,有利于充分发挥人力资本的作用,促进包括国有和非国有在内的所有企业长远发展,进而促进混合所有制经济的整体发展。

具体而言,新时期究竟哪些企业适宜引入员工持股制度呢?我们认为,"允许混合所有制经济实行员工持股,"这意味着,对于国有企业而言,越适合推进混合所有制改革的国有企业,往往越加具备实行员工持股制度的条件。我们的研究表明,可以将现有国有企业分成公共政策性、特定功能性和一般商业性三种类型(黄群慧、余菁,2013)。三类企业在实行员工持股这个问题上,应有不同的政策思路。

首先,是公共政策性国有企业,即带有公共性或公益性的、特殊目的的国有企业。它们仅承担国家公益性或公共性政策目标而不承担商业功能。这类国有企业,通常应该是国有独资企业,既不适合改组为国有资本投资运营公司或采用混合所有制,也不适合推行员工持股。对这类企业而言,实行员工持股的难点在于无法清晰界定员工努力对企业绩效改进的贡献。

其次,是特定功能性国有企业,具有混合特征。它们有一部分商业功能,也有一部分非商业性或政策性功能,其非商业性功能的实现又要求以企业自身发展和经营活动盈利为基础和前提。特定功能性国有企业的股权结构是国有绝对控股或相对控股的多元化结构。这类企业要根据其具体功能,有选择地或者谨慎地推进员工持股制度,对于市场化条件不成熟或者是尚不具备推行混合所有制改革的基础和条件的那些企业，暂时不宜考虑实行员工持股。

最后，是一般商业性国有企业，也就是人们常说的竞争性国有企业。它们属于高度市场化的国有企业，只承担商业功能、追求盈利性经营目标。对于定位为一般商业性国有企业，要积极推进混合所有制改革；在鼓励一般商业性国有企业改革成混合所有制企业的同时，还要下大力气，实行员工持股，努力形成资本所有者和劳动者利益共同体。

除企业功能定位因素外，在哪类企业适宜实行员工持股制度这个问题上，通常还要考虑一个分类维度，就是企业规模大小。2008年6月，为规范国有企业员工持股尤其是管理层持股行为，国务院国资委发布了《关于规范国有企业职工持股、投资的意见（征求意见稿）》。《意见》的主导思想是"控大放小"，即控制管理层和员工持有国有大型企业股权的比例，鼓励员工持股参与国有中小企业。这体现了一个主流观点：员工持股制度通常适用于规模小的企业。人们通常认为，大型企业或特大型企业，拥有上百亿的资产总量，即使是核心管理人员或者技术骨干持股，其持股比例在总量中也微不足道，从而会削弱员工持股的积极性。但从实践层面看，一些规模很大的企业，如联想、华为、绿地等，都很好地利用了员工持股制度，取得了长足发展，有的已经成为了跨国公司。当然，不容忽视的一个重要经验是，这些集团往往是在企业规模尚小的起步阶段，就有计划地开展了员工持股，随着企业不断发展壮大，其作用也日益凸显。如果仅是在公司上市前临时起意实行员工持股，恐怕会出现很多问题，也难免遇到很多障碍。

综合以上分析，图16-1按照国有企业功能和企业规模两大维度进行分类，给出了我们对新时期员工持股制度的适用性问题的初步思考：第一，一般商业性国有企业，比特定功能性和公共政策性国有企业更适宜推行员工持股制度。原则上讲，公共政策性国有企业不宜推行员工持股制度,特定功能性国有企业宜因企制宜,视其具体的业务特性和企业规模大小,谨慎推行或有选择性地推行员工持股制度。第二,在同一功能定位类型的国有企业中,员工的人力资本对企业竞争能力影响越大的国有企业,比其他国有企业更适宜推行员工持股制度;已经发展了混合所有制的国有企业,比其他国有企业更适宜推行员工持股制度。第三,国有中小企业可以积极实行员工持股制度。国有大企业可以采取分步骤、逐步推行的方式来实行员工持股制度。有的大型企业集团,可以先在下级企业中实行员工持股制度,再根据混合所有制改革的需要,适时推进集团本部的员工持股。

企业的功能定位

企业规模	一般商业性	特定功能性	公共政策性
大型	逐步推行	谨慎推行	不宜推行
中型	积极推行	选择性推行	不宜推行
小型	积极推行	选择性推行	—

图 16-1 员工持股制度的适用性矩阵

16.3.5 新时期员工持股制度的实施原则

但凡适合实行员工持股的企业，在具体设计和构造员工持股方案时，应遵循什么样的基本原则，才能够避免过去我国员工持股实践中曾经出现的各种负面性问题，真正发挥好员工持股制度的长期激励作用呢？笔者通过研究以往的员工持股成败案例，概括出了激励相容、增量分享、长期导向这三项基本原则。

（1）激励相容原则

激励相容原则是委托代理理论中的一种机制设计。如果能有一种制度安排，使行为人追求个人利益的行为，正好与企业实现整体价值最大化的目标相吻合，这一制度安排，就符合"激励相容"原则的要求。

对于员工持股这项激励制度而言，只有在股票价格、持有比例、行权时间、退出机制等方面设计得当，才会最终产生"激励相容"的效果，使员工的个人利益与企业长远发展的利益捆绑在一起。员工要想获得更高的收益，则必须努力付出，为企业生产效率的提高做贡献。反之，就容易造成各种弊端。有时会造成激励过度或激励扭曲的问题。例如，在持股比例上，管理层持股过高，普通员工持股过低，造成了收入差距过分拉大。再如，行权时间和退出机制设计不当，员工在公司上市前持有大量股份，待公司上市后立刻大量抛售股票以获取股票溢价收入，造成股票市场大幅波动。有时会造成激励不足的问题。比如，"人人都持股"的平均主义大锅饭，或普通员工持股比例过低，没能形成有效激励，"搭便车"现象普遍。

回顾我国员工持股制度的实践历程，各种各样激励不相容的情形非常普遍。在今后的制度设计与改进当中，首要的是坚持激励相容原则。在这方面，华为公司的员工持股，是一个成功的案例。华为公司实施全员持股，明确员工持股的目的是将员工利益与企业长期利益结合在一起,形成"利益共同体"。作为一家以知识员工为主体的高技术公司,华为提出了"劳动、知识、企业家和资本创造了公司的全部价值"的"知识资本化"理念。[①] 尽管华为的员工持股制度也受到一些质疑,如制度执行透明度低、股权结构过度分散等问题,但就制度本身而言,已经达到了对最大范围的员工实现有效激励的效果。

(2)增量分享原则

关于员工持股,有一种观点担心,员工持股会变相地将国有股转化到一小部分人手中,造成国有资产流失。这种情况在实践中确有发生。但是,如何界定国有资产流失?国有股在企业股权比例中占比下降,就叫做国有资产流失,还是要看国有资产总量是否净损失?

我们认为,成功实行员工持股制度,不仅要坚持不能侵吞国有资产存量,还要坚持对国有资产增量利益进行分享的原则。要着眼于"分享增量利益",而不是"瓜分存量利益"。在美国,员工持股计划被视为一种员工福利计划,但是,这一制度,目的不是要为员工提供固定的收入或福利待遇,而是意在将员工福利改进与员工的自身努力、与企业的长远发展和增量价值创造联系在一起。凯尔索最初为那家美国连锁报业企业设计的思路就是,员工无需动用储蓄,直接通过分享企业的未来成长收益,就可以成为企业的所有者且进一步分享更长远的企业成长收益。参照这一成功经验,我国的员工持股,不应该拿原有的国有资产存量去和员工分享,而应该鼓励将企业的增量效益,尤其是那些明确是因为员工努力而创造出来的企业超额收益用作分享。这样,可以有效地避免国有资产流失,而且,这将更加有利于激励员工努力工作,提升企业的未来发展空间,进一步做大做强国有资产总量。

总之,坚持增量分享原则,员工持股制度不但可以避免造成国有资

---

① 参见《华为公司基本法》第十六条。

产流失的问题,还能够实现国有资产增值。中联重科的混合所有制改革和员工持股,是一个成功案例。该公司2005年推行混合所有制改革和员工持股制度,其后,企业营业收入、税收和资产总额快速增长,湖南省国资委持有的该公司股权比例下降了,但其国有股权价值,最高时增值了近800倍(唐爱民,2014)。

(3)长期导向原则

员工持股计划本质上是一种长期激励机制。只有坚持长期导向原则,才有可能发挥该制度对员工的组织承诺,对企业中长期发展起到的稳定作用,从而有可能为企业带来未来的、可持续的价值增值收益。

国外的员工持股计划之所以开展得比较成功,和其退出机制设计有很大的关系。其员工持股计划,通常规定员工在认购了企业的股份之后若干年内不允许流通和转让。例如,法国企业的规定是5年,英国企业的规定是7年。在美国,员工持股计划的长期激励效应更明显。其员工持股计划,最初在法律层面就是与退休金保障计划联系在一起的,而退休金保障计划指的就是员工在达到退休年龄之后才能享受的福利。在实际操作中,美国的员工持股计划在实施时,有相应的对员工为其公司服务的年限要求。

我国现阶段在大力发展混合所有制的背景下实行员工持股制度,也应该仔细考虑如何将长期导向原则植入职工持股制度之中。除对员工的工作年限做出要求外,适当控制员工持股比例,这也是一个重要的方面。只有坚持长期导向的激励原则,才有可能正确地充分发挥这一制度的激励效用。

新时期推进员工持股制度,是一项具有深刻的理论背景和重要现实意义的制度创新,需要不断的理论探索和实践摸索。基于上述的研究,我们主要得出以下三点结论:

第一,员工持股制度,其本质是一种激励性制度安排。这一制度的进步意义，主要在于它能够通过提高员工的积极性而带来企业未来的、可持续的价值增值收益，从而对企业中长期发展起到稳定作用。一个企业是否实行员工持股制度，关键取决于这一制度手段能否适应发展生产力的客观要求以及是否有助于激发企业的活力和员工的创造力。只要是一个企业在发展中确实需要给予员工较多激励，即提高对员工的激励水平有助于显著增强该企业活力，此时，企业就可以考虑实行员工持股制度。

第二，世界主要发达国家在发展员工持股方面各自有其相对成熟的制度理念作支撑，也各自形成了相对完整的制度体系，而我国引入员工持股制度，主要是将其作为转型经济阶段改革国有企业的一种手段。由于缺乏顶层设计和统一思路，我国的企业员工持股实践处于"摸着石头过河"的阶段，出现了数次反复，这一制度的应有潜力，没有得到充分的发掘与释放。迄今为止，我国企业员工持股遇到的问题表现为理念和执行两个不同层面的问题。一方面，制度理念不成熟和法律制度体系不完善，导致了企业容易操作违规或制度执行成本高的问题；另一方面，是制度执行层面的，因激励不当而导致分配不公、激励不足或没有发挥应有激励作用的问题。新时期，我们推进企业员工持股制度，应汲取前些年实践的经验和教训，系统研究我国员工持股制度的理论基础和政策框架，在推行前要有一个比较系统的制度设计、完善配套法律法规体系的安排，既要有规范、引导性的政策，也要有支持性的政策。

第三，在具体实践过程中，应按照国有企业功能定位和规模大小区别对待，分类指导，有序推进。一般而言，一般商业性国有企业，比其他类型的国有企业，更适宜推行员工持股制度；员工的人力资本对企业竞争力影响越显著的国有企业，比其他国有企业，更适宜推行员工持股制度；已经发展了混合所有制的国有企业，比其他国有企业，更适宜推行员工持股制度。在具体方案设计时，要坚持激励相容、增量分享与长期导向这三项基本原则。

主要参考文献

导论

伯利和米恩斯:《现代公司与私有财产》(中译本),商务印书馆2005年版。
池本正纯:《企业家的秘密》(中译本),辽宁人民出版社1985年版。
德鲁克:《革新和企业家精神》(中译本),上海翻译出版公司1988年版。
德姆塞茨:《竞争的经济、法律和政治维度》(中译本),上海三联书店1992年版。
弗雷德·威斯通等:《兼并、重组与公司控制》(中译本),经济科学出版社1998年版。
高鸿业:《西方经济学》,中国经济出版社1996版。
高鸿业、吴易风:《现代西方经济学》,经济科学出版1998年版。
高良谋:"试行企业经营者年薪制存在的主要问题",《中国工业经济》1997年第4期。
奥利弗·哈特:《企业、合同与财务结构》(中译本),上海人民出版社1998年版。
何涌:"企业家理论及其对发展中经济的适用性",《经济研究》1994年第7期。
黄群慧:"西方经济理论中企业家角色的演进和消失",《经济科学》1999年第1期。
雷恩:《管理思想史》(中译本),中国社会科学出版社1986年版。
梁波斯基:《外国经济史(资本主义时代)》(中译本),三联书店1962年版。
林毅夫等:《充分信息与国有企业改革》,上海三联出版社1997年版。
刘国光:《刘国光选集》,山西人民出版社1996年版。
刘芍佳、李骥:"超产权论与企业业绩",《经济研究》1998年第8期。
刘述意、高粮:《企业家理论和实践》,经济管理出版社1988年版。
钱德勒:《看得见的手——美国企业的管理革命》(中译本),商务印书馆1987年版。
钱颖一:"企业理论",载汤敏、茅于轼主编:《现代经济学前沿专题(第一集)》,商务印书馆 1989 年版。

芮明杰、袁安照:《现代公司理论与运行》,山东人民出版社 1998 年版。

单伟建:"交易成本经济学得理论、应用及偏颇",载汤敏、茅于轼主编:《现代经济学前沿专题(第一集)》,商务印书馆 1989 年版。

舒尔茨:《论人力资本投资》(中译本),北京经济学院出版社 1990 年版。

孙继伟:"经济学与管理学的区别",《经济学家》1998 年第 3 期。

泰勒尔:《产业组织理论》(中译本),中国人民大学出版社 1997 年版。

吴云:"西方激励理论的历史演进及其启示",《学习与探索》1996 年第 6 期。

肖耿:《产权与中国的经济改革》,中国社会科学出版社 1997 年版。

《新帕尔格雷夫经济学大辞典》(中译本),经济科学出版社 1992 年版。

许成钢:"给你一把钥匙去开启厂商理论的门",《经济社会体制比较》1996 年第 4 期。

徐传谌:《论企业家的行为激励与约束机制》,经济科学出版社 1997 年版。

亚当·斯密:《国民财富的性质和原因的研究》(中译本),商务印书馆 1992 年版。

杨小凯:"企业理论的新发展",《经济研究》1994 年第 7 期。

张春霖:《企业组织与市场体制》,上海三联书店 1991 年版。

张军:"国企改革与经济学家的作用",《中国经济时报》1998 年 9 月 2 日。

张军:《中国过渡经济学导论》,立信会计出版社 1996 年版。

张培刚:《微观经济学的产生和发展》,湖南人民出版社 1997 年版。

张维迎:"造就真正的企业家",载刘述意、高粮主编:《企业家理论和实践》,经济管理出版社 1988 年版。

张维迎(1995a):《企业的企业家——契约理论》,上海三联书店 1995 年版。

张维迎(1995b):"从现代企业理论看国有企业改革",《改革》1995 年第 1 期。

张维迎:"博弈论和信息经济学",上海三联出版社 1996 年版。

周惠中:"经济激励和经济改革",载汤敏、茅于轼主编:《现代经济学前沿专题(第二集)》,商务印书馆 1993 年版。

周叔莲:"时代在呼唤企业家",载刘述意、高粮主编:《企业家理论和实践》,经济管理出版社 1988 年版。

周叔莲、闵建蜀:《论企业家精神》,经济管理出版社 1989 年版。

周振华:《企业改制》,上海人民出版社 1995 年版。

朱东平:《从现代企业理论看所有制与效率》,上海财经大学出版社 1995 年版。

Aghion, P. and Bolton, P., "An 'Incomplete Contracts' Approach to Financial

Contracting", *Review of Economic Studies*, 1992 (59).

Alchian, A. and Demesetz, H., "Production, Information Costs, and Economic Organization", *The American Economic Review*, 1972 (62).

Baumol, W.J., *Business Behavior, Value and Growth*, New York: Macmillan Company, 1959.

Baumol, W. J., "Entrepreneurship in Economic Theory", *The American Economic Review*, 1968 (2).

Baumol, W. J., "Entrepreneurship: Productive, Unproductive, and Destructive", *Journal of Political Economy*, 1990 (5).

Casson, M., *The Entrepreneur: An Economic Theory*. Oxford: Martin Robertson,1982.

Coase, R., "The Nature of the Firm", *Economica*, 1937 (4).

Fama, Eugene and Michael Jensen, "Separation of Ownership and Control", *Journal of Law and Economics*, 1983, Vol 26.

Grossman, S. and O. Hart, "The Costs and Benefits of Ownership: A Theory of Vertical and Lateral Integration", *Journal of Political Economy*, 1986, Vol.94.

Hart, O. and Moore, B., "Property Rights and the Nature of Ownership", *Journal of Political Economy*, 1990 (98).

Highfield, Richard and Smiley, Robert, "New Business Stars and Economic Activity: An Empirical Investigation", *International Journal of Industrial Organization*, 1987 (5).

Jensen, M. and Meckling, "Theory of the Firm: Managerial Behavior, Agency Costs, and Ownership Structure", *Journal of Financial Economics*, 1976 (3).

Kizner, Israel M., *Competition and Entrepreneurship*, Chicago and London: The University of Chicago, 1973.

Klein, B., Crawford, R. and Alchian, A., "Vertical Integration, Appropriable Rents and the Competitive Contracting Process", *Journal of Law and Economics*, 1978, Vol. 21.

Knight, Frank, *Risk, Uncertainty, and Profit*, New York: A.M. Kelly, 1921.

Leibenstein, Harvey, "Entrepreneurship and Development", *The American Economic Review*, 1968 (2).

Lentz, Berbard F. and Laband, David, N., "Entrepreneurial Success and Occupational Inheritance among Proprietors", *Canadian Journal of Economics*, 1990 (3).

Marris, R., *The Economic Theory of "Managerial" Capitalism*, London: Macmillan

Company, 1964.

Ross, S., "The Economic Theory of Agency: The Principal's Problem", *The American Economic Review*, 1973（63）.

Schumpeter, J. A., *The Theory of Economic Development*, Harvard University Press, Cambridge, 1934.

Spence, M. and R. Zechhauser, "Insurance, Information and Individual Action," *The American Economic Review (Papers and Proceedings)*, 1971（61）.

Williamson, O. E., *The Economics of Discretionary Behavior: Managerial Objectives in a Theory of the Firm*, Englewood Cliffs, NJ: Prentice Hall Press, 1964.

Williamson, Oliver E., *Markets and Hierarchies: Analysis and Antitrust Implications*, New York: The Free Press, 1975.

Williamson, Oliver E., "Transaction Cost Economics: The Governance of Contractual Relations", *Journal of Law and Economics*, 1979（22）.

Williamson, Oliver E., "The Modern Corporation: Origins, Evolution, Attributes", *Journal of Economics Literature*, Vol. XIX（Dec. 1981）.

Williamson, Oliver E., *The Economic Institutions of Capitalism*, New York: The Free Press, 1985.

Wilson, R., "The Structure of Incentive for Decentralization under Uncertainty", *La Decision*, 1969（171）.

Varian, Hal R., *Microeconomic Analysis*, Third Edition, New York: W.W. Norton & Company, 1992.

第1章

阿尔特曼等:《管理科学与行为科学（上）》（中译本），北京航天航空大学出版社1990年版。

阿马蒂亚·森:"经济行为和道德情感"，中译文载《经济学动态》1996年第8期。

贝克尔、斯蒂格勒:"执法、渎职和执法者补偿"，中译文载《经济译文》1993年第2期。

陈佳贵:《市场经济与企业经营（修订版）》，经济管理出版社1997年版。

冯根福:"西方国家公司经理行为的约束与激励机制比较研究"，《当代经济科学》1998年第6期。

奥利弗·哈特:"公司治理:理论和启示",中译文载《经济学动态》1996年第6期。
黄群慧、张艳丽:"国有企业改革中的'激励空缺'问题初探",《经济研究》1995年第8期。
黄泰岩、郑江淮:"卡森企业家理论述评",《经济学动态》1997年第8期。
卡森:"企业家",载《新帕尔格雷夫经济学大辞典》(中译本),经济科学出版社1992年版。
科斯等:《财产权利与制度变迁》(中译本),上海三联书店1995年版。
科特勒:《市场营销管理》(中译本),上海人民出版社1996年版。
拉卡托斯:《科学研究纲领方法论》(中译本),上海译文出版社1986年版。
刘世锦:《经济体制效率分析导论》,上海三联书店1993年版。
刘小玄:"现代企业的激励机制:剩余支配权",《经济研究》1996年第6期。
刘正周:"管理激励与激励机制",《管理世界》1996年第5期。
马歇尔:《经济学原理》(中译本),商务印书馆1965年版。
钱颖一:"激励理论的新发展与中国的金融改革",《经济社会体制比较》1997年第6期。
舒尔茨:《论人力资本投资》(中译本),北京经济学院出版社1990年版。
孙彤:《组织行为学》,中国物资出版社1986年版。
泰勒尔:《产业组织理论》(中译本),中国人民大学出版社1997年版。
西蒙:《现代决策理论的基石》(中译本),北京经济学院出版社1989年版。
杨晓维:"渎职的经济分析",《经济研究》1994年第1期。
俞克纯、沈迎选:《激励·活力·凝聚力——行为科学的激励理论与群体行为理论》,中国经济出版社1988年版。
于立、王询:《当代西方产业经济学》,东北财经大学出版社1996年版。
张春霖:《企业组织与市场体制》,上海三联书店1991年版。
张军:《现代产权经济学》,上海三联书店1994年版。
张曙光:"腐败与贿赂的经济分析",《中国社会科学季刊》(香港)1994年第1卷。
张维迎:《博弈论和信息经济学》,上海三联出版社1996年版。
张雄:《市场经济中的非理性世界》,立信会计出版社1995年版。
张宇燕:《经济发展与制度选择》,中国人民大学出版社1992年版。
赵耀增:"西方公司治理结构争论中的几个理论观点",《经济学动态》1998年第10期。

郑江淮、袁国良:"非均衡经济中的企业家行为——论舒尔茨的企业家理论",《中国人民大学学报》1998年第2期。

周惠中:"经济激励和经济改革",载汤敏、茅于轼主编:《现代经济学前沿专题(第二集)》,商务印书馆1993年版。

祝足、黄培清、郑伟军:"容忍作为控制手段及其它",《经济研究》1998年第9期。

Alderfer, C. P., *Existence, Relatedness, and Growth*, New York: The Free Press, 1972.

Barreto, Humberto, *The Entrepreneur in Microeconomic Theory: Disappearance and Explanation*, London and New York: Routledge, 1989.

Baumol, W. J., "Entrepreneurship: Productive, Unproductive, and Destructive", *Journal of Political Economy*, 1990（5）.

Fama, E, "Agency Problem and the Theory of the Firm", *Journal of Political Economy*, 1980（88）.

Hart, O., "The Market Mechanism as an Incentive Scheme", *Bell Journal of Economics*, 1983（74）.

Herzberg, F., *The Motivation to Work*, New York: Wiley Press, 1959.

Holmstrom, B., "Moral Hazard and Observability", *Bell Journal of Economics*, 1979（10）.

Holmstrom, B., "Managerial Incentive Problem — A Dynamic Perspective", in *Essays in Economics and Management in Honor of Lars Wahlbeck*, Helsinki: Swedish School of Economics, 1982.

Jensen, M. and Meckling, "Theory of the Firm: Managerial Behavior, Agency Costs, and Ownership Structure", *Journal of Financial Economics*, 1976（3）.

Kao, John J., *The Entrepreneur*, New Jersey: Prentice Hall, 1991.

Maslow, A. H., *Motivation and Personality*, 2nd ed., New York: Harper & Row, 1954.

McClelland, D. C., *The Achieving Society*, Princeton: Van Nostrand Reinhold, 1961.

Milgrom, P. and J. Roberts, "Economics, Organization & Management", Prentice Hall, 1992.

Mirrlees, J., "Notes on Welfare Economics, Information and Uncertainty", in M. Balch, D. McFadden and S.-Y. Wu, eds., *Essays on Economic Behavior under Uncertainty*, North-Holland, Amsterdam, 1974.

Mirrlees, J., "The Optimal Structure of Authority and Incentives within an Organization", *Bell Journal of Economics*, 1976（7）.

Ross, S., "The Economic Theory of Agency: The Principal's Problem", *The American

Economic Review, 1973（63）.

Spence, M. and R. Zechhauser, "Insurance, Information and Individual Action", *The American Economic Review (Papers and Proceedings)*, 1971（61）.

Williamson, Oliver E., *Markets and Hierarchies: Analysis and Antitrust Implications*, New York: The Free Press, 1975.

第 2 章

奥利弗·哈特："公司治理：理论和启示"，中译文载《经济学动态》1996 年第 6 期。

陈佳贵：《现代大中型企业改革与发展》，经济管理出版社 1996 年版。

费方域："什么是公司治理？"，《上海经济研究》1996 年第 5 期。

何玉长：《国有公司产权结构与治理》，上海财经大学出版社 1997 年版。

黄群慧、张艳丽："企业制度创新、技术创新及管理创新的关系"，《改革》1997 年第 5 期。

刘芍佳、李骥："超产权论与企业业绩"，《经济研究》1998 年第 8 期。

梅慎实：《现代公司机关权力构造论——公司治理结构的法律分析》，中国政法大学出版社 1996 年版。

诺斯：《制度、制度变迁与经济绩效》（中译本），上海三联书店 2006 年版。

钱颖一：《中国的公司治理结构改革和融资改革》，载青木昌彦、钱颖一主编：《转轨经济中的公司治理结构》，中国经济出版社 1995 年版。

思拉恩·埃格特森：《新制度经济学》（中译本），商务印书馆 1996 年版。

王珺："论转轨时期国有企业经理行为与治理途径"，《经济研究》1998 年第 9 期。

王俊豪：《英国政府管制体制改革研究》，上海三联书店 1998 年版。

吴敬琏：《大中型企业改革：建立现代企业制度》，天津人民出版社 1993 年版。

许成钢："给你一把钥匙去开启厂商理论的门"，《经济社会体制比较》1996 年第 4 期。

许成钢："中译本序言"，载哈特：《企业、合同与财务结构》，上海三联书店 1998 年版。

张维迎：《企业的企业家——契约理论》，上海三联书店 1995 年版。

张维迎："全球微观经济机制的调整与中国的选择"，《国际经济评论》1998 年第 1—2 期。

Baumol, W. J., "Entrepreneurship: Productive, Unproductive, and Destructive",

Journal of Political Economy, 1990, 98（5）.

Beesley, M. E. and Littlechild, S., "Principles, Problems, and Priorities", *Lloyds Bank Review*, 1994.

Grossman, S. and O. Hart, "The Costs and Benefits of Ownership: A Theory of Vertical and Lateral Integration", *Journal of Political Economy*, Vol. 94, 1986.

Sarkar, Jayati and Sarkar, Subrata, "Does Ownership Always Matter? — Evidence from the Indian Banking Industry", *Journal of Comparative Economics*, June 1998, 26（2）.

Tittenbrun, Jack, *Private versus Public Enterprises*, London: Janus Publishing Company, 1996.

第3章

常兴华："国外企业年薪制评介"，《经济研究参考》1998年第20期。

陈佳贵：《现代大中型企业改革与发展》，经济管理出版社1996年版。

方竹兰："人力资本所有者拥有企业所有权是一个趋势"，《经济研究》1997年第11期。

冯根福："西方国家公司经理行为的约束与激励机制比较研究"，《当代经济科学》1998年第6期。

高良谋："试行企业经营者年薪制存在的主要问题"，《中国工业经济》1997年第4期。

哈特：《企业、合同与财务结构》（中译本），上海人民出版社1998年版。

韩智华、边永民："建立上市公司高级管理人员持股制"，《中国证券报》1999年1月25日。

黄速建："关于建立高层经理人员激励与约束机制的有关问题"，《中国工业经济》1999年第1期。

理查德·纳尔森、悉尼·温特：《经济变迁的演化理论》（中译本），商务印书馆1997年版。

李国津："企业导向经济学述评"，《经济学动态》1996年第1期。

李江宁："经营者持大股现象利弊分析"，《经济学消息报》1998年12月18日。

李鸣、刘小腊："'人力资产'的三次扬弃"，《经济学消息报》1997年10月31日。

刘可为："从山西票号的衰亡探析企业的经营与制度创新"，《管理世界》1997年第4期。

刘湘丽:"日本的经营者激励机制",《经济管理》1999年第2期。
刘小玄、郑京海:"国有企业效率的决定因素:1985—1994",《经济研究》1998年第1期。
刘翌:"西方企业家人力资本及其开发利用的理论与实践",《外国经济与管理》1997年第5期。
毛为:《经理革命》,中国城市出版社1998年版。
钱勇:"人力资本与产权制度改革",《经济学消息报》1997年10月31日。
青木昌彦:《日本经济中的信息、激励与谈判》(中译本),商务印书馆1994年版。
孙经纬(1997a):"西方学者论企业激励机制",《外国经济与管理》1997年第1期。
孙经纬(1997b):"国有企业经营者激励报酬的设计问题",《外国经济与管理》1997年第3期。
泰勒尔:《产业组织理论》(中译本),中国人民大学出版社1997年版。
田志龙等:"我国股份公司治理结构的一些基本特征研究——对我国百家股份公司的实证分析",《管理世界》1998年第2期。
王珺:"论转轨时期国有企业经理行为与治理途径",《经济研究》1998年第9期。
翁君弈:"支薪制与分享制的比较",《经济社会体制比较》1996年第5期。
吴家骏:"中日企业比较研究",《经济工作者学习资料》1992年第3—4期。
忻文、尚列:"国有资产流失的制度基础",《战略与管理》1996年第2期。
徐传谌:《论企业家的行为激励与约束机制》,经济科学出版社1997年版。
张军:"管理时代的经济学",《经济学消息报》1998年10月2日。
张维迎(1996a):《博弈论和信息经济学》,上海三联出版社1996年版。
张维迎(1996b):"所有权、治理结构及委托代理关系",《经济研究》1996年第9期。
张正明:《山西工商业史拾掇》,山西人民出版社1987年版。
中国企业家调查系统:"当前我国企业经营者对激励与约束问题看法的调查——1997年中国企业经营者成长与发展专题调查报告",《管理世界》1997年第4期。
中国企业家调查系统:"素质与培训:变革时代的中国企业经营管理者",《管理世界》1998年第4期。
周其仁:"市场中的企业:一个人力资本与非人力资本的特别契约",《经济研究》1996年第6期。

邹东涛等:"低效运营 负债沉重:制约国企的主要问题——试点企业资产和经营状况分析",《中国改革》1997 年第 3 期。

Grossman, S. and O. Hart, "An Analysis of the Principal-Agent Problem", *Econometrica*, 1983（51）.

Hall, Brian and Liebman, Jeffery, "Are CEOS Really Paid Like Bureaucrats?", *Quarterly Journal of Economics*, August 1998.

Jensen, Michael C. and Kevin J. Murphy, 1990a, "CEOs Incentives — It's Not How Much You Pay, But How", *Harvard Business Review*, May – June, 1990.

Jensen, Michael C. and Kevin J. Murphy, 1990b, "Performance Pay and Top-Management Incentives", *Journal of Political Economy*, XCVIII, 1990.

Kaplan and Minton, "Appointment of Outsiders to Japanese Boards Determinants and Implications for Managers", *Journal of Financial Economics*, 1994（36）.

Milgrom, P. and J. Roberts, "Economics, Organization & Management", Prentice Hall, 1992.

Mirrlees, J., "Notes on Welfare Economics, Information and Uncertainty", in M. Balch, D. McFadden and S.-Y. Wu, eds., *Essays on Economic Behavior under Uncertainty*, Amsterdam: North-Holland, 1974.

Rosen, Sherwin, "Contracts and the Market for Executives", in Lars Werin and Hans Wijkander, eds., *Contract Economics*, Cambridge, MA: Blackwell, 1992.

Schmidt, K. and M. Schnitzer, "Privatization and Management Incentives in the Transition Period in Eastern Europe." *Journal of Comparative Economics*, 17（2）, 1993.

Stigle, G. and C. Friedman, "The Literature of Economics, the Case of Berle and Means", *Journal of Law and Economics*, 1983（26）.

Stiglitz T. E., *Economics*, New York: W. W. Norton & Company, 1993.

第 4 章

奥利弗·哈特:"公司治理:理论和启示",中译文载《经济学动态》1996 年第 6 期。

奥利弗·哈特:《企业、合同与财务结构》(中译本),上海人民出版社 1998 年版。

伯格洛夫:《转轨经济中的公司治理结构:理论及其政策含义》,载青木昌彦、钱颖一主编:《转轨经济中的公司治理结构》,中国经济出版社 1995 年版。

曹正汉:"传统公有制经济中的产权界定规则:控制权界定产权",《经济科学》1998年第3期。
崔之元:"美国二十九州公司法之变革的理论背景",《经济研究》1996年第4期。
邓荣霖:《现代企业制度概论》,中国人民出版社1995年版。
范健、蒋大兴:"公司经理权法律问题比较研究",《南京大学学报(哲学·人文·社会科学)》1998年第3期。
费方域:"控制内部人控制——国企改革中的治理机制研究",《经济研究》1996年第6期。
何玉长:《国有公司产权结构与治理》,上海财经大学出版社1997年版。
黄运成:"股份公司法人治理结构比较研究",《经济学动态》1996年第10期。
林忠:"美、日、德三国公司治理结构比较",《经济研究资料》1995年第6期。
刘世锦:"'新国企'为什么能够成功",《经济研究》1997年第11期。
卢昌崇:"公司治理结构及新、老三会关系论",《经济研究》1994年第11期。
茅宁:"美、日、德三国企业治理结构比较研究",《外国经济与管理》1997年第8期。
梅慎实:"关于完善股东表决权机制的探讨",《中国工业经济》1996年第5期。
钱颖一:"企业理论",载汤敏、茅于轼主编:《现代经济学前沿专题(第一集)》,商务印书馆1989年版。
钱颖一:《中国的公司治理结构改革和融资改革》,载青木昌彦、钱颖一主编:《转轨经济中的公司治理结构》,中国经济出版社1995年版。
青木昌彦、钱颖一:《转轨经济中的公司治理结构》,中国经济出版社1995年版。
吴敬琏:《大中型企业改革:建立现代企业制度》,天津人民出版社1993年版。
吴淑琨、柏杰、席酉民:"董事长与总经理两职的分离与合———中国上市公司的实证分析",《经济研究》1998年第8期。
吴淑琨、席酉民:"基于监控主体的公司治理模式探讨",《中国工业经济》1998年第9期。
吴淑琨、席酉民:"公司治理模式探讨",《经济学动态》1999年第1期。
杨瑞龙、周业安:"一个关于企业所有权安排的规范性分析框架及其理论含义",《经济研究》1997年第1期。
杨瑞龙、周业安:"论利益相关者合作逻辑下的企业共同治理机制",《中国工业经济》1998年第1期。
银温泉:"美国、日本和德国的公司治理结构制度比较",《改革》1994年第3期。
约翰·凯、奥伯利·西尔伯斯通:"关于'利益相关者'的争论",中译文载《经济社会体制比较》1996 年第 6 期。
曾德明:"西方国家公司治理机制的比较研究",《经济学动态》1998 年第 5 期。
张春霖:"从融资角度分析国有企业的治理结构改革",《改革》1995 年第 3 期。
张维迎:《企业的企业家——契约理论》,上海三联书店 1995 年版。
张维迎:"所有权、治理结构及委托代理关系",《经济研究》1996 年第 9 期。
郑红亮:"公司治理理论与中国国有企业改革",《经济研究》1998 年第 10 期。
周其仁:"'控制权回报'和'企业家控制的企业'——'公有制经济'中企业家人力资本产权的案例研究",《经济研究》1997 年第 5 期。
周叔莲、陈佳贵:《市场经济与现代企业制度》,经济管理出版社 1994 年版。
Aghion, Philippe and Jean Tirole, "Formal and Real Authority in Organization", *Journal of Political Economy*, February 1997.
Blair, Margaret, *Ownership and Control: Rethinking Corporate Governance for the 21 Century*, Washington: Brookings Institution, 1995.
Fama, Eugene and Michael Jensen, "Separation of Ownership and Control", *Journal of Law and Economics*, 1983, Vol. 26.
Grossman, S. and O. Hart, "The Costs and Benefits of Ownership: A Theory of Vertical and Lateral Integration", *Journal of Political Economy*, 1986, Vol. 94.
Milgrom, P. and J. Roberts, *Economics, Organization & Management*, Prentice Hall, 1992.
Moerland, P. W., "Alternative Disciplinary Mechanisms in Different Corporate Systems", *Journal of Economic Behavior and Organization*, 1995 (26).

第 5 章

阿马蒂亚·森:"经济行为和道德情感",中译文载《经济学动态》1996 年第 8 期。
戴维斯·扬:《创建和维护企业的良好声誉》(中译本),上海译文出版社 1997 年版。
黄群慧、张艳丽:"国有企业代理阶层的'激励空缺'问题初探",《经济研究》1995 年第 8 期。
卢现祥:"外国"道德风险"理论",《经济学动态》1995 年第 11 期。
泰勒尔:《产业组织理论》(中译本),中国人民大学出版社 1997 年版。
王新新:"声誉管理理论及其发展",《经济学动态》1998 年第 2 期。
许列:"刘永好:做企业是一种享受",《南方周末》1999 年 3 月 5 日。

俞文钊:《中国的激励理论及其模式》,华东师范大学出版社 1993 年版。

张维迎:《博弈论与信息经济学》,上海三联书店 1996 年版。

中国企业家调查系统:"素质与培训:变革时代的中国企业经营管理者",《管理世界》1998 年第 4 期。

Casson, M., "The Economics Business Culture", Clarendon Press, 1991.

Fama, E., "Agency Problem and the Theory of the Firm", *Journal of Political Economy*, 1980（88）.

Gibbons, R. and Murphy, K. J., "Relative performance evaluation for chief executive officers", *Industrial and Labor Relations Review*, 1990（43）.

Holmstrom, B., "Managerial Incentive Problem—A Dynamic Perspective", in *Essays in Economics and Management in Honor of Lars Wahlbeck*, Helsinki: Swedish School of Economics, 1982.

Kreps, D. M., "Corporate Culture and Economic Theory", in *Perspectives on Positive Political Economy*, New York and Melbourne: Cambridge University Press, 1990.

Kreps, D. and R. Wilson, "Reputation and Imperfect Information", *Journal of Economic Theory*, 1982（27）.

Milgrom, P. and J. Roberts, "Predation, Reputation, and Entry Deterrence", *Journal of Economic Theory*, 1982（27）.

Milgrom, P. and J. Roberts, *Economics, Organization & Management*, Prentice Hall, 1992.

第 6 章

奥利弗·哈特:"公司治理:理论和启示",中译文载《经济学动态》1996 年第 6 期。

奥利弗·哈特:《企业、合同与财务结构》(中译本),上海人民出版社 1998 年版。

彼得·圣吉:《第五项修炼》(中译本),上海三联书店 1996 年版。

德姆塞茨:《竞争的经济、法律和政治维度》(中译本),上海三联书店 1992 年版。

段文斌:"代理理论与资本结构理论的融合趋向",《南开经济研究》1998 年第 3 期。

弗雷德·威斯通等:《兼并、重组与公司控制》(中译本),经济科学出版社 1998 年版。

郭剑英:"三种价格形式所占比重及其变化",《中国物价》1995 年第 11 期。

国务院发展研究中心课题组:"实现国有经济的战略性改组",《改革》1997年第5期。

贺阳:"中国的发展有赖于一大批真正的企业家的崛起",《中国工业经济》1996年第9期。

黄桂田、张绍炎:"制度短缺与激励的失效",《经济理论与经济管理》1998年第4期。

黄泰岩、郑江淮:"企业家行为的制度分析",《中国工业经济》1998年第2期。

理查德·纳尔森、悉尼·温特:《经济变迁的演化理论》(中译本),商务印书馆1997年版。

李山、李稻葵:"企业兼并与资本结构的理论分析及政策建议",《改革》1998年第1期。

李绍光:"我国市场发育中的自增强现象",《经济研究》1996年第4期。

林毅夫等:《充分信息与国有企业改革》,上海三联出版社1997年版。

刘世锦:"资本市场发展:能否成为国有企业转轨的重要突破口",《改革》1997年第4期。

罗杰·弗朗茨:《X效率:理论、论据和应用》(中译本),上海译文出版社1993年版。

吕景峰:"债权的作用与我国国有企业治理结构的改进",《经济科学》1998年第3期。

钱颖一:《企业理论》,载汤敏、茅于轼主编:《现代经济学前沿专题(第一集)》,商务印书馆1989年版。

芮明杰、赵春明:"外部经理市场对国有企业的影响及对策",《中国工业经济》1997年第2期。

世界银行政策研究报告:《官办企业问题研究——国有企业改革的经济学和政治学》,中国财政经济出版社1997年版。

石磊:"代理制企业的竞争与隐性激励",《上海社会科学院学术季刊》1997年第1期。

泰勒尔:《产业组织理论》(中译本),中国人民大学出版社1997年版。

唐宗焜:"不完全资本市场的功能残缺",《改革》1997年第4期。

沃尔德罗普:《复杂——诞生于秩序与混沌边缘的科学》(中译本),北京三联书店1997年版。

《新帕尔格雷夫经济学大辞典》(中译本),经济科学出版社1992年版。

亚当·斯密:《国民财富的性质和原因的研究》(中译本),商务印书馆1992

年版。

阎伟:"国有企业经理道德风险程度的决定因素",《经济研究》1999年第2期。

郁光华:"比较公司管理制度研究的政策意义",《经济研究》1996年第10期。

张春霖(1997a):"破产程序的经济学分析",《经济社会体制比较》1997年第1期。

张春霖(1997b):"国有企业改革与国家融资",《经济研究》1997年第4期。

张春霖(1997c):"国家融资与国有企业的领导班子问题",《经济社会体制比较》1997年第3期。

张春霖(1997d):"从破产、兼并试点看国有企业改革",《改革》1997年第4期。

张维迎(1998a):"控制权丧失的不可弥补性与国有企业兼并中的产权障碍",《经济研究》1998年第7期。

张维迎(1998b):"全球微观经济机制的调整与中国的选择",《国际经济评论》1998年第1—2期。

赵国庆:"我国企业家职业化的障碍分析",《中国工业经济》1997年第4期。

中国企业家调查系统:"现阶段我国企业经营者的职业流动与职业化取向——1996年中国企业家成长与发展专题调查报告",《管理世界》1996年第3期。

中国企业家调查系统:"当前我国企业经营者对激励与约束问题看法的调查——1997年中国企业经营者成长与发展专题调查报告",《管理世界》1997年第4期。

中国企业家调查系统:"素质与培训:变革时代的中国企业经营管理者",《管理世界》1998年第4期。

朱民等:《企业金融结构之秘——现代企业金融结构理论简介》,载汤敏、茅于轼主编:《现代经济学前沿专题(第一集)》,商务印书馆1989年版。

Aghion, P. and Bolton, P., "An 'Incomplete Contracts' Approach to Financial Contracting", *Review of Economic Studies*, 1992 (59).

Arthur, W. Brain, "Self-Rein forcing Mechanism in Economics", in Philip W. Anderson, Kenneth J. Arrow and David Pines (eds), *The Economy as Evolving Complex System*, Addison Wesley Publish Company, 1988.

Barros and Macho-Stadler, "Competition for Managers and Product Market Efficiency", *Journal of Economics & Management Strategy*, 1998, Vol. 7, No. 1.

Fama, E., "Agency Problem and the Theory of the Firm", *Journal of Political Economy*, 1980 (88).

Hamada, R. S., "Portfolio Analysis, Market Equilibrium and Corporate Finance",

Journal of Finance, 24 March, 1969.

Harris, M. and Raviv, A., "Corporate Governance: Voting Rights and Majority Rules", *Journal of Financial Economics*, 1988（20）.

Hart, O., "The Market Mechanism as an Incentive Scheme", *Bell Journal of Economics*, 1983（74）.

Holmstrom, B., "Managerial Incentive Problem——A Dynamic Perspective", in *Essays in Economics and Management in Honor of Lars Wahlbeck*, Helsinki: Swedish School of Economics, 1982.

Jensen, M. and Meckling, "Theory of the Firm: Managerial Behavior, Agency Costs, and Ownership Structure", *Journal of Financial Economics*, 1976（3）.

Leland, H. and D. Pyle, "Information Asymmetries, Financial Structure, and Financial Intermediation", *Journal of Finance*, 1977（32）.

Martin S., "Endogenous Firm Efficiency in a Cournot Principal-Agent Model", *Journal of Economic Theory*, 1993（59）.

Matutes, C., P. Regibeau and K. Rockett, "Compensation Schemes and Labor Market Competition: Piece Rate versus Wage Rate", *Journal of Economics & Management Strategy*, 1994（3）.

Modigliani and Miller, "The Cost of Corporation Finance and the Theory of Investment", *American Economic Review*, June, 1956（48）.

Ross, S., "The Determination of Financial Structure: The Incentive-Signalling Approach", *Bell of Financial Economics*, 1977（5）.

Scharfstein, D., "Product Market Competition and Managerial Slack", *Rand Journal of Economics*, 1988（19）.

Spence, "Entry, Capacity, Investment and Oligopolistic Pricing," *Bell Journal of Economics*, 1977.

Stiglitz, J. E., "On the Irrelevance of Corporate Financial Policy", *American Economic Review*, June, 1974（68）.

Stulz, Rene, "Managerial Control of Voting Rights: Financing Policies and the Market for Corporate Control", *Journal of Financial Economics*, 1988（20）.

第7章

华民:《世界主要国家国有企业概览》,上海译文出版社1994年版。

黄群慧:"企业高层经理人员的激励与约束问题",《经济管理》1999年第1期。
蒋一苇:《我的经济改革观》,经济管理出版社1993年版。
金碚:"再论国有企业是特殊企业",《中国工业经济》1999年第3期。
罗必良:"国有企业:一种政策工具",《经济学消息报》1997年2月21日。
世界银行政策研究报告:《官办企业问题研究——国有企业改革的经济学和政治学》,中国财政经济出版社1997年版。
苏刚:"如何推进企业领导制度改革",《经济学消息报》1999年5月9日。
唐萍:"财务总监委派制的可行性研究",《经济研究》1999年第1期。
于立:"谁是企业的'一把手'",《经济学消息报》1999年5月9日。
张小宁:"分享制企业激励制度比较——利润分成、员工持股、EVA、分配权等的比较",《中国工业经济》2003年第10期。
朱懋光、张久达:《外国国有企业管理与效率》,改革出版社1993年版。

第11章

陈奥:"国资委:中国特色现代国有企业制度建设取得突破性进展",新华网,2019年9月19日, http://news.xinhua08.com/a/20190919/1889609.shtml。
陈佳贵:"从'企业本位论'到'经济民主论'——蒋一苇同志关于经济体制改革的主要学术观点介绍",《经济体制改革》1989年第1期。
董志凯:"由'拨改贷'到'债转股'——经济转型中企业投融资方式变迁(1979—2015)",《中国经济史研究》2016年第3期。
蒋一苇:"企业本位论",《中国社会科学》1980年第1期;
金碚、黄群慧:"'新型国有企业'现象初步研究",《中国工业经济》2005年第6期。
黄群慧:"破除混合所有制改革的八个误区",《经济日报》2017年8月4日。
黄群慧:"'新国企'是如何炼成的——中国国有改革40年回顾",《中国经济学人》(英文版)2018年第1期。
黄群慧(2021a):"新时代深化国有企业改革向何处发力",《经济日报》2021年1月15日。
黄群慧(2021b):《中国国有经济报告(2021)》,社会科学文献出版社2021年版。
黄群慧、戚聿东等:《中国国有企业改革40年研究》,广东经济出版社2019年版。

黄群慧、余菁:"新时期新思路:国有企业分类改革与治理",《中国工业经济》2013年第11期。

刘丽靓、康书伟:"《中央企业高质量发展报告》:十八大以来中央企业户数从113家调整至96家",《中国证券报》,2019年11月2日,http://www.cs.com.cn/sylm/jsbd/201911/t20191102_5995158.html。

卢依季·L.帕西内蒂、罗伯特·斯卡其里:《资本悖论》,载《新帕尔格雷夫经济学大辞典(第二版)第一卷》(中译本),中国财经出版传媒集团、经济科学出版社2016年版。

罗江:"肖亚庆:央企公司制改革全面完成",新华网2019年3月27日。

吕政、黄速建:《中国国有企业改革30年研究》,经济管理出版社2008年版。

邵宁:"试论承包经营责任制在改革中的意义",《中国工业经济》1987年第6期。

邵宁:《启思录——邵宁文集》,中国经济出版社2019年版。

汪海波:"中国国有企业改革的实践进程(1997—2003年)",《中国经济史研究》2005年第3期。

吴敬琏等:"实现国有经济的战略性改组——国有企业改革的一种思路",《改革》1997年第5期。

谢伏瞻:《中国改革开放实践历程与理论探索》,中国社会科学出版社2021年版。

岳清唐:《中国国有企业改革发展史》,社会科学文献出版社2018年版。

张卓元:《中国经济学六十年》,中国社会科学出版社2011年版。

张卓元等:《中国经济学40年(1978—2018)》,中国社会科学出版社2018年版。

中国经济体制改革研究会编:《中国改革开放大事记(1978—2008)》,中国财政经济出版社2008年版。

中国社会科学院工业经济研究所:《中国工业发展报告(2013)》,经济管理出版社2013年版。

周叔莲:"关于蒋一苇同志的企业理论和企业'四自'的提法",《经济管理》1996年第6期。

第12章

常修泽:"打响'破垄'攻坚战——对中国垄断性行业改革的思考",《前线》2011年第10期。

陈佳贵、黄群慧:《中国工业化进程报告(1995—2010)》,社会科学文献出版社 2012 年版。
樊纲:"国有资产保值增值用途何在",《国际先驱导报》2005 年 2 月 22 日。
方栓喜:"国企:从现代企业制度到公共企业制度",《上海证券报》2012 年 5 月 21 日。
国家统计局课题组:"对国有经济控制力的量化分析",《统计研究》2001 年第 1 期。
黄建文:《国有企业改革的法律问题研究》,中国人民大学出版社 2003 年版。
黄群慧:《企业家的激励约束与国有企业改革》,中国人民大学出版社 2000 年版。
黄群慧:"关于进一步明确国有企业具体使命与定位的建议",《中国经贸导刊》2007 年第 18 期。
黄群慧:"新时期国有企业的使命与国企领导人的薪酬制度",《经济与管理研究》2008 年第 1 期。
黄群慧:"央企分类要适合国情",《光明日报》2015 年 1 月 8 日。
黄群慧、白景坤:《国企改革和国有经济战略性调整综述》,载《中国经济学年鉴 2012》,中国社会科学出版社 2013 年版。
黄速建、余菁:"国有企业的性质、目标与社会责任",《中国工业经济》2006 年第 2 期。
金碚:"国有企业的历史地位和改革方向",《中国工业经济》2001 年第 2 期。
金碚:《国有企业改革根本论》,北京出版社 2002 年版。
金碚:《中国企业竞争力报告(2004)》,社会科学文献出版社 2004 年版。
金碚、黄群慧:"'新型国有企业'现象初步研究",《中国工业经济》2005 年第 6 期。
剧锦文:"关于'新型国有企业'现象的思考",《经济参考报》2003 年 6 月 25 日。
剧锦文:"加大'改革滞后型国企'改革力度",《经济参考报》2004 年 3 月 6 日。
冷兆松:"'国进民退'主要分歧综述",《红旗文稿》2013 年第 1 期。
林凌:"中国加入 WTO 国企改革",《经济体制改革》2000 年第 6 期。
刘芍佳等:"终极产权论、股权结构及公司绩效",《经济研究》2003 年第 4 期。
刘世锦:"'新国企'为什么能够成功",《经济研究》1997 年第 11 期。
罗志荣(2013a):"国企改革——十年攻坚探出发展新路子",《企业文明》2013 年第 3 期。
罗志荣(2013b):"国资监管——十年探索构建新体制",《企业文明》2013 年第 3 期。

曼瑟尔·奥尔森:《集体行动的逻辑》(中译本),格致出版社 2011 年版。
荣兆梓:"国有资产管理体制进一步改革的总体思路",《中国工业经济》2012 年第 1 期。
邵宁:"关于国企改革发展方向的思考",《上海国资》2011 年第 18 期。
韦三水:"新国企群落诞生",BUSINESS.SOHU.COM,2003 年 7 月 11 日。
韦三水:"周明臣:戴着镣铐跳舞",BUSINESS.SOHU.COM,2004 年 10 月 20 日。
温源:"十年改革路,国企步铿锵",《光明日报》2013 年 5 月 14 日。
余菁:"走出国有企业理论纷争的丛林:一个关于国有企业目标、绩效和治理问题的综合分析",《中国工业经济》2008 年第 1 期。
岳清唐:《中国国有企业改革发展史》,社会科学文献出版社 2018 年版。
张文魁:"国企需要新一轮改革",《中国经济报告》2013 第 1 期。
张宇等:"如何看待国有企业的效率",《北京日报》2012 年 10 月 22 日。
中国国家统计局工业交通统计司:"2004 最新中国大型工业企业",中国统计出版社 2004 年版。
中国企业评价协会、北京先进时代文化研究院:《中国大型企业(集团)发展报告(2002—2003 年)》,中国财政经济出版社 2002 年版。
中国人民大学经济研究报告课题组:"国有企业的分类改革战略",《教学与研究》1998 年第 2 期。

第 13 章

陈佳贵:"产权明晰与建立现代企业制度",《中共中央党校学报》2000 年第 12 期。
陈佳贵等:《中国工业化进程报告(1995—2010)》,社会科学文献出版社 2012 年版。
陈林:"什么是国有资本经营预算制度",《求是》2014 年第 7 期。
陈艳利:"进一步深化国有资本经营预算制度的思考",《国有资产管理》2012 年第 6 期。
冯飞等:《深化垄断行业改革研究》,载"改革的重点领域与推进机制研究"课题组:《改革攻坚(上)——改革的重点领域与推进机制研究》,中国发展出版社 2013 年版。
高江虹:"国资委密集会商改革整体方案:'四项改革'试点启动",《21 世纪经济报道》2014 年 7 月 9 日。

韩丽华、潘明星:《政府经济学》,中国人民大学出版社2003年版。
黄群慧:"混合所有制改革要'上下结合'",《人民日报》2014年4月8日。
黄群慧等:"新时期中国企业员工持股制度研究",《中国工业经济》2014年第7期。
黄群慧、余菁:"新时期新思路:国有企业分类改革与治理",《中国工业经济》2013年第11期。
黄群慧、余菁:"界定不同国企的功能 推进分类治理与改革",《经济参考报》2014年7月15日。
黄速建:"中国国有企业混合所有制改革研究",《经济管理》,2014年第7期。
蒋一苇、唐丰义:"论国有资产的价值化管理",《经济研究》1991年第2期。
金碚、黄群慧:"'新型国有企业'现象初步研究",《中国工业经济》2005年第5期。
谢贞发、陈玲:"所有权、竞争、公司治理与国有企业改制绩效——一个荟萃回归分析",《珞珈管理评论》2012年第12期。
张文魁:《解放国企:民营化的逻辑与改革路径》,中信出版社2013年版。
赵昌文等:《国有资本管理制度改革研究》,载"推进经济体制重点领域改革研究"课题组:《改革攻坚(下)——推进经济体制重点领域改革研究》,中国发展出版社2013版。
周绍朋、郭凯:"论国有资本经营预算制度的建立与完善",《光明日报》2010年5月18日。
朱春红:"发挥我国产业静态比较优势与培育动态比较优势构想",《现代财经》2005年第11期。
Hay, Donald and Liu, Shaojia, "The Efficiency of Firms: What Difference Does Competition Make", *The Economic Journal*, 1997(5).

第14章

蔡昉:"认识中国经济的短期和长期视角",《经济学动态》2013年第5期。
陈东琪、臧跃茹、刘立峰、刘泉红、姚淑梅:"国有经济布局战略性调整的方向和改革举措研究",《宏观经济研究》2015年第1期。
程军:"构建金融发展大动脉、助推'一带一路''经贸大发展'",《世界经济调研》2015年第14期。
冯雷、汤婧:"大力发展混合所有制应对'竞争中立'规制",《全球化》2015年第 4 期。

郭树龙、李启航:"中国制造业市场集中度动态变化及其影响因素研究",《经济学家》2014 年第 3 期。

国务院发展研究中心企业研究所:《中国企业发展报告 2015》,中国发展出版社 2015 年版。

胡鞍钢、魏星、高宇宁:"中国国有企业竞争力评价(2003—2011):世界 500 强的视角",《清华大学学报》(哲学社会科学版)2013 年第 1 期。

黄群慧:"中央企业在国家自主创新体系中的功能定位研究",《中国社会科学院研究生院学报》2013 年第 3 期。

黄群慧:"'新常态'、工业化后期与工业增长新动力",《中国工业经济》2014 年第 9 期。

黄群慧(2015a):"工业化后期中国经济趋势性变化与风险",《中国经济学人》2015 年第 1 期。

黄群慧(2015b):"地方国企国资改革的进展、问题与方向",《中州学刊》2015 年第 5 期。

黄群慧:"'十三五'时期新一轮国有经济战略性调整研究",《北京交通大学学报(社会科学版)》2016 年第 2 期。

黄群慧:"国有经济布局优化和结构调整的三个原则",《经济研究》2020 年第 1 期。

黄群慧、余菁:"新时期新思路:国有企业分类改革与治理",《中国工业经济》2013 年第 11 期。

黄群慧、余菁、贺俊:"新时期国有经济管理新体制初探",《天津社会科学》2015 年第 1 期。

江飞涛等:"中国工业经济增长动力机制转换",《中国工业经济》2014 年第 5 期。

李磊:"地方国资国企改革方案扫描",《现代国企研究》2015 年第 1 期。

李荣融:"问题不是垄断,是行业集中度太低",《市场观察》2013 年第 6 期。

李扬、张晓晶:"新常态:经济发展的逻辑与前景",《经济研究》2015 年第 5 期。

李扬等:《中国国家资产负债表 2013》,中国社会科学出版社 2013 年版。

李政:《中央企业自主创新报告 2012》,中国经济出版社 2013 年版。

刘世锦:《在改革中形成增长新常态》,中信出版社 2014 年版。

陆铭、柳剑平、程时雄:"中国与 OECD 主要国家工业行业技术差距的动态测度",《世界经济》2014 年第 9 期。

马淑萍、袁东明:"地方国有资本管理的探索与启示",《中国经济时报》2015年2月13日。

宋群:"深化中央企业布局和结构调整研究",《全球化》2014年第7期。

项安波、石宁:"鼓励地方因地制宜地探索国资管理模式",《中国经济时报》2015年3月29日。

易纲:"中国企业走出去的机遇、风险与政策支持",《中国市场》2012年第12期。

张毅:"加快'一带一路'建设,推动国际产能合作",《国资报告》2015年第7期。

中国工程科技发展战略研究院:《2015年中国战略性新兴产业发展报告》,科学出版社2015年版。

中国经济增长前沿课题组:"中国经济转型的结构性特征、风险与效率提升路径",《经济研究》2013年第10期。

中国经济增长前沿课题组:"中国经济增长的低效率冲击与减速治理",《经济研究》2014年第5期。

中国社会科学院工业经济研究所课题组:"论新时期全面深化国有经济改革重大任务",《中国工业经济》2013年第9期。

第15章

陈佳贵:"产权明晰与建立现代企业制度",《中共中央党校学报》2000年第12期。

陈清泰:"国资改革路线图",《财经》2014年第7期。

黄群慧:"论建立国有资产管理新模式",《经济管理》2003年第17期。

黄群慧、余菁:"新时期的新思路:国有企业分类改革与治理",《中国工业经济》2013年第11期。

黄群慧、余菁、贺俊:"新时期国有经济管理新体制初探",《天津社会科学》2015年第1期。

邵宁:"不能轻易否定管人管事管资产相结合原则",2014年8月26日,新浪财经,http://finance.sina.com.cn/hy/20140826/173720125650.shtml。

中国社会科学院工业经济研究所课题组:"论新时期全面深化国有经济改革重大任务",《中国工业经济》2013年第9期。

赵昌文等:《国有资本管理制度改革研究》,载"推进经济体制重点领域改革研究"课题组:《改革攻坚(下)——推进经济体制重点领域改革研究》,中国发展出版社 2013 年版。

朱绍文:"小宫隆太郎与日本的近代经济学",《日本学刊》1991 年 5 期。

第 16 章

常修泽:"完善社会主义市场经济体制的新议题:发展混合所有制经济",《21 世纪经济报道》2003 年 10 月 22 日。

迟福林:"国有企业改革中的劳动力产权问题",《改革》1995 年第 1 期。

德鲁克:《管理的实践》(中译本),机械工业出版社 2009 年版。

丁长发:"职工持股制度(ESOP)的理论研究与实证分析",厦门大学博士学位论文,2002 年。

董晓阳:"苏联的企业自治问题",《苏联东欧问题》1988 年第 2 期。

范恒山:"如何理解大力发展混合所有制经济",《人民日报》2003 年 11 月 3 日。

圭伊·贝纳德托:"巴斯克与伊利里亚:两种劳动者自治企业的比较",《经济社会体制比较》2009 年第 4 期。

国务院体制改革办公室:《中国经济体制改革年鉴 1992》,中国财政经济出版社 1992 年版。

黄群慧:"新时期如何积极发展混合所有制经济",《行政管理改革》2013 年第 12 期。

黄群慧:"破除混合所有制改革的'八个误区'",《学习时报》2017 年 5 月 12 日。

黄群慧、余菁:"新时期新思路:国有企业分类改革与治理",《中国工业经济》2013 年第 11 期。

黄群慧、余菁、王欣、邵婧婷:"新时期我国员工持股制度研究",《中国工业经济》2014 年第 7 期。

蒋一苇:"经济民主论",《中国社会科学》1980 年第 1 期。

蒋一苇:"职工主体论",《中国劳动科学》1991 年第 9 期。

李志豹:"混合所有制:中国企业改革新目标",《中国企业报》2011 年 7 月 8 日。

梁慧瑜:"企业员工持股法律问题研究",法律出版社 2012 年版.

罗志荣(2013a):"国企改革——十年攻坚探出发展新路子",《企业文明》2013 年第 3 期。

罗志荣(2013b):"国资监管——十年探索构建新体制"《企业文明》2013 年第 3 期。

马丁·L. 魏茨曼:《分享经济——用分享制代替工资制》(中译本),中国经济出版社 1988 年版。

深劳:"深圳市内部员工持股制度聚焦",《创业者》1998 年第 7 期。

唐爱民:"中联重科探索混合所有制放大国有资本功能",《湖南日报》2014 年 3 月 31 日。

王晋斌:"解析内部职工持股计划制度设计",《经济研究》2001 年第 7 期。

温源:"十年改革路,国企步铿锵",《光明日报》2013 年 5 月 14 日。

吴宇晖、张嘉昕:"民主公司、劳动产权与所有制——大卫·艾勒曼产权理论及评析",《学习与探索》2009 年第 4 期。

辛宇、吕长江:"激励、福利还是奖励:薪酬管制背景下国有企业股权激励的定位困境——基于泸州老窖的案例分析",《会计研究》2012 年第 6 期。

杨欢亮:"西方员工持股理论综述",《经济学动态》2003 年第 7 期。

尹中立:"员工持股的意义",《中国金融》2014 年第 1 期。

周其仁:"市场里的企业:一个人力资本与非人力资本的特别合约",《经济研究》1996 年第 6 期。

邹海峰:《中国职工持股制度研究》,中国经济出版社 2011 年版。

Kelso L. O. and P. H. Kelso, *Two-factor Theory: The Economics of Reality*, New York: Vintage Books, 1967.

Williamson, O. E., *Markets and Hierarchies: Analysis and Antitrust Implications*, New York: The Free Press, 1975.

初 版 后 记

  呈现在读者面前的这本书是我的博士论文《企业家的激励约束机制研究——一个综合分析模式及其在中国国有企业中的应用》的修改稿。修改并不一定意味着完善和提高，实际上，我所做的修改只是应出版社的要求，删掉了博士论文第3章和第5章的一部分用数学语言论述的内容，并作为篇幅的弥补，以附录的形式在书后增加了三份针对现阶段我国国有企业企业家激励约束问题的研究报告。这三份报告都是我通过博士学位论文答辩以后参加中国社会科学院几个现实经济问题课题时撰写的课题成果，可以看做是我博士论文中理论模式的应用研究延伸。对原文只做小小的修改，并不是说我的博士论文没有必要修改，也不是由于懒惰，而是由于我非常期望呈现给读者的能够是我的博士论文原文，以真实反映和记录我博士毕业时的研究水准。相对于这种强烈的愿望，这些小修改是为了出版的需要而进行的妥协。

  我的博士论文的完成，从论文选题、拟定提纲到安排实地调研、修改定稿，整个过程都得到了我的导师陈佳贵先生的悉心指导和帮助，实际上，三年来我成长的每一步都凝结着我的导师的心血。在本书出版之际，他又在百忙之中抽时间欣然命序，在这里我深表感谢。追随先生三年，导师对我的教诲，足以使学生受益终生，导师的学识和人品也为我在做学问、做人方面树立了一个优秀的楷模。我知道，对于导师仅仅表达由衷的感激和程门立雪的尊敬是不够的，只有更加努力地学习和工作，才能不辜负导师的教导和希冀。

这里我还要向中国社会科学院工业经济研究所副所长金碚研究员、黄速建研究员表示感谢，在跟随他们进行课题研究和实地调查期间，得到了他们的热心帮助和指导，从他们身上学习到许多东西，本书中的某些观点直接得自于他们的一些思想。我还要感谢在我事业发展中曾给予我巨大帮助的原河北经贸大学副校长崔援民教授以及参加我博士论文答辩的周绍朋研究员、沈鸿生研究员。在我三年博士学习期间，工业经济研究所科研处的李维民老师、谷玉珍老师曾给予我无微不至的关怀和帮助，我非常感谢他们。在一定程度上，是他们完美人格的力量使我向往能够成为工业经济研究所的一员的。

本书的出版还应该感谢中国人民大学出版社的马学亮编辑和中国社会科学院经济研究所朱恒鹏博士，没有他们的热心帮助和辛勤工作，我的博士论文可能仍束之高阁。

虽然已经毕业，但在三年博士学习期间所培养的与众多同学之间的友情却不会结束，这些友情会陪伴我终生。

最后，我要感谢我的家庭：宽厚慈爱的祖母和父母、聪颖贤惠的妻子、亲同手足的兄长、活泼可爱的儿子，他们给予了我无私的爱，我为有这样一个和睦的家庭而自豪，并为他们祝福。我把这本书献给我的家庭。

在本书交付出版之际，我并没有原来想象的如释重负的感觉，更多的是一种惶恐的心情。面对书架上、桌面上和床上零乱繁多的参考文献，想到图书馆中正在不断出现的新的相关文献，我最真切地体会到什么是"学海无涯"了。关于企业家的激励约束，无疑是一个意义重大的课题，本书的研究只是从一个分析角度的初步研究，与其说本书是我的博士毕业论文，我更愿把它作为我学术研究生涯的新起点。

黄群慧

1999 年 5 月

修订版后记

《企业家激励约束与国有企业改革》一书自2000年6月出版以后，时光如梭，转眼已经过去21年了。今年年初，商务印书馆找到我，提出要将这本书收录到商务印书馆"中华当代学术著作辑要"丛书再版。非常感谢商务印书馆对我这本书的重视。应该说，这本书出版后，的确在学界有一定影响，曾获得第二届蒋一苇企业改革与发展优秀著作奖，著名经济学家周叔莲先生、陈佳贵先生都公开发表书评对此书给予高度评价。而且本书讨论的主题，在当今全面深化改革的新时代，仍具有重要意义。

在同意将本书再版后，考虑到国有企业改革实践不断深化，以及我自己在这些年也在不断围绕这个主题进行深入研究，尤其是在2012年作为首席专家主持完成国家社科基金重大招标项目"深入推进国有经济战略性调整研究"（12&ZD085），我决定基于国有企业改革实践深化和我自己新的研究成果，对原书进行修订，摆在读者面前的这本书是修订版。为了保留原书风貌，修订版被分为上下两篇，上篇为"企业家的激励约束"，整个上篇就是原书的原版内容，没有进行修改（只是把原书删掉的博士论文数学语言部分又加了回来），其内容重点也恰是企业家激励约束问题；下篇为"中国国有企业改革"，全部都是增补的新内容，共有六章，包括国有企业改革历程、国有企业分类改革研究、全面深化国有经济改革重大任务、国有经济战略性调整、国有经济管理体制改革和混合所有制改革，几乎涵盖了中国国有企业改革的主要论题（公司治理结构和现代企业制度等问题考虑到上篇有相关内容，没有单章列出）。增补的新内容多是基于我公开发表成果整理而成（其中部分是我主笔的合作成果，这里对成果合作者表示感谢）。上下篇合在一起也完全对应了《企业家激励约束与国有企业改革》这个书名。

《企业家激励约束与国有企业改革》出版后的21年中，我作为经济学管理学的职业研究者，涉猎的研究领域逐步增多，包括工业化、制造业发展等发展经济学领域，以及管理理论和管理学学科发展的管理学领域，等等。但国有企业改革和国有经济发展一直是我的一个重要研究领域，在此领域也发表了大量的研究成果。2015年12月中国社会科学出版社出版了由我主笔的《新时期全面深化国有经济改革研究》，收录了这个领域的更多研究成果，该书获得了第九届中国社会科学院优秀科研成果二等奖。而《企业家激励约束与国有企业改革》修订版新增加的内容也只是我在这个领域的代表性的成果和贡献，尤其是在国有企业分类改革研究方面，给予专章进行了论述。关于这个研究领域的最新研究动向，值得提及的是2020年11月11日中国社会科学院与国务院国资委联合组建了中国社会科学院国有经济研究智库，由我担任智库主任，这要求我把更多的精力放到国有企业改革和国有经济发展问题的研究上，同时这个智库的成立也促进了基础理论研究与应用对策研究的深度融合，极大促进了我们的研究成果的现实政策转化。

值本书再版之际，我深深怀念我的导师陈佳贵先生，这本书的再版也给了我一个特别纪念先生的机会。

最后，非常感谢商务印书馆宋伟主任，感谢他的邀请和鼓励，没有他的具有高度责任心的专业工作，本书无法再版与读者见面。当然，文责自负，非常诚恳欢迎读者批评指正。

黄群慧

2021年9月6日